# Le portugais du Brésil

*Collection Sans Peine*

par Juliana Grazini Dos Santos,
Monica Hallberg et
Marie-Pierre Mazéas

Illustrations de J-L Goussé

94430 Chennevières-sur-Marne
FRANCE

© ASSIMIL 2009
ISBN 978-2-7005-0707-2

**ASSiMiL**
La méthode intuitive

# Nos méthodes

sont accompagnées d'enregistrements sur CD audio, clé USB ou téléchargement, et existent désormais en version numérique\*.

\*e-méthode disponible sur le site www.assimil.com, Google Play et App Store

## Sans Peine

L'allemand
L'anglais
L'anglais d'Amérique
L'arabe
Le bulgare
Le chinois
Le coréen
Le croate
L'égyptien hiéroglyphique
L'espagnol
Le finnois
Le grec
Le grec ancien
L'hébreu
Le hindi
Le hongrois
L'indonésien
L'italien
Le japonais
Le japonais l'écriture kanji
Le khmer
Le latin
Le malgache
Le néerlandais
Le norvégien
Le persan
Le polonais
Le portugais
Le portugais du Brésil
Le roumain
Le russe
Le sanskrit
Le suédois
Le swahili
Le thaï
Le turc
L'ukrainien
Le vietnamien

## Perfectionnement

Allemand
Anglais
Espagnol
Italien
Russe

## Langues régionales

Le breton
Le catalan
Le corse
L'occitan

## Affaires

L'anglais des affaires

## Objectif langues

Apprendre l'allemand
Apprendre l'anglais
Apprendre l'arabe
Apprendre le chinois
Apprendre le créole
  guadeloupéen
Apprendre le danois
Apprendre l'espagnol
Apprendre l'islandais
Apprendre l'italien
Apprendre le japonais
Apprendre le néerlandais
Apprendre le portugais
Apprendre le russe
Apprendre le serbe
Apprendre le tchèque
Apprendre le wolof

# Sommaire

# Introduction

## En route pour le portugais du Brésil !

Portugais du Brésil... vraiment ? Ou pourquoi pas portugais américain (par rapport à l'européen) ou des Amériques, voire portugais tout court, ou même brésilien ? Au Brésil comme ailleurs, la question fait débat. Certains pensent qu'il n'y a qu'une seule et même langue, le portugais, fille du latin vulgaire, greffée de spécificités syntaxiques, orthographiques, lexicales (outre une créativité néologique débridée), et aussi phonétiques d'origines diverses (tupi, africaines, emprunts, etc.), passant pour plus ou moins correctes. D'autres penchent pour une brésilianité assumée et revendiquent une langue nationale *belle* et bien brésilienne, expression d'un peuple éminemment communicant.

Il est vrai que le portugais parlé au Brésil s'est éloigné de celui parlé au Portugal. Y compris par volonté de l'ex-colonie d'affirmer sa différence et de s'affranchir encore et encore de traces de "filiation" vis-à-vis de l'ancien "occupant". Pour l'orthographe par exemple, le Brésil a suivi sa propre route, en instaurant de façon unilatérale ses propres règles. Puis il a été rejoint, en 2008, par les pays lusophones, qui ont décidé de se rapprocher et d'harmoniser leur langue via une autre réforme de l'orthographe, conduite sous la houlette de la CPLP[1] et qui a pour but majeur de faciliter la communication et les échanges entre ces pays. Le Brésil étant très peu touché par ces changements, nous l'avons appliqué ici, tout en maintenant certaines formes d'avant la réforme, et ce afin de faciliter l'apprentissage sur certains points comme, par exemple, pour les homonymes.

Au fil des leçons, nous aborderons ce que l'écrivain portugais Eça de Queiros (1845-1900) qualifia joliment de **português com açúcar**, *portugais avec du sucre...* avec une bonne dose de cet *affect* ("**com açúcar e com afeto**" – Chico Buarque) propre à "l'homme cordial" reconnu en tout Brésilien par Sérgio Buarque de Holanda

---

[1] Comunidade dos Países de Língua Portuguesa, *Communauté des pays de langue portugaise.*

dans son ouvrage mythique *Racines du Brésil*. Et peu importe les étiquettes, l'essentiel est que la langue brésilienne gagne une visibilité légitime, et que chacun se l'approprie dans sa musicalité, son exubérance, sa virtualité et ses itinérances dans le temps et à travers le pays.

## Comment apprendre avec Assimil ?

Notre méthode est fondée sur un **apprentissage intuitif** qui vous permettra d'acquérir de bonnes bases en quelques mois seulement. Essayez de consacrer à votre méthode **une demi-heure chaque jour**. Si le temps vous manque, réécoutez ou relisez au moins le dialogue de la veille ; la régularité est un facteur de réussite essentiel.

### La phase passive

Les **dialogues** sont tirés de situations de la vie courante. Lisez-les ou répétez-les à **haute voix**. Si vous possédez les enregistrements, écoutez-les de façon régulière. Nous ne saurions trop insister sur l'importance de cet entraînement oral, surtout au début. N'essayez pas d'apprendre par cœur : notre méthode vise l'acquisition de la langue – un processus naturel – plutôt que l'apprentissage artificiel. Révisez régulièrement et vous constaterez que les phrases rentreront tout naturellement.

La **transcription phonétique** simplifiée et les **remarques de prononciation** vous aideront à acquérir de bons réflexes. Jusqu'à la 27e leçon, tous les mots sont phonétiquement retranscrits. Après quoi, seuls le seront les mots nouveaux. Si vous possédez les enregistrements sonores de la méthode, écoutez-les attentivement. Vous pouvez également consolider vos repères grâce à la rubrique *Prononciation et transcription phonétique* proposée ci-après. La "norme" retenue dans nos dialogues reflète les habitudes linguistiques de la région de São Paulo. Nous signalons à l'occasion certaines caractéristiques régionales. Mais la langue étant globalement la même partout, vous vous ferez comprendre dans tout le pays avec notre méthode.

Une fois imprégné du texte et de ses sonorités, vous pouvez vous reporter aux **notes**. Elles explicitent de façon simple et décontractée les points de grammaire qui vous permettront d'asseoir ce que vous avez assimilé intuitivement lors de la lecture. Si vous butez sur un point, il vous est toujours possible de revenir en arrière, ou de le revoir dans la leçon de révision qui suit.

Les **deux exercices** qui suivent les notes sont une bonne façon de tester vos acquis. Tous les mots et tournures utilisés figurent dans la leçon en cours d'étude ou dans les leçons passées. Vous les mémoriserez au fur et à mesure intuitivement et parviendrez vite à jongler avec eux.
Enfin, pour joindre l'utile à l'agréable, vous trouverez en fin de leçon des **notes culturelles** à caractère informatif, humoristique, etc., qui, nous l'espérons, susciteront votre curiosité en vous faisant plonger au cœur de cette *brasilidade*.

Toutes les sept leçons, la **leçon de révision** revient sur les points importants et apporte, si nécessaire, des explications complémentaires.

Vous trouverez également en fin d'ouvrage un **appendice grammatical** reprenant les principales conjugaisons régulières et irrégulières, un **index grammatical**, une **bibliographie** succincte d'ouvrages de référence et un **lexique** bilingue portugais du Brésil-français, français-portugais du Brésil.

## La phase active

À partir de la 50$^e$ leçon, lorsque vous aurez bien assimilé les bases, votre étude deviendra pleinement active. Tout en continuant à progresser dans les nouvelles leçons, reprenez une à une les premières leçons et **traduisez les textes français de chaque dialogue et de l'exercice 1**. Cette "deuxième vague" est un élément-clé de la méthode Assimil : elle vous permettra de constater les progrès que vous aurez faits tout en vous aidant à consolider vos connaissances.

Dans ce patient périple, vous n'êtes pas seul. Les enregistrements et **nos conseils** aussi digestes qu'attentifs sauront vous épauler en cas de besoin. Ouvrez donc bien vos yeux et vos oreilles !

# Prononciation et transcription phonétique

Notre but est de vous faire parler le portugais du Brésil naturelle-ment et sans perdre de temps. Pour cela, nous ferons appel à une transcription phonétique simplifiée qui vous aidera au début de votre apprentissage.

Lisez attentivement les explications proposées ci-après, mais sans chercher à tout mémoriser d'emblée. Nous reviendrons sur les cas les plus difficiles dans les remarques de prononciation au fil des leçons.

Retenez que toutes les lettres se prononcent. L'accent tonique, qui donne son rythme à la langue, est indiqué en caractères gras. Il peut être sur la dernière syllabe du mot, l'avant-dernière ou l'avant-avant-dernière. N'ayez pas peur d'exagérer !

## L'alphabet

**A** *[a]*, **B** *[bê]*, **C** *[ssê]*, **D** *[dê]*, **E** *[é]*, **F** *[èfi]*, **G** *[jê]*, **H** *[aga]*, **I** *[i]*, **J** *[jota]*, **L** *[èli]*, **M** *[èmi]*, **N** *[èni]*, **O** *[ó]*, **P** *[pê]*, **Q** *[kê]*, **R** *[èrri]*, **S** *[èssi]*, **T** *[tê]*, **U** *[ou]*, **V** *[vê]*, **X** *[chiss]*, **Z** *[zê]*.

Les lettres **K** *[ka]*, **W** *[dabliou]*, **Y** *[ipsilon]* et **Ç** *[ssè ssédilha]* ont été intégrées à l'alphabet dans la réforme de l'orthographe ratifiée en 2004 et mise en œuvre à compter de 2008.

## Les voyelles

**a/á/à** se prononcent toujours *[a]* comme dans *papa*.
**e** se prononce soit *[é]* fermé (comme dans *pré*), soit *[è]* ouvert (comme dans *mère*), soit *[i]*. Attention ! **ê** est toujours fermé : **você** *[vossé]* tu, et **é** toujours ouvert : **café** *[kafè]* café.
Notez aussi la prononciation des terminaisons **-es** *[iss]* et **-ês** *[éⁱss]*.
**i/í** se prononcent soit *[i]* comme en français, soit *[y]* comme le son "ille" de *paille* : **ei** = *[èy]* (comme dans *groseille*), **oi** = *[oy]* (comme dans *boycott*), **ai** = *[ay]* (comme dans *bail*).

**o** se prononce soit *[o]* fermé comme dans *mot*, soit *[ó]* ouvert comme dans *bol*. Attention, en fin de mot **o** se prononce *[ou]*. **ô** est toujours fermé, **ó** est toujours ouvert.

**u/ú** se prononcent toujours *[ou]* sauf dans les combinaisons **au** *[ao]* et **eu** *[éo]*.

Retenez aussi que **ou** se prononce entre *[o]* fermé et *[o^ou]* (*[o]* qui s'étire en *[ou]*).

Attention, les voyelles qui se suivent sans former de diphtongue se prononcent séparément : **país** *[pa-iss]* pays, **museu** *[mouzéo]* musée, **coisa** *[ko¹za]* chose.

Notez également la prononciation des combinaisons suivantes :

| Lettres | Transcription / Prononciation | Exemple |
|---------|-------------------------------|---------|
| **ia** | *iya* comme dans *pilla* | **dia** *[djiya]* jour |
| **io** final | *you* comme dans l'anglais *you* | **prédio** *[prèdjyou]* immeuble |

## Les voyelles nasalisées

Outre son système vocalique riche car nuancé, on retrouve dans la langue brésilienne nombre de sons dits "nasalisés", soit par la présence d'un **n** ou d'un **m** après la voyelle, soit par la présence du "tilde" (**til** *[tchiyou]* en portugais). Pour les reproduire, il vous suffit tout simplement de "parler du nez".

Dans notre transcription phonétique simplifiée, ces voyelles sont surmontées d'un tilde : *[õ]*, *[ã]*, *[ĩ]*, et *[ẽ]*. Elles se prononcent plus nasalisées que les sons français "on", "an", "in". Dans certains cas (par exemple, devant **b**, **d**, **p**, **t**) elles peuvent être suivies, en plus, d'un léger *[n]* ou *[m]*.

Notez aussi :

| Lettres | Transcription / Prononciation | Exemple |
|---------|-------------------------------|---------|
| ãe | *ãy* : son "in" très nasalisé, suivi du son "ille" | **mãe** *[mãy]* mère |
| am final | *ã* : comme dans *sans* mais en plus nasalisé : on entend presque "on" | **pagam** *[pagã]* ils paient |
| ão | *ãõ* : son très nasalisé qui se situe entre *an* et *aon*. | **pão** *[pãõ]* pain |
| um, un | *õũ* : *ou* très nasalisé | **um** *[õũ]* un |

## Les consonnes

La plupart des consonnes se prononcent de la même façon qu'en français.

| Lettres | Transcription / Prononciation | Exemple |
|---------|-------------------------------|---------|
| c, ç | se prononcent *k* ou *ss* comme en français | **casa** *[kaza]* maison **cebola** *[ssébola]* oignon **caça** *[kassa]* chasse |
| g | se prononce *j* ou *g*, comme en français | **gato** *[gatou]* chat **agência** *[ajãessya]* agence |
| gu | Comme en français : – *gu* : devant *e* et *i*, le *u* ne se prononce pas, il sert à conserver le son *gue* (pensez à *guerre* ou *guitare*) ou – *gou* : devant *a*, et parfois devant *e*, le **u** se prononce (pensez à *guacamole* ou *Guatemala*). | **guerra** *[guèRRa]* guerre **água** *[agoua]* eau **aguenta** *[agouẽⁿta]* |
| s | *z* ou *ss* comme en français | **sede** *[ssédji]* soif **mesa** *[méza]* table **massa** *[massa]* pâte(s) |

| | | |
|---|---|---|
| **-s** final | *ss* (ou *ch*) : n'oubliez pas de prononcer aussi le **s** final (à Rio, le **-s** final se prononce *ch*) | **asas** *[azass]* ailes |
| **de** final, **di** **dv** | *dji* comme dans *gin*

*dji*

*djiv* | **cidade** *[ssidadji]* ville

**dia** *[djiiya]* jour

**advogado** *[adjivogadou]* avocat |
| **-l** final | se prononce toujours *ou* sauf dans **-ul** où il ne se prononce pas | **jornal** *[joRna*ou*]* journal **papel** *[papè*ou*]* papier **civil** *[ssivi*ou*]* civil **sol** *[só*ou*]* soleil **sul** *[sou]* sud |
| **lh** | *ly* comme dans *dahlia* | **filho** *[filyou]* fils |
| **nh** | *gn* comme dans *vigneron* | **vinho** *[vignou]* vin |
| **qu + e, i, o** | *k* comme dans *que* (le **u** ne se prononce pas) | **que** *[ké]* que **quilo** *[kilou]* kilo |
| **qua** | *koua* comme dans *quoi* (le **u** se prononce) | **quatro** *[kouatrou]* quatre |
| **r** | *r* ou *R* : légèrement roulé (*r*) ou raclé (*R*) | **prazer** *[prazéR]* plaisir **caro** *[karou]* cher |
| **h** | plutôt raclé dans les mots étrangers anglais (*R*), mais muet ailleurs | **hippy** *[Rippi]* hippie |
| **t, te, ti** | parfois prononcé *tchi* comme dans *tchin-tchin* | **leite** *[léytchi]* lait **Curitiba** *[kouritchiba]* |
| **x** | *kss* comme dans *taxi* *ch* comme dans *chat* *z* comme dans *ésotérique* | **táxi** *[takssi]* taxi **abacaxi** *[abakachi]* ananas **exercício** *[izèrssissiou]* exercice |

*Avant d'entamer votre première leçon, lisez attentivement les pages qui précèdent. Vous y trouverez toutes les explications préliminaires indispensables à un apprentissage efficace.*

**1**

# Primeira aula [priméíra aola]

## Na rua

1 – Bom **di**a.
2   Por fa**vor**, o se**nhor sa**be o **no**me **de**sta **ru**a?
3 – **E**sta é a Ave**ni**da Pau**lis**ta.
4   A se**nho**ra é ¹ estran**gei**ra ²?
5 – Sim. **Eu** sou ³ it**ali**ana.

### Prononciation
*na **Rou**a 1 bõ **djiy**a 2 pouR fa**voR** ou ssi**gnoR ssa**bi ou **nó**mi **dès**sta **Rou**a 3 **ès**sta è a a**vé**nida pao**lis**sta 4 a ssi**gnó**ra è isstrãjé**í**ra 5 ssĩ. **é**o sso it**aly**ana*

 Notes

**1** Pour vouvoyer une femme ou un homme, on dira **a senhora**, *la madame*, ou **o senhor**, *le monsieur*, suivi du verbe conjugué à la 3e personne du singulier : **A senhora sabe o nome desta rua?**, *Madame, vous connaissez le nom de cette rue ?*

**2** **estrangeira**, *étrangère*, est ici adjectif et s'accorde donc en genre et en nombre avec le nom auquel il se rapporte. Au masculin, on aura **estrangeiro**, *étranger*. Dans leur grande majorité, les mots qui se terminent en **-a** sont féminins et ceux qui se terminent en **-o**, masculins.

**3** La dame de notre dialogue aurait aussi pu dire, tout simplement, **sou italiana**, car l'emploi du pronom personnel sujet n'est pas obligatoire.

*Les parenthèses et les crochets sont des petits outils qui vous aideront à comprendre les différences de structure et d'expression entre la phrase brésilienne et la phrase française. Nous nous en servons lorsque des particularités de la langue brésilienne apparaissent pour la première fois. À mesure que celles-ci vous deviendront familières, nous les supprimerons.*

**1**

# Première leçon

## Dans la rue

**1** – Bonjour *(Bon jour)*.
**2** S'il vous plaît *(Par faveur)*, **vous connaissez** *(le monsieur sait)* **le nom de cette rue ?**
**3** – C'est *(Celle-ci est)* l'avenue Paulista.
**4** Vous êtes *(La dame est)* étrangère ?
**5** – Oui. Je suis italienne.

### Remarque de prononciation

Dans notre transcription phonétique simplifiée, les voyelles surmontées d'un "tilde" (til) **[õ]**, **[ã]**, **[ĩ]**, et **[ẽ]** se prononcent plus nasalisées que les sons français "on", "an", "in". On imagine aisément, pour les prononcer, quelqu'un de très enrhumé et qui "parle du nez".

BEM-VINDA AO BRASIL!

Souvent, il permet d'insister – **eu sou**, *moi je suis* – mais ce n'est pas une règle stricte, et tout dépend plutôt de l'intonation de la phrase et du contexte.

### 6 – Bem-**vin**da **a**o [4] Brasil!
### 7 – Obriga**da** [5]!

□

🔊 **6** bẽ-**vĩ**ᵈda **a**ou bra**ziou** **7** obri**ga**da

📑 **Notes**

**4** **ao**, *au*, est la contraction de la préposition **a**, *à*, et de l'article masculin **o**, *le*. De même, **na** = **em**, *dans* + **a**, *la* et **desta** = **de**, *de* + **esta**, *cette*. Nous y reviendrons, contentez-vous pour le moment de vous familiariser avec ces formes.

\*\*\*

▶ Exercício 1 – Traduza
*Exercice 1 – Traduisez*

❶ Eu sou estrangeira. ❷ A senhora é italiana? ❸ O nome desta senhora é Paula. ❹ A senhora é bem-vinda. ❺ Por favor, esta é a rua Paulista?

\*\*\*

Exercício 2 – Complete
*Exercice 2 – Complétez (Chaque point représente une lettre.)*

❶ Bonjour. Je suis italienne.
　... .... Eu ... italiana.

❷ S'il vous plaît, Paulo !
　... ....., Paulo!

❸ Merci *(h./f.)* !
　......... / .........!

\*\*\*

*Le mot* **paulista**, *qui fait à la fois fonction d'adjectif et de nom masculin et féminin, désigne l'habitant(e) de l'État de* **São Paulo**. *Dans la capitale – du même nom – vit le* **Paulistano** *(l'habitant de la ville de* **São Paulo**). *L'avenue* **Paulista**, *"... long canyon de verre et de béton...", est aussi célèbre pour son architecture d'avant-garde que pour sa concentration en établissements bancaires, compagnies d'assurances, et sièges sociaux, après avoir abrité au* $xix^e$ *siècle les hôtels*

**6 –** Bienvenue au Brésil !
**7 –** Merci *(Obligée)* !

6 Dans **bem-vinda** *[bē-vĩⁿda]*, le son nasalisé *[ĩ]* est suivi en plus d'un léger *[n]*.

**5** L'équivalent de *merci* s'accorde en genre avec la personne dont émane le remerciement. Une femme dira donc **obrigada**, littéralement *obligée*, et un homme **obrigado**, *obligé*, du verbe **obrigar**, *obliger*.

\*\*\*

Corrigé de l'exercice 1
❶ Je suis étrangère. ❷ Vous êtes *(La dame est)* italienne ? ❸ Le nom de cette dame est Paula. ❹ Vous êtes *(La dame est)* [la] bienvenue. ❺ S'il vous plaît, est-ce la rue Paulista ?

\*\*\*

❹ Maria est pauliste.
   Maria . paulista.

❺ Vous *(La dame)* connaissez le nom de cette rue ?
   A senhora .... o nome ..... rua?

Corrigé de l'exercice 2 (Mots manquants)
❶ Bom dia – sou – ❷ Por favor – ❸ Obrigado – Obrigada ❹ – é – ❺ – sabe – desta –

\*\*\*

*particuliers des "barons du café". Conçue par l'ingénieur* **Joaquim Eugênio de Lima**, *elle a été inaugurée en 1911. Parmi ses principales attractions, on retiendra son célèbre musée, le* **MASP**, *sa foire aux antiquités dominicale, son* **Parque Trianon** *– un jardin public à la végétation exubérante en pleine ville. Cette voie royale est aussi le lieu de ralliement de tous les mouvements d'expression, politiques, musicaux, footballistiques, grâce sans doute à ses 2,8 km de long !*

# Segunda aula [sségõũⁿda aola]

▶

## O museu

1 – **E**ste [1] é o Mu**se**u de **Ar**te [2] de São **Pa**ulo.
2 – **E**le é **mui**to **gra**nde [3].
3 – É um mu**se**u internacio**nal**.
4 – **Mui**tas [4] **o**bras vêm da [5] **Eu**ro**pa**.
5 – Ah é [6]? Da Ale**ma**nha, da **Fran**ça e da Ingla**te**rra?
6 – Sim. E tam**bém** da I**tá**lia e da Es**pa**nha. ☐

💬 Prononciation
*ou mouzéo 1 èsstchi è ou mouzéo dji **aR**tchi dji ssão **pa**olou 2 èli è **mõũ**ⁿtou **grã**ⁿdji 3 è õũ mouzéo ĩⁿtèRnassio**na**ou 4 **mõũ**ⁿtass **ó**brass vẽ da éo**ró**pa 5 a è? da alé**ma**gna da **frã**ssa i da ĩgla**tè**RRa 6 ssĩ. i tã**ᵐbẽ** da i**tal**ya i da iss**pa**gna*

📑 Notes
1 Nous avons vu dans la première leçon **esta**, *celle-ci*. **Este**, *celui-ci, ceci*, est l'équivalent masculin.

2 Attention, **arte**, *art*, est féminin : **a arte moderna**, *l'art moderne*.

3 **grande**, *grand/e*. Certains adjectifs peuvent avoir la même forme au masculin et au féminin. C'était aussi le cas pour **paulista**, *pauliste*, au masculin et au féminin : **O museu paulista é grande**, *Le musée pauliste* [c'est-à-dire *de l'État de São Paulo*] *est grand*.

4 **muitas**, *beaucoup de* (au féminin), est ici adjectif indéfini et s'accorde en genre et en nombre avec le nom qu'il accompagne.

# Deuxième leçon

## Le musée

**1** – Ceci est le musée d'Art de São Paulo.
**2** – Il est très grand.
**3** – C'est un musée international.
**4**   Beaucoup [d']œuvres viennent d' *(de-la)* Europe.
**5** – Ah bon *(Ah est)* ? D*(e-l)*'Allemagne, de*(-la)* France et
   d*(e-l)*'Angleterre ?
**6** – Oui. Et aussi d*(e-l)*'Italie et d*(e-l)*'Espagne.

### Remarques de prononciation

1 La combinaison **ão** représente un son très nasalisé, que nous transcrivons *[ãõ]*. Ce type de nasalisation est typiquement lusophone ; elle se situe entre *[an]* et *[aon]*.
3 Attention, quelle que soit la voyelle qui le précède, le l en position finale se prononce comme un *[ou]* très atténué (transcrit ᵒᵘ) : internacional *[ĩⁿtèRnassio**naou**]*.

Comme tous les noms et adjectifs réguliers, il prend un **-s** au pluriel. À la phrase 2, **muito**, *très*, est invariable (car il est suivi d'un adjectif, ce qui en fait un adverbe).

**5**   **da**, *de la*, est la contraction de la préposition **de**, *de*, et de l'article **a**, *la*. Notez à cette occasion qu'en brésilien, les noms de pays sont le plus souvent précédés d'un article.

**6**   **é**, *est*, qui était traduit par *c'est* à la phrase 3, a ici le sens de l'acquiescement interrogatif, *ah oui ? / ah bon ?* Attention à ne pas le confondre avec **e**, *et*, qui se prononce *[i]*.

▶ Exercício 1 – Traduza
*Exercice 1 – Traduisez*

❶ Ele também é de São Paulo. ❷ Martina e Peter vêm da Alemanha. ❸ A França é grande. ❹ O museu é internacional. ❺ Muitas obras vêm da Espanha.

Exercício 2 – Complete
*Exercice 2 – Complétez (Chaque point représente une lettre.)*

❶ L'avenue est très grande.
A avenida é ..... grande.

❷ Le nom est musée d'Art.
O .... é ..... de Arte.

❸ Ce monsieur vient d'Italie *(est de l'Italie)*.
.... senhor . .. Itália.

❹ L'art est international.
A .... é .............

❺ Je suis de Londres.
.. ... de Londres.

*** 

*Fondé en 1947, le musée d'Art de **São Paulo** – plus connu sous le nom de **MASP** (prononcez [masp<sup>i</sup>]) – est également appelé musée **Assis Chateaubriand**, du nom de son instigateur, le journaliste **Assis Chateaubriand** (1892-1968), bien connu sous le nom de **Chatô**, un personnage haut en couleur. Cet enfant bègue et mauvais élève devint en effet, à la force du poignet et grâce à un tempérament opportuniste et noir – mais sans doute charismatique – tour à tour avocat, journaliste, et pionnier en matière de création de groupe de communication et de diversification industrielle. Bien qu'au départ sans fortune, il possédait en 1940 vingt-huit journaux, huit radios, une maison d'édition et une agence de publicité, auxquels vinrent plus tard s'ajouter quelques chaînes de télévision. Tout ceci, au prix de chantages et de campagnes de diffamation bien orchestrées par voie de presse et autres méthodes à la limite du racket. **Chatô** se*

Corrigé de l'exercice 1

❶ Lui aussi est de São Paulo. ❷ Martina et Peter viennent d'Allemagne. ❸ La France est grande. ❹ Le musée est international. ❺ Beaucoup d'œuvres viennent d'Espagne.

Corrigé de l'exercice 2 (Mots manquants)

❶ – muito – ❷ – nome – museu – ❸ Este – é da – ❹ – arte – internacional ❺ Eu sou –

\*\*\*

*lança également dans les affaires et devint sénateur et ambassa-deur du Brésil à Londres. Ignorant les lois ou les contournant tout autant dans sa vie publique que privée (elle aussi chaotique), il n'hésita pas à faire pression sur un gouvernement pour changer une loi qui lui était contraire et obtenir la garde de sa fille. Il connut également la clandestinité et la prison d'où il signa – non sans hu-mour – des articles incendiaires sous le pseudonyme de* **Visconde de Castellomelhor**, *Vicomte de Châteaumeilleur.*

*Pourtant, c'est aussi grâce à cet homme (qui n'hésita pas à tirer profit des prix très bas du marché de l'art dans l'Europe dévastée de l'après-guerre et qui mit en place une forme particulière de mécénat d'entreprise – la contrainte) que purent se constituer les collections du* **MASP** : *Renoir, Rembrandt, Van Gogh, Picasso, Portinari, mais aussi Winston Churchill !*

# Terceira aula [tèRssé'ra aola]

▶

## O centro

1 – Desculpe [1], **on**de é o **cen**tro da ci**da**de [2]?
2 – Você [3] **do**bra à di**rei**ta e de**pois se**gue em **fren**te.
3 – É **lon**ge a [4] pé?
4 – Não. Mas vo**cê po**de pe**gar** o **ô**nibus a**qui**.  ☐

💬 Prononciation

ou ss**ẽ**n**trou 1** diss**kou**ou pi **õ**ndj[i] è ou ss**ẽ**n**trou** da ssi**da**dji **2** vossé **dó**bra a diré[i]ta i dé**poyss** ss**è**gui ẽ **frẽ**ntchi **3** è **lon**ji a pè **4** não. mass vossé **pó**dji pé**gaR** ou **ó**nibouss a**ki**

🗎 Notes

1 **desculpe!** équivaut à *pardon !* ou *excuse/z-moi !*

2 Comme nous l'avons vu à la 2e leçon, certains mots féminins ne se terminent pas par un **-a**. C'est le cas de **cidade**, *ville*, très proche du français "cité", de l'espagnol *ciudad* et de l'italien *città*.

3 **você**, toujours suivi du verbe à la 3e personne du singulier, équivaut à *tu* ; il existe néanmoins un **tu**, *tu*, suivi de la 2e personne, surtout dans le Nord-Est et le Sud du pays. Passé le premier contact, on se tutoie très facilement au Brésil, comme le montre notre dialogue.

\*\*\*

▶ Exercício 1 – Traduza

❶ O museu é longe. ❷ Aqui é o centro da cidade. ❸ Este é o ônibus de Salvador? ❹ A Avenida Castro Alves é aqui à direita. ❺ Mas a Ângela e o Luiz vêm a pé?

# Troisième leçon

## Le centre[-ville]

**1** – Pardon, où est le centre-ville *(centre de-la ville)* ?
**2** – Tu tournes *(plie)* à*(-la)* droite et ensuite [tu] continues *(suit)* tout droit *(en face)*.
**3** – [C']est loin à pied ?
**4** – Non. Mais tu peux prendre le bus ici.

Remarques de prononciation

1, 2 Comme en français, **c** se prononce *[k]* devant **u** (desculpe), *[ss]* devant **e** et **i** (centro, cidade, você).

2, 3, 4 **g** se prononce *[j]* devant **e** (longe), *[g]* devant **a** (pegar). Comme en français, il est suivi d'un **u** devant **e** et **i** pour conserver le son *[gue]* (segue).

4 **qu** se prononce *[k]* devant **i**.

**4** Attention, ne confondez pas la préposition **a**, *à* (**a pé**, *à pied*), l'article féminin **a**, *la* (**a cidade**, *la ville*), et **à**, *à la* (**à direita**, *à droite, sur la droite*), contraction de la préposition **a** et de l'article féminin **a**.

\*\*\*

Corrigé de l'exercice 1

❶ Le musée est loin. ❷ Ici, c'est le centre-ville. ❸ Est-ce le bus de Salvador ? ❹ L'avenue Castro Alves est ici à droite. ❺ Mais Ângela et Luiz viennent à pied ?

Exercício 2 – Complete

**❶** Pardon, la rue Augusta est-elle loin ?
........, a rua Augusta é .....?

**❷** Tu peux prendre le bus.
.... pode ..... o ônibus.

**❸** Ici, à droite, c'est le musée d'Art.
Aqui, . ......., é o museu de Arte.

**❹** Le nom de cette avenue en face est "Farrapos".
O nome desta avenida .. ...... é "Farrapos".

**❺** La ville est très grande.
A ...... é ..... grande.

**4**

# Quarta aula [kouaRta aola]

## O jornal

**1** – Um mi**nu**to. **E**u já ¹ **vol**to.
**2** – **Aon**de ² vo**cê** vai?

Prononciation
*ou joRna*<sup>ou</sup> *1 õũ minoutou. éo ja vó*<sup>ou</sup>*tou 2 aõ*<sup>n</sup>*dj' vossé vay*

Notes
**1** **já**, *déjà*, est un petit mot très usuel... et fort utile. Il apparaît constam-
ment dans nombre de phrases du quotidien, comme pour bien s'assurer
qu'une action va effectivement s'accomplir : **Já volto**, *Je reviens tout de
suite* (ou *c'est comme si c'était fait !*).

Corrigé de l'exercice 2

❶ Desculpe – longe ❷ Você – pegar – ❸ – à direita – ❹ – em frente –
❺ – cidade – muito –

*Souvenez-vous que nous ne vous demandons pas de retenir les phrases par cœur. Écoutez attentivement les enregistrements à plusieurs reprises, si possible à différents moments de la journée, et répétez les phrases du dialogue à voix haute jusqu'à ressentir une certaine aisance.*

---

**4**

# Quatrième leçon

## Le journal

**1** – Une minute. Je reviens tout de suite *(Je déjà reviens)*.
**2** – Où vas-tu *(tu va)* ?

### Remarques de prononciation

1, 2, 4, 5 Le plus souvent, la syllabe tonique, indiquée par des caractères gras dans la phonétique et le dialogue, est l'avant-dernière (mi**nu**to, **vol**to, re**vis**ta, **cla**ro, **mo**da). Lorsqu'il se situe ailleurs, l'accent tonique est généralement signalé par un accent graphique (vo**cê**). Nous y reviendrons.

2, 3 aonde *[aõⁿdjⁱ]*, comprar *[kõᵐpraRⁱ]* : Rappelez-vous que *[õ]* est un son très nasalisé ; ici, il est suivi en plus d'un léger *[n/m]*.

**2** **aonde** (préposition **a** + adverbe **onde**), *où, à quel endroit*, comporte une idée de déplacement (mot à mot "à/vers où"). On emploie indifféremment **onde** et **aonde**, *où* : **Aonde/Onde vai?**, *Où vas-tu ?*

**3** – Vou com**prar** um jor**nal pa**ra ³ o **Pa**ulo ⁴.

**4** – E **pa**ra o Luiz, vo**cê po**de ⁵ tra**zer u**ma re**vis**ta?

**5** – **Cla**ro. De **mo**da ou de fute**bol**?  ☐

🔊 Prononciation

*3 vo kõᵐ**praR** õũ jo**Rna**ᵒᵘ **pa**ra ou **pa**olou* *4 i **pa**ra ou louiss vo**ssé** **pó**dji trazéR ou**ma** ré**vis**sa* *5 **kla**rou. dji **mó**da o dji foutchi**bó**ᵒᵘ*

📑 Notes

**3** **para**, *pour, vers*, indique ici le destinataire de l'action et finit souvent par se prononcer [**pra**] dans la langue de tous les jours (on le trouve alors parfois écrit **pra**).

**4** Devant un nom propre, l'emploi de l'article a une connotation familière et n'est donc pas obligatoire.

\*\*\*

▶ Exercício 1 – Traduza

**❶** Paulo, você pode comprar uma revista de moda? **❷** Eu vou trazer um jornal para a Ana Maria. **❸** Um minuto, por favor! **❹** Eu vou pegar o ônibus para o centro da cidade. **❺** Sim, eu já volto.

\*\*\*

Exercício 2 – Complete

**❶** Ana, où vas-tu ?

Ana, ..... você ... ?

**❷** Peux-tu acheter une revue de football pour Pedro ?

Você .... comprar ... revista de futebol .... . Pedro?

**❸** Bien sûr. Et pour Luiz ?

...... E para o Luiz?

\*\*\*

*Le football fait partie des innombrables clichés sportifs et socio-culturels qui collent au Brésil, où la langue et la vie sont pétries de références anglo-saxonnes, tendance "US" et "$". Ainsi, les Brésiliens – pour qui le football reste le domaine sportif de prédilection, malgré l'apparition médiatique d'autres disciplines comme le volley ou le ten-*

**3** – [Je] vais acheter un journal pour *(le)* Paulo.

**4** – Et pour Luiz, tu peux *(peut)* rapporter une revue ?

**5** – Bien sûr. De mode ou de football ?

O JORNAL

**5** Souvenez-vous que **você** est toujours suivi du verbe conjugué à la 3ᵉ personne du singulier, bien qu'il s'agisse de la forme du tutoiement. C'est ainsi que nous le traduirons dorénavant, sans préciser que le verbe est à la 3ᵉ personne du singulier.

\*\*\*

Corrigé de l'exercice 1

❶ Paulo, peux-tu acheter une revue de mode ? ❷ Je vais rapporter un journal pour Ana Maria. ❸ Une minute, s'il vous plaît ! ❹ Je vais prendre le bus pour le centre-ville. ❺ Oui, je reviens tout de suite.

\*\*\*

❹ Je vais prendre une revue de mode.

Eu ... ..... uma ....... de moda.

❺ São Paulo est une ville internationale.

São Paulo é uma ...... internacional.

Corrigé de l'exercice 2

❶ –aonde –vai ❷ – pode – uma – para o – ❸ Claro – ❹ – vou pegar – revista – ❺ – cidade –

\*\*\*

*nis – ont-ils mis ce terme à la mode de chez eux : **futebol** (prononcez [foutchi**bó**ᵒᵘ] non précédé de l'article). Vous connaissez certainement aussi, peut-être sans savoir qu'il était brésilien, le très emblématique "go-o-ou-ou...", plébiscité par les auditeurs de radio du monde entier et qui est la forme brésilianisée de l'anglais **goal**.*

# Quinta aula [kĩnta aola]

## Então vamos!

1 – Amanhã a Ana vai para Buenos Aires ¹.
2 – Eu sei. Ela ² vai com a Inês.
3 – Você ³ fica aqui em ⁴ Brasília?
4 – Sim. E você?
5 – Eu também.
6 – Então, vamos ⁵ para ⁶ a piscina? □

### Prononciation

*ĩⁿtãõ vamouss 1 amagnĩn a ana vay para buénoz ayriss 2 éo ssèy. èla vay kõ a inéʼss 3 vossé fika aki ẽ brazilia 4 ssĩ. i vossé 5 éo tãᵐbẽ 6 ĩⁿtãõ vamouss para pissina*

### Notes

1 Notez qu'on ne met pas d'article devant les noms de ville, sauf devant les exceptions suivantes : **o Rio de Janeiro, o Recife** (dans le Nord-Est du pays), **a Bahia** (nom le plus courant de *Salvador de Bahia et de l'État éponyme*) ; **o Porto,** *Porto* (au Portugal) et **o Cairo,** *Le Caire.*

2 Comme tous les pronoms personnels sujets, **ela,** *elle,* est facultatif. L'équivalent masculin est **ele,** *il/lui.*

3 Rappelez-vous : l'emploi du pronom sujet n'étant pas obligatoire, sa présence permet d'insister sur le sujet de l'action, ce que nous avons traduit ici par *toi, tu.*

\*\*\*

### Exercício 1 – Traduza

❶ A senhora fica aqui em São Paulo? ❷ Eu também vou para o Rio de Janeiro. ❸ Sim, eu sei. ❹ A Tânia vai com o Roberto para a piscina. ❺ Vamos pegar o ônibus?

# Cinquième leçon

## **Allons-y** (Alors allons) !

**1 –** Demain, (la) Ana va à (pour) Buenos Aires.
**2 –** Je sais. Elle [y] va avec (la) Inês.
**3 –** [Toi,] tu restes ici à (en) Brasília ?
**4 –** Oui. Et toi ?
**5 –** Moi (Je) aussi.
**6 –** Alors, on va à (allons pour) la piscine ?

### Remarques de prononciation

Titre, 2, 6 Dans notre phonétique simplifiée, nous avons noté en exposant les lettres qui se prononcent plus légèrement. C'est le cas par exemple de [$^n$] dans [$i^n$**tão**] ou [$^j$] dans [**iné**$^j$**ss**] , que vous devez prononcer de façon moins appuyée. La terminaison -ês se prononce toujours [**é**$^j$**ss**].
3, 6 vamos [**vamouss**], Brasília [**brazilia**] : Comme en français, s peut se prononcer [**ss**] comme dans "bus" ou [**z**] comme dans "rose".

**4** Selon le contexte, **em**, *en*, *dans*, peut se traduire par *à* : **em frente**, *en face* ; **Estou em Brasília**, *Je suis à Brasília*.

**5** **vamos**, *nous allons*, du verbe **ir**, *aller*, est ici employé comme exclamation, pour encourager, au sens de *Allons !*, *Allons-y !*

**6** **para**, *pour*, *vers*, indique ici la direction, la destination. On aurait également ment pu employer la préposition **à** : **Vamos à piscina**, *Allons à la piscine*.

\*\*\*

### Corrigé de l'exercice 1

❶ Vous *(fém.)* restez ici à São Paulo ? ❷ Moi aussi je vais à Rio de Janeiro. ❸ Oui, je sais. ❹ Tânia va avec Roberto à la piscine. ❺ On va prendre le bus ?

Exercício 2 – Complete

❶ Roberto reste à Porto Alegre.
   Roberto fica .. Porto Alegre.

❷ On va acheter un journal pour Paulo ?
   ..... comprar um jornal .... . Paulo?

❸ Demain je vais à Fortaleza.
   ...... eu ... .... Fortaleza.

\*\*\*

*Tout en avançant lentement, mais sûrement, dans les éléments de base de la langue, nous voici aujourd'hui à **Brasília**, actuelle capitale du Brésil. En 1823, un premier projet de changement de capitale est envisagé. Puis vient le fameux rêve, au xix<sup>e</sup> siècle, de Don Bosco, un moine italien, qui voit cette ville se dresser au cœur du pays. Elle sera finalement construite et inaugurée en 1960, comme nouvelle*

**6**

## Sexta aula *[sséssta aola]*

# A turista

**1 – Bo**a **tar**de ¹. Sou tu**ri**sta e **que**ro um **ma**pa ² da
   ci**da**de.

**2 –** A se**nho**ra quer um **ma**pa em in**glês** ou em
   portu**guês**?

🔊 Prononciation
*a tourissta 1 boa tardji. sso tourissta i kèrou õũ mapa da ssidadji 2 a ssignóra kèR õũ mapa ē ĩⁿglé'ss o ē pouRtougué'ss*

📖 Notes
1 Nous savons comment dire *bonjour* avant midi : **bom dia**. Après 12 h, on dira **boa tarde**. **Boa**, *bonne*, est le féminin de **bom**, *bon*.

❹  Bien sûr, je sais.
    Claro, eu ....

❺  Je vais prendre le bus avec Inês.
    Eu vou ..... o ônibus ... a Inês.

Corrigé de l'exercice 2
❶ – em – ❷ Vamos – para o – ❸ Amanhã – vou para – ❹ – sei ❺ – pegar
– com –

***

*capitale politique et administrative de la République fédérative
du Brésil – supplantant **Rio de Janeiro**. Outre ses caractéristiques
architecturales futuristes qui lui valent d'être classée patrimoine
historique et culturel de l'humanité par l'Unesco en 1987, elle a,
contrairement aux 26 États qui forment la fédération, un statut particulier et unique de **Distrito Federal** (**D.F.**), District Fédéral.*

---

**6**

# Sixième leçon

## La touriste

**1 –** Bonjour *(Bonne après-midi)*. Je suis touriste et je veux
         un plan de la ville.
**2 –** Voulez-vous un plan en anglais ou en portugais ?

Remarques de prononciation
1, 2 senhora *[ssignóra]* : e se prononce *[i]* quand il se trouve en position
atone en début de mot (de même en fin de mot sauf devant l, r et n : cidade).
2, 6 senhora *[ssignóra]*, caminhar *[kamignaR]* : nh se prononce toujours
*[gn]* comme dans "peigne".

**2**  Après **paulista** et **turista** qui, rappelez-vous, ont la même forme au mas-
       culin et au féminin, voici **o mapa**, *le plan, la carte*, un mot masculin bien
       qu'il se termine par **-a**.

3 – Em portug**uês** ³.
4 – Mais alg**uma coi**sa?
5 – Sim. Pre**ci**so de um ho**tel per**to da**qui** ⁴.
6   Eu não ⁵ **que**ro cami**nhar mui**to.                    □

**3** ē pou**R**tou**gué**ⁱss **4** mayss aᵒᵘ**gou**ma **ko**ⁱza **5** ssī. pré**ssi**zou dji õu otèᵒᵘ **pèR**tou da**ki 6** éo não **kè**rou kami**gna**R mõũĩ̄ntou

## Notes

**3** Un certain nombre de noms de peuples et leur langue se forment en **-ês**, équivalent de notre français *-ais*. Ils font leur féminin en **-esa**. Ils ne commencent jamais par une majuscule : **um turista inglês e umas senhoras portuguesas e francesas**, *un touriste anglais et des dames portugaises et françaises*.

\*\*\*

## Exercício 1 – Traduza

❶ Ana quer um hotel para amanhã. ❷ O turista francês não quer um mapa em inglês. ❸ Por favor, o hotel Europa é perto daqui? ❹ Boa tarde. O senhor precisa de alguma coisa? ❺ Sim, eu preciso de um jornal em português e de um bom mapa paulista.

## Exercício 2 – Complete

❶ Oui, moi aussi je veux un plan de la ville.
Sim, eu também ..... um .... .. cidade.

❷ Tu as besoin d'un hôtel près d'ici.
Você precisa de um hotel ..... ......

❸ La touriste ne veut pas marcher.
A turista ... quer ........

❹ J'ai besoin d'un bus pour Brasília.
Preciso .. um ônibus .... Brasília.

❺ Non, merci *(f)*. Je ne veux pas de *(un)* journal en portugais.
Não, ........ Não quero um jornal .. ..........

**3 –** En portugais.
**4 –** Quelque chose d'autre *(Plus quelque chose)* ?
**5 –** Oui. [J']ai besoin d'un hôtel près d'ici.
**6** Je ne veux [pas] beaucoup marcher *(marcher beaucoup)*.

4 **coisa** se prononce entre *[ko'za]* et *[**kouéza**]*.

4 **daqui**, *d'ici*, est la contraction de la préposition **de**, *de* + **aqui**, *ici*.
5 La négation se forme avec **não**, *non*, placé avant le verbe : **Preciso de um mapa**, *J'ai besoin d'un plan* / **Não preciso de um mapa**, *Je n'ai pas besoin d'un plan*.

\*\*\*

Corrigé de l'exercice 1
**❶** Ana veut un hôtel pour demain. **❷** Le touriste français ne veut pas de *(un)* plan en anglais. **❸** S'il vous plaît, l'hôtel Europa est-il près d'ici ? **❹** Bonjour *(Bonne après-midi)*. Avez-vous *(masc.)* besoin de quelque chose ? **❺** Oui, j'ai besoin d'un journal en portugais et d'une bonne carte de l'État de São Paulo.

Corrigé de l'exercice 2
**❶** – quero – mapa da **❷** – perto daqui **❸** – não – caminhar **❹** – de – para – **❺** – obrigada – em português

EU NÃO QUERO CAMINHAR MUITO.

# Sétima aula [ss**è**tchima **a**ola]

## Revisão – Révision

*Après l'étude quotidienne, rigoureuse mais sereine, des six premières leçons, vous allez aujourd'hui faire le point sur les différentes notions abordées en ce début d'apprentissage.*

## 1 Les sons

Vous avez découvert la prononciation d'un certain nombre de sons, prononciation qui varie selon la position tonique ou non tonique des syllabes dans le mot.
• Ainsi **o** peut se prononcer :
– *[o]* fermé, comme dans "mot" – **sou** [sso] ; **boa** [**bo**a] ; **favor** [fa**vo**R] ; **senhor** [ss**ignoR**] ; **hotel** [o**tèou**]
– [ó] ouvert, comme dans "bol" – **dobra** [**dó**bra] ; **nome** [**nó**mi]
– [ou] comme dans "tout" – **Paulo** [**pa**olou] ; **ao** [**a**ou]

• **e** peut se prononcer :
– [é] fermé, comme dans "péril" – **você** [vo**ssé**] ; **estrangeira** [isstrã**jé**'ra]
– [è] ouvert, comme dans "père" – **desta** [**dè**ssta] ; **é** *è*
– [i] – **sabe** [**ssa**bi] ; **cidade** [ssi**da**dji]
Attention à ne pas confondre **é** (*il/elle est, tu es, vous* [de politesse] *êtes*) portant un accent graphique, et que l'on prononce *è* et **e**, *et*, sans accent graphique et que l'on prononce *i*.

• **l** se prononce comme un léger *ou* en fin de mot : **jornal** [jo**R**naou], **hotel** [o**tèou**], etc. En ce qui concerne **Brasil** [bra**ziou**], précisément, vous noterez de vous-même que lorsque ce mot est scandé par une foule – par exemple lors d'une compétition sportive – on entend [bra**ziou**] : exception à la règle, le *ou* final n'est alors pas mis en sourdine, fruit sans doute d'une adhésion consensuelle de l'inconscient national.

Vous avez également découvert des sons "typiques", les sons nasalisés. Retenez que le tilde ~ qui surmonte certaines voyelles nasalise toujours la lettre sur laquelle il porte, qu'il s'agisse de la langue elle-même ou de notre transcription phonétique.

**um** *[õũ]*
**vêm** *[vẽ]*
**om** comme dans **bom** *[bõ]*
**nh** comme dans **senhor** *[ssi**gno**R]*
**im** comme dans **sim** *[ssĩ]*
**ão** comme dans **são** [ssã**õ**]
**ã** de **amanhã** *[ama**gnĩn**]*, etc.

• En ce qui concerne l'accent tonique (noté en gras dans les dialogues des leçons), il se situe le plus souvent sur l'avant-dernière syllabe (**rua**, **obrigada**, **minuto**, **volto**, **revista**, **claro**, **moda**, etc.). Quand la voyelle tonique ne se trouve pas sur l'avant-dernière syllabe, elle est généralement signalée par un accent graphique (**você**, **ônibus**, **Inês**), mais pas toujours (**Brasil**, **futebol**, **aqui**). C'est une question d'oreille et d'habitude.

Insistez sur la prononciation des voyelles, véritables pivots de la langue, car elles lui donnent toute sa musicalité. Observez notamment la place de l'accent tonique. Entraînez-vous tout haut, régulièrement, en vous aidant des enregistrements, et ayez toujours le réflexe de consulter l'introduction à la prononciation, en début d'ouvrage, si vous ressentez le besoin, de temps à autre, d'avoir une vision phonétique d'ensemble.

## 2 Les noms et les adjectifs

Vous avez rencontré des mots au masculin, ayant des terminaisons diverses (**-o**, **-e**, **-a**, **-il**, **-eu**, **-el**), et introduits – ou non – par l'article défini masculin **o** : **o** *le*, **senhor** *monsieur*, **Brasil** *Brésil*, **Paulo**, **dia** *jour*, **nome** *nom*, **museu** *musée*, **hotel** *hôtel*, **futebol** *football*, etc.

Vous avez rencontré des mots au féminin, ayant des terminaisons diverses, et introduits par l'article défini féminin **a** : **a** *la*, **aula** *leçon*, **rua** *rue*, **tarde** *après-midi*, **moderna** *moderne*, **Brasília**, **Paulista**, etc. Vous avez constaté que la plupart de ces mots – en **-a** – forment leur pluriel en ajoutant un **-s** : **as obras**, *les œuvres*.

Vous avez noté que les noms propres, qu'il s'agisse de noms de personnes, de pays ou de villes, s'accompagnent tantôt de l'article, tantôt pas.

Vous avez vu, par ailleurs, que les articles se contractent lorsqu'ils sont précédés des prépositions **de**, *de* ; **em**, *en* ; et **a**, *à* : **de + a = da**, *de la* ; **em + a = na**, *dans la* ; **a + o = ao**, *au* ; **a + a = à**, *à la*.
Nous avons également rencontré les articles indéfinis masculin **um**, *un*, et féminin **uma**, *une* ; **um minuto**, *une minute* ; **uma revista**, *une revue*.

## 3  Les pronoms personnels sujets

Lorsqu'il est sujet, le pronom personnel est souvent omis. Quand il est présent, il peut introduire une notion d'insistance. On l'emploie également quand il peut y avoir ambiguïté sur la personne.
**eu** *je* ou *moi, je* → **sou** ou **eu sou** *je suis* ou *moi, je suis*
**ele** *il* ou *lui, il* → **é** ou **ele é** *il est* ou *lui, il est*
**ela** *elle* ou *elle, elle* → **é** ou **ela é** *elle est* ou *elle, elle est*
etc.

### 3.1 Le vouvoiement et le tutoiement

Au Brésil, le vouvoiement marque la hiérarchie, le respect, la déférence ; il est ainsi courant d'entendre des enfants vouvoyer leurs parents. Bien entendu, la première fois que l'on rencontre quelqu'un, on le vouvoiera. En revanche, on tutoiera un collègue, un camarade de classe, un voisin de palier (sauf s'il est plus âgé), quelqu'un qui appartient à un même groupe social. Mais il peut facilement arriver qu'un chef de service soit à la fois très "formaliste", vous tutoie (avec **você**) et vous demande d'en faire de même.
• Le vouvoiement s'exprime par l'expression **o senhor/a senhora**, suivie d'un verbe à la 3e personne du singulier : **O senhor/A senhora é paulista?**, *Vous* (masc./fém.) *êtes de l'État de São Paulo ?*
• **você** permet d'exprimer le tutoiement ; il est suivi d'un verbe conjugué à la 3e personne du singulier : **Você é italiana**, *Tu es italienne.*

## 4  Les verbes

À chaque leçon de révision, nous ferons un tour d'horizon des formes verbales rencontrées durant la semaine écoulée. Durant cette première semaine d'étude, nous en avons rencontré un certain nombre. Relisez-les sans faire d'effort particulier pour les retenir. Vous les retrouverez au fil des leçons comme on rencontre de vieux amis, parfois à la même forme, et parfois conjugués différemment (les mêmes amis, mais vêtus autrement en quelque sorte). Ainsi, petit à petit, vous assimilerez la conjugaison de manière naturelle, presque sans vous en apercevoir.

### 4.1 Le verbe *ser*, "être"

Vous avez déjà rencontré les formes suivantes :

| sou | *je suis* |
|---|---|
| (você) é | *tu es* |
| é | *il/elle est* |
| o senhor / a senhora é | *vous êtes* (sing. politesse, masc. / fém.) |

### 4.2 Les autres verbes

**• Verbes réguliers en -*ar***
Nous avons vu certaines formes conjuguées de :

**dobrar**, *plier, tourner*  → **dobra**, *il/elle tourne, tu tournes, vous* (sing. politesse) *tournez*

**ficar**, *rester*  → **fica**, *il/elle reste, tu restes, vous* (sing. politesse) *restez*

**pegar**, *prendre*  → **pega**, *il/elle prend, tu prends, vous* (sing. politesse) *prenez*

**precisar de**, *avoir besoin de*  → **preciso de**, *j'ai besoin de* ; **precisa de**, *il/elle a besoin de, tu as besoin de, vous* (sing. politesse) *avez besoin de*

**voltar**, *tourner, revenir*  → **volto**, *je reviens*
**comprar**, *acheter*

**• Verbes irréguliers en -*er***
**saber**, *savoir*  → **sabe**, *il sait, tu sais, vous* (sing. politesse) *savez* ; **sei**, *je sais*

| | |
|---|---|
| **poder**, *pouvoir* | → **pode**, *il/elle peut, tu peux, vous (sing. politesse) pouvez* |
| **querer**, *vouloir* | → **quero**, *je veux* ; **quer**, *il/elle veut, tu veux, vous (sing. politesse) voulez* |

• **Verbes irréguliers en -ir**

| | |
|---|---|
| **ir**, *aller* | → **vamos**, *nous allons, allons !* |
| | → **vou**, **vai**, *il/elle va, tu vas, vous (sing. politesse) allez* |

\*\*\*

▶ *Diálogo de revisão* – **Dialogue de révision (Traduisez)**

**1** – Bom dia. Por favor, eu preciso de um mapa da cidade.
**2** – Desculpe, a senhora é turista?
**3** – Não, eu sou paulista.
**4**   Mas eu quero comprar um mapa.
**5** – A senhora quer um mapa em português, não é?
**6** – Sim. Em português.
**7**   Ah! E o senhor sabe onde é o hotel Europa?
**8** – Sim. É em frente, perto daqui.
**9**   A senhora pode caminhar ou pegar o ônibus.
**10** – Eu vou a pé. Com este mapa, claro!

DESCULPE, A SENHORA É TURISTA?

**vir**, *venir* → **vêm**, *ils/elles viennent*
**seguir**, *suivre* → **segue**, *il/elle suit, tu suis, vous* (sing. politesse) *suivez*

\*\*\*

## Traduction
**1** Bonjour. S'il vous plaît, j'ai besoin d'un plan de la ville. **2** Pardon *(Excusez)*, vous êtes touriste ? **3** Non, je suis pauliste. **4** Mais je veux acheter un plan. **5** Vous voulez un plan en portugais, n'est-ce pas ? **6** Oui. En portugais. **7** Ah ! Et savez-vous *(vous savez)* où est l'hôtel Europe ? **8** Oui. C'est tout droit, près d'ici. **9** Vous pouvez marcher ou prendre le bus. **10** J'[y] vais à pied. Avec ce plan, bien sûr !

*À la fin de chaque leçon de révision, un dialogue vous permet de tester vos connaissances et de constater que vous savez déjà beaucoup de choses ! Écoutez l'enregistrement (ou lisez le texte) en essayant de comprendre (il n'y a pas de mots nouveaux). Répétez ensuite à voix haute. Recommencez l'exercice jusqu'au moment où vous serez satisfait de votre niveau de compréhension et de votre prononciation.*

## Oitava aula [oytava aola]

### A viagem [1] para Manaus

1 – Estou [2] **pron**ta!
2 – Você tem **tu**do?
3   O passa**por**te e as pa**ssa**gens [3] de avi**ão**?
4 – O passa**por**te es**tá** a**qui**, mas ca**dê** [4] as **du**as pa**ssa**gens?
5 – A**qui**, ao **la**do da [5] **bol**sa.
6 – A**in**da bem!                                                    □

### Prononciation
*a viyajē para manaoss 1 issto prõⁿta 2 vossé tē toudou 3 ou passapóRtchi i ass passajēss dji aviyã́õ 4 ou passapóRtchi issta aki mass kadè ass douass passajēss 5 aki aou ladou da boᵒᵘssa 6 aĩⁿda bē*

### Notes

1  Notez que tous les noms comportant le suffixe **-agem** (correspondant au français *-age*) sont féminins en portugais : **a viagem**, *le voyage* ; **a passagem**, *le billet, le ticket (de transport)*.

2  **estou**, *je suis*, vient du verbe **estar**, *être*, qui exprime un état temporaire, passager, ponctuel, par opposition à **ser**, *être*, qui indique un état constant, définitif.

3  Tous les noms en **-em** forment leur pluriel en **-ens** : **a passagem**, *le billet /* **as passagens**, *les billets* ; **a viagem**, *le voyage /* **as viagens**, *les voyages*.

\*\*\*

### Exercício 1 – Traduza
❶ O mapa está com o passaporte. ❷ Vamos? Eu estou pronta. ❸ A senhora tem o mapa de Manaus? ❹ Você pode comprar a passagem de avião aqui. ❺ Ele pode pegar tudo?

# Huitième leçon

## Le *(La)* **voyage à** *(pour)* **Manaus**

**1** – Je suis prête !
**2** – Tu as tout ?
**3**   Le passeport et les billets d'avion ?
**4** – Le passeport est ici, mais où sont les deux billets ?
**5** – Ici, à *(au)* **côté du** *(de-la)* sac.
**6** – **Encore heureux** *(Encore bien)* !

Remarques de prononciation
Titre, 1, 3, 6 Soignez la prononciation des sons nasalisés : **em** dans **viagem**, **on** dans **pronta**, **ens** dans **passagens**, **ão** dans **avião**, **in** dans **ainda**.
3, 4 Vous noterez également que **-de** et **-te** en position atone se prononcent respectivement *[-dji]* et *[-tchi]* : **passaporte**, **de** (**-di** et **-ti** connaissent le même phénomène).

**4** **cadê?**, *où est/où sont ?*, forme populaire dérivée de **que é de**, littérale-ment "que est de", équivaut à **onde está?**, *où est/où se trouve ?*, au sens de "où peut bien être passé ?".

**5** Dans les locutions prépositives, les prépositions suivent les mêmes règles de contraction que lorsqu'elles sont seules. Ici, **ao** (**a + o**), **da** (**de + a**).

\*\*\*

Corrigé de l'exercice 1
❶ Le plan est avec le passeport. ❷ On y va ? Je suis prête. ❸ Avez-vous *(fém.)* le plan de Manaus ? ❹ Tu peux acheter le billet d'avion ici. ❺ Il peut tout prendre ?

Exercício 2 – Complete

❶ Je veux tout acheter.
Eu . . . . . comprar . . . . .

❷ Elle a le billet d'avion.
Ela . . . a . . . . . . . . . . . . . . . . . . .

❸ Je suis avec une dame portugaise.
Eu . . . . . com uma . . . . . . . portuguesa.

***

*Située sur la rive gauche du **Rio Negro**, **Barra do Rio Negro**, fondée en 1669, prend en 1856 le nom définitif d'une tribu indigène, **Manaus**. Quelques décennies plus tard, attirés par la prospérité provoquée par l'extraction du latex, des hommes d'affaires affluent et en font le "Paris des tropiques". On y construit même un luxueux théâtre avec des matériaux rares venus des quatre coins d'Europe (verre et marbre d'Italie, tuiles d'Alsace, etc.) où Sarah Bernhardt donne plusieurs représentations. Puis, dans les années 1920, avec la concurrence des caoutchoucs asiatiques vient le déclin. Fruit d'une forte volonté stratégique d'occuper le territoire – parmi nombre de*

**9**

# Nona aula *[nona aola]*

▶

# A lanchonete

**1 – Va**mos to**mar** um ca**fe**zinho ¹?

🗨 Prononciation
*a lãcho**nè**tchi **1 va**mouss to**maR** õũ kafè**zi**gnou*

📇 Note
**1** **cafezinho**, *petit café*, vient, bien entendu, du mot **café** – de l'arabe *kawa* – auquel on a ajouté un suffixe diminutif. Le **cafezinho** et le diminutif sont des institutions nationales, l'une sociale, l'autre linguistique. Le premier

❹ Tu es prête ?
Você está ...... ?

❺ Le passeport est à côté du journal.
O ......... está .. .... do jornal.

Corrigé de l'exercice 2
❶ – quero – tudo ❷ – tem – passagem de avião ❸ – estou – senhora –
❹ – pronta ❺ – passaporte – ao lado –

\*\*\*

*projets dont la route transamazonienne –, une zone franche est créée en 1967, où s'installent des usines de montage d'appareils électroménagers vendus hors taxe qui attirent les touristes de l'intérieur du pays. Puis c'est à nouveau le déclin, avec l'ouverture des marchés dans les années 1980. Parmi les nombreuses curiosités locales, à 8 km de cette capitale de l'État de l'**Amazonas** se rencontrent deux fleuves, le **Rio Negro** et le **Rio Solimões**, dont les eaux ne peuvent se mêler en raison de leur différence de température, mais qui finissent par se rejoindre pour former l'Amazone, qui coule sur 6 868 km jusqu'à l'océan Atlantique.*

9

# Neuvième leçon

## La *lanchonete*

**1 –** On va *(Allons)* prendre un petit noir *(petit-café)* ?

(notre "petit noir") est un rite de convivialité omniprésent dans la vie sociale, y compris au bureau. Quant au diminutif, il atténue ou connote le sens des mots. Marque d'attendrissement parfois excessive, il peut aussi être méprisant.

2 – Sim. **Aon**de?

3 – Tem ² **u**ma lancho**ne**te **no**va **per**to da **ru**a
Au**gu**sta.

4 – **Eu** vou to**mar** um ca**fé** com **lei**te.

5 – E **eu** um cafe**zi**nho ou um **su**co de la**ran**ja.

6 – **Eu** tam**bém que**ro um **su**co, mas de abaca**xi** ³
ou de me**lão**. ☐

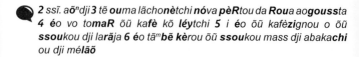

**2** ssĩ. a**õ**<sup>n</sup>dji **3** tẽ **ou**ma lãcho**nè**tchi **nó**va **pèR**tou da **Rou**a ao**gous**sta **4** **é**o vo to**maR** õũ kafè kõ **léy**tchi **5** i **é**o õũ kafè**zi**gnou o õũ **ssou**kou dji la**rã**ja **6** **é**o tã<sup>m</sup>**bẽ kè**rou õũ **ssou**kou mass dji abaka**chi** ou dji mé**lã**õ

: **2** **tem**, littéralement "il/elle a", du verbe auxiliaire **ter**, *avoir*, a ici le sens de
: *il y a*.

: **3** aba**caxi**, *ananas*, mara**cujá**, *fruit de la passion*, et ca**ju**, *cajou*, sont des
fruits tropicaux dont les noms sont d'origine tupi (langue indigène), par
opposition à ceux introduits au Brésil lors de la colonisation du pays ou
des vagues d'immigrants successives. Notez bien que ces trois noms de
fruits du terroir brésilien sont accentués sur la dernière syllabe.

\*\*\*

**Exercício 1 – Traduza**

❶ Você quer tomar um suco de laranja? ❷ Não, eu quero
um café com leite. ❸ Onde é a lanchonete nova? ❹ O
senhor pode trazer leite? ❺ A senhora quer mais um
cafezinho?

**2 –** Oui. Où [ça] ?
**3 –** Il [y] a une nouvelle *lanchonete* près de la rue
Augusta.
**4 –** Je vais prendre un café au *(avec)* lait.
**5 –** Et moi un expresso ou un jus d'orange.
**6 –** [Moi] aussi je veux un jus [de fruits], mais d'ananas
ou de melon.

## Remarques de prononciation

3, 4, 5, 6 u se prononce toujours *[ou]* sauf dans les combinaisons au *[ao]* et
eu *[éo]*.
6 Notez que x se prononce *[ch]* dans abacaxi.

A SENHORA QUER MAIS UM CAFEZINHO ?

\*\*\*

## Corrigé de l'exercice 1

❶ Tu veux prendre un jus d'orange ? ❷ Non, je veux un café au lait.
❸ Où est la nouvelle lanchonete ? ❹ Vous *(masc.)* pouvez apporter
[du] lait ? ❺ Voulez-vous *(fém.)* un autre expresso ?

### Exercício 2 – Complete

❶ Je vais prendre un jus d'ananas.

Eu vou ..... um suco de ........

❷ Tu peux apporter un expresso pour Paula ?

Você pode ...... um ......... para a Paula?

❸ À côté, il y a une nouvelle *lanchonete*.

.. ..... tem uma lanchonete .....

\*\*\*

**Lanchonete**, *qui vient de l'anglais* **"luncheonette"**, *désigne une sorte de cafétéria très populaire où l'on peut grignoter rapidement, avaler un sandwich ou un plat chaud, assis sur des sièges surélevés fixes autour d'un comptoir, mais aussi et surtout boire le célèbre* **cafezinho** *dans sa version légère, sous forme de* noisette – **pingado** – *ou à la saveur plus corsée, équivalant à notre* petit noir *ou* expresso. *Pour ce qui est du café, la plante, il a été introduit au Brésil vers 1727, grâce aux excellentes relations qu'entretenaient la femme du gouverneur de la Guyane française, madame d'Orvilliers, et le sergent* **Francisco de Melo Palheta** *: en effet, celle-ci lui fit don de quelques grains*

**10**

# Décima aula *[dèssima aola]*

▶

## No carro [1]

### 1 – Que [2] calor!

🔊 Prononciation
*nou* **ka**RRou **1** *ké* ka**loR**

### Remarque de prononciation

Le **r** situé entre 2 voyelles ou suivant une consonne est légèrement roulé : **para**, **ladrões**. Pour sa part, le **r** initial (**rua**), précédant une consonne (**insuportável**, **abertas**, **portas**) ou final (**calor**) est "râclé". Vous entendrez d'autant plus la nette différence lorsque le **r** est double comme dans **carro**.

❹ Le melon est très bon.
  O .....está ..... ....

❺ Un jus d'orange et un café au lait, s'il vous plaît !
  Um .... .. ....... e um café ... ....., por favor!

## Corrigé de l'exercice 2
❶ – tomar – abacaxi ❷ – trazer – cafezinho ❸ Ao lado – nova ❹ – melão – muito bom ❺ – suco de laranja – com leite –

***

*(certains diront "lui fit passer en douce")... Toujours est-il qu'au milieu du XIXe siècle, grâce à cette précieuse denrée – si précieuse qu'on la qualifiera "d'or vert" – le Brésil connaît un grand cycle économique, dit "cycle du café". Les gros producteurs, connus sous le nom de* **Barões do café,** *barons du café, y gagnent un pouvoir politique certain dont l'expression se concrétise dans une incontournable* **"política do café com leite",** *politique du café au lait, qui instaure pour les élections présidentielles le principe d'alternance dans le choix du candidat, entre un homme de l'État du* **Minas Gerais** *(le lait) et de* **São Paulo** *(le café), à laquelle* **Vargas** *mit un terme.*

**10**

# Dixième leçon

## Dans la *(En-le)* voiture

**1** – Quelle chaleur !

## Notes

**1**  Attention, **carro**, *voiture*, est masculin. Bientôt, vous saurez reconnaître le genre des noms brésiliens sans aucune hésitation et nous ne vous le signalerons plus dans les dialogues.

**2**  **que**, *que, quel, quelle*, invariable, est ici un pronom exclamatif.

**2** – Sim, o ca**lor** [3] es**tá** insupor**tá**vel.
**3** – As ja**ne**las já es**tão** [4] a**ber**tas...
**4** – E as **por**tas?
**5** – Vo**cê** es**tá** lou**ca**? E os la**drões** [5]?! ☐

Prononciation

*nou* **kaRRou 1** *ké ka***loR 2** *ssī ou ka***loR** *iss**ta** īssoupo**Rtav**è°ᵘ **3** *ass* ja**nè**lass *ja iss***tão** *a**bèR**tass* **4** *i ass* **pór**tass **5** *vos***sé** *iss***ta** *lo°ᵘ***ka** *i ouss la***drõyss**

Notes

**3** Notez que les noms qui se terminent en **-or** correspondent souvent à ceux en *-eur* en français.

**4** Comme nous l'avons vu dans la 8ᵉ leçon, l'emploi du verbe **estar** se justifie par l'aspect conjoncturel de la situation ; l'emploi du verbe **ser** aurait signifié que les fenêtres sont ouvertes en permanence.

\*\*\*

Exercício 1 – Traduza

❶ Eu vou pegar o carro. ❷ No carro o calor está insuportável. ❸ As portas do museu não estão abertas. ❹ Mas as janelas estão abertas. ❺ O carro está ao lado do hotel.

\*\*\*

Exercício 2 – Complete

❶ Cette touriste est insupportable.
   Esta turista está . . . . . . . . . . . . .

❷ Elle est italienne.
   Ela . italiana.

❸ Antônio va prendre la voiture pour acheter les billets.
   Antônio vai . . . . . o . . . . . para comprar as . . . . . . . . . .

**2** – Oui, la *(le)* chaleur est insupportable.
**3** – Les fenêtres sont déjà *(déjà sont)* ouvertes...
**4** – Et les portes ?
**5** – Tu es folle ? Et les voleurs ?!

NO CARRO

**5** **ladrões**, *voleurs*, est le pluriel de **ladrão**. Cela ne signifie pas que tous les mots en **-ão** fassent leur pluriel en **-ões**, comme nous le verrons au fil des leçons.

\*\*\*

Corrigé de l'exercice 1

❶ Je vais prendre la voiture. ❷ Dans la voiture, la chaleur est insupportable. ❸ Les portes du musée ne sont pas ouvertes. ❹ Mais les fenêtres sont ouvertes. ❺ La voiture est à côté de l'hôtel.

\*\*\*

❹ Le sac est dans la voiture.
    A ..... está .. carro.

❺ L'hôtel a beaucoup de portes et fenêtres.
    O hotel tem muitas ...... e ........

Corrigé de l'exercice 2

❶ – insuportável ❷ – é – ❸ – pegar – carro – passagens ❹ – bolsa – no – ❺ – portas – janelas

*Au Brésil, le climat… on aurait presque envie de dire les climats, tant là encore, la diversité est grande du Nord (où passe l'équateur) au Sud (où passe le tropique du Capricorne). Pour commencer, notez que les saisons sont inversées par rapport à l'Europe : le printemps, de septembre à décembre, suivi de l'été, de décembre à mars, de l'automne, de mars à juin, puis de l'hiver, de juin à septembre. Dans la région Nord,*

**11**

# Décima primeira aula *[dèssima primé'ra aola]*

## ▶ Antes da viagem para o Norte

**1** – A **mi**nha ¹ **ma**la não **fe**cha ².

**2** – Você quer a**ju**da?

**3** – Sim. Você **po**de ³ sen**tar** ⁴ a**qui**, em **ci**ma da **ma**la?

**4** – Não é **u**ma **bo**a i**dei**a…

**5** – En**tão** **e**u vou pe**gar** ⁵ a **su**a ⁶ **ma**la ver**mel**ha!

**6** – Hum, tam**bém** não é **u**ma **bo**a i**dei**a… ☐

### 🗨 Prononciation

*ã**ⁿ**tchiss da viyajê **pa**ra ou **nóR**tchi **1** a **mi**gna **ma**la nãõ **fè**cha **2** vossê kèR ajou**da 3** ssĩ. vossê **pó**dji ssẽⁿ**taR** a**ki** ẽ **ssi**ma da **ma**la **4** nãõ è **ou**ma **bo**a i**dè**ya **5** ĩⁿ**tão é**o vo pé**gaR** a **ssou**a **ma**la vèR**mé**lya **6** tã**ᵐ**bẽ nãõ è **ou**ma **bo**a i**dè**ya*

### 🗂 Notes

**1** L'adjectif possessif, ici au féminin, s'emploie indifféremment précédé ou non de l'article : **a minha mala** ou **minha mala**, *ma valise*.

**2** Comme nous l'avons déjà vu, la négation se forme tout simplement avec **não**, *non*, placé devant le verbe.

**3** Rappelez-vous que **você**, *tu*, se conjugue à la 3ᵉ pers. du singulier : **você pode**, *tu peux*. Notez que **poder**, *pouvoir*, est un verbe irrégulier.

**4** **sentar**, *s'asseoir, prendre un siège*. On aurait également pu dire **sentar-se**, *s'asseoir*, en utilisant alors la forme pronominale.

*notamment l'Amazonie, où nous nous trouvons cette semaine, le climat est équatorial, chaud et humide, les pluies abondantes, et la température moyenne autour de 25°C. En hiver, cependant, on assiste parfois à de brutales chutes de température... Prévoir donc "une petite laine"!*

**11**

# Onzième leçon

## Avant le voyage dans *(pour)* le Nord

**1** – Ma *(La ma)* valise ne ferme pas.
**2** – Tu veux [de l']aide ?
**3** – Oui. Tu peux [t']asseoir ici, au *(en)*-dessus de la valise ?
**4** – Ce n'est pas une bonne idée...
**5** – Alors [je] vais prendre ta *(la sa)* valise rouge !
**6** – Hum, ce n'est pas non plus *(aussi n'est)* une bonne idée...

**5** Même si le futur existe en portugais, pour exprimer un futur immédiat, on emploie le verbe **ir**, *aller*, suivi de l'infinitif : **eu vou pegar**, *je vais prendre* ; **você vai sentar**, *tu vas t'asseoir*.

**6** **a sua** ou **sua**, *sa*, est l'adjectif possessif de la 3e personne, que l'on emploie donc aussi pour dire *ta* (correspondant à **você** suivi de la 3e personne).

▶ Exercício 1 – Traduza

❶ Eu não quero a sua mala. ❷ Maria Cristina, você quer minha bolsa nova? ❸ A senhora pode sentar ao lado da janela. ❹ A passagem está na minha mala? ❺ Não, está em cima da bolsa.

\*\*\*

Exercício 2 – Complete

❶ Je vais prendre ma valise.
Eu vou ..... a ..... mala.

❷ Ton sac ne ferme pas ?
A ... bolsa não .....?

❸ Carlos, tu veux de l'aide ?
Carlos, você quer .....?

\*\*\*

*La région Nord en chiffres : elle couvre plus de 45 % du territoire brésilien. Riche en minerais et ressources forestières (on extrait 28 millions de m³ de bois par an... de quoi remplir trois millions de camions !), elle fait en permanence l'objet de convoitises internationales. Elle est formée des États de **Amazonas**, **Roraima** [rora-ima], **Amapá** (limitrophe avec la Guyane française à qui il sera bientôt relié par un pont sur l'Oyapock), **Pará**, **Rondônia**, **Acre** et **Tocantins**.*

**12**

## Décima segunda aula *[dèssima ssségõũ$^n$da aola]*

▶ ## O encontro

**1** – A se**nho**ra é brasi**lei**ra?
**2** **Fa**la portu**guês**?
**3** – **Eu** não sou brasi**lei**ra,
**4** mas **eu fa**lo um **pou**co de portu**guês**.

🗪 Prononciation
*ou ĩkõ$^n$trou 1 a ssig**nó**ra è brazi**lé**ira 2 **fa**la pouRtou**gué**$^i$ss 3 éo nãõ sso brazi**lé**ira 4 mass éo **fa**lou õũ **po**$^{ou}$kou dji pouRtou**gué**$^i$ss*

Corrigé de l'exercice 1

❶ Je ne veux pas ta/sa valise. ❷ Maria Cristina, [est-ce que] tu veux mon nouveau sac ? ❸ Vous *(fém.)* pouvez [vous] asseoir à côté de la fenêtre. ❹ [Est-ce que] le billet est dans ma valise ? ❺ Non, il est sur *(au-dessus de)* le sac.

\*\*\*

❹ Je veux m'asseoir ici.
   Eu quero ...... .....

❺ Le passeport est sur le sac rouge.
   O passaporte está .. .... da bolsa ........

Corrigé de l'exercice 2

❶ – pegar – minha – ❷ – sua – fecha ❸ – ajuda ❹ – sentar aqui ❺ – em cima – vermelha

\*\*\*

*L'Amazonie (20 fois l'Angleterre), temple de la biodiversité, repré-*
*sente 1/5 des ressources en eau douce de la planète, 80 000 espèces*
*végétales (300 espèces à l'hectare), 30 millions d'animaux dont 10 mil-*
*lions d'insectes. L'Amazone déverse 175 millions de litres d'eau par*
*seconde dans l'Atlantique, soit 20 % du débit mondial. Chiffres tou-*
*jours, c'est en Amazonie que se cache l'essence de bois de rose d'une*
*célèbre fragrance... N°5 !*

**12**

# Douzième leçon

## La *(Le)* rencontre

1 – Vous êtes brésilienne ?
2   [Vous] parlez portugais ?
3 – Je ne suis pas brésilienne,
4   mais je parle un peu *(de)* portugais.

5 – Qual [1] é o **seu** [2] **no**me?

6 – **Meu no**me é **Sô**nia, **meu** sobre**no**me [3] é
   **An**derson.

7   E **es**te é **Pa**co, **meu** ma**ri**do.                    □

*5 koua<sup>ou</sup> è ou **ssé**o **nó**mi 6 **mé**o **nó**mi è **sso**nya **mé**o ssobri**nó**mi è **ã**<sup>n</sup>dèRsson 7 i **èss**tchi è **pa**ko **mé**o ma**ri**dou*

Notes

1   L'interrogatif **qual** est invariable. Employé comme adjectif ou comme pronom, il a la même forme au masculin et au féminin : **Qual é a sua mala?**, *Quelle est votre valise ?* ; **qual hotel?**, *quel hôtel ?* ; **qual senhora?**, *quelle dame ?*

\*\*\*

Exercício 1 – Traduza

❶ **Esta** senhora não é brasileira. ❷ **Este** senhor fala português? ❸ **Sim**, mas ele fala muito pouco. ❹ **Onde** está meu marido? ❺ **Qual** é o seu hotel?

\*\*\*

Exercício 2 – Complete

❶   Vera parle très bien portugais.
     Vera .... muito bem .........

❷   S'il vous plaît, quel est votre prénom ?
     Por favor, .... é o ... nome?

❸   Je parle avec mon mari.
     Eu .... com o ... .......

\*\*\*

*My português is rich...* Qu'on l'appelle portugais, portugais du Brésil ou brésilien, cette cinquième langue parlée au monde – avec ses variantes – est commune à plus de 240 millions de locuteurs, sans compter que, rien qu'au Brésil, on dénombrerait... 236 autres langues, dont 41 en extinction. Tandis que les Brésiliens préparent des

5 – Quel est *(le)* votre prénom ?

6 – Mon prénom est Sônia, mon nom de famille est Anderson.

7  Et voici *(celui-ci est)* **Paco, mon mari.**

2  **seu**, littéralement "son", rencontré au féminin à la leçon précédente (**sua**), correspond ici à un "vous" de politesse au singulier ; il est donc traduit par *votre* : **o seu encontro**, *votre rencontre*.

3  **meu**, *mon*, est employé ici sans l'article : **meu nome** ou **o meu nome**, *mon prénom*. *Le nom de famille*, vous l'avez noté, se dit **o sobrenome**.

\*\*\*

Corrigé de l'exercice 1

❶ Cette dame n'est pas brésilienne. ❷ Ce monsieur parle-t-il portugais ? ❸ Oui, mais il parle très peu. ❹ Où est mon mari ? ❺ Quel est votre hôtel ?

\*\*\*

❹  Vous n'êtes pas brésilienne ?
A senhora ... é ......... ?

❺  Mon nom est Vargas.
... sobrenome . Vargas.

Corrigé de l'exercice 2

❶ – fala – português ❷ – qual – seu – ❸ – falo – meu marido ❹ – não – brasileira ❺ Meu – é –

\*\*\*

*projets de loi visant à protéger leur langue des anglicismes – dont 6 000 ont déjà été intégrés au vocabulaire officiel, les lusophones soucieux de protéger et dynamiser ce **rich** instrument, se sont regroupés dans une Communauté des pays de langue portugaise, la CPLP. Une **rich** idée !*

# Décima terceira aula [dèssima tèRssé¡ra aola]

## Marcar um encontro [1]

1 – **Ho**je à **tar**de [2] eu vou **ao** ci**ne**ma.
2 – Com quem [3]?
3 – Com a **mi**nha a**mi**ga Va**ne**ssa.
4 – **Eu** tam**bém que**ro ir.
5 – En**tão va**mos mar**car** um en**con**tro na **fren**te do ci**ne**ma "**Car**men Mi**ran**da".
6 – Tá [4] le**gal**!                                    ☐

### Prononciation

*maRkaR õũ ĩkõⁿtrou 1 oji a taRdji éo vo aou ssinéma 2 kõ kẽ 3 kõ a migna amiga vanéssa 4 éo tãᵐbẽ kèrou iR 5 ĩⁿtão vamouss maRkaR õũ ĩkõⁿtrou na frẽⁿtchi dou ssinéma kaRmẽ mirãⁿda 6 ta légaᵒᵘ*

### Notes

1  **encontro** a ici le sens de *rendez-vous*, mais son sens premier est *rencontre* (voir la leçon précédente). Il forme surtout un trio avec son contraire, **o desencontro**, la "non-rencontre", que l'on emploie si on rate un rendez-vous ou qu'une relation est marquée par le désaccord, l'incompatibilité, la divergence, et le "happy end" sémantique que constitue **o reencontro**, à savoir, *les retrouvailles* !

\*\*\*

### Exercício 1 – Traduza

❶ O café está na sua frente. ❷ Com quem você vai tomar um cafezinho? ❸ Hoje à tarde ela tem um encontro. ❹ Você quer ir ao cinema? ❺ O senhor tem o jornal de hoje?

## Treizième leçon

### Fixer un rendez-vous

**1 –** Cet après-midi *(Aujourd'hui à après-midi)*, je vais au cinéma.

**2 –** Avec qui ?

**3 –** Avec mon amie Vanessa.

**4 –** Moi aussi [je] veux [y] aller.

**5 –** Alors on va fixer *(marquer)* un rendez-vous en *(dans-la)* face du cinéma "Carmen Miranda".

**6 –** Super *(C'est légal)* !

**2** **à tarde**, *cet après-midi, tantôt*, comporte une nuance de durée.

**3** **quem**, *qui*, employé seul ou précédé d'une préposition, se réfère toujours à une personne.

**4** **tá** est la forme abrégée populaire de **está**, *il/elle est/tu es/c'est*.

\*\*\*

Corrigé de l'exercice 1

❶ Le café est devant toi/vous. ❷ Avec qui vas-tu prendre un petit noir ? ❸ Cet après-midi, elle a un rendez-vous. ❹ Veux-tu aller au cinéma ? ❺ Vous *(masc.)* avez le journal d'aujourd'hui ?

Exercício 2 – Complete

❶ Demain je vais au cinéma avec toi.
...... ... ao cinema ... você.

❷ Le rendez-vous est aujourd'hui.
O ........ é .....

❸ Elle n'a pas encore les billets.
Ela ..... não ... as ..........

\*\*\*

*Sans savoir mettre un nom dessus, vous avez certainement en mé-
moire le standard* **Tico tico no fubá** *– utilisé par Walt Disney, puis repris, entre autres, en 1981 par Dalida – créé à la radio brésilienne par
une vedette à la silhouette de* **baiana** *kitsch – avec turbans surmon-
tés de fruits tropicaux et chaussures à semelles sur-surcompensées
(tendance drag queen). Cette icône des années 1930-1940 a un
nom : Carmen Miranda. Née au Portugal, elle émigra très jeune au
Brésil avec ses parents. "La petite célébrité", comme on l'appelait
en raison de sa très petite taille, y connut un succès retentissant,
d'abord musical, puis cinématographique, avant que les Américains
ne s'approprient celle que de Broadway à Hollywood, en passant
par les frères Marx – tendance Groucho – et la Maison-Blanche du*

**14**

# Décima quarta aula [dèssima kouaRta aola]

## Revisão – Révision

### 1 Les sons

Cette semaine, pas de difficulté particulière, hormis peut-être la
prononciation inhabituelle du **x** [ch] dans **abacaxi**, *ananas*.

*Prononcez bien, à voix haute, les sons courants en vous aidant
de la transcription phonétique, en insistant sur la syllabe tonique
symbolisée par les caractères gras. Observez celle-ci, qui parfois, au lieu de se trouver sur l'avant-dernière syllabe, se situe*

❹ Je vais prendre l'avion cet après-midi.
Eu vou ..... o avião hoje . ......

❺ J'ai besoin de fixer un rendez-vous avec mon amie Célia.
.. ....... ..... um encontro com . ..... amiga Célia.

Corrigé de l'exercice 2
❶ Amanhã vou – com – ❷ – encontro – hoje ❸ – ainda – tem –
passagens ❹ – pegar – à tarde ❺ Eu preciso marcar – a minha –

\*\*\*

*président Roosevelt, on surnommait "The Brazilian Bombshell".*
*C'était la grande époque des studios de cinéma et des comédies mu-*
*sicales, y compris au Brésil. C'est ainsi que dans* **A Voz do Carnaval**
*suivi de* **Alô, Alô Brasil***, et* **Alô, Alô Carnaval***, Carmen Miranda a*
*tenu la vedette, ouvrant la voie à ces drames populaires musicaux*
*connus sous le nom de* **chanchadas** *– du français "pochade", et de*
*l'italien* **cianciata** *d'après le critique* **Sérgio Augusto** *–, dont le public*
*brésilien est gourmand, et qui, avec des évolutions, ont assuré l'es-*
*sor de l'industrie cinématographique brésilienne, jusqu'à péricliter,*
*comme partout, par usure du genre et avec l'arrivée... de la télévi-*
*sion dans les années 1960.*

**14**

# Quatorzième leçon

*sur la dernière syllabe. C'est le cas de* **abacaxi** *ananas,* **ladrões**
*voleurs,* **melão** *melon,* **café** *café,* **português** *portugais.*

## 2 Les diminutifs

On forme les diminutifs en ajoutant **-inho**, **-inha** au radical, avec
certains aménagements :
**o cafezinho = cafe + z + -inho**
**menininho = menin(o) + -inho**.
N'apprenez pas à les former par cœur, vous les assimilerez sans
vous en rendre compte, à force de les entendre.

## 3 Les adjectifs possessifs

Vous avez noté que l'emploi de l'article n'est pas obligatoire devant les adjectifs possessifs masculins et féminins :
– Correspondant à la première personne **eu**, *moi* → **meu** ou **o meu**, *mon* et **minha** ou **a minha**, *ma* ;
– Correspondant à la 2e ou 3e personne selon le contexte et dont l'emploi s'aligne sur **o senhor / a senhora** et **você** vus en première semaine → **seu** ou **o seu**, *son/votre* ou *ton* et **sua** ou **a sua**, *sa/votre* ou *ta*. Nous y reviendrons.

## 4 Le verbe *estar* (être au sens de "se trouver")

Nous avons rencontré les formes suivantes :

| | |
|---|---|
| **estou** | *je suis* |
| **está** et sa forme populaire abrégée **tá** | *il/elle est* |
| **(você) está** | *tu es* |
| **estão** | *ils/elles sont* |

Rappelons que **estar** désigne des situations ponctuelles, dues à un contexte précis :
**Hoje ela está insuportável**, *Aujourd'hui, elle est insupportable.* (Il n'en est pas toujours ainsi, c'est passager.)
**Ela está com a minha amiga Vanessa**, *Elle est (se trouve) avec mon amie Vanessa.*

Alors que **ser** s'attache à des situations permanentes immuables :
**Ela é italiana**, *Elle est italienne.*
**Meu nome é Sônia**, *Mon prénom est Sônia.*

\*\*\*

**A mala é vermelha e está ao lado da bolsa,** *La valise est rouge et se trouve à côté du sac.*

## 5 La formation du présent

Maintenant que vous avez rencontré nombre de formes du 1er groupe (verbes en **-ar**) – **dobra, fica, fala, pega, preciso de, volto** – récapitulons les conjugaisons usuelles au présent de l'indicatif, sur le modèle du verbe **pensar** :

| pensar, *penser* | |
|---|---|
| **penso** | (je) *pense* |
| **pensa** | (il, elle) *pense,* (tu) *penses,* (vous *politesse*) *pensez* |
| **pensamos** | (nous) *pensons* |
| **pensam** | (ils, elles) *pensent,* (vous *pluriel*) *pensez* |

Vous avez également rencontré plusieurs formes de verbes irréguliers en **-er** ou **-ir**. En ce qui concerne les verbes réguliers, le présent de l'indicatif se forme sur le même modèle que les verbes en **-ar** (radical + désinence **e** ou **i** + terminaison, à savoir : **-o, -e, -emos/-imos, -em**).

## 6 Les autres verbes

Nous avons essentiellement vu comment utiliser le verbe **ir**, *aller*, suivi de l'infinitif, pour exprimer un futur imminent :
**vou tomar,** *je vais prendre*
**vamos tomar,** *nous allons prendre.*

\*\*\*

EU ESTOU PRONTA.

## ▶ Diálogo de revisão

1 – Eu estou pronta.
2  O meu passaporte está na minha bolsa. Vamos?
3 – Você está louca?
4  E a sua mala? E a sua passagem de avião?
5 – A mala já está no carro
6  e a Vanessa tem a minha passagem.
7 – Quem é a Vanessa?
8 – A minha nova amiga.
9  Ela é brasileira.
10 – E onde é o encontro?
11 – Na frente da lanchonete da Avenida Castelo Branco.

**15**

## Décima quinta aula [dèssima kĩta aola]

## ▶ Na agência [1] de viagem

1 – Com licença. Podemos entrar?
2 – Sim, por favor.
3 – Minha esposa e eu queremos viajar [2].
4  É a nossa lua-de-mel...

### 🗨 Prononciation

*na ajẽssya dji viyajẽ 1 kõ lissẽssa. podémouss ẽⁿtraR 2 ssĩ pouR favoR 3 migna isspoza i éo kérémouss viyajaR 4 è a nóssa loua-dji-mè^ou*

### Remarques de prononciation

Observez attentivement les nuances entre la graphie et la prononciation :
Titre, 1 du son en dans agência et licença ;
Titre, 3, 5 des sons gem/jar qui se prononcent tous les deux [j].
Titre, 5 du son ia dans agência et viagem ;

Traduction
**1** Je suis prête. **2** Mon passeport est dans mon sac. On y va ? **3** Tu es folle ? **4** Et ta valise ? Et ton billet d'avion ? **5** La valise est déjà dans la voiture **6** et Vanessa a mon billet. **7** Qui est Vanessa ? **8** Ma nouvelle amie. **9** Elle est brésilienne. **10** Et où est le rendez-vous ? **11** En face de la *lanchonete* de l'avenue Castelo Branco.

**15**

# Quinzième leçon

## À l'agence de voyages

**1** – Pardon *(Avec licence)*. [Est-ce que nous] pouvons entrer ?

**2** – Oui, je vous en prie *(s'il vous plaît)*.

**3** – Mon épouse et moi voulons faire un voyage.

**4** [C']est notre *(la nôtre)* lune de miel...

Notes

**1** Sachez que les noms comportant le suffixe **-ência** correspondant au français *-ence*, sont féminins.

**2** **viajar** signifie *voyager, faire un voyage, partir en voyage* voire *partir* tout court, *s'en aller loin*.

**5 – Para on**de voc**ês** [3] **que**rem **fa**zer **su**a via**gem** [4]?
**6 – Pou**co impor**ta. Po**de ser a**té** [5] **pa**ra o Panta**nal.** □

*5 para õⁿdji vossé'ss kérẽ fazéR ssoua viyajẽ 6 poᵒᵘkou ĩᵐpóRta. pódji sséR atè para ou pãⁿtanaᵒᵘ*

## Notes

**3** **vocês** est le pluriel de **você**, *tu*. Il désigne donc plusieurs personnes que l'on tutoie individuellement. Il est, en toute logique, suivi de la 3e personne du pluriel, et sera traduit par *vous*.

**4** Nous avons déjà rencontré **sua** et **seu**. Notez qu'ici **sua** correspond au possessif à la 3e personne du singulier et est traduit par *votre*, puisqu'on s'adresse à deux personnes que l'on tutoie, mais comme il n'y a qu'<u>un</u>

\*\*\*

## Exercício 1 – Traduza

❶ Minha esposa quer viajar para Foz do Iguaçu. ❷ Com licença, onde é a agência de viagem "Eureka"? ❸ Por favor, queremos comprar uma mala para nossa lua-de-mel. ❹ Paula e Bruno, vocês querem entrar? ❺ Eu vou fazer uma viagem para a Europa.

\*\*\*

## Exercício 2 – Complete

❶ Pardon, où voulez-vous aller ?
Com ......., onde vocês ...... ir?

❷ Nous voulons partir en *(faire une)* lune de miel.
........ fazer uma ...........

❸ Mon épouse doit *(a besoin de)* partir *(en voyage)* aujourd'hui.
Minha ...... precisa ...... hoje.

❹ Peu importe la chaleur à Foz do Iguaçu !
Pouco ....... o ..... em Foz do Iguaçu!

**5 –** Où *(Pour où)* voulez-vous faire votre voyage ?
**6 –** Peu importe. [Ça] peut même être au *(jusqu'à le)*
    Pantanal.

5 Notez à propos de **você/vocês** le petit *[i]* que l'on entend au pluriel, à savoir, **[vôssé]/[vôssé'ss]**.
6 Notez l'accent tonique sur la dernière syllabe dans **Pantanal**, comme la plupart des mots se terminant par -l.

seul voyage, le pronom est au singulier : **Vocês querem fazer a sua viagem?**, *Vous voulez faire votre voyage ?* ; **Vocês querem as suas passagens?**, *Vous voulez vos billets ?*

**5** **até**, *jusqu'à*, signifie aussi (et c'est le cas ici) *même*, au sens de *jusqu'à, au point de* : **Posso até viajar. E ir até o Pantanal**, *Je peux même partir en voyage. Et aller jusqu'au Pantanal*.

\*\*\*

Corrigé de l'exercice 1

❶ Mon épouse veut faire un voyage à Foz do Iguaçu. ❷ Pardon, où est l'agence de voyages "Eureka" ? ❸ S'il vous plaît, nous voulons acheter une valise pour notre lune de miel. ❹ Paula et Bruno, vous voulez entrer ? ❺ Je vais faire un voyage en Europe.

EU VOU FAZER UMA VIÁGEM PARA A EUROPA.

❺ Cette agence de voyages est très bien.
    Esta ........ .. ...... é muito boa.

Corrigé de l'exercice 2

❶ – licença – querem – ❷ Queremos – lua-de-mel ❸ – esposa – viajar –
❹ – importa – calor – ❺ – agência de viagem –

*Peut-être arriverez-vous en soucoupe volante, par l'ovniport, puisque le **Pantanal** disposerait d'une piste d'atterrissage spéciale, compte tenu de sa haute activité en matière d'ovnis... Ou bien prendrez-vous la **Transpantaneira**, route (inachevée) de 145 km, construite dans les années 1970 pour rejoindre les 150 000 km$^2$ répartis entre les États du **Mato Grosso** et du **Mato Grosso do Sul**, qui ne faisaient qu'un jusqu'en 1977 ? Ou alors, selon la saison, ce sera en bateau, car le **Pantanal** est la plus grande plaine inondée au monde : de mars à octobre, en effet, le **Rio Paraguai** et ses affluents sortent de leur lit et inondent un peu, beaucoup... ou pas du tout, les basses terres, générant une flore et une faune d'une grande richesse – 300 espèces de poissons, 600 espèces d'oiseaux (les échassiers, notamment tels que les ibis, hérons, cigognes), 80 espèces de mammifères et 50 sortes de reptiles. L'élevage en période de décrue et les produits agricoles*

**16**

# Décima sexta aula *[dèssima sséssta aola]*

## O shopping center

**1** – Oi, **Mar**ta.
**2** – Oi, **Car**los. **Tu**do bem? [1]
**3** – **Tu**do bem. Vo**cês** vão **pa**ra a es**co**la?
**4** – Não, nós [2] **va**mos **pa**ra o **sho**pping Iguate**mi**.

### Prononciation

*ou **chó**pĩ ss**ẽⁿ**teu 1 oy **maR**ta 2 oy **kaR**loss **tou**dou bẽ 3 **tou**dou bẽ vo**ssé**ⁱss vão **pa**ra a iss**kó**la 4 não, nóss **va**mouss **pa**ra ou **chó**pĩ igouaté**mi***

### Remarque de prononciation

Titre : Shopping Center – La prononciation des mêmes termes étrangers varie d'un locuteur à l'autre en fonction de sa langue maternelle. C'est donc le cas pour les innombrables américanismes présents dans le quotidien des Brésiliens que l'on a parfois du mal à identifier dans la conversation courante (et quasiment impossibles à reproduire phonétiquement). À titre d'exemple : pour Hollywood, vous entendrez [**Rol**iyoudji], et pour Washington, [u**o**chitôn].

*toxiques ayant des effets préjudiciables à la qualité de l'eau, élément clé de cet écosystème, et certaines de ces espèces (crocodiles) et l'équilibre même de cette référence en matière de biodiversité étant menacés, la zone est sous haute surveillance. La chasse et la pêche – dites prédatrices – y sont aujourd'hui contrôlées, et une action sensibilise la population à la préservation de ce sanctuaire écologique à grande vocation touristique. Dans la nouvelle Constitution brésilienne (1988), le* **Pantanal** *appartient au patrimoine national, par ailleurs classé "réserve de biosphère" par l'Unesco, puis patrimoine de l'humanité. Il appartient aussi désormais au patrimoine culturel du Brésil, puisqu'il a inspiré en 1986 le* Ballet Stagium, *connu pour ses chorégraphies basées sur l'histoire et la vie du pays, et, en 1990, une de ces* **telenovelas** *dont raffolent les Brésiliens… sans oublier la spécialité locale, le bouillon de* **piranha**, *aux vertus… aphrodisiaques !*

**16**

# Seizième leçon

## Le centre commercial

**1** – Salut, Marta.
**2** – Salut, Carlos. Ça va *(Tout bien)* ?
**3** – Ça va. Vous allez à l' *(pour la)* école ?
**4** – Non, nous allons au *(pour le)* centre commercial Iguatemi.

Notes

**1** | Oi, *Salut*, et **Tudo bem**, *Ça va ?* (question) / *Tout baigne* (réponse), sont deux manières de saluer de façon décontractée un collègue ou un voisin. Attention **tudo**, *tout*, est ici invariable.

**2** | Le pronom personnel sujet **nós**, *nous*, est peu employé, sauf pour marquer une insistance. On le rencontre surtout comme complément, et dans ce cas, sans accent… comme nous le verrons par la suite.

5   **Eu** vou de **ca**rro [3] com **su**as ir**mãs** [4].
6 – **Po**sso ir **jun**to [5]?
7 – **Cla**ro [6]. Nós **sem**pre **te**mos um lu**gar pa**ra vo**cê.** □

🗨 **5** *é*o *vo* dji *ka*RRou kõ **ssou**ass ir**mī**nss **6** *pó*ssou ir **jou**ⁿtou
**7** **kla**rou nóss ss**ē**ᵐpri **té**mouss õũ lou**gaR** **pa**ra vo**ssé**

📑 Notes

**3**  La préposition **de**, littéralement "de", permet ici d'exprimer le moyen de locomotion. L'emploi des prépositions est assez différent en portugais et en français ; c'est essentiellement une question d'observation et d'entraînement. Soyez donc sans inquiétude.

**4**  irmã, *sœur*, comme son équivalent masculin irmão, *frère*, mais contrairement à d'autres mots en **-ão**, forme son pluriel en ajoutant un **-s**.

**5**  junto, littéralement "joint", est employé ici comme adverbe invariable et signifie *ensemble*.

\*\*\*

▶ Exercício 1 – Traduza
❶ Vocês vão para a escola de carro? ❷ Oi Carla, você pode ir junto? ❸ Este lugar é para sua irmã. ❹ Nós não temos a passagem de ônibus. ❺ Posso sentar aqui?

\*\*\*

Exercício 2 – Complete
❶  Mon amie veut aller avec nous.
    Minha amiga .... ir ......

❷  Nous allons toujours à la piscine.
    ... ...... vamos para a piscina.

❸  Qui a une place dans la voiture ?
    .... tem um ..... no carro?

**5** J'[y] vais en *(de)* voiture avec tes sœurs.

**6** – [Je] peux aller avec vous *(ensemble)* ?

**7** – Bien sûr. Nous avons toujours une *(un)* place pour toi *(tu)*.

**6** **claro**, *clair*, a valeur d'interjection et a le sens de *Bien sûr !, Bien entendu !, Évidemment !*

\*\*\*

## Corrigé de l'exercice 1

**❶** Vous allez à l'école en voiture ? **❷** Salut Carla, tu peux venir avec nous *(ensemble)* ? **❸** Cette place est pour ta/votre/sa sœur. **❹** Nous n'avons pas le ticket de bus. **❺** Je peux m'asseoir ici ?

\*\*\*

**❹** Salut, Pedro. Je peux prendre la revue ?

. . , Pedro. . . . . . pegar a . . . . . . . ?

**❺** Ma sœur va partir en Allemagne.

Minha . . . . vai . . . . . . para a . . . . . . . . .

## Corrigé de l'exercice 2

**❶** – quer – junto **❷** Nós sempre – **❸** Quem – lugar – **❹** Oi – Posso – revista **❺** – irmã – viajar – Alemanha

*Si vous avez, comme les Brésicains (Brésiliens-Américains), un goût marqué pour l'**American way of life**, et êtes adeptes du "**consumo, logo existo**, je consomme, donc je suis", vous trouverez au Brésil un pays de rêve. En effet, au 2e rang pour les fast-foods et le port de jeans et de tennis, le Brésil arrive en 7e position en matière d'emplettes dans des centres commerciaux dits **shopping centers**. Car, bien loin des centres commerciaux européens, le **shopping center** est LE mode de vie de la classe moyenne et au-dessus dans les centres urbains petits et grands, l'intérieur du pays étant peu à peu gagné par l'épidémie ! Havre de paix, ce temple de la consommation est aussi un lieu de vie grâce à sa facilité d'accès en voiture, sa sécu-*

**17**

# Décima sétima aula *[dèssima ssètchima aola]*

## Os vizinhos

**1** – Mãe, **es**te é o Ri**car**do, **no**sso **no**vo vi**zi**nho.
**2** – **Co**mo vai, Ri**car**do?
**3** – Bem, obri**ga**do.
**4** – De **on**de ¹ é **su**a fa**mí**lia?
**5** – **E**la é de Lis**bo**a.

Prononciation
*ouss vizignouss **1** mãy **ès**stchi è ou RikaRdou **nó**ssou **no**vou vizignou **2** **ko**mou vay RikaRdou **3** bẽ obri**ga**dou **4** dji õⁿdji è **ssou**a familya **5** **è**la è dji liz**bo**a*

Remarques de prononciation
1, 2, 3, 6, 7, 8 Rappelez-vous que r peut se prononcer raclé [**R**] (Ricardo, porto) ou très raclé [**RR**] quand il est doublé (bairro), ou encore légèrement roulé [**r**] (obrigado, agora, moramos, Alegre).
1, 6 Comparez le son ãe [**ãy**] très nasalisé de mãe et le son ai [**ay**] de bairro.

rité et sa propreté assurées. Il incarne la modernité et protège de la violente réalité du dehors – le Brésil est en effet aussi très bien placé en matière de violence urbaine et de concentration des richesses. Chaque **shopping** a son profil, sa clientèle. Ce type de commerce n'a fait que précipiter un peu plus dans le gouffre les centre-villes traditionnels et gagne du terrain au point d'engendrer la création de **shoppings** pour semi-pauvres : les **shoppings tropicais** (tropicaux), non climatisés. À propos, un détail : afin de toujours satisfaire les desiderata de leur clientèle et de retrouver un peu d'humanité, les **shoppings** autorisent désormais l'entrée... des animaux de compagnie, avec boisson assurée au **Dog's Bar** !

**17**

# Dix-septième leçon

## Les voisins

**1** – Maman, voici *(celui-ci est le)* Ricardo, notre nouveau voisin.
**2** – Comment [ça] va, Ricardo ?
**3** – Bien, merci.
**4** – D'où est ta famille ?
**5** – Elle est de Lisbonne.

OS VIZINHOS

### Note

**1** de onde?, *d'où ?*, indique l'origine. À la question **De onde é?**, *D'où êtes-vous ?*, on répond tout naturellement selon la même structure, **Eu sou de...**, *Je suis de...* Rappelez-vous que l'on emploie le verbe **ser**, *être*, pour désigner ce qui est fondamental, immuable, ce qui est le cas pour le lieu de naissance.

6 Mas ag**o**ra mor**a**mos **to**dos ² a**qui** ³, no **bai**rro
   Lind**ó**ia.
7 – E o que voc**ê** a**c**ha de **Por**to Ale**g**re?
8 O **por**to é ale**g**re ⁴, não é?     □

🔊 **6** mass ag**ó**ra mor**a**mouss **to**douss a**ki** nou **bay**RRou lĩ'd**ó**ya **7** i ou
ki vos**sé** acha dji **poR**tou al**è**gri **8** ou **poR**tou è al**è**gri não è

### Notes

**2** todos, *tous*, suit la règle générale : formation du féminin en **-a** et du pluriel en ajoutant un **-s** : todo *tout*, todos *tous*, toda *toute*, todas *toutes*.

**3** L'adverbe de lieu **aqui**, *ici*, se réfère à ce qui est près de soi. Il peut se
   contracter avec la préposition **de** : daqui, *d'ici*. Este vizinho é daqui, *Ce
   voisin est d'ici.*

\*\*\*

▶ Exercício 1 – Traduza

**❶** O vizinho não fala com a Rita. **❷** Nosso bairro é muito
perto daqui. **❸** Todos os vizinhos estão na lanchonete.
**❹** Como vai sua esposa? **❺** Minha família é de Madri.

\*\*\*

Exercício 2 – Complete

**❶** Maintenant, nous habitons en Allemagne.
   . . . . . nós . . . . . . . na Alemanha.

**❷** Comment ça va, maman ?
   . . . . . . . , mãe?

**❸** Mon nouveau voisin est portugais.
   Meu . . . . . . . . . é português.

**6** Mais maintenant [nous] habitons tous ici, dans le *(en-le)* quartier [de] Lindóia.

**7 –** Et que penses-tu *(Et le que tu trouves)* de Porto Alegre ?

**8** Le port est joyeux, non ?

**4** Il s'agit évidemment d'un jeu de mots : **porto** signifie *port*, et **alegre**, *joyeux*.

\*\*\*

Corrigé de l'exercice 1

❶ Le voisin ne parle pas avec Rita. ❷ Notre quartier est très près d'ici.
❸ Tous les voisins sont à la lanchonete. ❹ Comment va ton/votre/son épouse ? ❺ Ma famille est de Madrid.

\*\*\*

❹ Mon épouse va très bien, merci.
   Minha esposa ... muito ..., obrigado.

❺ Ce quartier est nouveau.
   Este ...... é .....

Corrigé de l'exercice 2

❶ Agora – moramos – ❷ Como vai – ❸ – novo vizinho – ❹ – vai – bem – ❺ – bairro – novo

**Porto Alegre**, ou plutôt **POA** comme on l'appelle, du nom du terminal aérien, est la capitale de l'État le plus méridional du pays, le
**Rio Grande do Sul**. Elle a été fondée par des Portugais venus des
Açores en 1777, sur les bords du **Rio Guaíba**. Cette paisible petite
ville provinciale de 1,5 million d'habitants a une longue tradition de
développement économique et de pratique politique, et une position
enviée dans ce grand marché de libre-échange qu'est le Mercosud, à
mi-distance entre Buenos Aires et **São Paulo**. Au Brésil, on a dit d'elle
que c'est la ville où "tout marche", au point de s'être vu décerner
par l'ONU le plus haut taux de développement humain du pays. Elle
a également été une référence brésilienne, mais aussi mondiale, en
matière de gouvernance municipale et de participation populaire à
la gestion communale, grâce à son célèbre "budget participatif". En
effet, toutes les questions ayant trait à l'emploi des fonds publics en

**18**

## Décima oitava aula [dèssima oytava aola]

▶

### Casa ou apartamento?

**1 – On**de você **mo**ra?
**2 – Eu mo**ro em Curi**ti**ba, **per**to do **cen**tro.
**3 – Vo**cês têm ¹ **u**ma **ca**sa em Curi**ti**ba?

🗨 Prononciation
**ka**za o apa**R**ta**mẽ**ⁿtou **1** õ**ⁿ**dji vo**ssé mó**ra **2** é**o mó**rou ē kouri**tchi**ba,
**pè**Rtou dou **ssẽ**ⁿtrou **3** vo**ssé'ss** tē **ou**ma **ka**za ē kouri**tchi**ba

▫ Note
**1** têm, *ils/elles ont*, la 3ᵉ personne du pluriel du verbe **ter**, *avoir*, se distingue
du singulier par son accent circonflexe sur le **ê**. Sans l'apprendre par cœur,
observez-le, car c'est un verbe auxiliaire.

*matière d'éducation, de santé, d'urbanisme, etc. étaient débattues et votées par la population à différents échelons, la société civile définissant ainsi, de concert avec les élus, ses critères, ses priorités et ses attentes, tout en assimilant les rouages de l'appareil administratif. Cerise sur le gâteau, cette petite ville tranquille du bout du monde, où les habitants n'hésitent pas le soir à sortir leurs chaises sur le trottoir pour regarder des couchers de soleil eux aussi fort renommés, a organisé, à l'aube du XXIe siècle, une grande rencontre planétaire de tous les partisans "d'un autre monde possible", suscitant tout à coup l'intérêt des médias du monde entier. Ce n'est sans doute pas sans raison qu'une légende rapporte qu'ici, les Guaranis prenaient le* **chimarrão**, *boisson typique, qui avait la vertu de rapprocher les gens et de les faire fraterniser. C'est* **Porto Alegre** *la bien nommée !*

---

**18**

# Dix-huitième leçon

## Maison ou appartement ?

**1 –** Où [est-ce que] tu habites ?
**2 –** J'habite à *(en)* Curitiba, près du centre.
**3 –** Vous avez une maison à *(en)* Curitiba ?

(ELE NÃO TEM MEDO?)

**4** – Não, nós mo**ra**mos num² **pré**dio **mui**to **al**to de
**trin**ta³ an**da**res⁴.

**5** – E **se**u ca**cho**rro?

**6** **E**le não tem **me**do?

**7** – **Cla**ro que não.

**8** **No**sso aparta**men**to é no **té**rreo.      □

*4 não nóss moramouss nõũ prèdyou mõũĩⁿtou aᵒᵘtou dji trĩⁿta
ãⁿdariss 5 i sséo kachoRRou 6 èli não tê médou 7 klarou ki não
8 nóssou apaRtamēⁿtou è nou tèRRéyou*

Notes

**2** **num**, *dans un*, est la contraction de **em**, *dans*, et **um**, *un*. De même, on
aura au féminin, **numa** (em + uma), *dans une*.

**3** **trinta**, *trente*, est invariable, comme tous les adjectifs cardinaux… hormis **um/a**, *un/e*, et **dois/duas**, *deux*, que nous avons rencontrés dans la
numérotation des pages. Les dizaines se terminent par **-enta** (sauf **dez**,
*dix*, et **vinte**, *vingt*) : **quarenta** (40), **cinquenta** (50), **sessenta** (60), **setenta**
(70), **oitenta** (80), **noventa** (90). Ne confondez pas ces nombres avec les

\*\*\*

Exercício 1 – Traduza

**❶** Minha irmã mora com o seu marido em Paris. **❷** O João
e o Paulo têm uma casa muito grande no centro da cidade.
**❸** Nosso apartamento não é grande, mas ele é novo. **❹** O
prédio onde mora meu amigo não é muito alto. **❺** Meu
cachorro tem medo de viajar de avião.

\*\*\*

Exercício 2 – Complete

**❶** J'habite avec ma famille.
Eu .... com a ..... família.

**❷** Nous ne voulons pas une maison neuve.
Nós não ........ uma .... nova.

**❸** Vous avez un chien ?
Vocês ... um ........?

**4 –** Non, nous habitons dans un *(en-un)* immeuble très haut, de trente étages.

**5 –** Et ton chien ?

**6** Il n'a pas peur ?

**7 –** Bien sûr que non.

**8** Notre appartement est au *(en-le)* rez-de-chaussée.

## Remarque de prononciation

4 N'oubliez pas que le o en position finale se prononce *[ou]*, sauf dans la combinaison ão qui est très nasalisée.

ordinaux qui figurent en tête de chaque leçon ; aujourd'hui, **décima oitava**, *dix-huitième*. Pour le moment, contentez-vous de les observer quotidiennement.

4 Les noms qui se terminent en **-ar** forment leur pluriel en ajoutant **-es** et sont en général masculins. Les adjectifs en **-ar**, eux, ont la même forme au masculin et au féminin, et forment leur pluriel comme les noms. **Ele dá três aulas particulares por semana**, *Il donne trois cours particuliers par semaine*.

\*\*\*

## Corrigé de l'exercice 1

❶ Ma sœur habite avec son mari à Paris. ❷ João et Paulo ont une très grande maison au centre-ville. ❸ Notre appartement n'est pas grand, mais il est neuf. ❹ L'immeuble où habite mon ami n'est pas très haut. ❺ Mon chien a peur de voyager en avion.

\*\*\*

❹ Cet immeuble a une piscine.

Este ...... ... uma piscina.

❺ Avez-vous peur de voyager en bus ?

Vocês ... .... de viajar .. ônibus?

## Corrigé de l'exercice 2

❶ – moro – minha – ❷ – queremos – casa – ❸ – têm – cachorro ❹ – prédio tem – ❺ – têm medo – de –

*Comme le chantait Jacques Hélian, en France, après-guerre, dans "M. le consul à **Curitiba", la capitale de l'État du **Paraná** est "un charmant petit coin tranquille où la vie est douce et facile". Cette perle tempérée du sud brésilien est à la hauteur de sa réputation de qualité de vie exceptionnelle. En guarani, **Curii-tyba** veut dire "pins nombreux", arbre symbole de l'État. Avec ses 50 m² d'espaces verts par habitant, elle est un modèle d'urbanisme et de gestion "raisonnée", notamment pour ce qui est des transports collectifs et du recyclage des ordures, auquel participe activement la population, moyennant finance pour les faibles revenus. À partir du XIX{e} siècle, elle a vu arriver des immigrants européens, puis, un siècle plus tard, des orientaux, et*

**19**

---

# Décima nona aula *[dèssima nona aola]*

## Um, dois ou três cartões postais [1]?

**1** – Você **gos**ta **des**te [2] car**tão** pos**tal**?
**2** – Sim, é bo**ni**to. **E**u **go**sto **mui**to do [3] Pão de A**çú**car.
**3** – E a**que**le [4] com a **pra**ia de Ipa**ne**ma?
**4** – Não, **e**u não **gos**to.

Prononciation

*õũ doyss o tré'ss kar**tõy**ss poss**tay**ss 1 vossé **gós**sta **dèss**tchi kar**tão** posta{ou} 2 ssĩ è bo**ni**tou. éo **gós**stou **mõũ**'tou dou pão dji assou**ka**R 3 i a**kè**li kõ a **pra**ya dji ipa**né**ma 4 não éo não **gós**stou*

Notes

**1** Le pluriel de **postal**, *postal/e*, se forme en remplaçant (comme pour tous les mots de cette catégorie) le **-l** par **-is** : **postais**. Notez que **cartão postal** est masculin.

**2** **deste**, *de celui-ci*, est la contraction de la préposition **de** et du démonstratif **este**, *celui-ci*. **Deste**, quand on a le choix, a le sens de *de cette sorte*, *comme ça*, sous-entendu "par rapport au reste" : *um pão deste, un pain comme celui-ci*. De même, au féminin : **desta** (**de** + **esta**), *de celle-ci*.

*chaque communauté a reçu en hommage de la ville un mémorial qui la symbolise. En matière de défense de l'environnement, la sensibilisation commence à l'école et se poursuit en faculté, car* **Curitiba** *a, depuis 1991, une "université libre de l'Environnement", unique au monde. Cela ne l'a pas empêchée d'opter pour le développement économique, puisqu'elle est devenue le second pôle d'assemblage et d'équipements automobiles du pays, à destination du Mercosud, dont l'usine* **Ayrton Senna***, du nom du coureur automobile disparu prématurément. À* **Curitiba***, il fait bon vivre, n'en déplaise au "vampire de* **Curitiba***", l'écrivain* **Dalton Trevisan***. Et, comme la chanson, de conclure… "Quelle veine il a […], M. le consul à* **Curitiba***"!*

---

**19**

# Dix-neuvième leçon

## Une, deux ou trois cartes postales ?

**1 –** Tu aimes cette *(de-celui-ci)* carte postale ?

**2 –** Oui, [elle] est jolie. J'aime beaucoup le *(de-le)* Pain de Sucre.

**3 –** Et celle-là, avec la plage d'Ipanema ?

**4 –** Non, je n'aime pas.

**3** Notez bien **gostar de**, *aimer quelque chose ou quelqu'un*.

**4** **aquele**, *celui-là*, à l'opposé de **este** et esse, dont il suit les mêmes règles de contraction (**naquele, daquele**), désigne ce qui est là-bas, loin de moi, loin d'ici, avec parfois une connotation affectueuse ou admirative. Au féminin : **aquela, naquela, daquela**. Au pluriel, le masculin et le féminin prennent un **-s**.

5 – **Quan**tos cartões [5] vo**cê** quer com**prar**?
6 – Não sei.
7 Um **pa**ra a **mi**nha mãe, um **pa**ra o **me**u pai, um **pa**ra os **me**us ir**mãos**. ☐

🔊 *5 kõũã*ⁿ*touss kartõyss vossé kèR kõ*ᵐ*praR 6 não ssèy 7 õũ pra a
mi*gna mãy õũ pra ou **mé**o pay õũ pra ouss **mé**ouss ir**mãõss**

\*\*\*

▶ Exercício 1 – Traduza
❶ Eu quero comprar três cartões postais. ❷ Vocês querem
caminhar na praia? ❸ Meu pai não gosta deste cartão do
Portinari. ❹ Quantos postais você tem? ❺ Agora os dois
amigos querem tomar um suco.

\*\*\*

Exercício 2 – Complete
❶ Tu aimes cette ville ?
Você ..... desta cidade?

❷ Je n'aime pas cet immeuble.
Eu não ..... deste .......

❸ Cette carte postale est très jolie.
Este ...... ...... é muito .......

\*\*\*

*Le Pain de Sucre et la plage d'***Ipanema** *sont effectivement les clichés
par excellence. Le Pain de Sucre, dont on ne sait trop s'il doit son nom
à sa forme ou au terme indien* **Pau -nh- açuque** *qui désigne une "mon-
tagne haute pointue et isolée", n'en reste pas moins le premier repère
visuel des navigateurs portugais, en 1502, lorsqu'ils abordèrent la baie
de Rio. C'est une Anglaise qui se lança la première dans son escalade, en
1817… Heureusement, en 1909, un ingénieur entreprit d'y construire un
téléphérique, l'ascension se faisant en deux étapes, l'une jusqu'au* **Morro
da Urca** *(224 m d'altitude), l'autre jusqu'au sommet du Pain de Sucre*

**5 –** Combien [de] cartes [postales] veux-tu acheter ?

**6 –** [Je] ne sais pas.

**7** Une *(Un)* pour ma mère, une *(un)* pour mon père, une *(un)* pour mes frères.

## Note

**5** **quantos**, *combien*, qui a ici une valeur interrogative, prend le genre et le nombre du mot auquel il se rapporte (**quanto, quanta, quantos, quantas**) : **Quantos cartões?**, *Combien de cartes ?* ; **Quantas praias?**, *Combien de plages ?* Mais il peut aussi avoir une valeur exclamative : **Quantos postais!**, *Que de cartes postales !*

***

## Corrigé de l'exercice 1

❶ Je veux acheter trois cartes postales. ❷ Voulez-vous marcher sur la plage ? ❸ Mon père n'aime pas cette reproduction *(carte)* de Portinari. ❹ Combien de cartes postales as-tu ? ❺ Maintenant les deux amis veulent prendre un jus de fruits.

***

❹ S'il vous plaît, deux expressos et trois cafés au lait !
   Por favor, .... cafezinhos e .... cafés com leite!

❺ Sur la plage, la chaleur est insupportable.
   Na ..... o calor está ............

## Corrigé de l'exercice 2

❶ – gosta – ❷ – gosto – prédio ❸ – cartão postal – bonito ❹ – dois – três – ❺ – praia – insuportável

***

*(395 m), pour découvrir la baie de* **Guanabara** *(communément connue sous le nom de Baie de Rio), l'un des plus beaux panoramas au monde. L'autre carte postale, y compris musicale, c'est* **Ipanema** *(en tupi,"eau mauvaise"). Plus que l'eau de mer, on y recherche un maximum de soleil pour un minimum de protection vestimentaire. D'où le slogan qui lui colle à la peau :* **"Sea, sex and sun"**. *Les nostalgiques préféreront sans doute se souvenir des vers du poète* **Vinicius de Morais** *et de la mélodie du compositeur* **Antonio Carlos Jobim**, *dont la chanson* **A Garota de Ipanema**, **The Girl from Ipanema**, *a fait le tour du monde.*

# Vigésima aula [vijèzima aola]

## Quem paga o táxi?

1 – Eu não tenho dinheiro para pagar o táxi.
2 – E eu só [1] tenho uma nota de 10 (dez) reais.
3   Será que [2] ele não aceita cartão de crédito?
4 – Vamos perguntar ao motorista [3].
5   Com licença, o senhor aceita cartão?
6 – Não, mas vocês podem pagar com cheque.
7 – Ah, então não tem problema. Eu pago o táxi.
8   Mas... onde está o meu talão de cheque?   □

### Prononciation
*kẽ paga ou takssi 1 éo não tègnou djigné'rou para pagaR ou takssi 2 i éo ssó tègnou ouma nóta dji dèyss Réayss 3 sséra ké èli não asséyta kartão dji krèdjitou 4 vamouss pèRgõũʰtaR aou motorissta 5 kõ lissèssa ou ssignoR asséyta kartão 6 não mass vosséⁱss podẽ pagaR kõ chèki 7 a ĩ̃ʰtão não tẽ probléma. éo pagou ou takssi 8 mass... õʰdji issta ou méo talão dji chèki*

### Notes

1  L'adverbe **só**, *seulement*, est une forme abrégée de **somente**. Pensez à la célèbre **samba de uma nota só**, *samba à une seule note* ! Placé avant le verbe, il correspond à la négation *ne... que* : **Só gosto de praia**, *Je n'aime que la plage*. Signalons qu'il a également le sens de *tout/e seul/e*. Nous y reviendrons.

2  **Será que...?**, *Est-ce, Est-ce que... ?*, futur du verbe **ser**, *être*, est une forme d'interrogation plus élaborée que celle rencontrée dans la

# Vingtième leçon

## Qui paye le taxi ?

**1** – Je n'ai pas [d']argent pour payer le taxi.
**2** – Et [moi] je n'ai qu'un *(seulement ai une)* billet de
10 réaux.
**3** Il n'accepte pas *(Sera qu'il n'accepte)* [les] carte[s] de
crédit ?
**4** – Allons demander au chauffeur.
**5** Pardon, [est-ce que] vous acceptez [les] carte[s] ?
**6** – Non, mais vous pouvez payer par *(avec)* chèque.
**7** – Ah, alors il n'y a pas [de] problème. Je paye le taxi.
**8** Mais... où est mon chéquier *(talon de chèque)* ?

### Remarques de prononciation

Titre, 1, 7 táxi : Attention, ici le x ne se prononce pas *[ch]*, mais *[kss]*.
1, 4, 6 Vous remarquerez que tous les verbes à l'infinitif ont leur accent tonique sur la dernière syllabe.

3e leçon, où n'intervenaient que l'intonation de la voix et un simple **?**.
On peut également employer **Será...?** suivi d'un nom, au sens de *Serait-
ce.../Ne serait-ce pas... ?*
**3** **motorista**, *conducteur* ou *conductrice*. Le suffixe **-ista**, *-iste*, permet
entre autres de former des noms de professions : **jornalista**, *journaliste*,
**taxista**, *chauffeur de taxi* (moins courant que **motorista**), **eletricista**,
*électricien/ne*.

▶ Exercício 1 – Traduza

❶ Este hotel aceita cartão de crédito internacional? ❷ Eu quero perguntar o nome desta avenida. Será a Avenida Castro Alves? ❸ Você não vai pagar o táxi? ❹ Meu marido vai pagar o senhor. ❺ Posso pegar esse dinheiro?

Exercício 2 – Complete

❶ Nous pouvons demander au chauffeur où se trouve cette rue.
Nós podemos ......... ao ......... onde fica esta rua.

❷ J'ai besoin de prendre un taxi, mais [je] n'ai pas d'argent.
Eu ....... ..... um táxi, mas não ..... .........

❸ Puis-je payer par chèque ?
Posso ..... com ......?

❹ Qui a une carte de crédit pour payer le voyage ?
Quem tem um ...... .. ....... para pagar a viagem?

❺ Acceptez-vous (fém.) mon chien dans l'appartement ?
A senhora ...... meu ........ .. ...........?

\*\*\*

*Histoire de ne pas perdre au change, nous allons nous pencher sur l'histoire mouvementée de la monnaie brésilienne. Sachez en effet qu'avant l'avènement du roi réal, en juillet 1994, dans le cadre du plan économique dit plan Réal, visant à juguler l'inflation, maladie endémique de son économie, le Brésil a connu nombre de monnaies : de 1500 à 1942, le billet de* **Mil-Réis** *(*1 real*, 1 réal,* **2 reais***, 2 réaux) ; puis en 1942,* **o Cruzeiro** *(Cr$), suivi du* **Cruzeiro Novo** *(NCr$) en 1967, du* **Cruzeiro II** *(Cr$) en 1970, du* **Cruzado** *(Cz$) en 1986,*

## Corrigé de l'exercice 1

❶ Cet hôtel accepte-t-il les cartes de crédit internationales ? ❷ Je veux demander le nom de cette avenue. Serait-ce l'avenue Castro Alves ? ❸ Tu ne vas pas payer le taxi ? ❹ Mon mari va vous payer. ❺ Est-ce que je peux prendre cet argent ?

## Corrigé de l'exercice 2

❶ – perguntar – motorista – ❷ – preciso pegar – tenho dinheiro ❸ – pagar – cheque ❹ – cartão de crédito – ❺ – aceita – cachorro no apartamento

\*\*\*

*suivi du* **Cruzado Novo (NCz\$)**, *puis retour au* **Cruzeiro** *en 1990... pour enfin connaître le* **Cruzeiro Real** *en 1993, et le* **Real** *en juillet 1994 ! Outre les billets, il existe des pièces de monnaie de 1, 5, 10, 25, 50* **centavos***, centimes. Le plan Réal a établi une parité entre le réal (***1 R\$***) et le dollar (***1 US\$***), monnaie psychologiquement de référence de tous les Brésiliens. D'ailleurs, on a beaucoup parlé de dollarisation des monnaies dans cette région du monde.*

# Vigésima primeira aula [vijèzima primé/ra aola]

## Revisão – Révision

*Faisons notre petit tour d'horizon des points de grammaire rencontrés cette semaine.*

### 1 Les suffixes

Nous avons vu cette semaine que les noms terminés en **-ência**, qui correspond au français *-ence*, sont féminins : **a agência**, *l'agence* ; ceux en **-ista**, en français *-iste*, ont la même forme au masculin et au féminin, et désignent souvent des noms de profession : **o/a jornalista**, *le/la journaliste*.

### 2 Les pluriels

Les mots qui se terminent en :
– **-ar** au singulier font **-ares** au pluriel : **o andar**, *l'étage* → **os andares**, *les étages* ;
– **-al** au singulier font **-ais** au pluriel : **o postal**, *la carte postale* → **os postais**, *les cartes postales* ;
– **-ã** prennent un **-s** au pluriel, ainsi que certains mots en **-ão** : **a irmã**, *la sœur* → **as irmãs**, *les sœurs* ; **o irmão**, *le frère* → **os irmãos**, *les frères*.

### 3 Les indéfinis et les démonstratifs

• Comme en français, **todo** *tout*, **toda** *toute*, **todos** *tous* et **todas** *toutes* s'accordent en genre et en nombre avec le nom auquel ils se rapportent : **todos os postais**, *toutes les cartes postales* ; **todas as avenidas**, *toutes les avenues*.
Le pronom équivalent est **tudo**, *tout* : **Tudo bem?**, *Ça va ?*, *Tout va bien ?*

• **quanto**, **quanta**, **quantos**, **quantas** s'utilisent tantôt comme interrogatifs (*combien de... ?*), tantôt comme exclamatifs (*que de... !*) : **Quantos postais você quer?**, *Combien de cartes postales veux-tu ?*

# Vingt et unième leçon

**Quanta beleza!**, *Que de merveilles (beauté)* !
• **este** *celui-ci*, **esta** *celle-ci*, **estes** *ceux-ci*, **estas** *celles-ci*
désignent ce qui est près de soi :
**Esta casa é minha**, *Cette maison(-ci) est la mienne.*

• **aquele** *celui-là*, **aquela** *celle-là*, **aqueles** *ceux-là*, **aquelas**
*celles-là* désignent ce qui est le plus loin de soi :
**Aquela senhora é brasileira**, *Cette dame-là est brésilienne.*

## 4  Les pronoms personnels

• Pour désigner plusieurs personnes que l'on tutoie individuelle-
ment, on emploie **vocês**, suivi de la 3e personne du pluriel :
**Filhos, aonde vocês querem comprar seus postais?**
*Les enfants, où voulez-vous acheter vos cartes postales ?*

• Le pronom personnel sujet n'est pas obligatoire, mais il permet
d'insister :
**Eu gosto de casa, mas nós moramos num apartamento.**
*Moi, j'aime les maisons, mais nous, nous habitons (dans) un
appartement.*

## 5  Les prépositions

Les prépositions peuvent se combiner avec :
– des adverbes : **para onde** *pour/vers où* ; **de onde** *d'où* ; **daqui** *d'ici* ;
– des articles : **num (em + um)** *dans un* ; **numa (em + uma)** *dans une* ;
– des démonstratifs : **deste (de + este)** *de celui-ci* ; **daquele** *de
celui-là* ; **naquele** *dans celui-là* ;
– des pronoms personnels : **para você** *pour toi*.

## 6  Les adverbes

Nous avons rencontré au fil des dernières leçons : **até** *jusqu'à* ;
**junto** *ensemble* ; **claro** *évidemment, bien sûr* ; **só** *seulement*.

## 7   Les formes verbales de la semaine

• Conjugaison des verbes en **-ar**
**aceitar**, *accepter* ; **aceita**, *il/elle accepte, tu acceptes*
**acha**, *il/elle trouve* (pense)*, tu trouves*
**comprar**, *acheter*
**gosto**, *j'aime* ; **gosta**, *il/elle aime, tu aimes*
**moro**, *j'habite* ; **mora**, *il/elle habite, tu habites* ; **moramos**, *nous habitons*
**pagar**, *payer* ; **pago**, *je paye* ; **paga**, *il/elle paye, tu payes*
**perguntar**, *demander* (interroger)

• Conjugaison des verbes en **-er** (irréguliers)
**ter**, *avoir*
**tenho**, *j'ai* ; **tem**, *il/elle a, tu as* ; **temos**, *nous avons* ; **têm**, *vous avez, ils/elles ont*

\*\*\*

## ▶ Diálogo de revisão

1 – Com licença, posso entrar?
2 – Claro, Paulo. Como vai?
3 – Eu vou bem, obrigado.
4   O Manuel está em casa?
5 – Não, ele está na praia.
6 – Eu não gosto de praia.
7   Minha irmã e eu sempre vamos pra piscina.
8 – Você sabe, Paulo, nós vamos fazer uma viagem para a Bahia
9   e não tem lugar no carro para o Zezinho.
10 – Zezinho? Quem é Zezinho?
11   Um novo vizinho que mora no prédio?
12 – Não, Zezinho é o cachorro da vizinha do térreo...

**saber**, *savoir* ; **sei**, *je sais*
**fazer**, *faire*
**posso**, *je peux* ; **pode**, *il/elle peut, tu peux* ; **podemos**, *nous pouvons* ; **podem**, *vous pouvez, ils/elles peuvent*
**quer**, *il/elle veut, tu veux* ; **queremos**, *nous voulons* ; **querem**, *vous voulez, ils/elles veulent*

• Conjugaison des verbes en **-ir** (irréguliers)
**ir**, *aller* ; **vou**, *je vais* ; **vai**, *il/elle va, tu vas* ; **vamos**, *nous allons* ; **vão**, *vous allez, ils/elles vont*

• Nous avons également découvert le futur d'interrogation avec l'expression **Será que...?**, *Est-ce que... ?* Nous y reviendrons.

\*\*\*

Traduction
**1** Pardon, est-ce que je peux entrer ? **2** Bien sûr, Paulo. Comment ça va ? **3** Je vais bien, merci. **4** Est-ce que Manuel est chez lui ? **5** Non, il est à la plage. **6** Je n'aime pas la plage. **7** Ma sœur et moi, [nous] allons toujours à la piscine. **8** Tu sais, Paulo, nous allons aller (en voyage) à Bahia **9** et il n'y a pas de place dans la voiture pour Zezinho. **10** Zezinho ? Qui est Zezinho ? **11** Un nouveau voisin qui habite dans l'immeuble ? **12** Non, Zezinho est le chien de la voisine du rez-de-chaussée...

## Vigésima segunda aula

### O almoço

1  O telefone está tocando [1].
2 – Você pode atender, Marta?
3 – Não, eu não posso.
4  Eu estou almoçando.
5 – E você, Guto, o que [2] você está fazendo ?
6 – Tô [3] aqui na sala
7  assistindo um filme [4] super legal [5] na televisão.
8 – E você, mãe, onde você está?
9 – No banheiro.
10  E não posso falar, porque estou escovando os
   dentes.                                              □

### Prononciation

*ou a^{ou}mossou 1 ou téléfoni issta tokã^ndou 2 vossé pódji atê^ndéR marta 3 nãõ éo nãõ póssou 4 éo issto a^{ou}mossã^ndou 5 i vossé goutou ou ki vossé issta fazê^ndou 6 to aki na ssala 7 assisstî^ndou õũ fi^{ou}mi ssoupèR léga^{ou} na télévizãõ 8 i vossé mãy õ^ndji vossé issta 9 nou bagné^irou 10 i nãõ póssou falaR pourké isstou isskovã^ndou ouss dê^ntchiss*

### Notes

1  **está tocando**, *est en train de sonner* ou *sonne*. Cette forme invariable signifie la plupart du temps que l'action est en train de se dérouler. Elle est constituée du verbe **estar** conjugué, suivi du gérondif que l'on obtient en ajoutant **-ndo** au radical. Elle est présente dans cette leçon pour les trois conjugaisons : **tocando** (verbes en **-ar**), **fazendo** (verbes en **-er**), **assistindo** (verbes en **-ir**).

2  **O que...?** traduit l'interrogation *Qu'est-ce que..., Que, quoi... ?* On peut éventuellement inverser l'ordre de la question pour insister. **Que** prend

# Vingt-deuxième leçon

## Le déjeuner

**1** Le téléphone sonne *(est touchant)*.
**2 –** Tu peux répondre, Marta ?
**3 –** Non, je ne peux pas.
**4** Je déjeune *(suis déjeunant)*.
**5 –** Et toi, Guto, qu'est-ce que tu fais *(le que tu es faisant)* ?
**6 –** Je suis ici au salon,
**7** en train de regarder *(suis assistant)* un film super-génial à la télévision.
**8 –** Et toi, maman, où es-tu ?
**9 –** Dans la salle de bain.
**10** Et [je] ne peux pas parler, parce que [je me] brosse *(suis brossant)* les dents.

### Remarques de prononciation

Titre, 4, 7 N'oubliez pas que dans les syllabes se terminant par une voyelle suivie de l (-al, -il), l équivaut alors à un léger [ou] : almoço, almoçando, filme, legal.

1, 2, 4, 5, 7, 8, 10 Le e en position non tonique, en début ou en fin de mot, peut se prononcer [i] : está, pode, estou, e, filme, onde, escovando. Mais on peut aussi entendre [é] en début de mot, la prononciation, jamais homogène, variant selon la région et l'interlocuteur.

alors un accent circonflexe sur le **e** : **Você está fazendo o quê?**, *Tu fais quoi ?*

**3 tô** – la forme abrégée de **estou**, *j'suis (je me trouve)* – s'emploie dans la langue informelle de tous les jours.

**4 assistir um filme**, *regarder un film*. Là encore, la langue courante "du terrain" s'oppose à la norme qui voudrait que ce verbe soit suivi d'un complément d'objet indirect : **Assisto a um filme**, *Je regarde un film*.

**5 legal**, littéralement "légal", est un mot fourre-tout positif du langage "jeune" : *sympa, chouette, génial,* etc.

▶ Exercício 1 – Traduza

**❶** Vocês não estão almoçando com a Marta? **❷** Eu estou fazendo o almoço. **❸** O telefone está tocando. **❹** Quem pode atender o telefone? **❺** Vamos sentar na sala.

Exercício 2 – Complete

**❶** Le chien est devant la télévision.
O cachorro está na ...... .. ..........

**❷** Mon père déjeune avec ma mère dans le salon.
Meu pai está ......... com a minha mãe .. ......

**❸** Acceptes-tu mon aide ?
Você aceita a minha .....?

**❹** Non, parce que je ne veux pas de ton argent.
Não, ...... eu não quero o seu .........

**❺** Qu'est-ce que tu fais, Ronaldo ?
O que você .... ........, Ronaldo?

\*\*\*

*Dans ce vaste pays fait de contrastes et de contradictions, au taux d'analphabètes élevé et au bas niveau de scolarisation, la télévision ou **tv** [tévé], principale source d'information et de divertissement, a longtemps joué un rôle unificateur. Les politiques l'ont bien compris, et encore plus les patrons de chaînes, qui ont fait la pluie et le beau temps dans ce pays téléphage gros producteur de postes. L'offre est vaste : chaînes – quasi confidentielles – à vocation de service public (**RTPV**, aujourd'hui disparue), de type culturel (**TV Cultura**) ou éducatif (**TVE**), chaînes régionales privées (**Amazon Sat**, **Rede Mulher**), chaînes hertziennes commerciales – certaines issues de sociétés familiales (**Bandeirantes**, **SBT**, **CNT**, ou encore "feue" **TV Manchete**). Dans ce paysage audiovisuel, une chaîne privée s'est taillé la part du lion en termes d'audience et de recettes publicitaires : c'est **Rede Globo**,*

Corrigé de l'exercice 1

❶ Vous n'êtes pas en train de déjeuner avec Marta ? ❷ Je suis en train de faire le déjeuner. ❸ Le téléphone sonne. ❹ Qui peut répondre au téléphone ? ❺ Allons nous asseoir dans le/au salon.

Corrigé de l'exercice 2

❶ – frente da televisão ❷ – almoçando – na sala ❸ – ajuda ❹ – porque – dinheiro ❺ – está fazendo –

\*\*\*

*bien connue pour ses jeux, retransmissions de matchs, films sau-cissonnés, émissions pour enfants plus ou moins débilitantes, mais surtout pour LE rendez-vous quotidien incontournable, toutes classes confondues, qui "ensandwiche" le journal télévisé, la* **telenovela**, *feuil-leton, qui véhicule une identification nationale – aux retombées commerciales, comportementales voire linguistiques – particulière-ment stéréotypée. Mais les vieux schémas culturels et politiques ont volé en éclats. Les mouvements religieux d'inspiration évangéliste ont même désormais leur place dans les structures (***Record***) et/ou sur les écrans. L'apparition surtout des chaînes à péage (***por assinatura***, par abonnement), câblées (***por cabo***, par câble), par satellite... change la donne... sans compter l'arrivée de la première grande chaîne publique nationale,* **TV Brasil** *!*

# Vigésima terceira aula

## O telefonema

**1** – Alô! Quem **é que** [1] está falando?
**2** – **Aqui fa**la a secret**á**ria do Dr. [2] **Ru**bens.
**3** – O Dr. **Ru**bens está?
**4** – Sim, mas **e**le está **mui**to ocu**pa**do.
**5** **Po**sso aju**dar** o se**nhor**?
**6** – **Do**na Ma**ria**, a se**nho**ra não con**ho**ece um
trata**men**to ade**qua**do **con**tra a **den**gue?
**7** – A **den**gue? O se**nhor** tem cer**te**za que está com
**den**gue?
**8** – Cem por **cen**to [3] cer**te**za **e**u não **te**nho.

**Prononciation**

*ou téléfo**nè**ma **1** alo! kẽ è ki issta falã$^n$dou **2** aki fala a ssekré**ta**rya dou do$^{ou}$**toR** Rou**bẽ**ss **3** ou do$^{ou}$**toR** Rou**bẽ**ss issta? **4** ssĩ mass èli issta **mõũï**$^n$tou okou**pa**dou **5** **pó**ssou ajou**daR** ou ssi**gnoR 6** dona ma**ri**ya a ssi**gnó**ra não koug**nè**ssi õũ trata**mẽ**$^n$tou a**dé**koua**dou kõ**$^n$tra a **dẽ**gui **7** a **dẽ**gui? ou ssi**gnoR** tẽ ssèR**té**za ki issta kõ a **dẽ**gui **8** ssẽ pour **ssẽ**$^n$tou ssèR**té**za **é**o não **tè**gnou*

**Notes**

**1** **Quem é que…?** se traduit par *Qui est-ce qui ?*, **quem** se référant toujours à une personne. On aurait pu dire : **Quem fala?**, *Qui parle ?*, ou **Quem está falando?**, *Qui est en train de parler ?* "**é que**" permet d'insister sur l'interrogation, mais c'est un registre de langue moins recherché. Selon ce principe, on aurait pu employer **é que** à la leçon précédente, pour insister : **O que é que você está fazendo?**, *Qu'est-ce (que c'est) que tu fais ?*

**2** **Dr.**, abréviation de **Doutor** (littéralement "Docteur") peut prêter à confusion, car son sens premier désigne un *docteur ès*, titulaire d'un doctorat, pour s'étendre le plus souvent à *Maître* (avocat) ou toute personne diplômée quelle que soit la discipline (le médecin, lui, n'arrivant qu'en

# Vingt-troisième leçon

## L'appel téléphonique

**1 –** Allô ! Qui est à l'appareil *(est parlant)* ?
**2 –** C'est *(Ici parle)* la secrétaire du docteur Rubens.
**3 –** Le Dr Rubens est[-il là] ?
**4 –** Oui, mais il est très occupé.
**5** Puis-[je] vous aider ?
**6 –** Dona Maria, connaissez-vous un traitement adéquat contre la dengue ?
**7 –** La dengue ? Vous êtes certain *(Le monsieur a certitude)* que vous avez *(est avec)* [la] dengue ?
**8 –** Je ne suis pas cent pour cent sûr *(cent pour cent certitude je n'ai)*.

### Remarques de prononciation

1, 2, 6, 7, 8, 9 Aujourd'hui, vous pouvez vous entraîner à prononcer les diffé-rentes variantes de **en**, **an**, **on** : falando, Rubens, tratamento, contra, dengue, cento, tenho, quando, quantidade. Le tilde de la transcription signale un son nasalisé.
1, 2, 6, 9 Remarquez également que **qu** suivi de **e** ou **i** se prononce *[k]* : que, quem, aqui ; et que **qu** suivi de **a** se prononce *[koua]* : adequado, quando, quantidade.

troisième position). Son usage est très fréquent au Brésil où, malgré les apparences, les strates sociales et les attributs qui vont de pair sont très marqués.

**3** **cem por cento**, *cent pour cent*, d'où *complètement, parfaitement*. Le numéral **cem**, *cent*, est invariable, et l'adjectif **cento** permet à la fois d'exprimer les pourcentages, de former les centaines avec quelques aménagements (**duzentos**, etc.), mais surtout les cardinaux à partir de 100 : **cento e um** 101, **cento e dois** 102, etc. Nous y reviendrons.

**9** Mas **quan**do **ve**jo a quanti**da**de de mos**qui**tos a**qui** em **ca**sa...                                                               □

🔊 **9** *mass* **kõũã**ⁿ*dou* **vé***jou a* **kõũã**ⁿ*tidadji di moskitouss aki ẽ* **ka***za*

\*\*\*

▶ Exercício 1 – Traduza

❶ Posso tomar o tratamento antes do almoço? ❷ Claro, você pode tomar um agora. ❸ Muito obrigado, Dra. Angélica. ❹ Luciano, você está falando com sua irmã? ❺ Eu preciso falar com você antes da viagem.

Exercício 2 – Complete

❶ Qui est la nouvelle secrétaire du Dr Fábio ?
   Quem é a nova .......... .. Dr. Fábio?

❷ Allô, est-ce que Juliana est là ?
   Alô, a Juliana .... ?

❸ Je veux t'aider, mais maintenant je ne peux pas.
   Eu quero ...... você, mas agora não ......

❹ Je suis très occupé.
   Eu ..... muito ........

❺ Pour qui est l'appel téléphonique ?
   Para quem é o ..........?

\*\*\*

*Il y a* **dengue** *et* **dengue**. **A dengue**, *la dingue, est une maladie infectieuse tropicale et subtropicale produite par un virus transmis par un moustique – l'*Aèdes aegypti *– dont les premiers symptômes sont des céphalées, un état fébrile, des douleurs musculaires et articulaires. Un deuxième stade plus sévère entraîne des hémorragies ; elle est mortelle dans 20 % des cas. Ce virus attaque l'Amérique latine par fortes vagues surtout en ville, là où il y a de l'eau stagnante, même propre, et touche toutes les classes sociales. Plusieurs campagnes d'éradication de l'épidémie ont été réalisées au niveau continental, avec succès par deux fois en territoire brésilien. Aujourd'hui, la lutte se fait par le biais d'insecticides biologiques qui agissent sur les larves, produits à échelle industrielle par*

**9** Mais quand [je] vois la quantité de moustiques chez moi *(ici en maison)*...

\*\*\*

## Corrigé de l'exercice 1

❶ Je peux prendre le traitement avant le déjeuner ? ❷ Bien sûr, tu peux en prendre un maintenant. ❸ Merci beaucoup, Dr Angélica. ❹ Luciano, tu parles avec ta sœur ? ❺ J'ai besoin de te parler avant le départ *(voyage)*.

## Corrigé de l'exercice 2

❶ – secretária do – ❷ – está ❸ – ajudar – posso ❹ – estou – ocupado ❺ – telefonema

\*\*\*

*la Fondation **Oswaldo Cruz** – Oswaldo Cruz (1872-1917) était un médecin brésilien, pionnier dans l'étude des maladies tropicales.*
*Autre **dengue** ou **dengo** (masculin cette fois !) à surveiller : les pleurnicheries chez les enfants capricieux, les minauderies, simagrées, et autres chatteries à répétition chez certains sujets. Quant aux étymologies et aux genres de ce vocable, ils sont si nombreux que l'on frise l'état chronique : la bible des lusophones, le **Dicionário Aurélio Buarque de Holanda** (**eletrônico**), le verrait d'origine espagnole ou kumbundo et masculin, la concurrence, elle, féminin... Une autre source parle "de mot anglais ou swahili apparu en 1829"... de quoi devenir dingue ! (dingue : étymologiquement de l'argot "paludisme", 1890)... Bel et bien pathologique !*

# 24

## Vigésima quarta aula

### A excursão [1]

1 – Que vontade [2] de parar um **pou**co!
2 **Es**tou trabalhando de**mais** [3].
3 – Por quê vo**cê** não sai com **se**us a**mi**gos?
4 – Por**que** [4] es**tou** prepa**ran**do o ro**tei**ro da excur**são** pa**ra** Foz do Igua**çu**.
5 **Va**mos acompa**nhar** um **gru**po de tu**ris**tas ale**mães** [5] que **che**ga ama**nhã** de Ber**lim**.
6 – **Quan**tos **di**as vo**cês** vão via**jar**?
7 – O **gru**po **fi**ca três **di**as em Foz,
8 mas **eu** **vol**to um **di**a **an**tes.

### Prononciation

a isskour**ssã**õ 1 ké võ**tad**ji dji para**R** õũ **po**ºukou 2 iss**to** trabaly**ã**ⁿdou dji**mayss** 3 pour ké vo**ssé** não ssay kõ **ssé**ouss ami**gouss** 4 pour**ké** iss**to** prépa**rã**ⁿdou ou roté**ʲ**rou da isskour**ssã**õ para fo**ʲss** dou igoua**ssou** 5 va**mouss** akõᵐpa**gnaR** õũ **grou**pou dji tou**riss**tass alé**mã**yss ki **ché**ga ama**gnĩ** dji bè**Rlĩ** 6 kõũ**ã**ⁿtouss **dji**yass vo**ssé**ʲss vão viya**jaR** 7 o **grou**pou fika tré**ʲss** **dji**yass ẽ fo**ʲss** 8 mass **é**o **vó**ºutou õũ **dji**ya **ã**ⁿtchiss

### Notes

1 Vous l'avez certainement remarqué, les suffixes **-são**, **-ção** se traduisent souvent par *-sion* ou *-tion* : a **excursão**, *l'excursion* ; a **tradução**, *la traduction*.

2 a **vontade**, *l'envie, la volonté*. Notez aussi à **vontade**, *à volonté*, au sens de *à l'aise*, "cool" : **Fica à vontade**, *Mets-toi à l'aise*.

3 **demais**, littéralement "de plus (en plus)", est un adverbe qui signifie *trop, terriblement, diablement, bougrement*, etc. : **Ela é demais**, *Elle est trop* ; **Ele é bonito demais**, *Il est sacrément beau*. Employé comme substantif, il signifie *les autres, le reste* : **Os demais vão de ônibus**, *Les autres y vont en bus/car*.

85 • **oitenta e cinco** [oy**tẽ**ⁿtchi **ssĩ**ᵐkou]

# Vingt-quatrième leçon

## L'excursion

**1 –** Quelle envie de faire un break *(Que envie d'arrêter un peu)* !

**2** Je travaille trop.

**3 –** Pourquoi *(Pour que)* tu ne sors pas avec tes amis ?

**4 –** Parce que [je] suis en train de préparer l'itinéraire de l'excursion à *(pour)* Foz do Iguaçu.

**5** [Nous] allons accompagner un groupe de touristes allemands qui arrive demain de Berlin.

**6 –** Combien [de] jours allez-vous voyager ?

**7 –** Le groupe reste trois jours à *(en)* Foz,

**8** mais [moi] je reviens un jour avant.

Remarques de prononciation

3 Attention, alors que **sai** se prononce comme "aïe" ou "ail", l'infinitif **sair** comporte deux syllabes : sa-ir comme dans "haïr".

4, 6, 7, 9 Notez que pour tous les mots qui se terminent par -oz et -ês, on peut entendre tantôt un léger [i] (**[o'ss]**, **[é'ss]**), tantôt **[oss]**, **[éss]**.

**4** Vous remarquerez que **porque**, *pourquoi*, peut s'écrire en un mot ou en deux mots **por quê** (interrogatif, et au sens de **por que motivo?**, *pour quel motif ?*, **por que razão?**, *pour quelle raison ?*). Vous le connaissiez déjà au sens de *parce que* ; il peut aussi être utilisé dans la question au sens de *pourquoi* : **Porque você não viaja?**, *Pourquoi tu ne voyages pas ?* ; **Porque estou trabalhando**, *Parce que je travaille* ("suis en train de travailler").

**5** **alemães**, *allemands*, est le pluriel de **alemão**, *allemand*. Forment leur pluriel sur le même modèle : **o pão**, *le pain* ; **o cão**, *le chien* ; **o capitão**, *le capitaine* ; **o escrivão**, *le greffier, le notaire*.

**9** – Vocês vão de avião?
**10** – Não, nós **va**mos de ônibus.
**11** E a**in**da bem que o moto**ris**ta **fa**la ale**mão**! ☐

**9** vossé'ss vãõ dji avi**yã**õ **10** nãõ noss **va**mouss dji **ó**nibouss
**11** i a**ĩ**da bẽ ké ou moto**riss**ta **fa**la alé**mã**õ

\*\*\*

**▶** Exercício 1 – Traduza
**❶** Eu estou com vontade de sentar no carro. **❷** Que lugar bonito: vamos parar aqui! **❸** Minha irmã sai com os amigos. **❹** Estou trabalhando muito, mas depois vou caminhar na praia. **❺** Meu pai e eu acompanhamos os turistas na agência de viagem.

\*\*\*

Exercício 2 – Complete
**❶** Je prépare le déjeuner et ne peux pas aller avec vous.
Eu estou .......... o ...... e não posso ir com vocês.

**❷** Papa, as-tu l'itinéraire de l'excursion pour Manaus ?
Pai, você tem o ....... da ........ para Manaus?

**❸** Ma famille arrive demain de Miami.
..... família ..... amanhã de Miami.

\*\*\*

*Au sud du pays, au confluent des fleuves* **Paraná** *et* **Paraguai***, à la frontière de l'Argentine, du Brésil et du Paraguay, au cœur du parc national d'***Iguaçu***, 175 chutes –* **cataratas** *– en fer à cheval de parfois 90 m de haut, s'emboîtant les unes dans les autres, vous contemplent. À quelques encablures, la petite ville de* **Foz de Iguaçu** *et sa voisine* **Ciudad del Este***, royaume des* **camelôs***, camelots, et des produits hors taxes, sont des destinations incontournables pour les touristes*

**9** – Vous [y] allez en avion ?
**10** – Non, nous [y] allons en autocar.
**11** Et encore heureux que le chauffeur parle allemand !

Corrigé de l'exercice 1

❶ J'ai envie (*Je suis avec volonté*) de m'asseoir dans la voiture. ❷ Quel joli endroit : arrêtons-nous (*allons arrêter*) ici ! ❸ Ma sœur sort avec ses (*les*) amis. ❹ Je travaille beaucoup, mais après je vais marcher sur la plage. ❺ Mon père et moi accompagnons les touristes à l'agence de voyages.

\*\*\*

❹ Mon frère est insupportable : il parle trop.
Meu irmão está insuportável: ele está ....... .......

❺ Ils ont envie de prendre un jus d'ananas.
Estão ... ....... de ..... um suco de abacaxi.

Corrigé de l'exercice 2

❶ – preparando – almoço – ❷ – roteiro – excursão – ❸ Minha – chega –
❹ – falando demais ❺ – com vontade – tomar –

\*\*\*

*en quête de renouvellement de visa : pour un prix raisonnable, on peut faire l'aller-retour en car depuis le Brésil, jusqu'à ce poste frontière. Désert il y a 180 000 ans, pas très éloigné non plus de la plus grande usine hydroélectrique du monde* **Itaipu Binacional** *et son barrage de 8 km de long qui produit 12 millions de kW, ce site grandiose a servi de décor naturel au film* Mission. *Détour obligatoire.*

## Vigésima quinta aula

### No aeroporto

1 – **Bo**a **tar**de. **Eu** es**tou** via**jan**do com **me**us dois fi**lhi**nhos ¹ **pa**ra Cuia**bá**.
2  **Aqui** es**tão** ² as pas**sa**gens.
3 – A se**nho**ra quer um lu**gar** na ja**ne**la ou no cor**re**dor?
4 – **Tan**to ³ faz. O que **eu que**ro, é sen**tar** bem na **fren**te ⁴ do avi**ão**.
5 – **Pron**to ⁵. **Aqui** es**tão** as pas**sa**gens e os car**tões** de em**bar**que.
6  Só **fal**ta pa**gar** a **ta**xa de em**bar**que.

🔊 Prononciation

*nou aéropoR*tou **1** *boa tar*dji. *éo* iss**tou** *viajã*ⁿ*dou kõ* **mé**ouss doyss *fil*yi*gnouss pa*ra *kouyaba* **2** *a*ki iss**tã̃õ** *ass passa*jèss **3** *a* s*signó*ra *kèR õũ lou*gaR *na janè*la *o nou koRRé*doR **4** *tã̃*ⁿtou *fa*ss. *ou ké* **éo kè**rou *è* s*sẽ*ⁿ*taR bẽ na* **frẽ**ⁿtchi *dou avi*yã̃õ **5** **prõ**ⁿtou. *a*ki iss**tã̃õ** *ass passa*jèss *i ouss kar*tõyss *dji* ĩ**bar**ki **6** *ssó* **fa**ᵒu*ta paga*R *a* **ta**cha *dji* ĩ**baR**ki

📖 Notes

**1** Comme nous l'avons déjà vu, le suffixe **-inho** est un diminutif très employé dans la langue de tous les jours au Brésil ; ici, il a une connotation affectueuse. On remplace la lettre finale du nom par **-inho/-inha** : o **filho** ⚊ **filhinho** ; a **filha** ⚊ **filhinha**.

**2** Dans l'expression **aqui estão**, littéralement "ici sont", le verbe s'accorde avec le sujet qui le suit immédiatement. On peut également traduire *voici* par **eis** : **Aqui está / Eis a minha filha**, *Voici ma fille*.

**3** **tanto**, *tant*, *autant*, a ici fonction d'adverbe (invariable). Comme adjectif, **tanto / tanta / tantos / tantas** suit les règles habituelles d'accord : **As**

# Vingt-cinquième leçon

## À l'aéroport

**1** – Bonjour. Je pars *(Je suis voyageant)* **avec mes deux petits** *(enfants)* **pour Cuiabá.**

**2** **Voici** *(Ici sont)* **les billets.**

**3** – Madame, voulez-vous une place près du hublot *(en-la fenêtre)* ou dans l'allée *(en-le couloir)* **?**

**4** – Ça m'est égal *(Tant fait)*. **Ce que je veux, [c']est [m']** **asseoir bien à l'avant de l'avion.**

**5** – Voilà. Voici les billets et les cartes d'embarquement.

**6** Il ne reste [qu'à] *(Seulement manque)* **payer la taxe** **d'embarquement.**

Remarque de prononciation

1 filhinhos a le double avantage de comporter deux sons très courants au Brésil : lh *[ly]* (prononcé comme dans "dahlia") et nh *[gn]* (prononcé comme dans "peigne"). Bon entraînement !

crianças são tantas, *Les enfants sont si nombreux*. **Há tantos turistas!**, *Il y a tant de touristes !*

**4** La locution **na frente**, *en avant, à l'avant*, est composée à partir de l'adverbe **frente**, *devant*.

**5** Vous noterez que dans cette leçon, **aqui**, *ici*, a été traduit par *voici*, et **pronto** par *voilà*. Dans le premier cas, **aqui** désigne le lieu, l'emplacement. On aurait aussi pu dire **eis** ou **eis aqui**. Dans le second, **pronto**, adjectif qui signifie *prompt, prêt*, est employé comme adverbe, proche de l'interjection "Bon !".

**7** – As crianças [6] também pagam esta taxa?
**8** – Sim, e não há desconto para elas. ☐

*7 ass kriyãssass tã<sup>m</sup>bē pagã èssta tacha 8 ssĩ i não a disskō<sup>n</sup>tou para èlass.*

\*\*\*

Exercício 1 – Traduza
❶ Amanhã meus três filhos vão viajar para Manaus.
❷ Antes da viagem, elas pagam a taxa de embarque.
❸ Vera, você sabe onde estão os cartões de embarque?
❹ Eu quero sentar no corredor, e você? ❺ Tanto faz; eu não tenho medo de sentar na janela.

\*\*\*

Exercício 2 – Complete
❶ Ici il n'y a pas de remise pour les enfants.
   Aqui não .. ........ para .........

❷ Voilà. Maintenant je peux parler à ta sœur.
   ....... Agora eu posso ..... com sua .....

❸ On y va ? Il suffit de prendre le chéquier.
   Vamos? .. ..... pegar o talão de cheque.

\*\*\*

**Cuiabá**, *capitale de l'État du* **Mato Grosso** *et ville la plus chaude du Brésil (moyenne autour de 40 °C), a été fondée dans la seconde moitié du XVIII<sup>e</sup> siècle, lors de la ruée vers l'or. D'après le traité de Tordesilhas – signé en 1494 par l'Espagne et le Portugal et délimitant la répartition des terres coloniales à 370 lieues à l'ouest des îles du Cap-Vert – le* **Mato Grosso**, *comme tout le Centre-Ouest et le Nord du Brésil, aurait dû revenir à l'Espagne. Il ne fit son entrée officielle en territoire brésilien que par le traité de Madrid en 1750. Puis, à la fièvre de l'or a succédé le déclin, au début du XIX<sup>e</sup> siècle. Seul le réseau télégraphique mis en place en 1906 par* **Cândido Mariano**

**7 –** Les enfants aussi payent cette taxe ?

**8 –** Oui, et il n'y a pas *(non a)* [de] remise pour eux *(elles)*.

Note

**6** as crianças (féminin) désigne *les enfants* en général par rapport aux adultes, et **os filhos**, *les enfants* dans un rapport de filiation.

\*\*\*

Corrigé de l'exercice 1

❶ Demain mes trois enfants vont partir pour Manaus. ❷ Avant le départ, elles paient la taxe d'embarquement. ❸ Vera, tu sais où sont les cartes d'embarquement ? ❹ Moi, je veux m'asseoir côté *(dans le)* couloir, et toi ? ❺ Ça m'est égal ; je n'ai pas peur de m'asseoir côté hublot.

\*\*\*

❹ Les touristes aussi payent le bus ?
Os turistas ...... ..... o ônibus?

❺ Ma mère est en Europe, en voyage *(voyageant)* avec mon père.
Minha mãe .... .. Europa, ........ com meu pai.

Corrigé de l'exercice 2

❶ – há desconto – crianças ❷ Pronto – falar – irmã ❸ – Só falta – ❹ – também pagam – ❺ – está na – viajando –

\*\*\*

**da Silva Rondon** – *futur maréchal et instigateur du Statut de l'Indien – a délivré la région de son isolement. C'est d'ailleurs suivant le tracé desdits postes télégraphiques qui serviront de haltes, que se réalise, en 1938, la célèbre expédition ethnographique de Claude Lévi-Strauss, de* **Cuiabá** *au* **Rio Madeira**, *porte d'entrée de l'Amazonie (1 500 km environ), expédition qui nourrit* Tristes Tropiques. *Lévi-Strauss est accompagné d'un jeune anthropologue de 24 ans, représentant du gouvernement brésilien,* **Luiz Castro Faria**, *qui en ramène plus de 800 photographies restées longtemps inédites.*

# Vigésima sexta aula

## No restaurante

1 – Bom **dia**. **U**ma **me**sa **pa**ra **qua**tro **pes**so**a**s, por fa**vor**.
2 – **Aqui** há **u**ma **me**sa **mui**to tran**qui**la,
3    mas infeliz**men**te ¹ **e**la já es**tá** reser**va**da.
4    O que o se**nhor a**cha **des**sa **aqui**, na ja**ne**la?
5    Ou **u**ma mais **per**to da co**zi**nha?
6 – **E**sta **aqui** es**tá ó**tima.
7    O se**nhor po**de tra**zer** o car**dá**pio, por fa**vor**?
8    **Me**us a**mi**gos não co**nhe**cem a co**zi**nha ba**ia**na.
9 – Ah, a co**mi**da ba**ia**na é **mui**to vari**a**da ²,
10   mas cui**da**do com a pi**men**ta ³!                    □

**Prononciation**
*nou Rèsstaorã⁽ⁿ⁾tchi 1 bõ djiya. ouma méza para kouatrou péssoass pouR favoR 2 aki a ouma méza mõũ⁽ⁿ⁾tou trã⁽ⁿ⁾kouila 3 mass ĩfélizmẽ⁽ⁿ⁾tchi èla ja issta RézèRvada 4 ou ké ou ssignoR acha dèssa aki, na janèla 5 o ouma mayss pèRtou da kouzigna 6 èssta aki issta ótchima 7 ou ssignoR pódji trazéR ou kardapiou pouR favoR 8 méouss amigouss não kougnèssẽ a kouzigna bayana 9 a koumida bayana è mõũ⁽ⁿ⁾tou variada 10 mass kouidadou kõ a pimẽ⁽ⁿ⁾ta*

**Notes**

1 Les adverbes en **-mente** se forment à partir de l'adjectif au féminin : **infeliz** A **infelizmente**, *malheureusement* ; **graciosa** A **graciosamente**, *gracieusement*. Leur emploi est beaucoup plus étendu qu'en français qui préfère souvent une périphrase : **internacionalmente**, *internationalement*, se traduira généralement par *au niveau international*.

2 **variada**, *variée*, est un participe passé employé ici avec valeur d'adjectif. Pour les 3 groupes de verbes (en **-ar, -er, -ir**), on remplace le **r** final de

# Vingt-sixième leçon

## Au restaurant

**1** – Bonjour. Une table pour quatre personnes, s'il vous plaît.
**2** – Ici il y a une table très tranquille,
**3**   mais malheureusement elle est déjà réservée.
**4**   Que pensez-vous de celle-ci *(de-celle-ci ici)*, à la fenêtre ?
**5**   Ou une plus près de la cuisine ?
**6** – Celle-ci *(Celle-ci ici)* est parfaite *(très-bonne)*.
**7**   Pouvez-vous apporter la carte, s'il vous plaît ?
**8**   Mes amis ne connaissent pas la cuisine bahianaise.
**9** – Ah, la cuisine *(nourriture)* bahianaise est très variée,
**10**   mais [faites] attention au "piquant" *(avec le piment)* !

### Remarque de prononciation

2 Avant la réforme orthographique entreprise en 2008, le tréma sur le **u** de **tranqüila** signalait que -qüi ne doit pas se prononcer *[ki]* (comme nous l'avons vu à la 23ᵉ leçon), mais *[koui]*.

l'infinitif par **-do, -da, -dos, -das** : reservar, *réserver* A **reservado/s** *réservé/s*, **reservada/s** *réservée/s*.

**3** **pimenta**, littéralement *"piment"*, c'est-à-dire tout ce qui "pique", est épicé, chaud, au sens propre et figuré. **Pimenta do reino** désigne *le poivre de table*, à ne pas confondre avec **o pimentão**, *le poivron*.

▶ Exercício 1 – Traduza

❶ A cozinha brasileira é muito variada. ❷ Eu vou trazer o cardápio para a senhora. ❸ Vocês conhecem o Brasil? ❹ Nós moramos em Florianópolis, uma cidade muito tranquila. ❺ Minha esposa gosta da comida baiana.

Exercício 2 – Complete

❶ Malheureusement la table est réservée.
. . . . . . . . . . . a mesa está . . . . . . . . . .

❷ Est-ce qu'elles connaissent les personnes qui sont au restaurant ?
Elas . . . . . . . . as . . . . . . . que . . . . . . . restaurante?

❸ Attention à l'argent !
. . . . . . . com o . . . . . . . . !

❹ Vous (masc.) pouvez apporter un peu de piment, s'il vous plaît ?
O senhor . . . . . . . . . . um pouco de . . . . . . . , por favor?

❺ Que dites-vous (masc.) de cette maison à la plage ?
. . . . o senhor . . . . desta casa . . . . . . . ?

\*\*\*

*Morceaux choisis. Au Brésil, manger – ou ne pas manger – alimente en permanence l'inconscient individuel et collectif. Par-delà la satisfaction des besoins immédiats, tout ce qui se mange joue un rôle sensuel, social et rituel. Dans un premier temps, la meilleure façon, sans doute, pour vous, de découvrir par le menu la cuisine bahianaise – pleine de piquant – est de vous plonger dans l'œuvre copieuse de feu* **Jorge Amado.** *Les femmes, les cuisinières, en particulier, y sont le morceau de choix. Voyez* Dona Flor et ses deux maris, *et son École Culinaire Saveur et Art…, ou encore* Gabriela, Girofle et Cannelle. *Ces noms à eux seuls attisent papilles et pupilles. L'art culinaire bahianais reconnu d'aujourd'hui remonterait au temps où les esclaves accom-*

## Corrigé de l'exercice 1

❶ La cuisine brésilienne est très variée. ❷ Je vais vous *(fém.)* apporter la carte. ❸ Vous connaissez le Brésil ? ❹ Nous habitons à Florianópolis, une ville très tranquille. ❺ Mon épouse aime la cuisine *(nourriture)* bahianaise.

## Corrigé de l'exercice 2

❶ Infelizmente – reservada ❷ – conhecem – pessoas – estão no – ❸ Cuidado – dinheiro ❹ – pode trazer – pimenta – ❺ O que – acha – na praia

A COZINHA BRASILEIRA É MUITO VARIADA.

\*\*\*

*modaient les restes des maîtres de leurs réminiscences africaines. À Bahia, outre les plats typiques servis chez l'habitant ou au restaurant, certains mets dits* **de tabuleiros** *(littéralement "de plateaux") sont vendus dans la rue par de superbes Noires tout de blanc vêtues, la tête prise dans un turban :* **vatapá** *[vatapa],* **acarajé** *[akarajè],* **mingau** *[mĩᵐgao],* **cuscuz** *[kousskouss],* **caruru** *[karourou],* **xinxim de galinha** *[chĩchĩ dji galigna],* **bobó de camarão** *[bobó dji kamarãõ],* **beiju** *[béⁱjou],* **araçá-mirim** *[arassa mirĩ],* **licor de jenipapo** *[likoR dji jénipapou]. Dans un deuxième temps, une fois savouré et bien digéré ce festin phonétique, vous n'aurez qu'à* **repetir,** *comme disent les Brésiliens, à savoir... recommencer !*

## Vigésima sétima aula

### Futebol

1 – Daniel, você quer assistir [1] o jogo Brasil-Uruguai?
2   Meu pai tem vários ingressos.
3 – Que pena, não posso ir com vocês.
4   Eu preciso ajudar minha irmã que está em casa.
5   Quem sabe outro [2] dia?
6 – Você mora no Rio de Janeiro há [3] cinco anos
7   e nunca foi a um estádio de futebol?
8 – Sim, mas você sabe que muitos brasileiros jogam em campeonatos europeus [4].

**Prononciation**
*foutchibó<sup>ou</sup> 1 daniè<sup>ou</sup> vossé kèR assistiR ou jogou braziou-ourougouay 2 méo pay tẽ variouss ĩgrèssouss 3 ké péna nãõ póssou iR kõ vossé<sup>i</sup>ss 4 éo préssizou ajoudaR migna irmĩn ki issta ẽ kaza 5 kẽ ssabi o<sup>ou</sup>trou djiya 6 vossé móra nou Ri<sup>ou</sup> dji jané<sup>i</sup>rou a ssĩ<sup>n</sup>kou anouss 7 i nõũka foy a õũ isstadyou dji foutchibó<sup>ou</sup> 8 ssĩ mass vossé ssabi ki mõũĩ<sup>n</sup>touss brazilé<sup>i</sup>rouss jogã ẽ kã<sup>m</sup>pionatouss éoropéouss*

**Notes**

1   Notez, comme dans la 22ᵉ leçon, que la règle voudrait qu'**assistir** soit suivi de la préposition **a** : **assistir a um jogo**, *assister à un match*. Mais l'usage l'a emporté et ce verbe s'emploie de fait avec un complément d'objet direct.

2   **outro**, *autre*, s'accorde avec le mot auquel il se rapporte : **outro, outra, outros, outras**. Attention, contrairement au français, il n'est pas précédé de l'article indéfini "un".

# Vingt-septième leçon

## Football

**1** – Daniel, tu veux assister au *(le)* match Brésil-Uruguay ?
**2** Mon père a plusieurs entrées.
**3** – Quel dommage *(peine)*, [je] ne peux pas [y] aller avec vous.
**4** Je dois aider ma sœur qui est à la *(en)* maison.
**5** Qui sait, [un] autre jour ?
**6** – Tu habites Rio de Janeiro depuis *(il y a)* cinq ans
**7** et tu n'es jamais allé *(jamais es-allé)* dans un stade de football ?
**8** – Oui, mais tu sais que beaucoup [de] Brésiliens jouent dans des *(en)* championnats européens.

Remarques de prononciation
1 Brasil *[braziou]* : le *[ou]* final de ce mot se prononce de façon particulière-ment scandée, ne le mettez pas en sourdine ! Il s'agit d'un cas à part.
9 Les sigles se prononcent soit en épelant chaque lettre : PSG *[pé-èssi-jé]*, soit comme un mot courant, par exemple ONU *[ónou]*.

FUTEBOL

**3** **há**, 3e personne de l'auxiliaire **haver**, *avoir*, est une autre façon de tra-duire *il y a* (vous connaissez aussi **tem** depuis la 9e leçon). Il prend ici le sens temporel de *depuis (il y a, cela fait)*.

**4** **europeu**, *européen*, prend un **-s** au pluriel. Au féminin : **europeia**, **europeias**.

**9** Eu vi jogado**r**es [5] brasile**i**ros em times [6] fam**o**sos **co**mo o Barcelona ou o PS**G**. ☐

**9** éo vi jogado**r**iss brazilé**l**rouss ē **t**imiss fam**ó**zouss **ko**mou ou barssé**lo**na o ou pé-èssi-**jé**

🗋 Notes

**5** jogador, *joueur*, forme son pluriel en **-ores**, sur le calque des mots en **-ar** (**-ares**). Il existe une forme féminine en **-ora** (**-oras**) : Os jogadores e as jogadoras são exemplares, *Les joueurs et les joueuses sont exemplaires*. Par ailleurs, vous avez noté dans le dialogue l'absence d'article défini ou indéfini avant **jogadores**. On ne sait pas très bien qui sont ces joueurs. Il existe néanmoins un indéfini : **um / uns**, *un / des* ; il signifie *quelques-uns, certains*.

\*\*\*

▶ Exercício 1 – Traduza

**❶** O hotel fica ao lado do estádio de futebol. **❷** Nós temos cinco ingressos para o museu. **❸** Meu irmão não foi com os filhos assistir o jogo de futebol. **❹** Flamengo e Fluminense são times famosos. **❺** Os jogadores moram há quatro anos na Alemanha.

\*\*\*

Exercício 2 – Complete

**❶** J'ai vu trois personnes avec un chien.
   Eu .. três pessoas com um ........

**❷** Le Brésil a des joueurs de football très connus.
   O Brasil tem ........ de futebol muito ........

**❸** Plusieurs personnes veulent assister au match Espagne-Italie.
   ...... pessoas querem ........ o .... Espanha – Itália.

**9** J'ai vu [des] joueurs brésiliens dans des *(en)* équipes connues *(fameux)* comme le FC Barcelone ou le PSG.

**6** time, *équipe*, est masculin en brésilien, et vient de l'anglais *team*. Ce terme dédié au départ au football s'applique désormais à tout groupe constitué autour de valeurs ou références communes, au sens de "camp", "clan".

\*\*\*

Corrigé de l'exercice 1

**❶** L'hôtel se trouve à côté du stade de football. **❷** Nous avons cinq entrées pour le musée. **❸** Mon frère n'est pas allé avec ses *(les)* enfants assister au match de football. **❹** Flamengo et Fluminense sont des équipes connues. **❺** Les joueurs vivent *(habitent)* depuis quatre ans en Allemagne.

\*\*\*

**❹** Malheureusement, je n'aime pas les championnats européens.
Infelizmente, eu não gosto dos . . . . . . . . . . . . . . . . . . . . . .

**❺** Qui sait, un jour je vais *(aller)* dans *(à)* un stade de football ?
Quem sabe, um dia eu vou a um . . . . . . . . . . . . . . . . . ?

Corrigé de l'exercice 2
**❶** – vi – cachorro **❷** – jogadores – famosos **❸** Várias – assistir – jogo –
**❹** – campeonatos europeus **❺** – estádio de futebol

*Historique ! Rien qu'une formalité que cette journée du 16 juillet 1950, où s'affrontèrent en finale de coupe du monde, dans le* **Maracanã** *flambant neuf, le Brésil et l'Uruguay ! D'après Arno Vogel, pour cette finale de la coupe Jules Rimet à domicile, tous les drapeaux étaient là, hissés, pour que le monde entier salue, unanime, la suprématie technique et tactique de la "patrie en crampons" – la fameuse* **Seleção**. *Pour le football, devenu un seul et même rêve national, le Brésil, dira* **Villa-Lobos**, *"fait passer l'intelligence de la tête aux pieds". Rien qu'une formalité… En cette année électorale, voilà donc le Brésil, euphorique et fier, parti pour savourer sa victoire de*

**28**

# Vigésima oitava aula

## Revisão – Révision

### 1  Les suffixes

Nous avons vu cette semaine que les noms terminés en **-são** et **-ção**, qui correspondent au français *-sion* et *-tion*, sont féminins : **a excursão**, *l'excursion* ; **a tradução**, *la traduction*.

Certains mots en **-ão** comme **alemão**, **cão**, **pão**, **capitão**, **escrivão** forment leur pluriel en **-ães**.

Les noms qui se terminent en **-ador** au masculin et **-adora** au féminin prennent au pluriel un **-es** (masculin) ou un **-s** (féminin) : **jogador** *joueur*, **jogadora** *joueuse*, **jogadores** *joueurs*, **jogadoras** *joueuses*.

### 2  Les indéfinis et les démonstratifs

• **outro / outra**, *autre*, et **outros / outras**, *autres*, s'accordent en genre et en nombre avec le nom auquel ils se rapportent. Notez également que l'on peut traduire *les autres* au sens de *ceux qui restent* par **os demais** : **O outro jogador europeu e os demais**, *L'autre joueur européen et les autres*.

• **tanto**, *tant*, s'accorde aussi en genre et en nombre avec le mot auquel il se rapporte : **tantos jogadores europeus**, *tant de joueurs européens* ; **tantas jogadoras europeias**, *tant de joueuses européennes*.

*"terre d'avenir"... Bien sûr, former la* **Seleção** *n'a pas été sans mal et on n'alignera finalement que des* **craques**, *as –* **Barbosa** *comme gardien,* **Pinheiro**, **Juvenal**, **Zizinho**... *sans oublier le maillot n° 12 de la* **"torcida"**, *soit 200 000 supporters survoltés. Brésil-Suède : 7 à 1 ; 6 à 1 contre l'Espagne. Plus qu'un match nul en final... une formalité ! Soudain... un but uruguayen égalise... Puis voilà qu'à dix minutes de la fin, le ballon rebondit sur le gardien et part droit dans les buts –* **Ço... o... o... o...ou** *répand l'écho dans le stade médusé. 2 à 1 ! Silence de mort. C'est l'échec, l'humiliation, la honte... : évanouissements, bagarres, crises cardiaques, suicide même... Une tragédie !*

**28**

# Vingt-huitième leçon

## 3 Compter

Vous trouvez les nombres cardinaux en bas de chaque page. Les ordinaux, quant à eux, vous sont présentés en début de leçon : **primeira**, *première*, **segunda**, *deuxième*, **terceira**, *troisième* etc. Comme tous les adjectifs, les ordinaux suivent les règles d'accord habituelles.

Les dizaines se terminent par **-enta** sauf **dez** *dix* et **vinte** *vingt* : **trinta** (30), **quarenta** (40), **cinquenta** (50), **sessenta** (60), **setenta** (70), **oitenta** (80), **noventa** (90).
**Cento** (100) permet de former les centaines.

Pour compter, on intercale la conjonction de coordination **e**, *et*, et le chiffre concerné (reportez-vous au fur et à mesure au numéro inscrit en bas de chaque page) :

| 21 | **vinte e um** |
|-----|-----|
| 32 | **trinta e dois** |
| 49 | **quarenta e nove** |
| 101 | **cento e um** |
| 110 | **cento e dez** |
| 111 | **cento e onze** |
| 121 | **cento e vinte e um**, etc. |

• **por cento** *pour cent* : 1 % **um por cento** ; 10 % **dez por cento** ; 25 % **vinte e cinco por cento**, etc.

## 4  Les adverbes

Nous avons vu que les adverbes en **-mente** – largement employés au Brésil – se forment à partir du féminin de l'adjectif, quelle que soit sa terminaison (**-a**, **-r**, **-s** ou **-z**) : **feliz** + **mente** = **felizmente**, *heureusement* ; **tranquila** + **mente** = **tranquilamente**, *tranquillement*.

## 5  Les interrogatifs

Nous avons rencontré :
– **o que?**, *qu'est-ce que ?* et sa forme renforcée **o que é que?** :
**O que é que você quer?**, *Qu'est-ce que tu veux ?*
– **quem é que?**, *qui est-ce qui ?*, forme renforcée de **quem?** :
**Quem é que conhece um tratamento?**, *Qui est-ce qui connaît un traitement ?*
– Nous avons aussi vu *pourquoi ?* traduit par **porque?** et **por quê?**
**Porque** est repris dans la réponse au sens de *parce que* :
**Por quê você vai de ônibus?**, *Pourquoi tu [y] vas en bus ?*
**Porque eu quero**, *Parce que je [le] veux.*

## 6  Les formes verbales de la semaine

Nous avons découvert cette semaine deux temps très employés dans la langue quotidienne :

• La "forme progressive" se construit avec le verbe **estar** conjugué, suivi du gérondif. Ce dernier se forme en remplaçant le **-r** de l'infinitif par **-ndo** :
**Estou falando com você, assistindo a um filme e querendo atender o telefone**, *Je parle ("suis parlant") avec toi, je regarde ("suis assistant") un film et veux ("suis voulant") répondre au téléphone.*

• Nous avons également rencontré le participe passé avec valeur d'adjectif. Pour tous les verbes, il se forme en remplaçant le **-r** final de l'infinitif par **-do**, **-da**, **-dos**, **-das** : **variado** *varié*, **variada** *variée*, **variados** *variés*, **variadas** *variées*.

• Pour ce qui est de la conjugaison des verbes en **-ar**, vous connaissez maintenant :

**acompanhar**, *accompagner*
**ajudar**, *aider*
**almoçando**, *déjeunant*
**chega**, *tu arrives, il/elle arrive*
**escovando**, *brossant*
**falar**, *parler* → **fala**, *il/elle parle, tu parles*
**falta**, *il/elle manque, tu manques*
**fica**, *il/elle reste, tu restes*
**jogam**, *ils/elles jouent, vous jouez*
**pagar**, *payer* → **pagam**, *ils/elles paient, vous payez*
**parar**, *arrêter*
**preciso**, *j'ai besoin*
**preparando**, *préparant*
**reservada**, *réservée*
**sentar**, *asseoir*
**tô**, forme abrégée de **estou**, *je suis*
**tocando**, *touchant*
**trabalhando**, *travaillant*
**volto** , *je reviens*
**viajar**, *voyager* → **viajando**, *voyageant*

• Conjugaison des verbes en **-er** (réguliers et irréguliers)
**atender**, *répondre* (régulier)
**conhece**, *elle/il connaît, tu connais*
**conhecem**, *ils/elles connaissent, vous connaissez*
**faz**, *il/elle fait, tu fais*
**fazendo**, *faisant*
**há**, *il y a*
**quero**, *je veux*
**sabe**, *il/elle sait, tu sais*
**tem**, *il/elle a, tu as*
**tenho**, *j'ai*
**trazer**, *apporter*
**vejo**, *je vois*
**vi**, *j'ai vu*

• Conjugaison des verbes en **-ir** (réguliers et irréguliers)
**assistir**, *assister* → **assistindo**, *regardant* (régulier)
**sai**, *il/elle sort, tu sors*

## ▶ Diálogo de revisão

1 – Alô, Guto? Estou saindo com amigos
2    para almoçar num restaurante baiano que você
   não conhece.
3    O cardápio é muito variado! Tem um vatapá que
   é demais!
4 – Seus amigos conhecem a comida da Bahia?
5 – Sim e gostam muito.
6    Você quer vir junto?
7 – Não posso, porque estou preparando uma
   viagem a Foz.
8 – E o Daniel o que é que ele está fazendo?
9 – Ele está no estádio do Maracanã,
10   acompanhando um grupo de turistas alemães.

Traduction

**1** Allô, Guto ? Je sors avec des amis **2** pour déjeuner dans un restaurant bahianais que tu ne connais pas. **3** La carte *(Le menu)* est très variée ! Il y a un vatapá super *(qui est trop)* ! **4** Tes amis connaissent-ils la cuisine de *(la)* Bahia ? **5** Oui et ils aiment beaucoup. **6** Tu veux venir avec nous ? **7** Je ne peux pas, parce que je prépare un voyage à Foz. **8** Et Daniel, qu'est-ce qu'il fait ? **9** Il est au stade du Maracanã, **10** il accompagne *(accompagnant)* un groupe de touristes allemands.

*Elle n'était pas trop dure, cette leçon ? C'est que vous commencez à faire des progrès... Les Brésiliens diraient* **nota 10** (20 sur 20) *!*

*À partir de cette leçon, nous ne vous donnons plus qu'une transcription phonétique partielle : celle des mots nouveaux. En cas de doute, vous pouvez revenir en arrière ou consulter l'introduction.*

**29**

# Vigésima nona aula

## Acordar cedo

1 – Que **ho**ras são [1], **Ne**uza?
2 – São **se**te **ho**ras, e aca**ba**mos [2] de to**mar** o ca**fé** da ma**nhã**.
3 Ah, **e**u a**do**ro acor**dar ce**do!
4 – Vo**cê** tem ra**zão**.
5 A **gen**te [3] apro**vei**ta **mui**to me**lhor** [4] o **di**a.

🗨 Prononciation
*akoRdaR ssédou 1 … órass … néouza 2 … ssètchi … akabamouss … magnin 3 … adórou … 4 … razão 5 … jēntchi aprovéita … mélyóR …*

📑 Notes

1 Pour demander l'heure, on s'exprime toujours au pluriel. Pour répondre, on utilise également **são** suivi du chiffre indiquant l'heure, sauf pour 1 h (mais pas pour 13 h bien sûr), midi et minuit, où le verbe reste au singulier : **São sete horas ou dezenove horas**, *Il est ("Sont") sept heures ou dix-neuf heures* ; **São treze horas**, *Il est treize heures* ; **É meio-dia/meia-noite**, *Il est midi/minuit* ; **É uma hora**, *Il est une heure*.

2 Il s'agit du **pretérito perfeito** que l'on traduira, selon le contexte, tantôt par un passé simple, tantôt par un passé composé. Attention, la terminaison **-amos** de la 1re pers. du pluriel étant identique au présent et à ce temps pour tous les verbes réguliers en **-ar**, il peut y avoir ambiguïté. Ainsi, nous aurions pu traduire **acabamos** par *nous finissons de*, sous-entendu "tout juste" : **Acabamos de jantar**, *Nous finissons/nous avons fini/*

*Vous savez maintenant reconnaître les masculins et les féminins. Il n'est donc plus nécessaire de vous indiquer les différences de genre entre le brésilien et le français dans les traductions entre parenthèses.*

---

**29**

# Vingt-neuvième leçon

## [Se] réveiller tôt

**1 –** Quelle heure est-il *(Que heures sont)*, **Neuza ?**
**2 –** Il est *(Sont)* sept heures, et nous avons fini *(finîmes)* de prendre le petit-déjeuner *(café du matin).*
**3** Ah, moi, j'adore [me] réveiller tôt !
**4 –** Tu as raison.
**5** On *(La gens)* profite beaucoup mieux [de] la journée.

### Remarques de prononciation

5, 8 • N'oubliez pas que g est suivi d'un u devant e et i pour conserver le son *[gue]* : comparez gente *[jĕntchi]* et conseguem *[konssèguē]*.
• Pensez bien à faire la différence entre le o ouvert de melhor *[ó]* et celui fermé de calor *[o]*.
5, 8, 9 Notez la prononciation râclée du r final dans melhor, dormir, calor, ar.

---

*nous finîmes de dîner* ; **Já acabamos de jantar**, *Nous avons déjà fini de dîner.*

**3** **a gente**, littéralement "la gens", toujours suivi de la 3ᵉ personne du singulier, est une façon familière (décontractée) de dire *nous, on.*

**4** **melhor**, *meilleur*, est le comparatif de **bom**, *bon*, et se traduira parfois par *mieux*, selon le contexte : **Melhor jantar já**, *Mieux vaut dîner tout de suite.* On entend souvent au Brésil l'expression **do bom e do melhor**, litt. *"du bon et du meilleur"*, ce qu'il y a de mieux, *"le top"* : **Em casa, o café é do bom e do melhor**, *À la maison, le café c'est le top.*

**6** – O **Cé**sar e o **Je**sus não a**cor**dam **ce**do.

**7** Os dois **dor**mem a**té tar**de.

**8** – **Eu** não sei **co**mo con**se**guem [5] dor**mir** com **e**ste ca**lor**.

**9** – E a**in**da mais com o ar condicio**na**do que**bra**do.□

6 ... jé**zouyss** ... a**kóR**dã ... **7** ... **dóR**mē ... **ta**Rdji **8** ... konss**è**guē douR**mi**R ... **9** ... aĩ**da** ... aR kondissio**na**dou ké**bra**dou

Note

**5** **conseguir**, au sens de *réussir à*, est directement suivi du complément en portugais : **Eu consigo dormir cedo**, *J'arrive à dormir tôt*.

\*\*\*

Exercício 1 – Traduza

**❶** Por quê vocês não dormem até tarde? **❷** Meu amigo tem razão: o Brasil é muito bonito. **❸** Nós acabamos de falar com os vizinhos. **❹** A gente vai tomar o café da manhã agora ou depois? **❺** Eu adoro ir à praia!

\*\*\*

Exercício 2 – Complete

**❶** Quelle heure est-il maintenant ?
Que ..... são .....?

**❷** On profite beaucoup de l'excursion en Uruguay.
A ..... ......... muito . ........ no Uruguai.

**❸** Il est minuit, mais les enfants ne dorment pas très bien.
. meia-noite, mas as ........ não ...... muito bem.

**6** – César et Jésus ne [se] réveillent pas tôt.

**7** [Tous] *(les)* deux dorment *(jusqu'à)* tard.

**8** – Je ne sais pas comment ils arrivent [à] dormir avec cette chaleur.

**9** – Et qui plus est *(encore plus)* avec l'air conditionné qui ne marche pas *(cassé)*.

7, 8 Notez que le **o** du verbe **dormir** se prononce *[ou]*, alors que celui de **dormem** se prononce comme dans "bol".

## Corrigé de l'exercice 1

❶ Pourquoi ne dormez-vous pas *(jusqu'à)* tard ? ❷ Mon ami a raison : le Brésil est très beau. ❸ Nous venons *(Nous avons fini)* tout juste de parler avec les voisins. ❹ Va-t-on prendre le petit-déjeuner maintenant ou après ? ❺ J'adore aller à la plage !

\*\*\*

❹ Jusqu'à quand restes-tu à Salvador ?

... quando você .... em Salvador?

❺ Les touristes n'arrivent pas à se réveiller plus tôt.

Os turistas não ......... ....... mais .....

## Corrigé de l'exercice 2

❶ – horas – agora ❷ – gente aproveita – a excursão – ❸ É – crianças – dormem – ❹ Até – fica – ❺ – conseguem acordar – cedo

*Avant l'heure ce n'est pas l'heure, après l'heure ce n'est plus l'heure…*
*vision bien peu brésilienne de la ponctualité, car même si la notion*
*d'heure* pile – **em ponto** – *existe… on se demande bien pourquoi !*
*Évidemment, tout ne pouvait que mal commencer avec un cadran*
*ayant pour nom* **mostrador**, *"celui qui s'affiche", un frimeur en*
*somme. Et puis, qu'est-ce que ça veut dire, l'heure exacte, dans un*
*pays traversé par 4 fuseaux horaires (entre 2 et 5 heures de diffé-*
*rence) où ce qui est valable à* **Brasília** *(heure officielle -3h GMT),*
*ne l'est plus dans le* **Pará** *(au nord) ? Par exemple, les États du* **Rio**

**30**

# Trigésima aula

▶

## A empregada nova [1]

**1 – Sa**be, Ma**ri**a Edu**a**rda, **mui**tas **ve**zes o car**te**iro [2]
**to**ca a cam**pa**inha

**2 pa**ra entre**gar** um pa**co**te.

**3 –** E se for [3] cri**an**ça pe**din**do jor**nal vel**ho [4]?

💬 Prononciation
*… ĩᵐprégada … 1 ssabi mariya édouaRda … véziss ou kaRtéⁱrou*
*… kãᵐpa-igna 2 … ĩᵗtrégaR … pakótchi. 3 … foR … pédĩᵐdou …*
*vèlyou*

📂 Notes

**1** a empregada nova ou a nova empregada, *la nouvelle employée.*
L'adjectif qualificatif peut se placer avant ou après le nom ; cela se fait
le plus souvent "à l'oreille", mais avec une légère nuance, et ce d'autant
qu'un même mot peut avoir plusieurs sens. Ici par exemple, **nova** aurait
pu vouloir dire *jeune*, donc *la jeune employée de maison*. Le contexte
vous orientera. **A nova empregada é velha**, *La nouvelle employée de*
*maison est vieille.*

**2** Le suffixe **-eiro** permet ici de former les noms de professions : **o carteiro**,
*le facteur* ; **o jornaleiro**, *le marchand de journaux* ; **o sapateiro**, *le cor-*
*donnier*, etc.

Grande do Norte *et* Rio Grande do Sul, *l'État de* Roraima, *de* Rondônia, *et la majeure partie de l'Amazonie auraient une heure "de retard". L'État de l'*Acre, lui, jusqu'à deux heures de décalage et l'archipel* Fernando de Noronha, *dans l'océan Atlantique, une heure "d'avance"... Et c'est relatif, car c'est compter sans l'heure d'été... par rapport à l'heure d'hiver. Et quand on dit "été", on parle de l'été brésilien, donc inversé par rapport à l'été méridien de Greenwich +1... Et en plus, pas sous l'équateur, puisqu'il n'y a pas de différence entre été et hiver... Bref, c'est midi à quatorze heures !*

**30**

# Trentième leçon

## La nouvelle employée de maison
*(La employée nouvelle)*

**1 –** Tu sais, Maria Eduarda, souvent *(beaucoup fois)* le facteur sonne *(touche la sonnerie)*

**2** pour livrer un paquet.

**3 –** Et si c'est [un] enfant demandant de vieux journaux *(journal vieux)* ?

**3** **for** est ici le futur du subjonctif du verbe **ser**, *être*. Le subjonctif traduit l'idée d'hypothèse, d'incertitude dans l'avenir introduite par la conjonction **se**, *si*.

**4** **jornal velho**, *vieux journal*, traduit par *vieux journaux*. Notez que des expressions au pluriel en français sont souvent au singulier en portugais, et inversement. Ainsi, par exemple, le français parle d'*industrie de la chaussure* (sing.), alors que le portugais utilise le pluriel **calçados** ; à l'inverse, le français parle des *bagages* (pl.) et le portugais de **a bagagem** (sing.).

**4** – Não se preo**cu**pe [5].
**5** **Eu sem**pre **dei**xo jor**nais pa**ra os pe**din**tes [6].
**6** – E se nin**guém** [7] a**brir** [8] a **po**rta?
**7** – Qual é o pro**ble**ma?
**8** O car**tei**ro **dei**xa o pa**co**te com os **Barros**, **ao la**do.
**9** – Tá bom, **Do**na [9] **I**rene, e os pe**din**tes?
**10** – **O**ra! Os pe**din**tes vão em**bo**ra [10]!   □

🗨 **4** ... pré**o**koupi **5** ... **dé**ⁱchou jo**R**nayss ... péd**ji**ᵐtchiss **6** ... nĩ**guê**
a**bri**R a **pó**Rta **7** ... pro**blé**ma **8** ... **dé**ⁱcha ... **ba**RRouss ...
**9** ... **do**na i**rè**ni ... **10** **ó**ra ... ĩᵐ**bó**ra

Notes

**5** **preocupe** est le subjonctif présent du verbe pronominal **preocupar-se**,
précédé de la négation **não**. Il exprime dans ce cas une interdiction, communément appelée "défense". Vous remarquerez que le pronom réfléchi
**se**, *se*, est venu s'intercaler entre la négation et le verbe.

**6** **pedinte** (qui vient de **pedir**, *demander*) désigne ici les gens qui passent
dans les maisons quémander de vieux journaux pour les revendre. Il
existe d'ailleurs, dans le Nordeste, des **cantos de pedinte**, *chants de qué-
mandeur*, chantés par les aveugles, en solo ou en duo, et en deux parties,
pour remercier si espèces sonnantes et trébuchantes il y a en quantité
suffisante. Notez en passant le suffixe **-inte** que l'on retrouve dans deux
mots très courants : **o contribuinte**, *le contribuable*, et **o ouvinte**, *l'audi-
teur* ou au sens collectif *l'auditoire*.

**7** Retenez **ninguém**, *personne*, et son "alter ego" **alguém**, *quelqu'un*.
Lorsque **ninguém** précède le verbe, la négation **não** est inutile : **Ninguém
gosta de acordar cedo**, *Personne n'aime se lever tôt*.

\*\*\*

▶ Exercício 1 – Traduza
❶ Carlinhos toca a campainha na casa do vizinho. ❷ Mãe,
não se preocupe com os pedintes. ❸ Eu deixo os jornais
alemães em cima da mesa. ❹ Se não for muito tarde, vamos
ao cinema? ❺ Todos dormem e ninguém pode abrir a porta.

**4 –** Ne t'inquiète pas *(Non se préoccupe)*.

**5** Je laisse toujours *(toujours laisse)* [des] journaux pour les mendiants.

**6 –** Et si personne n'ouvre la porte ?

**7 –** Où est *(Quel est)* le problème ?

**8** Le facteur laisse le paquet chez *(avec)* les Barros, à côté.

**9 –** D'accord *(Est bon)*, Dona Irene, et les mendiants ?

**10 –** Eh bien ! Les mendiants, ils s'en vont !

**8** **abrir** est encore un futur du subjonctif. Notez au passage que la forme de l'infinitif est identique.

**9** **dona** est l'équivalent de *Madame* et suivi du prénom de la personne (lorsqu'on emploie le nom de famille, celui-ci est précédé de **senhora**). C'est ainsi que l'on s'adresse, avec respect mais de façon plus familière, à une femme d'âge mûr, que l'on connaît bien ou voit souvent, même si on lui dit **você**. Attention, a madame, [a ma**dami**], ou **madama**, est plutôt péjoratif. Moqueur, il désigne les très très très grandes bourgeoises... à l'opposé de la **dona de casa**, la *femme au foyer*, la *ménagère* de plus ou moins de 50 ans.

**10** **ir embora** ou **ir-se embora**, *s'en aller*.

\*\*\*

Corrigé de l'exercice 1

❶ Carlinhos sonne chez le voisin. ❷ Maman, ne t'inquiète pas pour les mendiants. ❸ Je laisse les journaux allemands sur la table. ❹ S'il n'est pas trop *(très)* tard, nous allons au cinéma ? ❺ Tout le monde dort *(Tous dorment)* et personne [ne] peut ouvrir la porte.

Exercício 2 – Complete

**❶** La dame demande de l'aide pour sortir du bus.

A senhora está ....... ajuda para .... .. ônibus.

**❷** Souvent l'employée de maison laisse le colis devant la cuisine.

...... ..... a ......... deixa o pacote .. ...... .. cozinha.

**❸** L'enfant brosse le vieux chien.

A ....... está ......... o cachorro ..... .

\*\*\*

**A empregada doméstica** ou plutôt **a empregada**, *pudiquement tra-duit ici* employée de maison, *est sociologiquement, au minimum, la bonne, pour ne pas dire... à tout faire (cuisine, ménage, lavage, repassage, garde des enfants...), malgré une législation en bonne et due forme. C'est le pilier de l'organisation de la structure familiale et professionnelle, raison sans doute qui lui vaut parfois le titre de* **se-crétária**, *secrétaire ! Au point que dans les appartements bourgeois lui soit réservée – à l'extrême opposé de celle des patrons – une chambre* (**o quarto de empregada**) *à laquelle on accède non pas par l'ascen-seur "social" – bien sûr, réservé aux gens "d'en haut" – mais par* **o elevador de serviço**, *l'ascenseur de service, réservé à ceux "d'en bas",*

**31**

## Trigésima primeira aula

▶

## Aniversário de adulto

1 – **Quan**tas ¹ **pe**sso**as** você convi**dou pa**ra a **su**a **fe**sta de aniver**sá**rio, Mari**le**na?

2 – Ah, não me **lem**bro mais.

🗩 Prononciation

*anivèR*ss*aryou ... a***dou**ᵒᵘ*tou 1 ... konvido*ᵒᵘ *... fè*ss*ta ... mari***lé***na 2 ... **lē**ᵐbrou ...*

❹ Ne t'inquiète pas : si tu n'ouvres pas la porte, le facteur s'en va.
Não se ........ : se você não ..... a porta, o ........
vai ....... .

❺ Personne ne veut prendre un jus d'ananas ?
....... quer tomar um .... de ....... ?

Corrigé de l'exercice 2
❶ – pedindo – sair do – ❷ Muitas vezes – empregada – na frente da –
❸ – criança – escovando – velho ❹ – preocupe – abrir – carteiro –
embora ❺ Ninguém – suco – abacaxi

\*\*\*

*même s'il est question de supprimer cette institution. Tout repose sur*
*les épaules de l'**empregada**, d'où l'importance qu'elle prend dans la*
*conversation des **madames** pour qui elle incarne, en dehors du rôle*
*classique de confidente, un casse-tête ou une tête de turc…*
*Le nombre d'**empregadas** par famille varie avec le niveau de vie. Elles*
*peuvent en effet être secondées par une **babá**, nounou, une **cozinheira**,*
*cuisinière, un **motorista**, chauffeur, etc. Dans la classe moyenne urbaine*
*du centre-sud, l'**empregada** tend à être remplacée par la **faxineira**,*
*qui n'assure que quelques heures par semaine. Comme on l'imagine*
*donc aisément, **a empregada**, figure emblématique nationale, nourrit*
*aussi, entre autres, l'imaginaire des cinéastes et des écrivains !*

**31**

# Trente et unième leçon

## Anniversaire d'adulte

**1 –** Combien de personnes as-tu invitées à *(tu invitas*
*pour)* ta fête d'anniversaire, Marilena ?
**2 –** Ah, je ne me rappelle plus.

⌐ Note

**1** Comme nous l'avons vu dans la 19e leçon, **quantas**, *combien*, est accordé
en genre et en nombre avec le substantif auquel il se rapporte, contrairement au français.

3 **Entre trin**ta e **trin**ta e **cin**co pes**so**as.

4 – Qual **bo**lo você es**colheu** [2]? De [3] mo**ran**go ou de choco**la**te?

5 – É um se**gre**do de Es**ta**do.

6 Só **po**sso di**zer** que have**rá** [4] **mui**ta co**mi**da

7 e que dan**ça**remos à von**ta**de.

8 Vai ser [5] **u**ma **fes**ta de a**rrom**ba!

9 – Mas os vi**zi**nhos não vão a**char** ru**im**?

10 – Os Pe**rei**ras [6]? **Cla**ro que não. **E**les tam**bém** es**tão** convi**da**dos [7].

□

3 ẽⁿtri ... 4 ... **bo**lou ... issko**lyé**ᵒᵘ ... mo**rã**ⁿgou ... choco**la**tchi 5 ... ssé**gré**dou ... iss**ta**dou 6 ... **pó**ssou di**zéR** ... a**vé**ra ... kou**mi**da 7 ... dãnssa**ré**mouss a võⁿ**ta**dji 8 ... a**RRom**ba 9 ... vi**zi**gnouss ... a**chaR** Rou**ī** 10 ... **pé**ré[i]rass ... konvi**da**douss

## Notes

**2** **escolheu**, *il/elle a/tu as choisi* ou encore *il/elle choisit/tu choisis*. Il s'agit du **pretérito prefeito** du verbe **escolher**, *choisir*. Ce temps se traduit soit par un passé simple, soit par un passé composé, comme c'est le cas ici.

**3** Utilisée pour exprimer la matière, le goût ou le parfum, la préposition **de** se traduit par *à la, au, en* : **Gosto de bolo de chocolate**, *J'aime les gâteaux au chocolat*.

\*\*\*

▶ Exercício 1 – Traduza

❶ A minha festa de aniversário vai ser amanhã. ❷ Eu me lembro muito bem do bolo de morango da minha amiga. ❸ Se for uma festa de arromba, nós todos dançaremos à vontade. ❹ Meu amigo escolheu um carro com ar condicionado. ❺ Ninguém sabe se o seu irmão chega no aeroporto, de manhã ou de tarde: é um segredo de Estado.

**3** Entre trente et trente-cinq personnes.

**4** – Quel gâteau as-tu choisi ? À la *(de)* fraise ou au *(de)* chocolat ?

**5** – [C']est un secret d'État.

**6** Je peux seulement dire qu'il y aura beaucoup à manger *(nourriture)*

**7** et que nous danserons à volonté !

**8** [Ça] va être une fête à tout casser.

**9** – Mais les voisins ne vont pas [le] prendre *(trouver)* mal ?

**10** – Les Pereira ? Bien sûr que non. Eux *(Ils)* aussi sont invités.

---

**4** **haverá**, *il y aura*. Il s'agit du futur du verbe **haver** (on ajoute à l'infinitif la terminaison **-ei, -á, -emos, -ão**). Impersonnel, il est beaucoup moins courant que **ter**, *avoir*.

**5** Le verbe **ir** conjugué au présent et suivi de l'infinitif permet d'exprimer une action imminente : **Ele vai escolher um bolo de chocolate**, *Il va choisir un gâteau au chocolat*.

**6** Notez que les noms de famille se mettent au pluriel, comme les noms communs : **Joaquim Pereira**, *Joachim Pereira* ; **os Pereiras**, *la famille Pereira/les Pereira*.

**7** Pour former la voix passive, on utilise le verbe **estar** ou **ser** conjugué, suivi du participe passé. Rappelez-vous : pour former ce dernier, on remplace le **-r** final de l'infinitif par **-do, -da, -dos, -das** pour tous les verbes.

\*\*\*

## Corrigé de l'exercice 1

❶ Ma fête d'anniversaire va avoir lieu *(va être)* demain. ❷ Je me souviens très bien du gâteau à la fraise de mon amie. ❸ Si c'est une fête à tout casser, nous danserons tous à notre guise *(à volonté)*. ❹ Mon ami a choisi une voiture avec air conditionné. ❺ Personne ne sait si ton/votre frère arrive à l'aéroport le matin ou l'après-midi : c'est un secret d'État.

Exercício 2 – Complete

❶ Tu crois *(penses)* qu'à l'hôtel il y aura beaucoup à manger ?
Você .... que no hotel ...... muita ......?

❷ Tu vas trouver le voyage en bus super-génial.
Você vai ..... a viagem de ônibus ............

❸ Je ne me rappelle plus s'il a invité les amies de l'école.
Eu não .. ...... .... se ele ........ as amigas da
escola.

\*\*\*

*Les fêtes se répandent un peu partout – Halloween, la fête des amou-*
*reux, les anniversaires, etc. – et se déroulent à peu de choses près*
*selon la même formule. Pour pallier la pauvreté des paroles du très*
*mondialisé **Happy Birthday to you**, les Brésiliens y ont ajouté un peu*
*de gentillesse, de rythme et de folie. À connaître impérativement et à*
*chanter en chœur et en cadence :*
"**Parabéns pra vo-cê...**, Félicitations à toi...
**Nesta da-ta que-ri-da!** En cette chère date !
**Muitas fe-li-ci-da-des!**, Beaucoup de bonheurs !

**32**

# Trigésima segunda aula

▶

## Aniversário de criança

1 – Que correria!
2 Não pensava ¹ que a gente ia pegar este
engarrafamento na hora do almoço.

🔊 Prononciation
*1 ...koRRériya **2** ...pẽ**ssa**va ...**i**ya ...ĩgaRRafa**mẽⁿ**tou ...aᵒᵘ**mo**ssou*

❹ Combien de personnes viennent pour ton anniversaire ?
....... pessoas ... para . ... ...........?

❺ Personne ne va prendre mal de voyager en voiture au Nordeste.
Ninguém vai ..... .... viajar .. carro ....o
Nordeste.

Corrigé de l'exercice 2

❶ – acha – haverá – comida ❷ – achar – super-legal ❸ – me lembro
mais – convidou – ❹ Quantas – vêm – o seu aniversário ❺ – achar
ruim – de – para –

\*\*\*

**Muitos a-nos de vi-da!**, Beaucoup d'années de vie !"
*Suivi du **brasileiríssimo**, stimulant, scandé et hurlant :*
"**É pique é pique é pique é pique é pique !** *(prononcez* [è **pi**-ki] *et
accélérez)*
**É ho-ra é ho-ra!** *[è óra è óra]*
**Ra-ti-bum** *[Ratchibõũ]*"
*Ne cherchez pas à comprendre… le but est de faire la fête, de* **come-
morar** – *fêter ça – avec l'***aniversariante**, *le* héros du jour !

---

**32**

# Trente-deuxième leçon

## Anniversaire d'enfant

**1** – Quelle course !
**2**   Je ne pensais pas qu'on allait [se] prendre cet
       embouteillage à l'heure du déjeuner.

⌉ Note

**1** **pensava**, *je pensais*, est l'imparfait de l'indicatif du verbe régulier **pensar**. Pour le former, on a remplacé la terminaison **-ar** de l'infinitif par
**-ava**. **ia**, quant à lui, est l'imparfait (irrégulier) du verbe **ir**, *aller*.

**3** – **Ain**da bem que a fes**ti**nha do João**zi**nho só ²
começa às ³ três da **tar**de.

**4** – A**go**ra são **du**as **ho**ras.

**5** **Ain**da dá ⁴ **tem**po **pa**ra com**prar** um presen**ti**nho.

**6** – Já es**tou** com **á**gua na **bo**ca só de pen**sar** nas
pi**po**cas e nos briga**dei**ros ⁵.

**7** – **Eu** a**do**ro os re**fris** ⁶.

**8** Que von**ta**de ⁷ de to**mar** um guara**ná** bem
gela**di**nho!

**9** – Ah é? E o **seu** regime?                                    □

*3* … fèss**tchi**gna dou jouão**zi**gnou … ko**mè**ssa… *5* … da **tẽ**⁽ᵐ⁾pou
… kõ⁽ᵐ⁾**praR** … prézẽ⁽ⁿ⁾**tchi**gnou *6* … a**gou**a … **bo**ka … pẽ**ssaR** …
pi**pó**kass … briga**dé**ʳrouss *7* … a**dó**rou … ré**friss** *8* … gouara**na** …
jéla**dji**gnou *9* … **ré**jimi

## Notes

**2** Pour rappel, **só** placé avant le verbe est restrictif et se traduit par *ne… que/
rien… que.*

**3** Pour exprimer l'heure, la préposition a, *à*, se contracte avec l'article et on
se passe généralement du mot **horas** : Ele vai para a festa às três, *Il va à
la fête à trois heures.* De même, on dira **ao meio-dia**, *à midi*, et **à meia-
noite**, *à minuit.*

**4** Attention, **dá** est une forme du verbe irrégulier **dar**, *donner*, alors que da,
qui n'a pas d'accent, est la préposition contractée.

*** 

▶ Exercício 1 – Traduza

❶ Que correria para chegar no aeroporto às cinco da
tarde! ❷ Eu pensava que o roteiro ia ser muito bonito.
❸ Ainda dá tempo para a gente tomar um guaraná? ❹ Os
vizinhos convidados estão pensando num presentinho para
a criança. ❺ Que horas começa a festa?

**3** – Encore heureux que la petite fête de *(du)* Joãozinho ne commence qu'à trois [heures] de l'après-midi.
**4** – Maintenant il est *(sont)* deux heures.
**5** Ça nous laisse le temps d'acheter *(Encore donne temps pour acheter)* un petit cadeau.
**6** – J'en ai l'eau à la bouche *(Déjà suis avec l'eau dans-la bouche)* rien que *(seulement)* de penser aux pop-corns et aux "brigadiers".
**7** – Moi, j'adore les sodas.
**8** Je meurs d'envie de prendre un guaraná bien frais *(bien glacé)* !
**9** – Ah bon ? Et ton régime ?

**5** Ne confondez pas le **brigadeiro**, *brigadier*, qui fait régner l'ordre, et le **brigadeiro**, une petite friandise en forme de boule à base de lait condensé cuit et de chocolat.

**6** **refris**, l'abréviation de **refrigerante**, est un terme générique plutôt employé dans le sud du pays qui désigne les boissons gazeuses sucrées.

**7** **Que vontade!**, littéralement "Quelle envie !" : **que** a ici une valeur exclamative. **Que bom!**, *Que/Comme c'est bon !*

\*\*\*

Corrigé de l'exercice 1
❶ Quelle course pour arriver à l'aéroport à cinq heures de l'après-midi ! ❷ Je pensais que l'itinéraire allait être très joli. ❸ [Est-ce que] ça nous laisse le temps de prendre (pour qu'on prenne) un guaraná ? ❹ Les voisins invités sont en train de réfléchir à un petit cadeau pour le petit *(l'enfant)*. ❺ À quelle heure commence la fête ?

Exercício 2 – Complete

❶ Je pensais que tu allais commencer ton régime après la lune de miel.

Eu ....... que você .. começar o seu ...... ......
da lua-de-mel.

❷ La cuisine brésilienne me donne l'eau à la bouche !
A cozinha brasileira me dá .... .. ....!

❸ Je suis en train de préparer un jus d'orange bien frais et je vais en prendre un peu pour toi.

Eu estou preparando um suco de laranja ... .........
e vou ..... um ..... para você.

\*\*\*

*Si le* **guaraná** *est surtout consommé au Brésil à l'état de* **refrigerante**, *boisson gazeuse sucrée, c'est à l'origine une plante cultivée par les Indiens, notamment la tribu des Maués. On utilise les graines qui se trouvent à l'intérieur de fruits regroupés en d'énormes grappes, après les avoir fait fermenter dans un entrepôt et sécher en plein air. La plante –* **o guaranazeiro** *– se présente sous forme d'arbuste-liane*

**33**

## Trigésima terceira aula

▶

## Ninguém gosta de fila [1]

**1** – **Dro**ga, não tem lu**gar** na **fren**te [2] do **sho**pping **pa**ra estacio**nar** o **ca**rro!

**2** – En**tão**, **va**mos dei**xar** a "Bra**sí**lia" na Ave**ni**da Ge**tú**lio **Var**gas.

**3** – Ah, não! Tem um **pon**to de **tá**xi

🗨 Prononciation
... **fila 1** *dró*ga ... isstassio**naR** ... **2** ... dé'**chaR** ... jé**tou**lyou **vaR**gass **3** ... põ<sup>n</sup>tou ...

**❹** Qui n'aime pas le pop-corn ?
  Quem não ..... de ......?

**❺** Encore heureux que ma sœur apporte *(va apporter)* les "briga-diers" à l'heure du déjeuner !

..... ... que na .... do almoço minha
irmã ... ...... os brigadeiros!

Corrigé de l'exercice 2
**❶** – pensava – ia – regime depois – **❷** – água na boca **❸** – bem geladinho – pegar – pouco – **❹** – gosta – pipoca **❺** Ainda bem – hora – vai trazer –

\*\*\*

*pouvant atteindre 10 m de haut. La cueillette se fait à la main. Son autre conditionnement, le plus connu, outre les capsules désormais vendues en pharmacie, est la poudre – o guaraná em pó. Outre son utilisation dans les rituels de guerre et de passage, ou encore artisa-nale, le **guaraná** est fort connu pour ses vertus médicinales, la plus plébiscitée étant de loin son aspect tonifiant.*

**33**

# Trente-troisième leçon

## Personne n'aime [faire] la queue

**1** – Zut *(Drogue)*, il n'y a pas de place devant le centre commercial *(shopping)* pour garer la voiture !
**2** – Alors nous allons laisser la *Brasília* dans l'avenue Getúlio Vargas.
**3** – Ah, non ! Il y a une borne de taxis

Notes
**1** **fazer fila**, *faire la queue*. Dans le titre, **fazer** est sous-entendu.
**2** **na frente** est la version courante, mais moins correcte grammaticale-ment, de **em frente de**, *en face de*.

**4**   e os **ca**rros es**tão** em **f**ila indi**a**na **pa**ra en**trar**
   na**que**la ave**ni**da.

**5**   Não tem **co**mo [3] fu**rar** a **f**ila?

**6** – Se vo**cê** não **go**sta de **f**ila, nem de procu**rar**
   **va**ga [4] pra estacio**nar**,

**7**   é **me**lhor não sa**ir** de **ca**sa.

**8** – Mas não é **i**sso. Eu a**do**ro sa**ir** de **ca**sa,

**9**   só que **e**u não que**ria** per**der** **tem**po.

**10** – Mas **lem**bre-se [5] que **ho**je é **vés**pera do **di**a dos
   namo**ra**dos.

**11**   Vo**cê** **pen**sa que os **sho**ppings es**tão** às **mos**cas?☐

🗨 **4** ... ĩⁿdjiya**na** ... **ẽ**ⁿ**traR** na**kè**la ... **5** ... fou**raR** ... **6** ... nẽ ...
pro**kou**raR **va**ga ... **8** ... **i**ssou ... **9** ... **ké**riya pé**Rdé**R ...
**10** ... **lẽ**ᵐbré-ssi ... **vè**sspéra ... namo**ra**douss **11** ... **pẽ**ssa ...
**moss**kass

⬒ Notes

**3**   **tem como**, littéralement "il y a comment", c'est-à-dire *il y a une façon,
   une solution*. **ter como** ou **não ter como**, *avoir une solution* ou *ne pas en
   avoir*.

**4**   **procurar vaga**, pour **procurar uma vaga**, *chercher une place libre*.
   L'article n'est pas indispensable.

**5**   **lembre-se**, *souviens-toi* ou *souvenez-vous*. C'est le subjonctif présent de
   **lembrar-se**, *se souvenir, se rappeler*. Il exprime un ordre et équivaut du

\*\*\*

▶ Exercício 1 – Traduza

❶ No ponto de táxi os carros estão em fila indiana. ❷ Eu
queria deixar a mala no hotel, e não no aeroporto. ❸ Droga,
as criançinhas vão furar a fila do cinema! ❹ Naquela
rua não há vaga para estacionar o carro. ❺ No dia dos
namorados nós vamos num restaurante bem legal.

**4** et les voitures sont en file indienne pour entrer dans cette avenue.

**5** Il n'y a pas moyen de doubler *(Non a comment percer la file)* ?

**6 –** Si tu n'aimes pas *(de)* [faire] la queue, ni *(de)* chercher une place *(libre)* pour [te] garer,

**7** il vaut *(est)* mieux ne pas sortir de chez toi *(maison)*.

**8 –** Mais ce n'est pas ça. J'adore sortir de chez moi,

**9** [c'est] seulement que je ne voulais pas perdre de temps.

**10 –** Mais rappelle-toi qu'aujourd'hui c'est [la] veille de la fête *(de jour)* des amoureux.

**11** Tu penses que les centres commerciaux sont désertés *(sont aux mouches)* ?

point de vue du sens à un impératif. Pour ce qui est de la forme pronominale, contentez-vous pour le moment d'observer la place de **se**.

\*\*\*

Corrigé de l'exercice 1

❶ À la borne de taxis, les voitures sont en file indienne. ❷ Je voulais laisser la valise à l'hôtel, et non à l'aéroport. ❸ Zut, les enfants vont doubler *(percer)* la queue du cinéma ! ❹ Dans cette rue-là, il n'y a pas de place libre pour garer la voiture. ❺ Le jour des amoureux nous allons [manger] dans un restaurant génial.

Exercício 2 – Complete

❶ Rappelle-toi qu'il n'y a pas moyen de garer la voiture.

......... que não ... .... estacionar o carro.

❷ Il ne veut pas marcher jusqu'à la plage, ni chercher une place libre pour la voiture.

Ele não .... caminhar ... a praia, ... ........
uma .... para o carro.

❸ J'ai vu la nouvelle employée de maison sortir de la *lanchonete* avec ton mari.

Eu .. a nova ......... .... da lanchonete com ... marido.

\*\*\*

*Nombre de villes brésiliennes ont leur* **Avenida Getúlio Vargas***, et pour cause : celui-ci a gouverné le pays de 1930 à 1945 et de 1951 à 1954. Tour à tour député du* **Rio Grande do Sul***, ministre des finances et gouverneur d'État, il fomenta, sous un faux prétexte, un coup d'État, dirigea la "Révolution de 30", et se retrouva à la tête du pays pendant 15 ans, menant une politique nationaliste. Il industrialisa le pays, modernisa l'industrie pétrolière (en créant la* **Petrobrás***), et initia un droit du travail –* **CLT : Consolidação das Leis do Trabalho***. En 1937,*

**34**

# Trigésima quarta aula

▶

## Só mais [1] um cigarrinho

**1 – Aqui** em Salva**dor** há **mui**tos luga**r**es **pú**blicos **on**de é proi**bi**do fu**mar**.

**2 – Não** tem **dú**vida.

🗩 Prononciation
... ssiga**R**ignou 1 ... ssa$^{ou}$va**doR** ... **mõũ**$^n$touss louga**r**iss **pou**blikouss ... pro-i-**bi**dou fou**maR** 2 ... **dou**vida

❹  À la veille d'un voyage, personne n'aime perdre du temps à faire
la queue ; allons-nous doubler ?
**Na ....... de uma viagem, ....... gosta de perder
tempo fazendo ....; vamos .....a fila?**

❺  Les écoles sont désertées : tous les enfants sont à la plage.
**As escolas estão .. ......: todas as crianças
estão .. ......**

Corrigé de l'exercice 2
❶ Lembre-se – tem como – ❷ – quer – até – nem procurar – vaga –
❸ – vi – empregada sair – seu – ❹ – véspera – ninguém – fila – furar –
❺ – às moscas – na praia

\*\*\*

*il instaura une dictature très musclée, connue sous le nom de* **Estado
Novo**, *où il utilisa la propagande d'une manière très sophistiquée pour
l'époque. Un programme radiophonique officiel d'une heure, à 7 h du
soir, sur toutes les radios, est resté célèbre :* **A Hora do Brasil**, *que
le peuple préféra appeler* **Fala sozinho** *(Il parle tout seul)...* **Getúlio
Vargas** *fut destitué par des militaires en 1945, devint sénateur, se pré-
senta à nouveau en 1950 et fut élu avant de se suicider au palais du
**Catete**, en 1954, laissant une lettre-testament restée célèbre.*

**34**

# Trente-quatrième leçon

## Rien qu'une dernière petite cigarette
*(Seulement plus un petite-cigarette)*

1 –  Ici à *(en)* Salvador, il y a beaucoup de lieux publics où
il est interdit [de] fumer.

2 –  Sans aucun *(Il n'y a pas de)* doute.

🗋 Note

1  **só mais**, littéralement "seulement plus". Nous avons ici un autre emploi
de **só**, *seulement, ne... que.* **Só mais um minutinho**, *Rien qu'une dernière petite minute.*

**3** **To**do **mun**do se **deu con**ta de que **fu**mar faz
mal **para** a sa**ú**de.

**4** E não só na Ba**hi**a.

**5** – E tam**bém qua**se não se [2] vê mais pe**sso**as
fu**man**do na **ru**a.

**6** – Eu con**cor**do com vo**cê**!

**7** **Mui**tos brasi**lei**ros pre**fe**rem [3] os **su**cos natu**rais**
ao ci**ga**rro.

**8** Bem, **va**mos dar uma vol**ti**nha na **prai**a?

**9** – Es**pera** [4]! Só vou aca**bar** de [5] fu**mar** o **meu**
ci**ga**rro.

☐

🗨 **3** ... **mõũ**ⁿdou ... **déo kõ**ⁿta ... ssa**oud**ji **4** ... bahi-ya **5** ... **koua**zi ...
vé ... fou**mã**ⁿdou ... **6** ... kõ**kóR**dou ... **7** ... brazi**lé**ʲrouss pré**fé**rē ...
**ssou**kouss natou**rayss** ... ssi**gaRR**ou **8** ... daR ... voᵒᵘ**tchi**gna na
**pra**ya **9** iss**pèra** ... aka**baR** ...

**Notes**

**2** **se**, *se*, a ici valeur de *on*.

**3** **preferir** est un verbe irrégulier en **-ir**. Il modifie le **e** du radical en **i** à la 1ʳᵉ
personne du présent de l'indicatif : **prefiro**.

**4** Il s'agit de l'impératif du verbe **esperar**, *espérer* ou *attendre*. La logique
voudrait, compte tenu de l'emploi de **você**, qu'on n'utilise que le seul
subjonctif (**espere**), mais on entend indifféremment les deux.

\*\*\*

▶ Exercício 1 – Traduza

**❶** É proibido fumar no aeroporto. **❷** Eu tenho uma dúvida: o
Pão de Açúcar fica no Rio de Janeiro ou em Vitória? **❸** Você
acha que viajar faz mal para a saúde? **❹** Eu concordo com
você: os brasileiros jogam muito bem futebol. **❺** Na Itália
não se vê quase mais pessoas fumando na rua.

3 Tout le monde s'est rendu *(donné)* compte *(de)* que fumer est mauvais *(fait mal)* pour la santé.

4 Et pas seulement à *(la)* Bahia.

5 – Et aussi on ne voit presque plus de gens fumer *(personnes fumant)* dans la rue.

6 – Je suis d'accord avec toi !

7 Beaucoup de Brésiliens préfèrent les jus naturels à la cigarette.

8 Bien, on va faire *(donner)* un petit tour à la plage ?

9 – Attends ! Je vais juste finir de fumer ma cigarette.

5 Alors que **acabar**, au sens de *finir de*, est toujours suivi de **de**, **proibir**, *interdire*, est directement suivi de l'infinitif. **Proibido**, rencontré dans la première phrase, est le participe passé de **proibir**. Notez aussi, à la phrase 6, **concordar com**, *être d'accord (avec)*.

\*\*\*

Corrigé de l'exercice 1

❶ Il est interdit de fumer dans l'aéroport. ❷ J'ai un doute : le Pain de Sucre se trouve-t-il à Rio de Janeiro ou à Vitória ? ❸ Tu crois que voyager est mauvais pour la santé ? ❹ Moi, je suis d'accord avec toi : les Brésiliens jouent très bien au football. ❺ En Italie, on ne voit presque plus personne fumer dans la rue.

Exercício 2 – Complete

❶ Je ne fume pas.
   Eu ... fumo.

❷ Je suis d'accord avec toi, *(que)* tout le monde aime les jus naturels.
   Eu ........ ... você que .... ..... gosta ..
   ..... .........

❸ Dans les lieux publics, il est interdit de fumer.
   Nos ....... ........ é ........ fumar.

\*\*\*

**Obrigado por não fumar**, Merci de ne pas fumer. *Rien d'étonnant en effet, de voir moins de fumeurs dans les lieux publics, puisque la loi l'interdit formellement depuis 1996, même si le Brésil est à la fois l'un des plus gros producteurs et exportateurs de tabac brun et de tabac blond au monde. Il faut en tout cas bien choisir* **o fumo** *– qui désigne tout ce qui se fume, y compris la marijuana :* **o cigarro** *la cigarette,* **o charuto** *le cigare,* **a cigarrilha** *le cigarillo,* **o cachimbo** *la pipe. Quant à* **o tabaco**, *il désigne la plante elle-même. Les indigènes, avant même la colonisation, utilisaient le* **fumo** *à des fins médicinales ou rituelles (comme purificateur). Le tabac a par ailleurs servi de monnaie d'échange dans le trafic des esclaves africains du temps de la colonisation.*
*L'industrialisation du tabac, qui a occasionné une importante source de recettes pour l'État, a vraiment commencé au début du xxᵉ siècle.*

❹ Attends un peu. Je vais prendre un expresso.

...... um pouco. Eu vou ..... um ..........

❺ Ils préfèrent payer les entrées avec une carte de crédit.

.... ........ pagar os ......... com um cartão de crédito.

Corrigé de l'exercice 2

❶ – não – ❷ – concordo com – todo mundo – de sucos naturais ❸ – lugares públicos – proibido – ❹ Espera – tomar – cafezinho ❺ Eles preferem – ingressos –

\*\*\*

*Les traditionnels **cigarros de palha**, plus légers, produits dans le Minas par des employés à domicile (600 pièces par jour) et dont la finition et le contrôle de qualité sont faits à l'usine, connaissent aujourd'hui un regain de notoriété, comme nombre de produits "du terroir". Mais oubliée l'image un peu ringarde !*

*Désormais un vrai **caubói** (sic) en lunettes de soleil, blouson de cuir et jeans, figure sur le paquet, enterrant à jamais ce brave paysan gauche, en chapeau de paille et pantalons élimés qu'est le **caipira**. On dit même que le nec plus ultra serait un **cigarro de palha** et une bonne petite **cachaça**... En tout cas, si vous êtes vraiment trop **dependente**, accro, essayez les cigarettes... **de chocolate**, d'autant que le Brésil est aussi un gros producteur de **cacau**, cacao... Vous verrez, vous allez faire un tabac !*

# Trigésima quinta aula

## Revisão – Révision

*L'essentiel des nouveautés de cette semaine a porté sur les verbes. Les révisions d'aujourd'hui sont destinées à les situer globalement. Inutile donc d'apprendre les conjugaisons par cœur, vous les assimilerez petit à petit, en situation, au fil des leçons.*

## 1  Les suffixes

Nous avons vu cette semaine que les noms terminés en **-eiro** au masculin et **-eira** au féminin permettent de former des noms de professions à partir du domaine d'activité. Par exemple : **cabeleireiro/-a**, *coiffeur/-euse*, vient de **cabeleira**, *chevelure* ; **marinheiro**, *marin*, vient de **marinha**, *marine*. Au féminin, **a faxineira**, *la femme de ménage*, assure la **faxina**, le *nettoyage* ; **a enfermeira**, *l'infirmière*, s'occupe des **enfermos**, *malades* etc.

## 2  Les prépositions

Vous avez noté qu'on emploie la préposition **a** contractée avec l'article dans l'expression de l'heure :
**Ele vem às quatro (horas)**, *Il vient à quatre heures.*

Par ailleurs, les verbes en portugais sont régis par des prépositions souvent différentes du français ou parfois employés sans préposition. Cet emploi étant souvent idiomatique, prenez l'habitude de le retenir chaque fois que vous rencontrez un nouveau verbe :
**Ela acaba de fumar**, *Elle vient de fumer.*
**Ela acaba o cigarro**, *Elle finit sa cigarette.*
**É proibido proibir**, *Il est interdit d'interdire.*
**Concordo com você**, *Je suis d'accord avec toi.*
**Ele consegue acordar cedo**, *Il réussit à se réveiller tôt.*
etc.

# Trente-cinquième leçon

## 3 Les formes verbales de la semaine

Nous avons découvert cette semaine l'expression du passé avec le **pretérito perfeito** et l'imparfait.

• Le **pretérito perfeito**, très employé dans la langue courante, est l'équivalent au niveau de la conjugaison du passé simple français, mais il est souvent traduit par un passé composé. Il s'agit toujours d'une action terminée.

| | Verbes en **-ar** | Verbes en **-er** | Verbes en **-ir** |
|---|---|---|---|
| | **acabar**, *finir* | **escolher**, *choisir* | **abrir**, *ouvrir* |
| eu | acabei | escolhi | abri |
| tu | acabaste | escolheste | abriste |
| ele/ela/você/ o sr./a sra. | acabou | escolheu | abriu |
| nós | acabamos* | escolhemos* | abrimos* |
| vós | acabastes | escolhestes | abristes |
| eles/elas/vocês/ os sres./as sras | acabaram | escolheram | abriram |

* Attention, cette forme est identique au présent de l'indicatif.

– La 2ᵉ personne, avec **tu**, n'est utilisée que dans le Rio Grande do Sul, et dans quelques États du Nord et du Nordeste (voir la 3ᵉ leçon).
– **vós**, également, ne fait plus partie de la langue parlée et est rarement utilisé à l'écrit.

• L'imparfait exprime une action qui dure ou qui se répète dans le passé. Nous l'avons entraperçu dans la 32ᵉ leçon avec le verbe irrégulier **ir**, *aller*, suivi de l'infinitif, pour exprimer l'idée que l'on s'apprête – dans le passé – à faire une action, et le verbe irrégulier **querer**, du 2ᵉ groupe.

**Eu ia dar uma voltinha**, *J'allais faire un petit tour.*
**Queria sair um pouco**, *Je voulais sortir un peu.*

|  | Verbes en **-ar** | Verbes en **-er** | Verbes en **-ir** |
|---|---|---|---|
|  | **pensar**, *penser* | **querer**, *vouloir* | **ir**, *aller* |
| **eu** | pensava | queria | ia |
| **tu** | pensavas | querias | ias |
| **ele/ela/você/** **o sr./a sra.** | pensava | queria | ia |
| **nós** | pensávamos | queríamos | íamos |
| **vós** | pensáveis | queríeis | íeis |
| **elles/elas/vocês/** **os sres./as sras** | pensavam | queriam | iam |

• Nous avons également vu plusieurs cas d'emploi du subjonctif.
Le subjonctif présent, tout d'abord, pour exprimer un ordre, qui a
donc valeur d'impératif. (L'impératif existe aussi en portugais ; il
est plus ou moins utilisé selon les locuteurs. Vous trouverez, à titre
d'information, la conjugaison de l'impératif en fin d'ouvrage, dans
l'appendice grammatical.)

|  | Verbes en **-ar** |  |
|---|---|---|
|  | **lembrar**, *se souvenir* | **ir**, *aller* |
| **eu** | lembre | vá |
| **tu** | lembres | vás |
| **ele/ela/você/o sr./** **a sra.** | lembre | vá |
| **nós** | lembremos | vamos* |
| **vós** | lembreis | vades |
| **eles/elas/vocês/** **os sres./as sras** | lembrem | vão* |

\* Attention, ces formes sont identiques au présent de l'indicatif.

• Le subjonctif futur, quant à lui, exprime une hypothèse dans
l'avenir. Il est souvent introduit par **se** ou **quando**. À ce temps,
nous avons déjà rencontré **ser**, *être*, et **abrir**, *ouvrir*.

|  | | Verbes en -ir |
|---|---|---|
|  | ser, être | abrir, ouvrir |
| eu | for | abrir* |
| tu | fores | abrires |
| ele/ela/você/o sr./a sra. | for | abrir* |
| nós | formos | abrirmos |
| vós | fordes | abrirdes |
| eles/elas/vocês/<br>os sres./as sras | forem | abrirem |

\* Attention, ces formes sont identiques à l'infinitif.

• Nous avons également rencontré quelques formes pronominales :
**não se preocupe**, de **preocupar-se**, *s'inquiéter* ; **lembre-se** de
**lembrar-se**, *se rappeler* ; **todo o mundo se deu conta de**, de **dar-se
conta de**, *se rendre compte de*.
Pour le moment, contentez-vous d'observer leur structure, notamment la place du réfléchi, avant ou après le verbe. Nous y reviendrons.

• Verbes en **-ar**
**acabar**, *finir* ; **acabamos**, *nous finissons, nous avons fini* ou *nous
finîmes*
**achar**, *trouver*
**acordar**, *se réveiller* ; **acordam**, *ils/elles se réveillent, vous vous réveillez*
**adoro**, *j'adore*
**aproveita**, *tu profites, il/elle profite, profite* (impératif)
**começa**, *tu commences, il/elle commence, commence* (impératif)
**comprar**, *acheter*
**concordo**, *je suis d'accord*
**convidou**, *tu invitas* ou *tu as invité, il/elle invita* ou *a invité* ;
**convidados**, *invités*
**dá**, *tu donnes, il/elle donne*
**dançaremos**, *nous danserons*
**deixo**, *je laisse* ; **deixa**, *tu laisses, il/elle laisse, laisse* (impératif)
**entregar**, *livrer*
**espera**, *attends, tu attends, il/elle attend*
**estacionar**, *stationner*
**estou**, *je suis* ; **estão**, *ils/elles sont, vous êtes*
**fumar,** *fumer* ; **fumando**, *en train de fumer*

**furar,** *percer*
**lembro,** *je me souviens* ; **lembre-se,** *rappelle-toi*
**não se preocupe,** *ne t'inquiète pas*
**pegar,** *attraper*
**pensar,** *penser* ; **pensa,** *tu penses, il/elle pense, pense* (impératif) ;
**pensei,** *je pensai, j'ai pensé*
**procurar,** *chercher*
**quebrado,** *cassé*
**toca,** *tu touches/sonnes, il/elle touche/sonne, touche/sonne* (impératif)
**tomar,** *prendre*

• Verbes en **-er** (irréguliers)
**conseguem,** *ils/elles parviennent/réussissent à*
**dizer,** *dire*
**escolheu,** *tu choisis* ou *tu as choisi, il/elle choisit* ou *il/elle a choisi*
**faz,** *tu fais, il/elle fait*
**for,** *(si) c'est*

\*\*\*

## Diálogo de revisão

1 – Vera, a porta do banheiro está quebrada.
2   Você ainda não se deu conta?
3 – Pai, acabamos de acordar
4   e você já aproveita para falar de problemas!
5 – Eu concordo com ela, João.
6   Espere a hora do almoço e não se preocupe
    com isso agora.
7 – Vocês duas têm razão.
8   Eu vou dar uma voltinha no bairro.
9   Dá até tempo para tomar um cafezinho.
10 – Mas pai, lembre-se que estamos na véspera do
    teu aniversário...
11   Você convidou todo mundo, até o carteiro e os
    Silvas,
12   mas não escolheu nem o bolo nem a comida.
13 – Ah, eu adoro festa de aniversário...

**há**, *il y a* ; **haverá**, *il y aura*
**perder**, *perdre*
**posso**, *je peux*
**preferem**, *ils/elles préfèrent, vous préférez*
**queria**, *tu voulais, il/elle voulait*
**se vê**, *se voit, on voit*
**sei**, *je sais*
**vão**, *vous allez, ils/elles vont*

• Verbes en **-ir**
**dormir**, *dormir* ; **dormem**, *ils/elles dorment, vous dormez*
**ia**, *j'allais, tu allais, il/elle allait*
**pedindo**, *demandant*
**proibido**, *interdit*
**sair**, *sortir*
**se abrir**, *si tu ouvres, si il/elle/on ouvre*

\*\*\*

Traduction
**1** Vera, la porte de la salle de bain est cassée. **2** Tu ne t'en es pas encore rendu compte ? **3** Papa, nous venons de nous réveiller **4** et tu [en] profites déjà pour parler de problèmes ! **5** Moi, je suis d'accord avec elle, João. **6** Attends l'heure du déjeuner et ne t'inquiète pas pour ça maintenant. **7** Vous avez toutes les deux raison. **8** Je vais faire un petit tour dans le quartier. **9** [Ça nous] donne même le temps de prendre un petit café. **10** Mais papa, rappelle-toi que nous sommes à la veille de ton anniversaire... **11** Tu as invité tout le monde, même le facteur et la famille Silva, **12** mais tu n'as même pas choisi le gâteau ni de quoi manger. **13** Ah, j'adore [les] fête[s] d'anniversaire...

# Trigésima sexta aula

🔊 **Dois estrangeiros residentes no Brasil**

1 – **E**u vou telefo**nar pa**ra o consu**la**do da Su**í**ça
2  por**que** pre**ci**so reno**var** a **mi**nha car**te**ira de
  identi**da**de.
3 – O que vo**cê** pre**ci**sa sa**ber**?
4 – **Me**u **ca**so é **me**io ¹ deli**ca**do
5  por**que** sou estran**ge**iro, resi**den**te no Bra**sil** e
  ca**sa**do com **u**ma cana**den**se ².
6  **A**cho que vão me ³ pe**dir u**ma **lis**ta e**nor**me de
  docu**men**tos.
7 – Que cha**ti**ce ⁴, né ⁵?
8 – É ⁶. Só me fal**ta**va per**der tem**po com **e**ssa
  pape**la**da **to**da ⁷.                              □

🗨 Prononciation
… **ré**zi**dē**ⁿtchiss … **1** … té**lé**fo**naR** … kõssou**la**dou … ssou-**issa**
**2** … réno**vaR** … kaR**té**ra … i**dē**ⁿtchi**da**dji **4** … **ka**zou … **mé**you
**dé**li**ka**dou **5** … ka**za**dou … kana**dē**ⁿssi **6** a**chou** … **lis**ta e**nóR**mi
dokou**mē**ⁿtouss **7** … cha**ti**ssi … **8** … fa**ou**tava pé**R**dé**R** … pa**pé**lada …

📝 Notes
**1**  **meio**, littéralement "milieu", "demi", est ici adverbe et signifie *moitié*, *mi-*,
  au sens de *un tantinet* : **Está meio cedo para levantar**, *Il est un tantinet
  tôt pour se lever*. Retenez bien ce petit mot, vous aurez l'occasion de le
  retrouver.
**2**  Nom ou adjectif, **canadense** est identique au masculin et au féminin :
  **Falta toda a papelada canadense para estrangeiros**, *Il me manque
  toute la paperasse canadienne pour les étrangers*. Au pluriel il suffit
  d'ajouter un **-s**.
**3**  Le pronom personnel **me**, *me*, correspond ici à *à moi* avec valeur d'objet
  indirect, employé sans préposition : **Eles vão me telefonar da Suíça**, *Ils
  vont me téléphoner de Suisse*.

# Trente-sixième leçon

## Deux étrangers résidents au Brésil

**1** – Je vais téléphoner au *(pour le)* consulat de Suisse
**2** car j'ai besoin [de] renouveler ma carte d'identité.
**3** – Qu'as-tu besoin [de] savoir ?
**4** – Mon cas est un peu *(moitié)* délicat
**5** parce que je suis étranger, résident au Brésil et marié avec une Canadienne.
**6** Je pense qu'ils vont me demander une liste énorme de papiers *(documents)*.
**7** – La barbe *(Quel ennui)*, n'est-ce pas ?
**8** – Oui *(Est)*. Il ne me manquait [plus que ça] *(Seulement me manquait)*, **perdre du temps avec toute cette paperasse** *(cette paperasse toute)*.

---

**4** Le suffixe **-ice** permet de former des substantifs en partant de l'adjectif correspondant. Ainsi **a chatice**, qui caractérise ce qui est **chato**, *ennuyeux, barbant*, se traduit par *une tuile, un embêtement, une corvée* ; **a velhice**, *la vieillesse*, caractérise ce qui est **velho**, *vieux*. De même **a meiguice**, *la douceur* (de **meigo**), **a burrice**, *la bêtise* (de **burro**), etc.

**5** **né** est une variante plus populaire de **não é?**, *n'est-ce pas ?*

**6** Vous l'avez remarqué, **é** est ici traduit par *oui*. Au brésil, les réponses affirmatives se font souvent en reprenant la forme verbale de la question : **Você gosta de fazer fila, né? – Gosto**, *Tu aimes faire la queue, n'est-ce pas ? – Oui.* ; **Você sabe que o meu caso é delicado. – Sei**, *Tu sais que mon affaire est délicate. – Oui.*

**7** Parmi ses nombreuses utilisations, le suffixe **-ada** permet de désigner une grande quantité. Ainsi **a papelada**, qui vient de **papel**, *papier*, est le plus souvent employé au sens péjoratif de *paperasse*. **Toda**, *toute*, placé après le mot sur lequel il porte, permet d'insister avec une légère connotation péjorative.

▶ Exercício 1 – Traduza

❶ Os estrangeiros residentes no Brasil não têm carteira de identidade brasileira. ❷ Para renovar o seu passaporte no consulado, minha amiga precisa fazer essa fila toda! ❸ Eu acho que o irmão do John está casado com uma paulista. ❹ Você quer saber em que estou pensando? No tempo enorme que vou perder no aeroporto com esta papelada toda. ❺ Que chatice! Não me lembro mais da lista dos presentes que preciso comprar.

\*\*\*

Exercício 2 – Complete

❶ Je dois téléphoner à l'agence pour savoir si mon billet d'avion est prêt.

....... ......... para a agência para ..... se minha passagem de avião está pronta.

❷ D'accord *(C'est légal)*, je vais demander une remise pour les entrées du musée.

.. ....., eu ... ..... um ....... para os ......... do museu.

❸ Quelle barbe : le consulat portugais va me demander une paperasse énorme.

... .......: o consulado português vai me pedir uma ....... .......

❹ Moi, je suis d'accord.
Eu .........

\*\*\*

*"Vos papiers !" Brésilien ou étranger, il est conseillé de toujours avoir ses papiers en règle. Les types de **vistos**, visas, temporaires ou permanents, **expedidos**, délivrés, par les consulats, et qui dépendent des accords en vigueur entre le Brésil et le pays dont vous êtes **cidadão**, ressortissant, sont multiples. De toute façon, veillez déjà à ce que votre **passaporte** ne soit pas **vencido**, périmé. Pour être résident permanent et être inscrit au **Registro Nacional dos Estrangeiros**, vous serez sans doute amené à fournir un **comprovante de residência**, justificatif de domicile; **uma certidão de bons antecedentes**, un extrait de casier judiciaire; **uma certidão de nascimento**, un certificat de naissance, etc. Si vous êtes perdu, vous avez tout loisir de passer, moyennant fi-*

## Corrigé de l'exercice 1

❶ Les étrangers résidents au Brésil n'ont pas de carte d'identité brésilienne. ❷ Pour renouveler son passeport au consulat, mon amie doit faire toute cette queue ! ❸ [Moi,] je crois que le frère de John est marié avec une habitante de l'État de São Paulo. ❹ Tu veux savoir à quoi je pense ? Au temps énorme que je vais perdre à l'aéroport avec toute cette paperasse. ❺ Quelle barbe ! Je ne me souviens plus de la liste des cadeaux que je dois acheter.

\*\*\*

❺ Il ne me manquait plus que ça : payer l'excursion et ne pas pouvoir voyager !

. . me . . . . . . . essa: . . . . . a excursão e não . . . . . . . . . . . !

## Corrigé de l'exercice 2

❶ Preciso telefonar – saber – ❷ Tá legal – vou pedir – desconto – ingressos – ❸ Que chatice – papelada enorme ❹ – concordo ❺ Só – faltava – pagar – poder viajar

nances, par un expert ès-paperasserie, le **despachante**. Autres documents courants : **a carteira de habilitação**, le permis de conduire ; le **CPF** [ssé-pé-èfi] – **cadastro de pessoa física** –, qui atteste de votre inscription auprès des autorités fiscales. Pour les Brésiliens, enfin, le **R.G.** [èrri-jé] – **registro geral** –, équivaut à la carte d'identité. À ce propos, en 2002, un grand quotidien carioca signalait que, faute d'avoir pris à temps les mesures administratives adéquates, suite à l'entrée en vigueur d'une loi annulant toutes les pièces d'identité à une date précise afin d'en unifier la numérotation, 170 millions de Brésiliens se seraient retrouvés, légalement parlant,… sans papiers !

# Trigésima sétima aula

## Na alfândega

1 – O se**nhor** tem **al**go ¹ a decla**rar**? Ciga**rros**?
   Be**bi**das?
2 – Não. Es**tou** vol**tan**do de **u**ma ² vi**a**gem de
   ne**gó**cios ³.
3 – **E**sta é a **su**a ba**ga**gem ⁴?
4   O que tem **den**tro **des**ta ma**le**ta pe**sa**da?
5 – Ob**je**tos de **u**so pesso**al**. Mas por quê **e**ssas ⁵
   per**gun**tas?
6   **E**u sou cida**dão** do **mun**do e **vi**vo via**jan**do
   **pe**los ⁶ **ci**nco conti**nen**tes.

Prononciation

… a^{ou}**fã**^n**dé**ga **1** … a^{ou}gou … dékla**raR** … bé**bi**dass **2** … vo^{ou}**tã**^ndou
… né**gó**ssyouss **3** … baga**jẽ 4** … **dẽ**^ntrou … ma**lé**ta **pé**za**da**

Notes

1  Le pronom indéfini **algo**, *quelque chose*, au sens de "n'importe quelle
chose", s'assimile à une forme neutre. **Vou pedir algo para acompanhar
o cafezinho**, *Je vais demander quelque chose pour accompagner mon
café*.

2  Nous avons vu qu'en général l'article se contracte avec la préposition qui
le précède. L'article indéfini, lui, ne se contracte pas, même si cette faute
est quasi généralisée. On aura donc **de um**, *d'un*, **de uma**, *d'une* (et non
pas **dum**, **duma**). **Preciso de um documento só**, *Je n'ai besoin que d'un
seul document*.

3  Notez que l'on dira **uma viagem de negócios**, au sens des affaires, éco-
nomiques, financières, commerciales, etc., mais **viajar a serviço**, *voyager
pour le travail*. **Negócio** a d'ailleurs un emploi beaucoup plus informel
dans la langue courante puisqu'il est l'un des équivalents brésiliens du
mot *truc* : **O meu pai voltou de uma viagem de negócios cheio de serviço pra fazer em casa!**, *Mon père est rentré d'un voyage d'affaires avec*

## À la douane

**1 –** Vous avez quelque chose à déclarer ? Cigarettes ?
Boissons [alcoolisées] ?

**2 –** Non. Je reviens d'un voyage d'affaires.

**3 –** Ça, ce sont vos bagages *(Celle-ci est votre bagage)* ?

**4** Qu'y a-t-il *(Le que a)* à l'intérieur de cette lourde
mallette?

**5 –** Des objets personnels *(d'usage personnel)*. Mais
pourquoi ces questions ?

**6** Moi, je suis un citoyen du monde et je passe ma vie à
voyager *(vis voyageant)* sur *(par)* les cinq continents.

**5** ob**jè**touss … **ou**zou péssoa^ou … pè**R**g**õũ**ntass **6** … ssida**dãõ** …
**vi**vou via**jã**ⁿdou … **ssĩ**ⁿkou kõ**ti** nē**ⁿ**tchiss

*plein de boulot à faire à la maison.* **Ele me trouxe um negócio muito
engraçado**, *Il m'a rapporté un truc très amusant.*

**4** Comme nous l'avons déjà vu, un certain nombre de mots sont au singulier en portugais et au pluriel en français ou l'inverse.

**5 essa**, *cette*, ainsi que ses formes **esse** au masculin et **isso** au neutre,
désigne ce qui est près de toi. Nous avons déjà rencontré **esta**, *celle-ci*,
qui désigne ce qui est ici, près de soi ; **aquela**, *celle-là*, désigne ce qui près
d'une tierce personne ou éloigné. **De quem é essa carteira de identidade?**, *À qui est cette carte d'identité ?* **Esta aqui é minha**, *Celle-ci est
à moi.* **Aquela lá é daquele senhor**, *Celle-là là-bas est à ce monsieur là
("là-bas").*

**6 pelos** est la contraction de **por**, *par*, *pour*, et de l'article **os**. Retenez,
parmi ses très nombreux emplois, l'idée de passage au sens propre ou
figuré : **Ele passou por uma situação meio delicada**, *Il est passé par
une situation quelque peu délicate.*

**7** – E **eu** sou encarre**ga**do de visto**riar** as ba**ga**gens no aero**por**to **San**tos Du**mont**

**8** por**que** a**qui** há [7] **mui**to contra**ban**do! ☐

🗣 **7** ... ĩka**RR**é**ga**dou ... vissto**riaR** ... **ssã**ⁿtouss du**mon 8** ... kõtra**bã**ⁿdou

🗂 Note

**7** há et **tem** sont deux auxiliaires. **Ter**, *avoir*, s'emploie surtout dans l'idée de la possession et pour former des temps composés. **Haver**, *avoir*, est quant à lui peu utilisé ; on le rencontre surtout au sens de *il y a* : **há**.

\*\*\*

▶ Exercício 1 – Traduza

**❶** A gente precisa declarar as bebidas e os cigarros na alfândega do aeroporto. **❷** Não se preocupe com a mala pesada, o senhor encarregado de vistoriar as bagagens vai ajudar você. **❸** Eu vivo pensando na minha viagem pelos cinco continentes. **❹** O contrabando é um negócio que dá muito dinheiro. **❺** Você me deixa louca com todas essas perguntas.

\*\*\*

Exercício 2 – Complete

**❶** Moi, j'ai vu que les objets personnels de Celso sont à l'intérieur de la valise rouge.
Eu .. que os ....... de ... ....... do Celso
estão ...... da .... .........

**❷** Demande à Joana s'il manque quelque chose pour la fête d'anniversaire de Paula.
Pergunta pra Joana se ..... ...... ..... para a festa de .......... da Paula.

**❸** Le monsieur chargé d'inspecter les bagages demande aux touristes s'ils ont des boissons alcoolisées ou des cigarettes à déclarer.
O senhor .......... de ........ as bagagens pergunta aos turistas se eles .... ....... ou cigarros para .........

**7** – Et moi, je suis chargé d'inspecter les bagages à l'aéroport Santos Dumont

**8** parce qu'ici il y a beaucoup de contrebande !

NA ALFÂNDEGA

***

Corrigé de l'exercice 1

❶ On doit déclarer les boissons [alcoolisées] et les cigarettes à la douane de l'aéroport. ❷ Ne t'inquiète pas pour la valise [qui est] lourde, le monsieur chargé d'inspecter les bagages va t'aider. ❸ Moi, je passe ma vie à penser à mon voyage sur les cinq continents. ❹ La contrebande est une affaire qui fait gagner *(donne)* beaucoup d'argent. ❺ Tu me rends folle avec toutes tes *(ces)* questions.

***

❹ Les enfants reviennent juste de la plage et veulent sortir à nouveau.

As crianças ..... ........ da praia agora e
...... ....de .....

❺ Carlos voyage beaucoup : c'est un citoyen du monde qui connaît les cinq continents.

O Carlos ..... muito : ele é um ....... .. .....
que ....... os cinco ............

Corrigé de l'exercice 2

❶ – vi – objetos – uso pessoal – dentro – mala vermelha ❷ – falta alguma coisa – aniversário – ❸ – encarregado – vistoriar – têm bebidas – declarar ❹ – estão voltando – querem sair – novo ❺ – viaja – cidadão do mundo – conhece – continentes

**Passarinho voa, homem voa!,** Oiseau vole, homme vole ! *C'est ce que croyait fermement le jeune* **Alberto Santos Dumont** *(1873-1932), ce qui fit de lui un aviateur audacieux et un inventeur déterminé et talentueux, chose inespérée chez cet élève moyen, mais grand amateur de Jules Verne… Et ses chutes sur le toit du Trocadéro, à Paris, ne le détournèrent pas de son dessein, de son destin : voler. C'est ainsi qu'il contourna la Tour Eiffel, soit 10 km en 30 minutes, dans un dirigeable de son invention, devenant par là même l'heureux lauréat de l'Aéroclub de France, le 12 novembre 1901. Son goût pour les moteurs lui vint certainement de l'observation des locomotives qui*

**38**

# Trigésima oitava aula

## ▶ Casamento em Ribeirão Preto

**1 –** Es**tou** inde**ci**sa. Não sei se vou ¹ **pa**ra Ribei**rão Pre**to de **ca**rro ou de **ô**nibus.

**2 –** Vo**cê** está **fa**lando do casa**men**to da Adé**li**a no **pró**ximo **sá**bado ²?

**3** Se vo**cê** for ³ de **ô**nibus, **po**sso te le**var pa**ra a rodovi**á**ria.

🗨 Prononciation
*kaza***mē**ⁿ*tou … Ribé*'**rãõ pré***tou* ***1*** *… ĩdé***ssi***za … 2 … ad***è***lya …* **pró**ssimou **ssa***badou* ***3*** *… lé***vaR** *… Rodoviyarya*

📓 Notes
**1** **se**, *si*, est ici suivi du présent de l'indicatif et non du subjonctif futur comme à la phrase 3, car l'indécision porte sur le mode de transport, pas sur le fait d'y aller ou pas. **Não sei se este ônibus vai pra rodoviária,** *Je ne sais pas si ce bus va à la gare routière.*

**2** Logiquement, **sábado**, *samedi*, serait le dernier jour de la semaine. En effet, après **o domingo**, *le dimanche*, considéré comme le premier jour de fête, de repos, *lundi* se dit **2a (segunda-feira)**, littéralement le "deuxième jour de fête". Il est suivi de **3a (terça-feira)** *mardi*, **4a**

transportaient le café dans la propriété agricole de son ingénieur de père, d'origine française. Outre ses célèbres avions, le 14 bis et la Demoiselle, il fut aussi l'inventeur des hangars à avion, des portes coulissantes et de la montre à poignet. Ses exploits aéronautiques lui valurent le titre de "Père de l'aviation". Déjà immortel dans les airs, ce merveilleux fou volant dans ses drôles de machines a, sur terre, donné son nom au terminal aérien qui assure les vols intérieurs, **voos domésticos**, et notamment la navette aérienne – **a ponte aérea** – entre **Rio de Janeiro** et **São Paulo**, et sur la lune, au premier cratère rencontré par Neil Armstrong en 1976 !

---

**38**

## Trente-huitième leçon

### Mariage à Ribeirão Preto

**1 –** J'hésite *(Suis indécise)*. Je ne sais pas si je vais à Ribeirão Preto en voiture ou en autocar.

**2 –** Tu es en train de parler du mariage d'Adélia *(dans-le)* samedi prochain ?

**3** Si tu [y] vas en autocar, je peux t'emmener à la gare routière.

*(quarta-feira) mercredi*, **5a** *(quinta-feira) jeudi*, et **6a** *(sexta-feira) vendredi*. Dans la langue de tous les jours, on omet souvent la mention **feira** (qui, par ailleurs, désigne le *marché*, la *foire*).

**3** *se*, *si*, est ici suivi du futur du subjonctif car on est face à une hypothèse. On pourrait d'ailleurs pour le vérifier ajouter *par hasard* : **Se o casamento for só no civil, os pais do noivo não vão**, *S'il n'y a ("par hasard") qu'un mariage civil, les parents du marié n'iront pas*. Notez que le verbe de la proposition suivante est au présent, avec **posso**.

**4 –** O pro**ble**ma é que prom**eti** dar **u**ma car**o**na **pa**ra os pais [4] do **noi**vo.

**5 –** Quem di**ri**a. O Valen**ti**no vai **me**smo [5] ca**sar** [6] com a aero**mo**ça ca**ri**oca.

**6** **E**les **ca**sam no ci**vil** e no religi**o**so?

**7 –** Você co**nhe**ce o Valen**ti**no: **e**le é **gen**te **fi**na,

**8** mas por **na**da casa**ri**a [7] na i**gre**ja! ☐

---

🗨 **4** ... pro**mé**ti ... ka**ro**na ... pai**ss** ... **noy**vou **5** ... diri**ya** ... valē**n**tchinou ... **méz**mou kaza**R** ... aéro**mo**ssa kari**ó**ka **6** ... ka**zã** nou ssi**vi**[ou]... Rélij**y**o**zou 7** ... **fi**na **8** ... **na**da kaza**ri**ya ... i**gré**ja

---

◧ Notes

**4** **os pais**, *les parents*, est en fait le pluriel de **o pai**, *le père*. À ne pas confondre avec **os parentes**, *les parents* au sens de la parentèle. De même, pour désigner *les enfants* au sens filial du terme, on utilisera le masculin pluriel **os filhos**, et **os noivos** pour *les mariés* (en réalité *les fiancés*).

**5** **mesmo**, *même*, permet d'insister et dans ce cas peut aussi être traduit par *vraiment*.

\*\*\*

▶ Exercício 1 – Traduza

❶ Na próxima quinta-feira vamos levar minha irmã e o seu noivo para o aeroporto. ❷ Eu diria que a aeromoça está indecisa e não sabe o que fazer. ❸ Não pensei mesmo que você casaria no civil e no religioso. ❹ O Paulo é carioca e gente fina e por isso eu prometi dar uma carona para ele. ❺ A rodoviária não é muito moderna, mas todos os ônibus têm ar condicionado.

**4** – Le problème, c'est que j'ai promis de prendre *(donner une)* en stop *(pour)* les parents du marié *(fiancé)*.

**5** – Qui l'eût cru *(Qui dirait)* ! Valentino va vraiment *(même)* [se] marier avec l'hôtesse de l'air carioca.

**6** Est-ce qu'ils [se] marient à la mairie et à l'église *(au civil et au religieux)* ?

**7** – Tu connais Valentino : c'est quelqu'un de bien *(il est gens fine)*,

**8** mais pour rien [au monde] il [ne] se marierait à l'église !

EETOU INDECISA.

**6** Pour traduire *se marier*, on emploie indifféremment **casar** ou **casar-se**, la forme pronominale.

**7** **casaria**, *il se marierait*, est un conditionnel.

\*\*\*

Corrigé de l'exercice 1

❶ Jeudi prochain nous allons emmener ma sœur et son fiancé à l'aéroport. ❷ Moi, je dirais que l'hôtesse de l'air est indécise et ne sait que faire. ❸ Je ne pensais vraiment pas que tu te marierais à la mairie et à l'église. ❹ Paulo est carioca et quelqu'un de bien, et c'est pour ça que j'ai promis de le prendre en stop. ❺ La gare routière n'est pas très moderne, mais tous les autocars ont l'air conditionné.

Exercício 2 – Complete

❶ J'ai promis beaucoup de choses, mais malheureusement je ne me rappelle plus rien.

. . . . . . . muita coisa, mas . . . . . . . . . . . . . . . . . . . . . . . . . de mais . . . . .

❷ Qui aurait dit que samedi Adélia emmènerait *(va emmener)* le marié à la gare routière.

. . . . . . . . . que no . . . . . . Adélia . . . . . . . . o noivo para a . . . . . . . . . . .

❸ Aurélio veut me prendre en stop après le mariage, mais j'hésite un peu.

O Aurélio quer . . . . . . . . . . . . . . . depois do . . . . . . . . . , mas estou um pouco . . . . . . . .

\*\*\*

*Et oui, comme le dit le fameux poème* **O dia da Criação** *du non moins célèbre poète-chanteur-amateur-de-whisky-invétéré, le grand* **Vinicius de Moraes**, **Hoje é sábado, amanhã é domingo**, Aujourd'hui c'est samedi, demain, c'est dimanche, [...] **Neste momento há um casamento, Porque hoje é sábado**, En ce moment il y a un mariage, car aujourd'hui c'est samedi. *Bien que le Brésil soit un pays très religieux, quelles que soient les combinaisons de religions d'ailleurs,*

**39**

# Trigésima nona aula

▶

## Folga ou trabalho [1]?

**1 –** A que **ho**ras vo**cê** sai do Hospi**t**al de **J**ui**z** de **Fo**ra, **Már**cia?

🗨 Prononciation
*fo^{ou}ga … trabalyou* **1** *… osspita^{ou} … jouiss dji* **fó**ra **mar**ssya

**❹** Je vais demander s'il connaît les parents de Iara.

Eu ... ......... se ele ....... os .... da Iara.

**❺** Mon frère va se marier à la mairie et à l'église.

Meu irmão ... ..... .. ..... e .. ..........

Corrigé de l'exercice 2

**❶** Prometi – infelizmente não me lembro – nada **❷** Quem diria – sábado – vai levar – rodoviária **❸** – me dar uma carona – casamento – indecisa **❹** – vou perguntar – conhece – pais – **❺** – vai casar no civil – no religioso

***

*si l'on tient absolument à être marié* **de papel passado**, *avec un papier, on peut s'unir civilement au* **cartório**, *greffe, devant monsieur ou madame le juge. Il existe néanmoins une loi sur le concubinage donnant des droits à peu près identiques à ceux du mariage. Au Brésil, pour l'équivalent du PACS, après avoir parlé d'***união civil**, *union civile, on parle de* **Parceria civil registrada** (*litt. "partenariat civil enregistré"*).

**39**

# Trente-neuvième leçon

## Congé ou travail ?

**1 –** À quelle heure sors-tu de l'hôpital de Juiz de Fora, Márcia ?

**】** Note

**1** Dans la langue de tous les jours, *travail* se dit **serviço**, *service*, qui désigne également le volume de travail à effectuer. La durée du temps de travail quotidien, quant à elle, s'exprime par le terme **expediente**, *l'expédient*. **Acabou o expediente e ainda há muito serviço**, *La journée (de travail) est finie et il reste encore beaucoup de travail*.

2 – Saímos **en**tre **se**te e **me**ia e **oi**to **ho**ras.

3   De man**hã** a **Flá**via e **eu** come**ça**mos às **no**ve
     em **pon**to.

4   Trabal**ha**mos **a**os [2] **sá**bados,

5   mas **te**mos um **di**a de **fol**ga du**ran**te a se**ma**na.

6 – **A**cho importan**tís**simo [3] trabal**har**, se não a
     **gen**te **fi**ca ma**lu**co.

7   Mas por en**quan**to pre**fi**ro evi**tar che**fes
     estre**ssan**tes e co**le**gas **cha**tos.

8 – Que fol**ga**do, hein?

9   Os sabi**chões sem**pre **di**zem **coi**sas **mui**to
     **ób**vias!                                                                                    □

🗨 2 ssa-imouss **ẽ**ⁿtri ... **mé**ya ... 3 ... a **flav**ya ... ko**méssa**mouss
... **põ**ⁿtou 4 traba**lya**mouss ... 5 ... dou**rã**ⁿtchi a s**sé**mana
6 ... **ĩ**ⁿpo**Rtã**ⁿ**tchi**ssimou traba**lyaR** ... ma**lou**ko 7 ... **ĩ**k**õũẽ**ⁿtou
**pré**firou évi**taR chè**fiss éss**tréssã**ⁿtchiss ... ko**lè**gass **cha**touss
8 ... fo**ºu**ga**dou 9 ... ssabi**chõy**ss ... **ób**viyass

: Notes

**2** Lorsqu'une action se répète régulièrement, on emploie la préposition **a**,
**à**, qui équivaut alors à *tous les* même si l'on rencontre couramment **em**,
*dans*, que l'on emploiera en revanche s'il s'agit d'un moment bien précis. **No domingo, vou ao cinema**, *Dimanche, je vais au cinéma* ; **Aos
domingos vou ao cinema, e nos feriados, viajo**, *Le dimanche, je vais au
cinéma, et les jours fériés, je voyage*.

*****

▶ Exercício 1 – Traduza

❶ O Sérgio espera você às duas horas em ponto na lanchonete
em frente do estádio. ❷ O centro fica cheio de gente e é por
isso que prefiro sair cedo. ❸ Lembre-se que nós temos um
dia de folga durante a semana. ❹ A minha esposa prefere
uma mesa mais tranquila pra almoçar. ❺ Para evitar os
engarrafamentos com o carro, eu prefiro pegar o ônibus!

**2** – Nous sortons entre sept [heures] et demie et
huit heures.

**3** Le matin, Flávia et moi commençons à neuf heures
pile *(en point)*.

**4** Nous travaillons le samedi *(aux samedis)*,

**5** mais nous avons un jour de repos en *(pendant la)*
semaine.

**6** – Je trouve [que c'est] très important [de] travailler,
sinon on devient fou.

**7** Mais pour le moment je préfère éviter les chefs
stressants et les collègues casse-pieds.

**8** – Quel flemmard, hein ?

**9** Les "monsieurs-je-sais-tout" disent toujours des
choses très évidentes !

PARA EVITAR OS ENGARRAFAMENTOS COM O CARRO, EU PREFIRO PEGAR O ÔNIBUS !

**3** Le suffixe **-íssimo** permet de former un superlatif absolu : **importante**,
*important* A **importantíssimo**, *"importantissime"* à savoir *très, très
important*.

\*\*\*

## Corrigé de l'exercice 1

**❶** Sérgio t'attend à deux heures pile à la lanchonete en face du stade.
**❷** Le centre-ville est bourré *(plein)* de monde et c'est pour cela que
je préfère sortir tôt. **❸** Rappelle-toi que nous avons un jour de repos
en semaine. **❹** Mon épouse préfère une table plus tranquille pour
déjeuner. **❺** Pour éviter les embouteillages avec la voiture, je préfère
prendre le bus !

Exercício 2 – Complete

**❶** Nous sortons tous les jours à huit heures et demie pour prendre un café.

...... todos os .... às .... . .... para ..... um cafezinho.

**❷** On sort du travail avant l'heure pour éviter les embouteillages.

A ..... ... .. trabalho antes .. .... para evitar os ...............

**❸** Je ne veux pas aller dans un centre commercial bourré de monde après une journée de travail.

Não ..... .. num shopping ..... .. ..... depois de um dia de ........

\*\*\*

*Sachez qu'au Brésil, la semaine de travail est de 44 heures et les congés payés de 30 jours. Les relations de travail y sont régies par la* **CLT – Consolidação das Leis do Trabalho**, *Codification de la législation du travail – entrée en vigueur sous* **Getúlio Vargas**, *en 1943. Comme ses consœurs dans le monde entier, la CLT fait l'objet*

**40**

# Quadragésima aula

## Reencontrar um velho amigo

1 – **O**pa, Be**ti**nho! **Quan**to **tem**po!
2 – **Pu**xa ', Zé! Vo**cê** su**mi**u do **ma**pa!
3 Vo**cê** tam**bém** vai to**mar** o **ô**nibus **pa**ra Caxam**bu**?
4 – Sim. **Va**mos de**pre**ssa! **E**le es**tá qua**se sa**in**do da rodovi**á**ria.

🔊 Prononciation

*réĩkõⁿtraR ... 1 opa bétchignou... 2 poucha zè ... ssoumiᵒᵘ... 3 ... kachãᵐbou 4 ... djiprèssa ... ssa-ĩᵐdou...*

❹ Mon mari préfère une place au hublot, moi je préfère une place
côté couloir.
Meu marido ....... um ..... .. ......, eu .......
um lugar .. .........

❺ Nous habitons dans un nouveau quartier.
Nós ....... num ...... ......

Corrigé de l'exercice 2
❶ Saímos – dias – oito e meia – tomar – ❷ – gente sai do – da hora –
engarrafamentos ❸ – quero ir – cheio de gente – trabalho ❹ – prefere
– lugar na janela – prefiro – no corredor ❺ – moramos – bairro novo

\*\*\*

*d'âpres négociations et conflits. L'enjeu ? Remplacer son caractère*
*général, qui octroie les mêmes droits à tous, par des négociations par*
*branche, beaucoup plus souples, ou flexibles ! Paradoxalement, c'est*
*le puissant syndicat de la métallurgie qui, le chômage aidant, ouvrait*
*le bal en 1995.*

**40**

# Quarantième leçon

## Retrouver un vieil ami

1 – Hé, Betinho ! Depuis le (Combien) temps !
2 – Bigre, Zé ! Tu as disparu de la circulation (carte) !
3   Toi aussi tu vas prendre le car pour Caxambu ?
4 – Oui. Dépêchons-nous (Allons vite) ! Il est quasiment en
train de quitter (sortir de) la gare routière.

⌐ Note

1   **Puxa!** et ses variantes **Puxa vida!**, ou encore **Poxa!**, *Bigre*, *Ça alors*, *Hein !*,
donnent souvent le ton du dialogue. Ici, **puxa** exprime la surprise, l'im-
patience. Une fois sur place, vous verrez que les Brésiliens utilisent une
grande quantité d'interjections.

5 – Não pen**sei** te reencon**trar** tão ce**di**nho, Zé [2].

6   Você a**in**da es**tá** mo**ran**do com a Fa**fá** em **Be**lo Hori**zon**te?

7 – Não, com**prei** u**ma ca**sa per**ti**nho de Caxambu que se **cha**ma "Cantinho fe**liz**".

8   **An**tes não ha**via** [3] **mui**ta **gen**te,

9   mas a**go**ra há **mui**tos **jo**vens que **an**tes mo**ra**vam em ci**da**de **gran**de.

10 – Você se di**ver**te mais do que **eu**:

11   **sem**pre mo**rei** e a**in**da **mo**ro com os **me**us pais! □

🔊 5 ... tãõ ssé**dji**gnou ... **6** ... mo**rã**ⁿdou ... fa**fa** ... **bè**lori**zõ**ⁿtchi
7 ... kõᵐ**prèy** ... pè**Rtchi**gnou ... **cha**ma kãⁿ**tchi**gnou fé**liss**
8 ... a**vi**ya ... **9** ...**jó**vēss ... mo**ra**vã ... ssi**da**dji... **10** ... di**vèRt**chi...
11 ... mo**rèy** ... **mó**ro ...

2   Comme les noms communs, les prénoms peuvent avoir un diminutif : **Beto**, **Betinho**. La version courte des prénoms est souvent le nom d'usage et non pas un simple "petit nom" uniquement réservé aux intimes. Il en va ainsi, par exemple, pour **Chico**, diminutif de **Franscisco** ; **Zé** diminutif de **José**. Notez également qu'il est courant, lorsqu'on en parle, de nommer une personnalité par son prénom, voire un diminutif.

\*\*\*

▶ Exercício 1 – Traduza

❶ Temos que ir depressa. ❷ Eu gostaria de reencontrar o Betinho um dia. ❸ Meus pais não moram mais em Belo Horizonte. ❹ Comprei uma casinha pertinho da rodoviária. ❺ Você consegue se divertir numa cidadezinha como Caxambu?

**5 –** Je ne pensais pas te retrouver de sitôt, Zé.

**6** Tu vis toujours *(encore es en-train-d'habiter)* **avec Fafá à Belo Horizonte ?**

**7 –** Non, j'ai acheté une maison tout près de Caxambu qui s'appelle "Petit coin heureux".

**8** Avant il n'y avait pas grand monde *(beaucoup-de gens)*,

**9** mais maintenant il y a beaucoup de jeunes qui habitaient la grande ville auparavant.

**10 –** Tu t'amuses plus que moi :

**11** [moi] j'ai toujours habité et j'habite encore chez *(avec)* **mes parents !**

## Remarque de prononciation

11 Notez la différence de prononciation entre le o de **morei** (o fermé de "mot"), transcrit *[o]*, et le premier o de **moro** (o ouvert de "bol"), transcrit *[ó]*.

**3** **não havia**, *il n'avait*, ou comme ici *il n'y avait pas* ; il s'agit de l'imparfait du verbe **haver**.

REENCONTRAR UN VELHO AMÍGO.

## Corrigé de l'exercice 1

**❶** Nous devons nous dépêcher (Avons que aller vite). **❷** J'aimerais revoir Betinho un jour. **❸** Mes parents n'habitent plus à Belo Horizonte. **❹** J'ai acheté une petite maison tout près de la gare routière. **❺** Tu arrives à t'amuser, dans une toute petite ville comme Caxambu ?

Exercício 2 – Complete

❶ Tu peux prendre le bus pour Belo Horizonte qui se trouve tout près d'ici, et ensuite un autre jusqu'à Uberaba.
Você pode ..... o ...... para Belo Horizonte que fica aqui ........, e depois ..... ... Uberaba.

❷ J'ai toujours pensé qu'un jour j'allais te retrouver.
Eu sempre ...... que .. ... eu .. ........... você.

❸ Ils sont encore très jeunes ; ils ne vont pas à la grande ville tout seuls.
Eles ..... são ..... .....; não vão à ..... ...... sozinhos.

*\*\**

**Belo Horizonte**, ou **BH** – *prononcez [bé agá]-*, Bel Horizon : *Faut-il voir dans l'heureux nom de cette ville l'optimisme, la réserve (on dit que* **Minas trabalha en silêncio**, *Minas travaille en silence) et l'assurance de cet État du* **Minas Gerais**, *au passé brillant, fait de pépites d'or jaune (au XVIIIe siècle) dont il a inondé le monde ; fait aussi de ces multiples savoir-faire politiques, artistiques, gastronomiques, industriels (minerais, élevage, biotechnologies, mode, etc.) qu'il ne cesse – pas peu fier – d'afficher. Puisons quelques noms dans ces "Mines Générales" (certains disent "Généreuses" et pour cause !) :* **Tiradentes**, *le héros martyr de la première tentative d'indépendance du Brésil, pendu le 21 avril*

**41**

# Quadragésima primeira aula

▶ ## Fazer um lanche

**1 – Es**ta**mos com ¹ u**ma **se**de da**que**las ²!

🗨 Prononciation
*... lã**chi** 1 ... **ss**é**dji** ...*

📄 : Notes
⋮ **1** Le verbe **estar** suivi de la préposition **com**, *avec*, traduit les expressions *avoir soif/faim/chaud*, **estar com sede/fome/calor**.

❹ J'ai toujours habité et j'habite encore dans l'État du Minas Gerais.

Eu ...... ..... e ainda moro em Minas Gerais.

❺ Teresa a disparu de la circulation.

A Teresa ..... .. .....

Corrigé de l'exercice 2

❶ – tomar – ônibus – pertinho – outro até – ❷ – pensei – um dia – ia reencontrar – ❸ – ainda – muito jovens – cidade grande – ❹ – sempre morei – ❺ – sumiu do mapa

\*\*\*

*1792,* **Juscelino Kubitschek***, le président de la République instigateur de la construction de Brasília ; le sculpteur handicapé* **Aleijadinho** *; le musicien* **Milton Nascimento** *; les auteurs de BD* **Henfil** *et* **Ziraldo** *; le créateur de vers* **Carlos Drummond de Andrade** *ou encore le faiseur de mots* **Guimarães Rosa***, etc. Venue remplacer* **Ouro Preto** *(ex* **Vila Rica***) en 1897, au cœur des montagnes,* **Belo Horizonte***, première ville planifiée au Brésil pour cent mille habitants (sur le modèle de Washington), en compte aujourd'hui quelque trois millions.* **Belô***, synonyme de tradition et d'innovation, sait allier terroir, insertion sociale et progrès économique : bref, savoir-faire et savoir bien vivre !*

**41**

# Quarante et unième leçon

## Goûter *(Faire un goûter)*

**1 –** Nous avons une de ces soifs !

**2** **daquelas**, littéralement *de "celles-là"*, est la contraction de la préposition **de** et du démonstratif **aquelas** qui désigne ce qui est au loin. **Daquelas** a ici un sens admiratif, exclamatif, que l'on traduira par l'expression *une de ces*, au sens de *"extraordinaire"*, *"peu commun"*, *"ce qu'il y a de meilleur dans le genre"* : **Ele comprou uma daquelas goiabas!**, *Il a acheté une de ces goyaves-là !* ; **Ele come uma fruta daquelas!**, *Il mange un de ces fruits sublimes !*

2 – O **Sér**gio e **e**u estamos vara**d**os de **fo**me!

3 – En**tão**, **to**dos es**tão** a fim de lan**char**? **Va**mos **ne**ssa [3]!

4 – Ô Adri**a**na, você vem co**mi**go [4] ao ban**he**iro [5]?

5 – Não, não vou com você [6] por**que que**ro pe**dir** um **co**po d'água no bal**cão**.

6 Não agu**en**to mais de **se**de!

7 **E**u **que**ro be**ber u**ma **á**gua-de-**co**co.

8 – A**qui** es**tão** os dois bau**rus pa**ra os ra**pa**zes [7]

9 e as **du**as **á**guas-de-**co**co [8] **pa**ra as **mo**ças.

10 – **No**ssa, o **Dé**cio e o **Sér**gio são real**men**te bons [9] de **gar**fo!

□

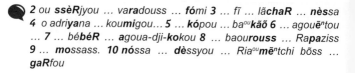

*2 ou* ssè**R**jyou ... vara**d**ouss ... **fó**mi *3* ... fĩ ... lã**chaR** ... **nè**ssa *4* o adri**ya**na ... kou**mi**gou *5* ... **kó**pou ... ba$^{ou}$**kã**õ *6* ... agou**ën**tou ... *7* ... bé**béR** ... agoua-dji-**ko**kou *8* ... bau**rouss** ... Ra**pa**ziss *9* ... **mo**ssass. *10* **nó**ssa ... **dè**ssyou ... Ria$^{ou}$**mën**tchi bõss ... **gaR**fou

**2 –** Sérgio et moi avons une faim de loup *(sommes fendus de faim)* !

**3 –** Alors vous avez tous *(tous sont l')* envie de goûter ? Allons-y *(Allons dans-celle-ci)* !

**4 –** Dis, Adriana, tu viens avec moi aux toilettes *(à-la salle-de-bain)* ?

**5 –** Non, je ne vais pas avec toi car je veux demander un verre d'eau au comptoir.

**6** Je meurs *(Ne supporte plus)* de soif !

**7** Je veux boire une eau de coco.

**8 –** Voici *(Ici sont)* les deux [sandwichs-]baurus pour les garçons

**9** et les deux eaux de noix de coco pour les demoiselles.

**10 –** Mon Dieu *(Notre-Dame)*, Décio et Sérgio ont vraiment un bon coup *(sont réellement bons)* de fourchette !

---

**5** Notez que **banheiro** – formé à partir de **banho**, *bain*, et du suffixe **-eiro** – désigne *les sanitaires (WC)*, *toilettes*, *la salle de bain*, alors que **a banheira** désigne *la baignoire*.

**6** On utilise aussi dans certaines régions **contigo**, *avec toi*, qui vient tout droit du latin *tecum* et réunit la préposition **com**, *avec*, et le pronom personnel 2e personne. Nous verrons l'ensemble des personnes en fin de semaine.

**7** Les mots qui se terminent en **-z** au singulier ajoutent **-es** pour former leur pluriel : **o rapaz**, *le garçon* A **os rapazes**, *les garçons*.

**8** Notez que dans le mot composé **águas-de-coco**, le nom **água** a pris un **-s** au pluriel.

**9** Tous les mots terminés par **-m** remplacent au pluriel cette lettre par **-ns** : **bom**, *bon* A **bons**, *bons* ; **o bem**, *le bien* A **os bens**, *les biens* ; **o fim**, *la fin* A **os fins**, *les fins* ; **o rum**, *le rhum* A **os runs**, *les rhums*.

▶ Exercício 1 – Traduza

❶ Vamos parar nessa lanchonete? ❷ Então, você vem ao banheiro comigo? ❸ Os moços estão com uma fome daquelas! ❹ Eu estou sempre com calor. ❺ Nossa! Os rapazes no balcão são realmente bons de garfo!

\*\*\*

Exercício 2 – Complete

❶ J'ai acheté un de ces sandwichs-baurus !
Comprei um bauru . . . . . . . . !

❷ Mario, lui aussi, va avec moi à la plage.
O Mário . . . . . . vai . . . . . . à . . . . . .

❸ J'ai *(fém.)* une faim de loup. Et moi, j'ai très soif.
Estou . . . . . . de fome. – E eu estou . . . muita sede.

❹ Alors nous allons boire de l'eau de coco au comptoir.
Então vamos . . . . . águas-de-coco no . . . . . . .

❺ Je n'en peux *(supporte)* plus, je vais aux toilettes.
Não . . . . . . . mais, vou . . . . . . . . . . .

\*\*\*

**Bauru *or not* bauru? *That is the question*.** *Quelle est la différence entre un* **bauru** *et un dictionnaire ? Réponse : ils alimentent tous deux la chronique. En effet, la publication du* **Dicionário Houaiss da língua portuguesa** *– du nom de son auteur, éminent philologue, venu menacer le quasi monopole depuis des décennies du* **Dicionário Aurélio da língua portuguesa***, du nom d'***Aurélio Buarque de Hollanda***, pair du premier, et devenu un nom commun (l'***Aurélio***) – a vu s'installer une polémique des plus savoureuses : l'authentique sandwich* **bauru** *(du nom de la ville natale de son créateur) commercialisé depuis plus de 80 ans par le mythique* **Ponto Chic** *à* **São Paulo***, contient-il un œuf et de la laitue, comme le prétend*

Corrigé de l'exercice 1

❶ Est-ce qu'on s'arrête dans cette lanchonete ? ❷ Alors, tu viens aux toilettes avec moi ? ❸ Les garçons ont une de ces faims ! ❹ Moi, j'ai toujours chaud. ❺ Bigre ! Les garçons au comptoir ont vraiment un bon coup de fourchette !

\*\*\*

Corrigé de l'exercice 2

❶ – daqueles ❷ – também – comigo – praia ❸ – varada – com – ❹ – beber – balcão ❺ – aguento – ao banheiro

\*\*\*

*le **Houaiss**, ou pas ? La recette officielle avait pourtant été dûment déposée par un conseiller municipal local (Loi municipale 4314 de 1998), et nul n'est censé ignorer la loi ! Le nouveau dictionnaire, avec ses 70 000 entrées et sa modernité supplémentaires, aura donc glissé non pas sur une peau de banane [quoiqu'un magazine ait aussi reproché au fin gastronome qu'était **Houaiss** de s'être un peu trop étendu sur la description encyclopédique des bananes arrivées à maturité (sic)], mais sur une simple feuille de laitue ! Le **Houaiss, pai dos burros** [ouayss pay douss **bou**RRouss], père des ânes – comme on appelle les dictionnaires au Brésil – certes, mais pas **pai dos baurus** [ba^(ou)rouss] !*

# Quadragésima segunda aula

## Revisão – Révision

### 1 Le pluriel

• Les mots se terminant par **-em**, **-im**, **-om**, **-um** au singulier forment leur pluriel en remplaçant le **-m** par **-ns** :
a **bagagem**, *le bagage* / as **bagagens**, *les bagages*
o **delfim**, *le dauphin* / os **delfins**, *les dauphins*
**bom**, *bon* / **bons**, *bons*
o **álbum**, *l'album* / os **álbuns**, *les albums*
• Les mots qui se terminent par **-z**, eux, ajoutent **-es** :
o **rapaz**, *le garçon* / os **rapazes**, *les garçons*
**veloz**, *rapide* / **velozes**, *rapides*

### 2 Les suffixes

• Nous avons vu cette semaine que certains mots terminés en **-eiro** ou **-eira** désignent le lieu où l'on garde des objets ou d'usage : **banheiro**, *salle de bain* ; **tinteiro**, *encrier*. Au féminin, **a banheira**, *la baignoire*.
• Nous avons également vu le suffixe **-ice**, par exemple **meninice**, *l'enfance* ou *l'enfantillage* à partir de **o menino**, *le garçonnet*, ou **criancice**, à partir de **a criança**, *l'enfance* ou *l'enfantillage*.
• Le suffixe **-ada**, lui, indique une "collection", avec une connotation péjorative : **a papelada**, *l'ensemble de papiers, la paperasse* ; **a mulherada**, *l'ensemble de femmes* au sens de "les bonnes femmes" ; **a criançada**, *l'ensemble des enfants, les gosses, la marmaille*.
• Enfin, pour former le superlatif absolu, on ajoute dans certains cas **-íssimo/-a/-os/-as** au radical du mot sur lequel il porte : **inteligentíssimo**, *très intelligent* ; **altíssimas**, *très hautes*. Ce suffixe est aussi très utilisé quand on veut amplifier la portée d'un mot ou marquer un certain registre décontracté : **carioquíssimo**, *très carioca*.
Nous verrons les autres formes par la suite.

# Quarante-deuxième leçon

## 3  Les démonstratifs

• **essa**, au féminin, désigne ce qui est près de la personne à qui l'on s'adresse ou se réfère – par opposition à ce qui est près de celui qui parle, exprimé par **esta**.

Dans certains cas, il a une valeur expressive : **Ora essa!**, *Ça par exemple ! Allons donc !* ; **Essa é boa!**, *Celle-là c'est la meilleure !, Elle est bien bonne, celle-là !* ; **Só faltava essa!**, *Il ne manquait plus que ça !* ; **nessa** : **Vamos nessa!** *Allons-y !*

• Pour sa part, **daquela**, contraction de **de** et **aquela**, a une valeur exclamative, admirative ou péjorative. Comme nous l'avons vu, son équivalent masculin est **daquele**.

**Ele quer um bauru daqueles**, *Il veut un de ces excellents baurus (un vrai de vrai).*

## 4  Le pronom personnel complément

### • Sans préposition

**me**, *me, à moi*, direct ou indirect selon le contexte, est employé seul (sans préposition) : **Ele me ama**, *Il m'aime* ; **Ele me falou**, *Il m'a parlé.*

Même si son emploi n'est pas logiquement correct, on entend couramment, pour la 2e personne, **te**, *te / à toi* (à la place de **você**) : **Quero te pedir um favor**, *Je veux te demander une faveur* ; **Ele te dá uma flor**, *Il te donne une fleur.*

### • Avec préposition

Certaines formes du pronom personnel s'intègrent à la préposition qui les régit. Nous avons vu **comigo**, *avec moi* ; **contigo**, *avec toi.* Aux autres personnes, la forme la plus courante est l'emploi séparé, hormis pour **conosco**, **convosco** que nous verrons ultérieurement : **com + ele(s)/ela(s)** ou **com + você(s)** ou **com + o(s) senhor(es), a(s) senhora(s).**

**Eu viajo com ele ou com você?,**
*Je fais le voyage avec lui ou avec toi ?*
**Ela falou com o senhor daquela viagem?,** *Vous a-t-elle parlé de ce fameux voyage, monsieur ?*
Attention, notez que la forme **consigo** existe, mais qu'elle a une valeur réflexive.

## 5  La préposition *em* et l'expression du temps

On emploie la préposition **em** – et ses formes contractées : **no(s), na(s), num, numa** – dans certaines expressions à caractère temporel : **Na quinta-feira vou para o Rio de Janeiro**, *Jeudi, je vais à Rio de Janeiro*.
Mais attention, si l'action est récurrente, la norme dicte d'employer plutôt la préposition **a**, et ses variantes **ao, aos, à, às**, malgré un emploi fautif très répandu de **no, na, nos, nas** : **Aos domingos viajo no voo das quatro**, *Le dimanche, je prends le vol de quatre heures*.

## 6  Le conditionnel

Outre l'aspect conditionnel d'une action, le **futuro do pretérito** (ou conditionnel) exprime, en atténuant, une forme de civilité.
Sa conjugaison est simple à retenir puisque les terminaisons sont les mêmes pour les 3 groupes :

| | Verbes en -ar<br>acabar, *finir* | Verbes en -er<br>escolher, *choisir* | Verbes en -ir<br>abrir, *ouvrir* |
|---|---|---|---|
| eu | acabaria | escolheria | abriria |
| tu* | acabarias | escolherias | abririas |
| ele/ela/você/<br>o sr./a sra. | acabaria | escolheria | abriria |
| nós | acabaríamos | escolheríamos | abriríamos |
| vós* | acabaríeis | escolheríeis | abriríeis |
| eles/elas/vocês/<br>os sres/as sras | acabariam | escolheriam | abririam |

\* peu utilisé

## 7 Les formes verbales rencontrées cette semaine

*Même si ces listes vous semblent longues, prenez le temps de relire les formes verbales à voix haute. Le fait de les répéter vous aidera à mieux les assimiler.*

• Verbes en **-ar**
**acho**, *je pense, je trouve*
**aguento**, *je supporte*
**casar**, *se marier* ; **casam**, *ils/elles se marient, vous vous mariez* ;
**casaria**, *tu te marierais, il/elle/on se marierait* ; **casado**, *marié*
**começamos**, *nous commençons*
**comprei**, *j'achetai, j'ai acheté*
**dar**, *donner*
**declarar**, *déclarer*
**encarregado**, *chargé*
**falando**, *parlant*
**faltava**, *tu manquais, il/elle/on manquait*
**lanchar**, *goûter*
**levar**, *emmener*
**moro**, *j'habite* ; **morei**, *j'habitai, j'ai habité* ; **moravam**, *ils/elles habitaient, vous habitiez* ; **morando**, *habitant*
**preciso**, *j'ai besoin* ; **precisa**, *tu as besoin, il/elle/on a besoin*
**reencontrar**, *retrouver*
**renovar**, *renouveler*
**se chama**, *tu t'appelles, il/elle/on s'appelle*
**telefonar**, *téléphoner*
**trabalhar**, *travailler* ; **trabalhamos**, *nous travaillons*
**viajando**, *voyageant*
**vistoriar**, *inspecter*
**voltando**, *revenant*

• Verbes en **-er** (réguliers et irréguliers dans leur conjugaison ou leur graphie)
**conhece**, *tu connais, il/elle/on connaît*
**dizem**, *ils/elles disent, vous dites* ; **diria**, *tu dirais, il/elle/on dirait*
**havia**, *il y avait*
**perder**, *perdre*
**posso**, *je peux*

**prometi**, *je promis, j'ai promis*
**quero**, *je veux*
**saber**, *savoir*
**temos**, *nous avons*
**vivo**, *je vis*

• Verbes en **-ir**
**ia**, *j'allais, tu allais, il/elle allait* ; **for**, *(si par hasard) tu vas, il/elle va*

***

## ▶ Diálogo de revisão

**1** – Precisamos sair desse aeroporto!
**2** – Só faltava essa, perder tempo na alfândega com toda essa papelada!
**3** Puxa! Vamos perder o ônibus porque o empregado vai vistoriar todas as malas.
**4** – Ainda temos uma hora.
**5** Prometi reencontrar meu velho amigo Tiago dentro da rodoviária.
**6** – O Tiago também vem?
**7** – Na sexta ele tem folga.
**8** Essa viagem é importantíssima pra ele,
**9** mas antes vamos fazer um lanche.
**10** Você conhece nosso amigo, por nada viajaria com fome.
**11** E eu não aguento mais de sede.
**12** – Nossa! Se você for levar seu amigo para fazer um lanche,
**13** quando vamos sair da cidade?

**pedir**, *demander*
**proibido**, *interdit*
**sair**, *sortir* ; **sai**, *tu sors* ; **il/elle sort** ; **saindo**, *sortant*
**se diverte**, *tu te divertis* ; **il/elle/on se divertit*
**sumiu**, *tu as disparu* ; **il/elle/on a disparu*

\*\*\*

Traduction
**1** Il nous faut sortir de cet aéroport ! **2** Il ne manquait plus que ça, perdre du temps à la douane avec toute cette paperasse ! **3** Bigre ! Nous allons louper *(perdre)* le car car l'employé va passer en revue toutes les valises. **4** Nous avons encore une heure [devant nous]. **5** J'ai promis de retrouver mon vieil ami Tiago à l'intérieur de la gare routière. **6** Tiago vient aussi ? **7** Le vendredi, il est de repos. **8** Ce voyage est très important pour lui, **9** mais avant nous allons goûter. **10** Tu connais notre ami, pour rien au monde il ne voyagerait affamé. **11** Et moi je meurs de soif. **12** Mon Dieu ! Si tu emmènes *(si tu vas emmener)* ton ami goûter, **13** quand allons-nous quitter la ville ?

O TIAGO TAMBÉM VEM ?

# Quadragésima terceira aula

## Chuva, chuvinha, chuvão [1]

1 – Está chovendo sem parar!
2 – Essa chuvinha fina que chamam de chuva-criadeira molha bem a terra.
3 Os colonos gostam muito dela [2].
4 Quer chova, quer faça [3] sol, vou mostrar a cidade para o Joaquim e o Álvaro.
5 – Fazemos questão [4] de descobrir a velha Recife,
6 e não faz mal se as ruas estão molhadas.
7 – Em vez de ficar nesse chove-não-molha, sai-não-sai [5],
8 fazemos de conta que vivemos em uma dessas lindas casas coloniais.
9 – Falou, Mauro!

### Prononciation

**chou**va chou**vi**gna chou**vãõ** 1 … chou**vãⁿ**dou ssē … 2 … ki **chã**mã … kriya**dé**ra **mó**lya … **tè**RRa 3 … kolo**nouss** … 4 kèR **cho**va … **fa**ssa ssó**ᵒᵘ** … mostraR … joa**kī** … a**ᵒᵘ**varou 5 fa**zé**mouss kes**tãõ** … dèskou**briR** … **ré**ssifi 6 … fayss ma**ᵒᵘ** … **Rou**ass … **mo**lyadass 7 ē **vè**ⁱss … fi**kaR né**ssi **chó**vi-nãõ-**mó**lya … 8 … **kõ**ⁿta … vi**vé**mouss … **dè**ssass **lī**ⁿdass … kolo**nyayss**. 9 fa**loᵒᵘ** **ma**orou

### Notes

1 **chuvão** est formé à partir du mot **chuva**, et du suffixe augmentatif **-ão**. À l'inverse, **-inha** dans **chuvinha** a une valeur diminutive. Comparez : **um carro**, *une voiture* ; **um carrão**, *une grosse "bagnole"* ; **um carrinho**, *une petite voiture*.

2 **dela**, *d'elle*, est formé de la préposition **de** et du pronom personnel féminin **ela**, qui renvoie ici à **chuva**. La forme au masculin est **dele** (de + ele). Pluriel : **delas/deles**.

# Quarante-troisième leçon

## Pluie, petite pluie, grosse pluie

**1 –** Il pleut sans arrêt *(arrêter)* !

**2 –** Cette petite pluie fine que l'on appelle *([ils] appellent)* "pluie fertile" arrose *(mouille)* bien la terre.

**3** Les paysans l'aiment beaucoup.

**4** Qu'il pleuve [ou] qu'il fasse soleil, je vais montrer la ville à Joaquim et à Álvaro.

**5 –** Nous tenons absolument à *(Faisons question de)* découvrir le vieux Recife,

**6** et ça ne fait rien *(ne fait mal)* si les rues sont mouillées.

**7 –** Au lieu de rester dans ce j'y-vais-j'y-vais-pas *(pleut-ne-mouille, sort ne sort)*,

**8** faisons comme si nous vivions *(Faisons de compte que vivons)* dans l'une de ces belles maisons coloniales.

**9 –** Tu l'as dit *(As-parlé)*, Mauro !

---

**3** **quer... quer**, toujours suivi du subjonctif, peut aussi se traduire par *soit... soit*. **Chova**, *qu'il pleuve*, et **faça**, *qu'il fasse*, sont respectivement le présent du subjonctif des verbes du 2ᵉ groupe **chover** et **fazer**, dont nous verrons la conjugaison ultérieurement.

**4** Observez bien toutes ces expressions idiomatiques formées à partir du verbe **fazer** : **fazer sol** (phrase 4), *faire soleil* (ou **fazer calor/frio**, *faire chaud/froid*) ; **fazer questão de**, *tenir absolument à* ; **fazer de conta** (phrase 8), *faire comme si* ou *faire semblant*, dont l'esprit est proche de l'expression enfantine *on dirait que*. **Fazemos de conta que ele gosta dela**, *On dirait qu'il l'aime*.

**5** Notez également l'expression **sai-não-sai**, *il sort ou il ne sort pas*, calquée sur **vai-não-vai**, *il y va, il y va pas* qui exprime donc l'indécision, l'hésitation. Au contraire si on veut encourager quelqu'un, on dira **Vai, vai!**, *Allez, vas-y !*

**10** Não precisa fazer tempestade em um copo d'água! ☐

🗣 *10 ... têᵐpestadji ...*

## Remarque de prononciation

Vous aurez certainement remarqué au fil de ce dialogue la différence de prononciation entre des graphies pourtant proches : le premier o de chovendo,

\*\*\*

▶ Exercício 1 – Traduza

❶ Que chove-não-molha!–Falou Lucas! ❷ Gosto dessa chuvinha que molha a terra. ❸ Quer chova, quer faça sol, não precisa fazer tempestade em um copo d'água. ❹ Você vai para a cidade nesse carrinho? ❺ Não faz mal, fazemos de conta que é um carrão!

\*\*\*

Exercício 2 – Complete

❶ J'aime ces vieilles rues mouillées. Et toi, tu les aimes ?
..... ..... velhas ruas ........ E você gosta .....?

❷ Tu n'as pas besoin de faire semblant d'être heureux.
Você não ....... fazer de ..... que está feliz.

❸ Qu'il pleuve ou qu'il fasse soleil, je vais sortir.
Quer ...... .... .... sol, eu ... sair.

❹ Il aime beaucoup faire une tempête dans un verre d'eau.
Ele gosta ..... .. fazer tempestade .. ..
.... .. .....

CHUVA, CHUVINHA, CHUVÃO

**10**  Pas besoin de faire [une] tempête dans un verre
d'eau !

celui de **descobrir** et le **u** de **chuva** se prononcent *[ou]*. Le **o** de **chove** et de
**molha** se prononce ouvert comme dans "bol" alors que le **o** de **molhadas** se
prononce fermé comme dans "mot". Ne vous en faites pas, vous allez peu à
peu assimiler ces nuances.

\*\*\*

Corrigé de l'exercice 1

❶ Assez d'indécision ! – Tu l'as dit, Lucas ! ❷ J'aime cette petite pluie
qui mouille la terre. ❸ Qu'il pleuve ou qu'il fasse soleil, pas besoin de
faire une tempête dans un verre d'eau. ❹ Tu vas en ville dans cette
petite voiture ? ❺ Ça ne fait rien, faisons comme si c'était une grosse
"bagnole" !

\*\*\*

❺  Il pleut sans arrêt et tu restes là à tergiverser *(dans-ce on-sort
on-ne-sort-pas)*.

. . . . . sem  . . . . . e você  . . . .  . . . . .  . . . -não- . . . .

Corrigé de l'exercice 2

❶ Gosto dessas – molhadas – delas ❷ – precisa – conta – ❸ – chova,
quer faça – vou – ❹ – muito de – em um copo d'água ❺ Chove – parar
– fica nesse sai – sai

\*\*\*

"**Eu vi o mundo ele começava no Recife !**", "J'ai vu le monde, il
commençait à Recife !" *Cet intitulé légendaire – puisque c'est le
nom d'une fresque du grand* **Cicero Dias**, *peintre récifien cosmique
et spirituel, parisien d'adoption, qui a traversé, pêle-mêle, l'océan, le
siècle, la vie, l'art, en compagnie de Picasso, d'Eluard, de* **Mário de
Andrade***... et de sa tendre épouse, Raymonde... – donne une petite
idée de l'universalité intime de cette cité régionale du* **Pernambuco***,
dans le* **Nordeste** *du Brésil, et du tête-à-tête permanent entre elle, ses
grands hommes, et le monde.*

# Quadragésima quarta aula

## Língua brasílica

1 – Você sabia que a Clarissa e o Moacir falam **qua**tro idiomas [1]?
2 – Não sabia não [2]; só sei que eles falam **pe**los cotovelos!
3 – Eles aprenderam a ler e a escrever em [3] inglês desde pequenos
4   e estudaram alemão e italiano durante **mui**to **tem**po.
5 – **De**ve ser dificílimo conhecer todas essas línguas.
6 – Espera, isso não é tudo.
7   Agora os dois estão estudando as línguas indígenas do Brasil dos séculos XVII e XVIII [4].
8 – Que legal! E eles não acham a pronúncia difícil demais?

**Prononciation**
*lĩngoua bRazilika 1 … ssabiya … klarissa … moassir falã kouatrou idjyomass 2 … kotovélouss 3 … aprẽndérã … léR … iskrévéR … dèzdji pikénouss 4 … isstoudarãõ alemãõ … dourãntchi …*

**Notes**

1   Notez la nuance entre **língua**, qui désigne la langue d'un peuple d'une nation, avec sa grammaire, sa syntaxe, etc., et **idioma**, qui désigne plutôt la ou les langues parlées par les individus : **Ele fala quatro idiomas, mas o português é sua língua materna**, *Il parle quatre langues, mais le portugais est sa langue maternelle*.

2   Le fait de reprendre la négation **não** permet d'insister : **Não gosto de chuva não**, *Non, je n'aime pas du tout la pluie*.

# Quarante-quatrième leçon

## La langue brésilienne

**1** – Tu savais que Clarissa et Moacir parlent quatre langues ?

**2** – Non, je ne le savais pas ; je sais seulement qu'ils sont très bavards *(qu'ils parlent par-les-coudes)* !

**3** – Ils ont appris à lire et à écrire en anglais depuis [tout] petits

**4** et ils ont étudié l'allemand et l'italien pendant longtemps *(beaucoup temps)*.

**5** – Ça doit être très difficile de connaître toutes ces langues.

**6** – Attends, ce n'est pas tout.

**7** Maintenant tous deux *(les deux)* étudient les langues indigènes du Brésil des XVIIᵉ et XVIIIᵉ siècles.

**8** – C'est génial ! Et ils ne trouvent pas la prononciation trop difficile ?

---

**5** *dè*vi ... difi**ssi**limou kogné**sséR** ... **7** ... éstou**dã**ⁿdou ... ī**di**jénass ... **ssè**koulouss dizé**ssè**tchi i di**zoy**tou **8** ... a**chã** ... pro**nõū**ssya dji**fissi**ᵒᵘ ...

---

**3** Attention, on dira aussi bien **escrever bem francês**, *écrire bien en français*, que **escrever em francês**, *écrire en français*, en utilisant la préposition **em**. **Ele sabe bem inglês mas prefere escrever em francês**, *Il connaît bien l'anglais mais préfère écrire en français*.

**4** En portugais, le mot **século**, *siècle*, précède le chiffre romain qui se lit comme un nombre ordinal : **No século XXI** (dites **vinte e um**) **todo o mundo deve falar no mínimo três idiomas**, *Au XXIᵉ siècle, tout le monde doit parler au minimum trois langues*.

**9** – Há palavras **fá**ceis, di**fí**ceis e **ú**teis [5], **co**mo a pa**la**vra abaca**xi** por e**xem**plo.

🗨 9 ... pa**la**vrass **fa**ssèyss ... **ou**tèyss ... i**zẽ**ᵐplou

📑 Note

5 Les mots se terminant en **-il** et accentués sur l'avant-dernière syllabe forment leur pluriel en **-eis** : fácil A fáceis, difícil A difíceis, útil A úteis.

\*\*\*

▶ Exercício 1 – Traduza

❶ Laura fala seis idiomas e está estudando um sétimo. ❷ Eles falam pelos cotovelos mas não acham que falam muito. ❸ Você sabia que há muitas palavras indígenas na língua brasileira? ❹ Não sabia não. E essas palavras são fáceis? ❺ Ele sabe bem italiano mas prefere escrever em alemão.

\*\*\*

Exercício 2 – Complete

❶ Depuis tout petits ils ont appris ces langues.
..... pequenos eles .......... esses ........

❷ Au xixᵉ siècle, nombre de Brésiliens ont étudié la langue française.
No ...... XIX muitos brasileiros ......... a língua francesa.

❸ Je sais que ça doit être très difficile de connaître toutes ces langues.
Eu ... que .... ser muito difícil saber ..... esses idiomas.

**9 –** Il y a des mots faciles, [des mots] difficiles et utiles,
comme le mot *abacaxi* par exemple.

ELES FALAM PELOS COTOVELOS.

\*\*\*

Corrigé de l'exercice 1

**❶** Laura parle six langues et est en train d'en étudier une septième.
**❷** Ils sont très bavards, mais ils ne trouvent pas qu'ils parlent
beaucoup. **❸** Tu savais qu'il y a beaucoup de mots indigènes dans
la langue brésilienne ? **❹** Non, je ne [le] savais pas. Et ces mots sont
faciles ? **❺** Il connaît bien l'italien mais préfère écrire en allemand.

\*\*\*

**❹** Je n'aime pas du tout cette langue.
Eu não ..... ..... idioma, ....

**❺** Dans la langue brésilienne, beaucoup de mots sont indigènes.
Na ...... brasileira, muitas ........ são ..........

Corrigé de l'exercice 2

**❶** Desde – aprenderam – idiomas **❷** – século – estudaram – **❸** – sei –
deve – todos – **❹** – gosto deste – não **❺** – língua – palavras – indígenas

*Aux XVIIe et XVIIIe siècles, la notion de **língua brasílica** désigne en fait la **língua geral** ou langue commune, c'est-à-dire celle d'origine indienne, langue de l'intimité domestique, parlée par l'ensemble de la population. Le portugais, lui, s'apprend à l'école. Mais le pays étant encore sous colonisation portugaise, d'où vient donc ce nom de **brasílico**, qui donnera plus tard **Brasil** ? Il nous vient du bois rouge-braise dont on fait des teintures dans l'Europe de la Renaissance, et qui alimente le premier des trois cycles d'exploitation économique par la couronne portugaise. Après tant de convoitise, le **pau-brasil**, ou Caesalpinia*

**45**

# Quadragésima quinta aula

## ▶ Veranear à moda antiga

**1 –** **Tia** Abiga**il**, **quan**do vo**cês** [1] com**pra**ram a **cas**a na **pra**ia,

**2** já exis**tia** [2] a es**tra**da que vai de Blume**nau** **pa**ra o lito**ral**?

**3 –** Sim, **mi**nha **fi**lha, mas não se pa**ga**va [3] pe**dá**gio.

**4 –** E o que vo**cês** fa**zi**am du**ran**te os **lon**gos **me**ses [4] de ve**rão**?

**5 –** Bem, de ma**nhã** fi**cá**vamos [5] de **per**nas **pa**ra o ar,

### 🗨 Prononciation
*véranyaR a móda ã[n]tchiga **1** tchiya abiga**you** ... kõ[m]**pra**rã ... **2** ... ézistiya ... isstrada ... blouména[ou] ... litora[ou] **3** ... filya ...*

### 🗖 Notes
**1** Bien sûr, **vocês** équivaut ici à plusieurs personnes que l'on tutoie et non pas à un vous de politesse, sinon on aurait employé **a senhora**.

**2** Comme vous l'avez appris dans la 35e leçon, vous constatez dans ce dialogue avec **existia**, mais aussi **pagava**, **faziam**, **ficávamos**, **fazíamos**, **íamos**, que l'imparfait exprime une action passée qui dure, alors que le passé simple (**pretérito perfeito**) exprime, lui, une action passée

*echinata, arbre de taille moyenne, n'existe pratiquement plus. Son tronc, à croissance lente, comporte des épines ; vers les quatre ans, il se couvre de fleurs jaunes, mais il lui faut une vingtaine d'années pour devenir ce matériau hors pair si prisé dans l'archèterie, pour ses qualités sonores, sa cambrure et sa souplesse. Aujourd'hui, les milieux de la lutherie et de la musique se mobilisent à l'échelle mondiale pour lutter contre son extinction et pour sa réimplantation. En matière culturelle, cet élément premier qu'est le **pau-brasil** est devenu l'icône d'une **brasilidade**, "brésilianité", florissante… et jamais démentie depuis.*

**45**

# Quarante-cinquième leçon

## Passer l'été à l'ancienne *(à-la mode ancienne)*

**1 –** Tante Abigail, quand vous avez acheté la maison de la plage,
**2** la route qui va de Blumenau à la côte *(au littoral)* existait-elle déjà ?
**3 –** Oui ma fille, mais on ne payait pas de péage.
**4 –** Et que faisiez-vous pendant les longs mois d'été ?
**5 –** Eh bien, le matin *(de matin)* nous restions les doigts de pied en éventail *(de jambes pour l'air)*,

*pagava … pédajyou **4** … faziyã … **lon**gouss **mé**ziss … vé**rãõ 5** … **fika**vamouss … **pèr**nas…*

et terminée : **Minha filha comprou a casa da tia dela que ficava no litoral,** *Ma fille a acheté la maison de sa tante qui se trouvait sur la côte.*

**3** Dans se **pagava** – du verbe **pagar** – *payer* –, **se** a la valeur de *on*. Notez la place de **se** devant le verbe : c'est à cause de la négation.

**4** Pour former le pluriel des mots qui se terminent par **-s**, on ajoute **-es** : o **chinês** A os **chineses**, *le(s) Chinois* ; o **país** A os **países**, *le(s) pays* ; o **deus** A os **deuses**, *le(s) dieu(x)*, etc.

**5** Pour rappel, les verbes en **-ar** forment l'imparfait en ajoutant au radical les terminaisons **-ava, -avas, -ava, -ávamos, -áveis, -avam.**

6   de **tar**de fa**zí**amos [6] a **ses**ta e **to**das as **sex**tas [7] à
    **noi**te íamos **ao bai**le.
7 – E é ver**da**de que **mi**nha mãe conhe**ceu me**u pai
    a**qui**?
8 – É, sim, um **di**a **tu**a mãe deci**di**u ir to**mar u**ma
    **fres**ca, foi [8] na **pra**ça e encon**trou te**u pai;
9   e no **di**a se**guin**te rece**beu u**ma **ces**ta **che**ia de
    **flo**res [9].                                                    □

🗣 **6** … fa**zi**yamouss … s**sèss**ta … s**séss**tass… **i**yamouss **a**ou **bay**li
**7** … vè**R**da**dji** … kog**néssé**ᵒᵘ… **8** … **tou**a … **déssidji**ᵒᵘ … **fréss**ka
foy… **pra**ssa … ĩ**kõ**ⁿ**tro**ᵒᵘ … **9** … s**ségui**ⁿtchi ré**ssébé**o … s**sèss**ta
**ché**ya … **flo**riss

🔲 Notes

**6**   Les verbes en **-er** (**fazer**) et **-ir** (**existir**) forment l'imparfait en ajoutant au
       radical les terminaisons -ia, -ias, -ia, - íamos, -íeis, -iam.

**7**   Attention : a sesta [**ssèss**ta], *la sieste*, mais a sexta [**sséss**ta], *le vendre-*
       *di*, et a cesta [**ssèss**ta], *le panier* (phrase 9). Ces trois mots se prononcent
       de manière quasi identique mais ne s'écrivent pas de la même façon.

**8**   **foi** est à la fois le passé simple du verbe *ser*, *être*, et du verbe *ir*, *aller* :
       **Ele foi para a cidade e não foi feliz**, *Il est allé à la ville et n'a pas été*
       *heureux*.

***

▶ Exercício 1 – Traduza

❶ Nós preferimos ir pelas estradas menores, onde não
pagamos pedágio. ❷ Foi nessa praça que a minha mãe
encontrou meu pai? ❸ Quando faz muito calor temos que
sair pra tomar uma fresca. ❹ Eu acho que eu vou dar uma
cesta de flores para a minha esposa. ❺ Nós íamos à praia
todos os dias durante o verão.

**6** l'après-midi nous faisions la sieste et tous les vendredis soir nous allions au bal.

**7 –** Et c'est vrai que ma mère a connu mon père ici ?

**8 –** Oui *(Est, oui)*, un jour ta mère a décidé d'aller prendre l'air *(le frais)*, elle est allée sur la place [du village] et a rencontré ton père ;

**9** et le lendemain *(jour suivant)* elle a reçu une corbeille pleine de fleurs.

**9** Les mots qui se terminent en **-r** prennent la terminaison **-es** au pluriel :
melhor A **melhores**, *meilleur(s)* ; menor A **menores**, *mineur(s)* ; **a col-**
**her** A **as colheres**, *cuiller(s)* ; **o emir** A **os emires**, *émir(s)* ; **o dólar** A **os**
**dólares**, *dollar(s)*.

\*\*\*

## Corrigé de l'exercice 1

❶ Nous préférons prendre *(aller par)* les routes plus petites où nous ne payons pas de péage. ❷ Est-ce que c'est sur cette place que ma mère a rencontré mon père ? ❸ Quand il fait très chaud, nous devons sortir pour prendre l'air. ❹ Je crois que je vais donner une corbeille de fleurs à mon épouse. ❺ Nous allions à la plage tous les jours, durant l'été.

### Exercício 2 – Complete

**❶** Tu as décidé d'aller à Rio cet été ?
Você ....... ir para o Rio nesse ..... ?

**❷** Que faisiez-vous les soirs d'été ?
. ... vocês faziam durante as noites de verão?

**❸** Mon père n'a pas payé de péage sur la route de Blumenau.
Meu pai ... ..... pedágio .. ....... de Blumenau.

\*\*\*

*En 1843, après avoir lu le récit d'Alexandre von Humboldt sur l'Amérique, Otto Bruno Blumenau, un laborantin diplômé de philosophie, s'adresse au représentant brésilien en Prusse,* Jacob Sturz, *dans l'idée d'organiser une grande expédition au Brésil et de coloniser une terre économiquement prometteuse. Il quitte Hambourg à bord d'un voilier jusqu'à* Ribeirão da Velha, *site de l'actuelle mairie de* Blumenau *(231 000 habitants), dans l'État de* Santa Catarina, *au sud du pays. Puis il repart en Allemagne chercher de la main-d'œuvre, obtient deux lieues de terres des autorités pour y fonder des activités agro-industrielles. Mais le terrain est très accidenté et les inondations dévastatrices ; on s'oriente donc vers la culture du tabac, abandonnée à son tour compte tenu de la pression fiscale. C'est ainsi*

❹ Dans cette ville, il y avait *(existaient)* beaucoup de Chinois.

Nessa ...... existiam muitos ........

❺ Nous allions danser tous les mercredis et tous les samedis.

Nós ..... dançar todas .. ...... e todos .. ........

Corrigé de l'exercice 2

❶ – decidiu – verão ❷ O que – ❸ – não pagou – na estrada –
❹ – cidade – chineses ❺ – íamos – as quartas – os sábados

\*\*\*

*que deux frères – les Hering –, venus faire des cigares, reprennent
leur activité d'origine en Allemagne, la fabrique de chaussettes et de
maille, créant la marque Hering, futur fleuron de la région, deuxième
pôle textile au monde, et 1ᵉʳ en Amérique latine. Cette colonisation
allemande, suivie par celle des Italiens et des Polonais, a marqué
toute la vie culturelle locale, y compris l'habitat (chalets en bois aux
toits inclinés). En 1983, à la suite de terribles inondations, est organisée une grande fête de la bière, la Oktoberfest, destinée à collecter
des fonds. Devenue la 2ᵉ plus grande fête de la bière après celle de
Munich, elle se déroule depuis chaque année, pendant 17 jours, au
mois d'octobre. Un conseil : avant de vous y rendre, mieux vaut également consulter* L'Allemand, Collection Sans Peine *!*

# Quadragésima sexta aula

## Churrasco com amigos

1 – Alô, Lilica, você vai ao churrasco dos Aranhas?
2 – Estou por fora ¹.
3   Que vocês decidiram no final?
4 – Como se você não soubesse ²!
5   O Aranha vai preparar um churrasco no sítio dos pais dele
6   e o pessoal ³ vai trazer a bebida.
7 – Não, deixa para lá ⁴.
8   Prefiro ficar por aqui mesmo.
9 – Imagina, uma cerveja bem geladinha,

🗣 Prononciation
*chouRRaskou* ... **1** ... *lilika* ... *aragnass* **2** ... **fó**ra
**3** ... *déssidirã* ... *fina*ᵒᵘ **4** ... *sso*ᵒᵘ**bè**ssi **5** ... *prépara*R ... **ssi**tyou ...
**7** ... *la* **9** *imajina* ... *sséRvéja* ... *jéla***dj**igna

📖 Notes

**1**  **fora** est à la fois une préposition (*hors, en dehors de*), une interjection (*Ouste !*), un adverbe (*dehors*) et un nom (*une gaffe, une bourde*) : **Deu um fora!**, *Il a commis un impair !* Notez l'expression **estar por fora**, *ne pas être dans le coup, être largué, pas au courant* : **Ele está totalmente por fora**, *Il est complètement en dehors du coup (largué), pas au courant*. Le contraire de **fora** est **dentro**, *dedans*. On aurait d'ailleurs pu aussi bien dire **Não estou por dentro**, *Je ne suis pas au courant ("par dedans")*.

**2**  **soubesse** est l'imparfait du subjonctif du verbe **saber**, *savoir*, introduit ici par la conjonction **se**, *si* : **Se eu soubesse, teria ido à praia**, *Si j'avais su, je serais allée à la plage*.

**3**  **pessoal**, *personnel*, équivaut ici à *les amis, les copains, les potes*. C'est le suffixe **-al** greffé sur le mot **pessoa**, *personne*, qui lui donne ce caractère collectif. On entend également, dans le même esprit, **gente** : **Oi gente, o**

# Quarante-sixième leçon

## Barbecue avec des amis

**1** – Allô, Lilica, est-ce que tu vas au barbecue de la famille Aranha *(des Araignées)* ?

**2** – Je suis hors du coup *(par dehors)*.

**3** – Qu'avez-vous décidé finalement *(au final)* ?

**4** – Comme si tu ne [le] savais pas !

**5** Aranha va préparer un barbecue dans la maison de campagne de ses parents,

**6** et notre bande *(le personnel)* va apporter la boisson.

**7** – Non, laisse tomber *(pour là)*.

**8** Je préfère rester ici *(par ici même)*.

**9** – Imagine, une bière bien fraîche *(glacée)*,

pessoal decidiu comer uma pizza!, *Houhou, les amis, on (le groupe) a décidé de manger une pizza !*

**4** **lá**, *là-bas*, est le dernier de la trilogie des adverbes de lieu (**aqui** ou **cá**, **aí** ou **ali**, et **lá**), qui correspondent à différents degrés d'éloignement et que l'on emploie surtout en parallèle avec les démonstratifs **este**, **esse** et **aquele**. On le retrouve également dans les combinaisons : **lá dentro**, *dedans* (si on est dehors), **lá fora**, *dehors*, à l'inverse.

Il faut aussi savoir que **lá** désignant ce qui est éloigné (*là-bas*), fait référence à l'étranger par rapport au Brésil (désigné par **cá**, ou **aqui**). **Do lado de cá da rua, ainda é meu bairro ; do lado de lá já é outro**, *De ce côté-ci de la rue, c'est encore mon quartier ; de l'autre côté (par là), c'est déjà un autre quartier.*

**10**  uns salgadinhos gostosinhos [5], roda de violão...
**11** – **Tô**co e **e**u pre**fe**rimos co**mer u**ma **pi**zza em **fren**te da televi**são**.
**12** – É **i**sso que **cha**mam de se diver**tir** [6]?
**13**  **Va**mos, **mu**dem de i**de**ia!                                                    □

🗣 *10 õũss ssa^ou gadji-gnouss ... róda ... violãõ 11 tokou ... préférimouss kouméR ... pitza ... télévizãõ 12 ... ssi djivéRtchiR 13 ... moudẽ ...*

🗂 : Notes

**5**  **gostosinho**, qui vient de **gosto**, *le goût*, est le diminutif de **gostoso**, *déli-cieux*. Retenez ce mot, un "basique" dans la langue courante familière puisqu'il qualifie, avec ses dérivés **gostosura**, **gostosão**, tout ce qui est bon, agréable, tout ce qui a de la saveur... jusqu'au "beau sexe", alors désiré – *bien roulée*, etc. – ou au contraire *"beau mec"*, ou quelqu'un qui

\*\*\*

▶ Exercício 1 – Traduza

❶ O pessoal vai fazer os salgadinhos e trazer cervejas bem geladinhas. ❷ Vocês decidiram preparar um churrasco? ❸ Não estou por dentro desta nova moda. ❹ O sítio dos pais do Aranha é super legal. ❺ Vamos, deixa pra lá!

\*\*\*

Exercício 2 – Complete

❶  Il a commis un impair ! Il n'a pas invité Tôco.
Ele ... um ....! Ele não ........ o Tôco.

❷  On s'est bien amusé !
A gente .. ........ .....!

❸  Si j'avais su, je serais allé à ce barbecue.
Se eu ........, teria ido a este .........

**10** de délicieux amuse-gueules salés, un petit groupe
*(ronde)* à la guitare…

**11** – Tôco et moi, [nous] préférons manger une pizza
devant la télévision.

**12** – C'est ça que vous appelez s'amuser ?

**13** Allez, changez d'avis !

"se la joue", se fait désirer, fait le difficile. Ne vous étonnez donc pas si,
dans la rue, vous saisissez au vol des phrases ou des mots de ce style… à
employer avec précaution.

**6** Le verbe **se divertir** n'est pas toujours pronominal. Notez ici la place du
pronom réfléchi avant le verbe, ce qui est souvent le cas dans la langue
parlée, contrairement à la forme plus classique **divertir-se**.

\*\*\*

Corrigé de l'exercice 1

❶ Notre bande va faire de petits amuse-gueules salés et apporter des
bières bien fraîches. ❷ Vous avez décidé de préparer un barbecue ?
❸ Je ne suis pas au courant de cette nouvelle mode. ❹ La maison de
campagne des parents d'Aranha est super-chouette. ❺ Allez, laisse
tomber !

\*\*\*

❹ Ma maison est de ce côté-ci de la rue.
A minha casa .... do .... de .. da rua.

❺ Je ne suis pas au courant.
Eu não estou ... .......

Corrigé de l'exercice 2

❶ – deu – fora – convidou – ❷ – se divertiu muito ❸ – soubesse –
churrasco ❹ – fica – lado – cá – ❺ – por dentro

**Chê** *[tché]! On a presque honte de traduire* **churrasco** *par barbecue, tant, une fois de plus, les proportions sont tout autres. Le* **churrasco** *désigne à la fois le contenant et le contenu : une réunion conviviale et décontractée, si possible à la campagne ou dans des faubourgs urbains, pour déguster de délicieuses viandes grillées sur une* **churrasqueira**, *construite en dur, le tout invariablement arrosé d'un* **chope**, *bière légère demi-pression, ou de l'incontournable* **caipirinha**. *On ne reviendra pas sur l'excellence de la viande brésilienne, même si la tendance locale est de la déguster un peu trop cuite. Les morceaux, dont certains ont mariné auparavant dans du jus de citron,*

**48**

# Quadragésima sétima aula

▶ ## Liquidação

1 – Ar**tur**, come**çou** [1] a liquida**ção**!
2   **Va**mos en**trar ne**ssa **lo**ja **pa**ra dar **u**ma olha**di**nha nas **rou**pas.
3 – Pois não [2]. **Po**sso aju**dar** em al**gu**ma **coi**sa?
4 – Não, obri**ga**da, a **gen**te es**tá** só olh**an**do.
5 – **Olha Neu**sa, **e**ssa **cal**ça a**zul**-mari**nho** [3] **cus**ta bem **me**nos do que [4] pa**re**ce.

🔊 Prononciation
*likouida**ssão** 1 aR**touR** ko**mé**ssoᵒᵘ … 2 … ẽⁿ**traR** … **ló**ja … olya**dji**gna nass **Ro**ᵒᵘpass 3 poyss … 4 … olyãⁿdou 5 **ó**lya **né**ouza … **ka**ᵒᵘssa a**zou**-ma**ri**gnou **kouss**ta … **mé**nouss … pa**rè**ssi*

📖 Notes
⋮ **1** Les verbes en **-çar** changent le **ç** en **c** devant **e** : come**ço**, *je commence*, come**ce**, *qu'il/elle commence* ou *que tu commences*.
⋮ **2** **Pois não** est paradoxalement une locution affirmative marquée par la courtoisie : *Pourquoi pas*, *Bien sûr*, *À votre service*, *Je vous en prie*, *Je vous écoute*. On l'entend souvent au téléphone : **Alô? – Pois não!**, *Allô ? – À votre service !*

*avec sel, ail et oignon (pour les viandes blanches), sont enfilés sur d'immenses broches, grillés sur d'ardentes braises, régulièrement badigeonnés d'eau salée et servis en tranches fines directement sur la broche. On peut néanmoins manger le* **churrasco** *au restaurant dans une sorte de "ronde des viandes" à volonté (le* **rodízio***). Le fin du fin est d'être servi par un épatant* **gaúcho** *"en tenue", puisque cette tradition vient du sud du pays, aux confins de l'Argentine. Les appétits d'oiseau, eux, remonteront la côte en direction du nord du pays pour y déguster, sur une plage, entre deux plongeons, le* **churrasquinho***, petite brochette servie avec de la* **farinha** *(de manioc).*

**48**

# Quarante-septième leçon

## Soldes

**1** – Artur, les soldes ont commencé *(a commencé la liquidation)* !

**2** Entrons dans cette boutique pour jeter *(donner)* un petit coup d'œil aux vêtements.

**3** – À votre service *(Car non)*. Puis-je [vous] aider en quelque chose ?

**4** – Non merci, on ne fait que regarder *(est seulement regardant)*.

**5** – Regarde Neusa, ce pantalon bleu marine coûte bien moins qu'[il ne] paraît.

**3** La deuxième partie des adjectifs composés désignant des couleurs se met au pluriel, sauf **azul-marinho** : o cabelo castanho-escuro △ os cabelos castanho-escuros, *les cheveux châtain foncé* ; uma calça azul-marinho △ umas calças azul-marinho, *des pantalons bleu marine*… Les noms de couleur restent invariables si le deuxième terme est un nom, y compris si la préposition **de** vient s'intercaler : um sapato amarelo-laranja, *une chaussure jaune-orange* △ uns sapatos amarelo-laranja ; um vestido cor-de-rosa, *une robe rose* ("couleur-de-rose") △ uns vestidos cor-de-rosa…

**4** On exprime le comparatif d'infériorité grâce à la locution **menos que** ou **menos do que**, *moins que*.

6 – **E**sse ves**t**ido **ver**de-gar**r**a**f**a é **mui**to **chi**que.
7   Se**rá** que tem o **meu** ta**ma**nho?
8 – A **mo**ça foi bus**car** um ta**ma**nho **mé**dio **pa**ra vo**cê**.
9   Ficou **ó**timo com **se**us sa**pa**tos ama**re**lo-**ou**ro.
10 – **M**e**lhor a**ssim!
11   **Por**que os sa**pa**tos conti**nu**am **ca**ros, ape**sar** da liquida**ção**.                                        □

**6** ... véss**tchi**dou **vé**R**dji-**ga**RR**afa ... **chi**ki **7** ss**é**ra ... tam**ã**gnou **8** ... bous**kaR** ... **mè**djyou ... **9** fi**ko**$^{ou}$ **ó**tchimou ... ssa**pa**touss amar**è**lou-o$^{ou}$ro **10** ... a**ssī 11** ... kõ$^n$ti**nou**ā ... a**pé**zaR...

***

▶ Exercício 1 – Traduza
❶ Meu marido vem me buscar na porta do trabalho.
❷ Minha mãe acha que azul marinho é cor para meninos.
❸ Estas calças são lindíssimas, mas estão tão caras...
❹ Mesmo em liquidação essa loja é mais cara do que a outra. ❺ Estas roupas ficaram pequenas, o senhor não tem um tamanho médio?

***

Exercício 2 – Complete
❶ Vous *(masc.)* n'avez pas cette robe verte en *(dans la couleur)* jaune ?
O ...... não tem .... vestido ..... na cor .......?

❷ Regarde comme ce pantalon est chic avec ces chaussures.
.... como esta calça .... chique ... este .......

❸ Je vais jeter un coup d'œil dans cette boutique-là.
Eu vou ... uma ...... ....... loja.

**6 –** Cette robe vert bouteille est très chic.

**7** Est-ce que par hasard *(Sera que)* il y a ma taille ?

**8 –** La jeune fille est allée te chercher la taille M *(une taille moyen pour toi)*.

**9** Ça va *(Resta)* très bien avec tes chaussures jaune d'or.

**10 –** Tant mieux *(Mieux ainsi)* !

**11** Parce que les chaussures restent *(continuent)* chères malgré les soldes.

\*\*\*

## Corrigé de l'exercice 1

❶ Mon mari vient me chercher à la porte du travail. ❷ Ma mère trouve que le bleu marine est une couleur pour petits garçons. ❸ Ces pantalons sont très beaux, mais ils sont si chers… ❹ Même pendant les soldes, cette boutique est plus chère que l'autre. ❺ Ces vêtements sont trop petits, vous n'auriez pas une taille M ?

\*\*\*

❹ Je trouve [que c'est] mieux d'acheter ce téléviseur pendant les soldes.

Eu …… …… …… esta televisão na ……………

❺ Tant mieux.

…… ……

## Corrigé de l'exercice 2

❶ – senhor – este – verde – amarela ❷ Olha – fica – com – sapato
❸ – dar – olhada naquela – ❹ – acho melhor comprar – liquidação
❺ Melhor assim

*On a coutume d'entendre que le Portugal est un pays où le noir est couleur... L'exubérance et les clichés pluri-ethniques qui collent à la peau du Brésil voudraient, bien entendu, qu'on le pense multicolore... ou pourquoi pas pourpre comme le* **pau-brasil**. *A fortiori, on pourrait l'identifier aux quatre couleurs de son drapeau : le bleu du ciel de* **Rio de Janeiro**, *le blanc des étoiles qui symbolisent les États, le vert,* **verde**, *des forêts et le jaune,* **amarelo**, *de l'or. Mais ce sont*

**48**

# Quadragésima oitava aula

▶

## Bingão [1]

1 – **O**ba, a ma**ré** es**tá** pra **pei**xe,
2  e **eu te**nho a impre**ssão** que não volta**re**mos [2]
   de mãos va**zi**as do **Bin**go.
3 – Na se**ma**na pa**ssa**da você **di**sse a **mes**ma **coi**sa.
4 – Tá **cer**to, **eu** me enga**nei**...
5  mas **ho**je **sin**to [3] **u**ma cocei**ri**nha na **pal**ma da
   mão di**rei**ta... que não me en**ga**na!
6 – Não sei não,
7  não acre**di**to **mui**to **ne**ssas his**tó**rias de co**cei**ra,
   de **nú**mero de **sor**te, de talis**mã**...

🗣 Prononciation
*bĩ'gãõ 1 oba ... marè ... péichi 2 ... ĩpréssãõ ... voᵒutarémouss ... mãõss vaziyass dou bĩgou 3 ... passada ... dissi ... 4 ... ssèRtou ... ĩganèy 5 ... ssĩtou ... kosséʳrigna ... paᵒuma ... ĩgana 7 ... akréditou ... isstóryass ... noumérou ... ssóRtchi ... talissmĩn*

🔲 Notes
1  **bingão** est formé du mot **bingo** et de l'augmentatif **-ão**. Rappelez-vous de **chuvão**, *grosse pluie*, à la 43ᵉ leçon.

*finalement ces deux dernières couleurs, souvent stylisées sous forme de logos, unies sous le vocable* **auriverde**, *vert et or, devenu synonyme de "brésilien", qui essaiment un peu partout. L'identification par la couleur est telle, que dans les années 1920, deux mouvements rivalisent pour incarner la nation : l'un littéraire et esthétique, intégrateur, le mouvement* **pau-brasil**, *l'autre plus idéologique, conservateur et excluant, voire fascisant, le* **verde amarelismo**.

**48**

## Quarante-huitième leçon

### Super bingo *(Gros-bingo)*

**1 –** Super, le vent est favorable *(la marée est aux poissons)*,

**2**  et j'ai l'impression que nous ne rentrerons pas bredouilles *(les mains vides)* du bingo.

**3 –** La semaine dernière tu as dit la même chose.

**4 –** Bon, c'est vrai, je me suis trompée…

**5**  mais aujourd'hui ça me chatouille *(je sens une petite démangeaison)* dans la paume de la main droite…
[ce] qui ne me trompe pas !

**6 –** Je ne suis pas si sûre,

**7**  je ne crois pas beaucoup à ces histoires de chatouille[s], de numéro de la chance, de talisman…

**2**  **voltaremos**, *nous reviendrons*, est le futur du verbe **voltar**, *revenir, retourner, rentrer*. Pour former le futur, on ajoute à l'infinitif les terminaisons **-ei**, **-ás**, **-á**, **-emos**, **-eis**, **-ão**.

**3**  **sentir** change le **e** du radical en **i** à la 1ʳᵉ personne du présent de l'indicatif : **eu sinto**, **você sente**, etc., et par conséquent à toutes les personnes du présent du subjonctif : **sinta**, **-as**, **-a**, etc.

**8 –** Es**cu**ta a**qui** [4], vo**cê** vai dei**xar** de ser tão [5]
pes**si**mista.

**9** **Quan**do você le**van**ta com o pé es**quer**do,
nin**guém** te a**guen**ta! ☐

🔊 **8** iss**kou**ta … péssi**miss**ta **9** … lé**vã**ⁿta … iss**kér**dou … agouẽ ⁿta

---

📄 : Notes

: **4** On aurait également pu dire **escuta aí** au sens de *Écoute un peu.*

: **5** **tão**, *aussi*, a la même valeur que **tanto**, *tant, autant*. Ce mot permet de
: former le comparatif d'égalité **tão… como** ou **tão… quanto**, *aussi … que*.

\*\*\*

▶ Exercício 1 – Traduza
❶ Escuta aqui, não voltaremos de mãos vazias. ❷ Sinto
que a maré está para peixe. ❸ Você disse a mesma coisa
na semana passada. ❹ Quando você vai deixar de ser tão
pessimista? ❺ Tá certo! Na semana passada levantei com
o pé esquerdo.

\*\*\*

Exercício 2 – Complete
❶ Super ! J'ai l'impression que le vent est favorable.
 …! Tenho a impressão que . …. …. para ……

❷ Aujourd'hui je sens que nous ne rentrerons pas bredouilles.
 Hoje eu ….. que não ………. de …. …….

❸ Super bingo ! Je ne me suis pas trompé.
 ……! Não me ……..

❹ Je ne crois pas à ces histoires de chatouilles, de talisman…
 Eu não acredito …… histórias de , ………., de
 talismã…

**8 –** Écoute-moi bien *(Écoute ici)*, tu vas cesser *(laisser)*
d'être aussi pessimiste.

**9** Quand tu [te] lèves du *(avec le)* pied gauche, tu n'es
pas supportable *(personne te supporte)* !

\*\*\*

**Corrigé de l'exercice 1**
❶ Écoute un peu, nous ne rentrerons pas bredouilles. ❷ Je sens que
le vent est favorable. ❸ Tu as dit la même chose la semaine dernière.
❹ Quand vas-tu cesser d'être aussi pessimiste ? ❺ Bon, c'est vrai ! La
semaine dernière je me suis levé du pied gauche.

\*\*\*

❺ On ne supporte pas de se lever tôt.

. ..... não ....... ........ .....

**Corrigé de l'exercice 2**
❶ Oba – a maré está – peixe ❷ – sinto – voltaremos – mãos vazias
❸ Bingão – enganei ❹ – nessas – coceirinha – ❺ A gente – aguenta
levantar cedo

*Besoin de sublimation ou sauve-qui-peut généralisé et permanent, un pays aussi ritualisé mais éclaté que le Brésil ne peut voir que d'un bon œil toutes les croyances, superstitions, grigris et autres mises en scène. La preuve, ce terme **bem brasileiro**, qui désigne tous ces petits "trucs" magiques, mi-astuces, mi-vœux, qui, selon l'adage "aide-toi le ciel t'aidera", donnent à coup sûr un coup de pouce au destin : **as simpatias**, littéralement "les sympathies", consistent généralement à porter sur soi un objet fétiche pour se protéger. Ces rituels, même banalisés, fortement ancrés dans la culture populaire, ont dûment été recensés et passés au peigne fin par le pape du folklore brésilien, **Luis da Câmara Cascudo**, au fil de presque… deux cents ouvrages. Sans*

**49**

# Quadragésima nona aula

## Revisão – Révision

### 1  Le pluriel

Les mots qui se terminent en **-il**, accentués sur l'avant-dernière syllabe, forment le pluriel en **-eis** : **fácil / fáceis**, **útil / úteis**, **difícil / difíceis** ; ceux qui se terminent en **-s** ajoutent **-es** pour former leur pluriel : **inglês / ingleses**. Même chose pour les mots en **-r** : **o melhor emir**, *le meilleur émir* / **os melhores emires**, *les meilleurs émirs*.

### 2  Les suffixes

Certains suffixes permettent :
– d'accentuer le caractère d'un mot : à l'opposé des diminutifs **-inho**, **-zinho**, ce sont les augmentatifs en **-ão** : **um mapão**, *une grande carte* ; **um carrão**, *une "grosse bagnole"* ; **um beijão**, *un gros bisou*.
– de collectiviser un mot, avec le suffixe **-al** : **o pessoal**, *le personnel* au sens de *la bande, le groupe* ; **o cafezal**, *la plantation de café* ; **o bananal**, *la bananeraie*.

*vouloir occulter les pouvoirs de la célèbre **figa** (un pouce qui ressort d'un poing), nous ne retiendrons que le plus "globalisé" et contemporain des porte-bonheur made in Bahia, la célèbre **fitinha** ou petit ruban. Vous avez certainement vu ces vieux bouts de ficelles rabougris et maculés orner tenues vestimentaires et accessoires de haut vol ou le rétroviseur intérieur de limousines… Connue sous le nom de **fitinha do Bonfim**, elle consiste en un petit ruban de couleur que l'on attache autour du poignet, en faisant trois nœuds accompagnés chacun d'un vœu. Lorsqu'il tombe, à l'usure, les vœux se réalisent. C'est le cadeau idéal : exotique, léger, pas cher… un vrai mythe, quoi !*

**49**

# Quarante-neuvième leçon

## 3 Les comparatifs

• Le comparatif d'infériorité s'exprime à l'aide de **menos… que**, *moins…que* :
**Este vestido é menos chique (do) que aquele verde**, *Cette robe est moins chic que cette verte-là.*

• Le comparatif d'égalité s'exprime par **tão… como**, **tão… quanto** ou **tanto/tanta… quanto** :
**Ele é tão feliz como o irmão**, *Il est aussi heureux que son frère.*
**Ela voltou tão depressa quanto você**, *Elle est revenue aussi vite que toi.*
**O chefe tem tantas ideias quanto eu**, *Le chef a autant d'idées que moi.*

## 4 Adverbes de lieu

Aux trois démonstratifs **este**, **esse**, **aquele**, correspondent trois adverbes de lieu : **aqui** ou **cá**, **aí** ou **ali** et **lá** :
**Aquele menino que dorme lá fora ficaria melhor aqui dentro.**
*Cet enfant qui dort là dehors serait mieux ici à l'intérieur.*

## 5 Conjugaison

Pour les trois conjugaisons, vous savez désormais former l'infinitif, le présent, le **pretérito perfeito**, et l'imparfait. Vous avez également appris à construire le gérondif des premier et deuxième groupes (**olhando, chovendo**...) ainsi que l'impératif (pour le premier groupe seulement : **escuta**...) et le subjonctif présent des premier et deuxième groupes (**lembra, chova, faça**...).

Vous avez également vu comment bien faire la différence entre l'emploi du **pretérito perfeito** et de l'imparfait ; et vous connaissez l'emploi informel de l'impératif malgré le tutoiement avec **você**.

Enfin, vous avez découvert le **subjonctif imparfait**, employé dans le cadre d'une conditionnelle, après la conjonction **se**, *si*.

|  | Verbes en **-ar** | Verbes en **-er** | Verbes en **-ir** |
|---|---|---|---|
|  | acabar, *finir* | escolher, *choisir* | abrir, *ouvrir* |
| eu | acaba**sse** | escolhe**sse** | abri**sse** |
| tu | acaba**sses** | escolhe**sses** | abri**sses** |
| ele/ela/você/ o sr./a sra. | acaba**sse** | escolhe**sse** | abri**sse** |
| nós | acabá**ssemos** | escolhê**ssemos** | abrí**ssimos** |
| vós | acabá**sseis** | escolhê**sseis** | abrí**sseis** |
| eles/elas/vocês/ os sres/as sras | acaba**ssem** | escolhe**ssem** | abri**ssem** |

## 6 Les formes verbales rencontrées cette semaine

• Verbes en **-ar**
**acham**, *vous pensez, ils/elles pensent*
**acredito**, *je crois*
**aguenta**, *tu supportes, il/elle supporte*
**ajudar**, *aider*
**buscar**, *chercher*
**chamam**, *vous appelez, ils/elles appellent*
**começou**, *tu commenças, il/elle commença*
**compraram** (avec **vocês**) *vous achetâtes, vous avez acheté*

**continuam**, *ils/elles continuent, vous continuez*
**custa**, *tu coûtes, il/elle coûte*
**dar**, *donner*
**deixar**, *laisser* ; **deixa**, *laisse, tu laisses, il/elle laisse*
**encontrou**, *tu rencontras, il/elle rencontra*
**engana**, *tu trompes, il/elle trompe* ; **enganei**, *je me trompai, je me suis trompé(e)*
**entrar**, *entrer*
**escuta**, *écoute, tu écoutes, il/elle écoute*
**espera**, *attends, tu attends, il/elle attend*
**estudaram**, *ils/elles étudièrent ou ont étudié, vous étudiâtes ou avez étudié* ; **estudando**, *étudiant*
**falam**, *vous parlez, ils/elles parlent*
**ficar**, *rester* ; **ficou**, *tu restas, il/elle resta* ; **ficávamos**, *nous restions*
**imagina**, *imagine, tu imagines, il/elle imagine*
**levanta**, *lève, tu lèves, il/elle lève*
**muda**, *change, tu changes, il/elle change*
**olha**, *regarde, tu regardes, il/elle regarde* ; **olhando**, *regardant*
**preparar**, *préparer*
**se pagava**, *on payait*
**tomar**, *prendre*
**voltaremos**, *nous rentrerons*

• *Verbes en* **-er**
**aprenderam**, *ils/elles apprirent ou ont appris, vous apprîtes ou avez appris*
**comer**, *manger*
**conhecer**, *connaître* ; **conheceu**, *tu connus ou as connu, il/elle connut ou a connu*
**deve**, *tu dois, il/elle doit*
**disse**, *tu dis ou as dit, il/elle dit ou a dit* (verbe irrégulier)
**escrever**, *écrire*
**faziam** (avec **vocês**), *vous faisiez* ; **fazíamos**, *nous faisions*
**ler**, *lire*
**parece**, *tu parais, il/elle paraît*
**recebeu**, *tu reçus ou as reçu, il/elle a reçu ou reçut*
**sabia**, *tu savais, il/elle savait*
**trazer**, *apporter*

• Verbes en **-ir**
**decidiu**, *tu as décidé* ou *décidas*, *il/elle a décidé* ou *décida* ; **decidi-ram** (avec **vocês**), *vous avez décidé*
**divertir-se**, *s'amuser*
**existia**, *tu existais*, *il/elle/on existait*
**foi**, *tu allas* ou *es allé(e)*, *il/elle alla* ou *est allé(e)*

\*\*\*

## ▶ Diálogo de revisão

1 – Os melhores dias no verão são aqueles em que não faz muito calor.
2 – Bem, com muito calor, ficamos em casa de pernas pro ar!
3 – E nossos amigos franceses que fazem questão de descobrir a velha Recife...
4 – Não faz mal, com todo esse calor vai chover mais tarde.
5 – Não pensava que ia chover hoje.
6 – São chuvas de verão. Quer chova, quer faça sol, eles irão conhecer a cidade.
7 – E você, deixa de ficar nesse chove-não-molha, nesse sai-não-sai.
8 – Espera aí, você sabia que não aguento esses dois
9 – quando começam a falar de todos os idiomas que falam
10 – e das línguas indígenas dos séculos XVII e XVIII que estão aprendendo!

**preferimos**, *nous préférons*
**sai**, *tu sors, il/elle sort*
**se diverte**, *tu te divertis, il/elle se divertit*
**sinto**, *je sens (verbe irrégulier)*
**vai**, *va, tu vas, il/elle va*

\*\*\*

Traduction

**1** Les meilleurs jours, en été, sont ceux où il ne fait pas très chaud. **2** Eh bien, avec une grosse chaleur [comme celle-ci], restons à la maison les doigts de pied en éventail ! **3** Et nos amis français qui tiennent absolument à découvrir le vieux Recife... **4** Ça ne fait rien, avec toute cette chaleur, il va [certainement] pleuvoir plus tard. **5** Je ne pensais pas qu'il allait pleuvoir aujourd'hui. **6** Ce sont des pluies d'été. Qu'il pleuve ou qu'il fasse soleil, ils iront découvrir *(connaître)* la ville. **7** Et toi, cesse de tergiverser. **8** Attends un peu, tu savais que je ne supporte pas ces deux-là, **9** quand ils commencent à parler de toutes les langues qu'ils parlent **10** et des langues indigènes des XVIIᵉ et XVIIIᵉ siècles qu'ils sont en train d'apprendre !

*Vous voici au seuil de ce que nous appelons la "deuxième vague", la phase active de votre apprentissage.*
*À ce stade, vos progrès sont déjà considérables : vous disposez d'une bonne assise grammaticale, votre vocabulaire s'est bien étoffé, vous maîtrisez nombre d'expressions courantes, vous avez atteint un certain niveau de compréhension et vous êtes en mesure de formuler quelques phrases de votre cru. Vous êtes donc prêt pour entamer cette nouvelle phase qui vous permettra de vous rendre compte par vous-même des progrès que vous avez faits, tout en vous aidant à les consolider.*
*Nous vous en rappellerons le mode d'emploi à la fin de la 50ᵉ leçon.*

# Quinquagésima aula

## Compra de carro

**1** – **No**ssa [1]! Mas que vo**lan**te mais esqui**si**to ! [2]
**2** – É **u**ma dire**ção** de **no**va gera**ção**.
**3** – Que **câm**bio mo**der**no!
**4** – Re**pa**re [3] nos pe**dais** de **freio**, embre**a**gem e
acelera**dor**.
**5** São **su**per ma**ci**os.
**6** – E o bag**a**ge**i**ro? É gran**de**?
**7** – **Ve**nha [4] ver o **por**ta-**ma**las [5].
**8** **E**le é espa**ço**so e **to**do reves**ti**do.
**9** – O es**te**pe e o ma**ca**co **fi**cam a**on**de?
**10** – **E**les **fi**cam a**qui**, de**bai**xo do [6] car**pe**te do **por**ta-
**ma**las.

*À partir d'aujourd'hui, vous ne trouverez plus de transcription phoné-
tique car vous n'en avez plus besoin. Nous vous aiderons ponctuelle-
ment, si un mot est difficile ou irrégulier.*

### Notes

**1** L'adjectif possessif **nossa**, *notre*, est utilisé ici comme abréviation de
l'expression **Nossa Senhora**, *Notre Dame*, qui exprime la surprise ou
l'admiration et qui se construit comme **Meu Deus** (pour **Meu deus do
céu**, *Mon Dieu du ciel*). **Nossa** et **nosso** (la forme masculine) s'emploient
avec ou sans article et également comme pronoms : **O carro vermelho
é nosso**, *La voiture rouge est à nous (la nôtre)*. Sachez que certains mo-
dèles de voitures sont devenus, au fil du temps, des noms communs : **o
Fusca** ou **o Fusquinha** (*la coccinelle*), **o Gol**, **a Brasília**, **a "Pic-up"** (*4x4
camionnette*).

**2** **que... mais** suivi d'un adjectif est une forme d'exclamation renforcée,
souvent admirative : **Que livro mais interessante!**, *Quel livre vraiment
intéressant !* ; **Que criança mais bonitinha!**, *Que cet enfant est mignon !*

# Cinquantième leçon

## Achat de voiture

**1** – Bonne Mère *(Notre)* ! Quel volant vraiment *(Mais quel volant plus)* **bizarre** !

**2** – C'est une direction de nouvelle génération.

**3** – Quelle boîte de vitesses moderne !

**4** – Observez les pédales de frein, [l']embrayage et [l'] accélérateur.

**5** Ils sont super-souples.

**6** – Et le coffre *(bagagiste)* ? Il est grand ?

**7** – Venez voir le coffre *(porte-valises)*.

**8** Il est spacieux et entièrement doublé.

**9** – Où se trouvent la roue de secours et le cric *(macaque)* ?

**10** – Ils sont ici, sous le tapis du coffre.

---

**3** **repare**, de **reparar**, littéralement *"réparer"*, a ici le sens de *observer*, *noter*, *remarquer*. Remarquez justement que cette interpellation, qui a valeur d'impératif, s'exprime par un subjonctif conjugué à la 3ᵉ personne du singulier (celle avec laquelle, comme vous le savez, on exprime le *vous* révérencieux ou le **você**) et non pas un impératif.

**4** **venha**, *venez*, *viens*, est le subjonctif irrégulier de **vir**, *venir*.

**5** **o porta-malas** ou **porta-bagagem**, c'est *le coffre* pour mettre les valises (**as malas**) ou les bagages (**a bagagem**, qui s'emploie au singulier), alors que **bagageiro** désigne l'équipement qui porte les bagages – une *galerie*, pour une voiture, un *porte-bagages* pour un vélo –, mais aussi la fonction de *bagagiste*. Attention au faux ami **o cofre**, qui abrite, lui, le moteur !

**6** **debaixo de**, *au-dessous*, *en dessous de*. Retenez aussi les expressions **em baixo**, *en bas*, et **por baixo**, *par-dessous*, formées à partir de l'adverbe **baixo**, *bas*.

**11** – E o mo**tor**?

**12** – O mo**tor** des**te** **ca**rro é **su**per po**ten**te.

**13** – **Gostei**! **E**le pa**re**ce ser bem confor**tá**vel.

**14** Mas **eu** não sei se **que**ro [7] com**prar** um **ca**rro tão **gran**de.

**15** – E se nós **fô**ssemos sen**tar** um **pou**co, **pa**ra conver**sar** [8] a res**pei**to [9]? ☐

: Notes

7 **se**, *si*, est suivi du présent de l'indicatif (**quero**) à la phrase 14, puis à la phrase 15 du subjonctif imparfait (**fôssemos**, du verbe **ir**, *aller*). La pre-mière phrase exprime un doute, une incertitude dans une situation bien réelle, alors que la seconde émet un souhait, une hypothèse.

8 Notez la nuance entre **falar**, *parler*, *dire* ; **conversar**, *causer*, *discuter* ; **discutir**, *délibérer*, *débattre*... et l'expression familière **Falou e disse**, lit-téralement "Il parla et dit", qui équivaut à notre "*D'ac*".

9 **a respeito**, *à ce propos*, *à ce sujet*. Notez aussi **a respeito de...**, *au sujet de...*, **no que diz respeito a...**, *en ce qui concerne...* et leurs synonymes **no tocante a...**, *quant à*, *pour ce qui est de...*, **com relação a...**, *par*

\*\*\*

▶ Exercício 1 – Traduza

❶ Eu gostaria de comprar um carro. ❷ Este carro é super confortável! ❸ Eu não sei se tenho dinheiro para comprar um carro tão potente. ❹ Vamos sentar para discutir um pouco. ❺ Onde fica o macaco deste carro?

\*\*\*

Exercício 2 – Complete

❶ Marcelo a acheté une très belle voiture.

O Marcelo ....... um carro ..... bonito.

❷ La voiture la plus chère, [c']est celle de couleur rouge.

O carro mais caro . o de ... vermelha.

❸ Notre voiture a un moteur bien souple.

. ...... ...... tem um ..... bem macio.

**11** –  Et le moteur ?

**12** –  Le moteur de cette voiture est super-puissant.

**13** –  Ça me plaît *(J'ai aimé)* ! Elle semble être bien confortable.

**14**  Mais je ne sais pas si je veux acheter une voiture aussi grande.

**15** –  Et si nous allions nous asseoir un peu, pour en discuter *(converser à respect)* ?

COMPRA DE CARRO

*rapport à…*, **com referência a…**, *en référence à…* ou tout simplement **sobre…**, *sur…* (au sens de *à propos de*) !

\*\*\*

Corrigé de l'exercice 1

❶ Je voudrais acheter une voiture. ❷ Cette voiture est super-confortable ! ❸ Je ne sais pas si j'ai l'argent pour acheter une voiture aussi puissante. ❹ Allons nous asseoir pour discuter un peu. ❺ Où se trouve le cric de cette voiture ?

\*\*\*

❹  J'ai acheté une nouvelle voiture, venez voir !
   Eu comprei um carro …., ….. ver!

❺  Les valises sont dans le coffre.
   As ….. ficam no …………

Corrigé de l'exercice 2

❶ – comprou – muito – ❷ – é – cor – ❸ O nosso carro – motor – ❹ – novo – venha – ❺ – malas – porta-malas

*En voiture ! Primo, ayez votre permis de conduire, secundo, une par-*
*faite maîtrise du **Código do Trânsito**, code de la route, tertio… du*
*pétrole, **o petróleo**… L'ouverture du premier puits à… **Lobato** (tiens !),*
*dans l'État de **Bahia**, date de 1939. Le Brésil vise l'autosuffisance que*
*revendiquait à grands cris l'écrivain éponyme (cf. **Monteiro Lobato**,*
*81ᵉ leçon). Cela lui valut d'être embastillé par **Getúlio Vargas**, non*
*content néanmoins de récupérer le concept dans sa célèbre campagne*
*"**O petróleo é nosso**", litt. "Le pétrole est nôtre", allant jusqu'à créer*
*en 1952 une société nationale publique, la **Petrobrás**. Mais dans les*
*années 1980, le Brésil travaille déjà sur un substitut : l'alcool ou étha-*
*nol, produit à partir de la canne à sucre. Puis, les cours fluctuant à leur*
*tour en raison de la hausse de ceux du sucre, retour à la case départ,*
*et finalement réorientation vers le développement de biocarburants*
*supposés propres, à base d'oléagineux (le biodiesel), supposés moitié*
*moins chers, et de véhicules hybrides – "**flex fuel**"–, fonctionnant soit*
*à l'essence, soit à l'alcool (le Brésil en est gros producteur au niveau*
*mondial), voire au gaz (GNV), soit aux deux. Or noir ou nouvel or vert*
*pour les moteurs, au consommateur de choisir. Comme qui dirait **O***
***biocombustível é nosso!**, "Le biocarburant est à nous !".*

**51**

# Quinquagésima primeira aula

▶

## Ligação ¹ a cobrar

**1**  "**Es**ta é **u**ma liga**ção** a co**brar** ²; **pa**ra acei**tar**,
conti**nue** na **li**nha a**pós** ³ a identifica**ção**…"

**Notes**

**1**  **a ligação**, *la liaison*, d'où *l'appel téléphonique*, à ne pas confondre avec
**a comunicação**, qui désigne la *communication technique* au sens d'une
transmission, ou une correspondance écrite ou verbale. **Ligação** est formé sur le verbe **ligar**, *lier*, surtout employé dans le sens de *téléphoner*,
*mettre le contact*, *faire démarrer* (le moteur d'une voiture par exemple),
*brancher* ou *allumer* (la télévision), etc. Ou encore, au sens figuré : **Eles**
**são muito ligados**, *Ils sont très liés* ; **Estou pouco ligando para carro**,
*Je me fiche des voitures* (litt. "Je lie peu pour les voitures"). Son contraire
est **desligar**, *débrancher*, *raccrocher*, *déconnecter* ou *se déconnecter* au
sens propre, et au sens figuré *être distrait*, *ne pas s'intéresser à quelque*

## La deuxième vague

*Vous entamez aujourd'hui la deuxième vague, la phase active de votre apprentissage. Comment procéder ? C'est très simple :*

*après avoir étudié la leçon du jour comme d'habitude, vous reprendrez chaque jour une leçon depuis le début du livre (nous vous indiquerons à chaque fois laquelle ; ici vous devez reprendre la 1re). Mais cette fois-ci, après l'avoir revue rapidement, vous traduirez à haute voix le texte français en portugais du Brésil. Ne soyez pas timide, parlez bien fort et en articulant. Revenez plusieurs fois sur la prononciation si besoin est. Ce travail de deuxième vague, loin d'être fastidieux, vous permettra de vérifier ce que vous avez déjà appris et d'asseoir solidement vos connaissances presque sans vous en apercevoir.*

Deuxième vague : 1re leçon

**51**

# Cinquante et unième leçon

## **Appel en PCV** *(Liaison à faire-payer)*

**1** "Ceci est un appel en PCV ; pour [l']accepter, restez en *(continuez dans-la)* ligne après *(l')*identification..."

*chose*, etc. **desligado**, *quelqu'un qui ne fait pas attention, qui est tête en l'air* : **Ele é totalmente desligado**, *Il est complètement dans les nuages.*

**2** Si le sens premier de **cobrar** est *encaisser, facturer, percevoir, toucher, recouvrir*, on l'emploie aussi beaucoup au sens figuré, notamment pour réclamer qu'une promesse soit tenue, un travail remis, un jouet acheté, etc.

**3** **após**, sans doute un peu plus recherché que **depois**, indique lui aussi la postériorité : *après, ensuite.* **Dia após dia, ele trabalhava mais**, *Jour après jour, il travaillait davantage.*

**2** – Alô⁴, por fa**v**or, **e**u gostaria de fa**l**ar com o se**nh**or **C**arlos.

**3** – **E**le não es**tá**.

**4** – A es**p**osa de**l**e⁵ es**tá**?

**5** – Sim, um minu**t**inho.

**6** **D**ona **Zé**lia!

**7** – Fa**l**a⁶ **E**lza!

**8** – Tele**f**one pra se**nh**ora.

**9** – Quem é?

**10** – É um **mo**ço, que quer fa**l**ar com a mu**lh**er do seu⁷ **C**arlos!

**11** – O que **e**le quer?

**12** – Não sei. É a co**br**ar.

**13** – A co**br**ar? E só a**go**ra é que vo**cê** me a**v**isa?! ☐

---

📑 : Notes

**4** Alô, Allô, fait aussi fonction de pense-bête, d'alerte envoyée à l'entourage sur un sujet précis, avec l'expression **dar um alô**. Você pode me dar um alozinho para eu não esquecer o livro?, *Tu peux me rappeler de (me passer un petit coup de fil pour) ne pas oublier le livre ?*

**5** dele, *de lui/son, sa, ses* (**de**, *de* + **ele**, *il*), se rapporte à la personne dont on vient de parler (ici **Seu Carlos**). On évite ainsi toute ambiguïté, car l'emploi du possessif **sua** renverrait à la personne à qui l'on s'adresse. Notez aussi **dela**, *d'elle/son, sa, ses*, **deles** *d'eux/leur(s)*, et **delas**, *d'elles/leur(s)*. Eu não sei se quero comprar a sua casa ou o apartamento dela, *Je ne sais pas si je veux acheter ta maison ou son appartement (à elle)*.

**6** L'interpellation est ici véritablement exprimée par la 2ᵉ personne du singulier de l'impératif et non par le subjonctif présent : **Filho, liga para seu**

\*\*\*

▶ Exercício 1 – Traduza

❶ Eu vou fazer uma ligação a cobrar. ❷ Tem um moço no telefone. ❸ O marido da Carmen está viajando. ❹ Estou esperando uma ligação. ❺ Só agora eu consegui falar com a Zélia.

**2** – Allô, s'il vous plaît, je voudrais *(j'aimerais de)* **parler à** *(avec)* monsieur Carlos.

**3** – Il n'est pas [là].

**4** – Et son épouse *(L'épouse de-lui est)* ?

**5** – Oui, une petite minute.

**6** – Madame Zélia !

**7** – Dis-moi *(Parle)*, Elza !

**8** – Téléphone pour madame.

**9** – Qui est-ce ?

**10** – C'est un jeune homme qui veut parler avec la femme de M'sieur Carlos !

**11** – Que veut-il ?

**12** – Je ne sais pas. C'est en PCV.

**13** – En PCV ? Et c'est seulement maintenant que tu me **préviens** *(avises)* ?!

---

pai!, *Mon fils, téléphone à ton père !* Les deux formes alternent dans la langue courante.

**7** Ici, **seu** n'est pas le possessif, mais la forme abrégée de **senhor**, marquant un respect affectueux. On le trouve aussi employé de façon informelle suivi d'un qualificatif élogieux, ironique, ou au contraire injurieux : **Venha trabalhar seu preguiçoso!**, *Viens travailler espèce de fainéant !*

### Corrigé de l'exercice 1

❶ Je vais passer un appel en PCV. ❷ Il y a un jeune homme au téléphone. ❸ Le mari de Carmen est en voyage. ❹ J'attends un appel. ❺ Je n'ai réussi qu'à maintenant à parler avec Zélia.

Exercício 2 – Complete

**❶** Rita va téléphoner à Paulo.
A Rita vai ..... para o Paulo.

**❷** L'appel en PCV est cher !
A ligação a ...... é ....!

**❸** Excuse-moi, mais je dois raccrocher.
Desculpa, ... eu tenho que .........

***

**Alô alô Brasil?** *Qu'il est loin le temps où l'on s'arrachait des lignes téléphoniques hors de prix. Depuis la privatisation du secteur, désormais régulé par l'***ANATEL**, **Agência Nacional de Telecomunicações**, *concessionnaires régionaux et opérateurs se partagent les différents services, d'où pléthore de prestataires et d'offres, que ce soit pour les lignes fixes ou les* **celulares**, *mobiles. C'est l'éclairé empereur* **Dom Pedro II**, *friand d'avancées scientifiques, qui commanda en 1876 les premiers combinés. Ces dernières années, le Brésil a vu sa téléphonie exploser pour des raisons stratégiques, marchandes et aussi sociales.*

**52**

# Quinquagésima segunda aula

## Arroz e feijão

**1** – Ma**nhê** [1]?
**2** – **Fa**la **fi**lha [2].

: Notes

**1** **manhê**, *maman*, comme **mamãe**, est une façon particulièrement infantile d'interpeller sa *mère*, **mãe** (au pluriel **mães**). On entend aussi **mãezinha**, *petite maman*, qui, dans la bouche d'adultes, s'avère intime et familier – voire régressif.

❹ Il y a un jeune homme qui veut parler avec Inês.
Tem um .... que .... ..... com a Inês.

❺ Vous acceptez cet appel en PCV ?
Você ...... esta ....... a cobrar?

Corrigé de l'exercice 2
❶ – ligar – ❷ – cobrar – cara ❸ – mas – desligar ❹ – moço – quer falar –
❺ – aceita – ligação –

\*\*\*

*C'est donc dans un esprit intégrateur qu'a été conçu un* **telefone
social** *à tarif préférentiel pour les populations les plus démunies. Le
pays compte désormais plusieurs dizaines de millions d'utilisateurs
de nos modernes "**língua de Mariano**", comme ses frères indiens
avaient baptisé les lignes télégraphiques mises en place par* **Cândido
Mariano da Silva Rondon** *(voir la 25ᵉ leçon), reconnu sous le nom de
maréchal Rondon,* **Patrão das Telecomunicações do Brasil.**

Deuxième vague : 2ᵉ leçon

52

# Cinquante-deuxième leçon

## Riz et haricots

**1 –** Maman ?
**2 –** Dis-[moi, ma] fille.

**2** Comme dans les régions méditerranéennes, on entend souvent les parents apostropher leur enfant par **filho**, *mon fils*, ou **filha**, *ma fille*. **Os
filhos** désigne *les enfants*, dans le cadre d'une relation filiale, alors que
*l'enfant* ou *le groupe d'enfants* se dit **a(s) criança(s)**.

**3** – O que vai ter de al**mo**ço ³?

**4** – **Arroz**, feijão, **car**ne de pa**ne**la, **cou**ve e sa**la**da ⁴.

**5** – E no jan**tar**?

**6** – No jan**tar** te**re**mos, provavel**men**te, o que so**brou** do al**mo**ço.

**7** – **Quan**do é que eu vou po**der** convi**dar** o Murilo pra co**mer** com a **gen**te?

**8** – **Quan**do você qui**ser**.

**9** – **Quan**do vo**cê** fi**zer** ⁵ a**que**la feijo**a**da maravi**lho**sa, que só vo**cê** faz!

**10** – Tá bom. **Sá**bado vai ter feijo**a**da.

**11** – Com fa**ro**fa?

**12** – Sim. E de sobre**me**sa um man**jar**.

**13** – **Aque**la sua caipi**ri**nha delici**o**sa tam**bém**?

**14** **Po**sso convi**dá**-lo ⁶, en**tão**?!                    □

---

**⌐**: Notes

**3** Devant **almoço**, *déjeuner*, et **jantar**, *dîner*, il est possible d'employer différentes prépositions : **para**, **de**, et **no** (**em** + **o**) : **Quero feijão para o
almoço**, *Pour le déjeuner, je veux des haricots* ; **Você quer saber mesmo
o que teve de almoço?**, *Tu veux vraiment savoir ce qu'il y a eu à déjeuner ?* ; **No almoço teve salada de batata**, *Au déjeuner, il y a eu de la
salade de pommes de terre*.

**4** Souvenez-vous : l'article partitif (de, de la, du, des) exprimant une quantité
non définie devant les aliments n'a pas de traduction en portugais : **Eu
comprei feijão e salada na feira**, *J'ai acheté [des] haricots et [de la]
salade au marché*.

**5** **quiser**, du verbe **querer**, et **fizer**, du verbe **fazer,** sont des futurs du
subjonctif introduits par la conjonction de temps **quando**, *quand*, qui
exprime une hypothèse, une éventualité dans l'avenir. **Quando sobra feijão, a gente repete**, *Quand il reste des haricots, on en reprend* ("répète") ;

**3** – Qu'est-ce qu'il y a *(Que va-t-il avoir)* pour le *(de)* déjeuner ?

**4** – Du riz, des haricots, du ragoût *(viande de casserole)*, du chou et de la salade.

**5** – Et au *(dans-le)* dîner ?

**6** – Au dîner, nous aurons probablement ce qui reste *(le qui resta)* du déjeuner.

**7** – Quand est-ce que je pourrai *(vais pouvoir)* inviter Murilo à *(pour)* manger avec nous ?

**8** – Quand tu voudras.

**9** – Quand tu feras cette merveilleuse feijoada, que toi seule sais faire *(que seulement tu fais)* !

**10** – D'accord *(C'est bon)*. Samedi il y aura *(va avoir)* de la feijoada.

**11** – Avec de la farofa ?

**12** – Oui. Et comme *(de)* dessert un "manger".

**13** – Ta *(Cette tienne)* délicieuse caipirinha aussi ?

**14** Je peux l'inviter, alors ?!

---

Se sobrar feijão, a gente pode comer amanhã, *S'il reste des haricots, on peut [en] manger demain.*

**6** Si l'on observe la forme **convidá-lo**, ce **lo** est une forme "aménagée" du pronom personnel complément direct **o**, *le*, donnant au féminin **a**, *la*, et au pluriel **os**, **as**, *les* : ici le **-r**, – mais aussi le **-s** ou le **-z** dans d'autres cas – se transforme en **-l** (avec accentuation de la voyelle tonique) : **convidamo-los** ou **convidamo-las** (**convidamos** + **os** ou **as**), *nous les invitons.* Attention, placés avant le verbe, ces pronoms personnels sont employés tels quels, sans aménagement aucun. **Eu quero falar com sua esposa mas não a encontro**, *Je veux parler à votre épouse, mais je ne la trouve pas.* **Eu gostaria muito de convidá-la**, *J'aimerais beaucoup l'inviter / vous inviter.* Notez que la langue de tous les jours préfère ignorer ces formes alambiquées, quitte à être "incorrecte".

▶ Exercício 1 – Traduza

❶ Agora é hora de jantar. ❷ Eu vou preparar um bauru para o almoço. ❸ A Magali é nossa convidada. ❹ E de sobremesa bolo de coco! ❺ O que vai ter no jantar?

\*\*\*

Exercício 2 – Complete

❶ Sérgio vient déjeuner avec nous.
   O Sérgio vem ....... com . ......

❷ Aujourd'hui il va y avoir du riz avec des haricots !
   Hoje ... ter arroz com ......!

❸ Le "manger" est merveilleux.
   O manjar está ...........

❹ Le chou est prêt, nous pouvons manger !
   A ..... está ......, podemos .....!

❺ Le dîner aura lieu chez moi.
   O ...... vai ser na ..... casa.

\*\*\*

**Arroz e feijão**, du riz et des haricots, *pris au sens figuré, renvoie à un quotidien à la limite de la routine. Pourtant, ces basiques de l'alimentation ne sont pas toujours quotidiens au pays des programmes de redistribution alimentaire. En cuisine, le* **feijão** *(et ses variétés :* **feijão preto, mulatinho, fradinho, manteiga***) se décline du plus simple (le populaire* **prato feito***, plat du jour), aux mets les plus aboutis dans différentes versions régionales, notamment* **mineiras** *(***tutu de feijão, feijão tropeiro***), en passant par l'*acarajé *bahianais. Son expression paroxystique s'incarne, bien sûr, dans le plat national, la* **feijoada***, sorte de cassoulet mélangeant viandes de porc, haricots noirs accompagnés de chou vert, de tranches d'orange, de* **farofa** *passée*

Corrigé de l'exercice 1

❶ Maintenant c'est l'heure de dîner. ❷ Je vais préparer un bauru pour le déjeuner. ❸ Magali est notre invitée. ❹ Et en dessert, gâteau à la noix de coco ! ❺ Qu'est-ce qu'il y aura au dîner ?

\*\*\*

Corrigé de l'exercice 2

❶ – almoçar – a gente ❷ – vai – feijão ❸ – maravilhoso ❹ – couve – pronta – comer ❺ – jantar – minha –

\*\*\*

*au beurre ou agrémentée d'œufs ou de lardons, le tout arrosé de l'encore plus célèbre* **caipirinha** *ou de bière légère. En toute convivialité : comme le conseillait* **Chico Buarque**, *en 1977, dans sa chanson* "**Feijoada completa**", *c'est table ouverte :* **Vamos botar água no feijão!**, *Quand il y en a pour trois, il y en a pour quatre ! Un slogan national et global qui a toute sa place : de* **Josué de Castro**, **Fome Zero** *aux initiatives onusiennes, c'est de longue date que le Brésil pose la question de la faim.*

Deuxième vague : 3ᵉ leçon

# Quinquagésima terceira aula

## As babás [1]

**1** – Oi Lu, você tá bo**a** [2]?

**2** – **E**u tô. E vo**cê**?

**3** – Tam**bé**m...

**4**   Ô L**u**? Vo**cê sa**be **que**m é a**que**la **mo**ça, **to**da de **bran**co, com um ne**nê** no **co**lo?

**5** – **De**ve ser a ba**bá** do aparta**men**to cin**quen**ta e um.

**6** – **E**les mu**da**ram de ba**bá**?

**7** – Sim. Pa**re**ce que a **ou**tra dei**xa**va o ne**nê sem**pre com **fo**me e a **fral**da mo**lha**da.

**8** – Ai **cre**do [3]! Bem que **e**la mere**ceu** ser man**da**da em**bo**ra.

**9**   **E**le de**vi**a es**tar sem**pre a**ssa**do [4]. Coita**di**nho!

**10** – Se ti**ve**sse aconte**ci**do lá em **ca**sa [5]...

**11**   ... a **mi**nha pa**tro**a [6] teria a**té** cha**ma**do a po**lí**cia!                                            □

---

**Notes**

**1**   Les diminutifs formés à partir de la répétition d'une syllabe sont encore plus teintés d'attendrissement et d'infantilisation, qu'il s'agisse de noms communs : **nenê**, **neném** (pour **bebê**, *bébé*), **vovó**, *mamie* ou *mémé* (pour **avó**, *grand-mère*), **papai** (pour **pai**, *papa*), ou de noms propres : **Bubu**, **Bebê** ou **Bebel** pour **Isabel**, **Cacá** pour **Carlos**, etc.

**2**   Comme nous l'avons vu à plusieurs reprises, un certain nombre d'expressions courantes ou d'onomatopées permettent de saluer ou de prendre congé de façon décontractée. Parmi elles : **Oi**, *Salut* ; **Tudo bem?**, **Tá boa?**, équivalant grosso modo à *Ça va ?* et **Tchau**, *Ciao / Au revoir*.

**3**   Bien que le Brésil soit un État laïque, la religion y est omniprésente, dans le discours privé ou public (on entend couramment **Vai com Deus**, *Que Dieu te protège*). Nous avons vu **Nossa Senhora** et **Meu Deus do Céu**,

# Cinquante-troisième leçon

## Les nounous

**1** – Salut Lu, tu vas bien ?

**2** – Oui *(Je suis)*. Et toi ?

**3** – Aussi…

**4**  Eh, Lu ? Tu sais qui est cette jeune fille, tout en blanc, avec un bébé dans les bras *(le giron)* ?

**5** – [Ce] doit être la nounou de l'appartement cinquante et un.

**6** – Ils ont changé de nourrice ?

**7** – Oui. Il paraît que l'autre laissait toujours le bébé sans manger *(avec faim)* et la couche mouillée.

**8** – Oh là là ! Elle a bien mérité d'être renvoyée *(envoyée s'en-aller)*.

**9**  Il devait avoir la peau toujours irritée *(être toujours rôti)*. Pauvre petit !

**10** – Si [cela] s'était passé *(fût arrivé)* à la maison…

**11**  … ma patronne aurait même *(jusqu'à)* appelé la police !

---

nous rencontrons aujourd'hui **credo**, encore plus courant dans sa forme **cruz-credo**, "croix-je crois", pour exprimer une forte – pour ne pas dire une mauvaise – surprise ! Notez en passant le très surprenant, très courant… mais intraduisible **Vixe [*viiiiiiichi*] Maria**.

**4**  **assado**, *rôti*, mais aussi *irrité* (dans le Nordeste), y compris pour la peau. Hormis les délicieux **frangos assados**, *poulets rôtis*, on utilise surtout ce mot dans l'expression très courante **assim assado**, *comme ci, comme ça*.

**5**  **lá em casa**, *à la maison, chez moi*.

**6**  **a patroa**, *la patronne*, est la forme féminine de **o patrão**, *le patron*. Et sur le même modèle **o leão**, *le lion*, **a leoa**, *la lionne*.

▶ Exercício 1 – Traduza

❶ A babá da vizinha foi embora. ❷ Eu vou procurar as fraldas. ❸ Este nenê está molhado e todo assado. ❹ Ele deve morar no apartamento da frente. ❺ A minha patroa é aquela moça de amarelo.

Exercício 2 – Complete

❶ Cette nounou travaille chez ma sœur.
Esta .... trabalha na casa da ..... .....

❷ Le bébé va prendre un peu de lait.
O nenê vai ..... um ..... de leite.

❸ Claudia est dans mes bras. Elle n'arrive pas à dormir.
A Claudia está no ... ..... Ela não ........ .......

❹ Nous allons faire la chambre du bébé ici.
Nós vamos ..... o quarto do nenê .....

❺ Elle a un enfant dans les bras.
Ela tem uma criança no .....

**54**

# Quinquagésima quarta aula

▶ ## O meu computador quebrou!

**1** – Não acre**di**to! [1]
**2** – O que foi, **ca**ra [2]?

🗂 Notes

[1] Dans le même esprit, on entend également beaucoup **Isso não existe**, *Ce n'est pas possible* (littéralement "cela n'existe pas"), au sens de *Où a-t-on vu ça ?*

[2] Attention aux différents sens et registres du mot **cara** qui au féminin désigne *la figure*, mais aussi *le culot (la mine)*, et au masculin, à la limite

## Corrigé de l'exercice 1

❶ La nounou de la voisine est partie. ❷ Je vais chercher les couches. ❸ Ce bébé est mouillé et tout irrité. ❹ Il doit habiter dans l'appartement d'en face. ❺ Ma patronne, c'est cette jeune femme en jaune.

## Corrigé de l'exercice 2

❶ – babá – minha irmã ❷ – tomar – pouco – ❸ – meu colo – consegue dormir ❹ – fazer – aqui ❺ – colo

Deuxième vague : 4ᵉ leçon

**54**

# Cinquante-quatrième leçon

## Mon ordinateur est cassé !

**1 –** Je ne peux pas le croire !
**2 –** Qu'est-ce qu'il y a *(fut)*, mec *(visage)* ?

de l'argot, *le mec, le type*. À ne pas confondre avec l'adjectif féminin **cara**, *chère*. Notez l'expression **ter cara de pau**, *avoir le culot/l'audace de faire quelque chose*. *O cara teve a cara de pau de me olhar na cara, cara!*, *Le type a eu le culot de me regarder en face* (litt. "dans la figure"), *mec !*

**3** – **Jus**to **ho**je, que **eu te**nho que entre**gar** um rela**tó**rio importan**tís**simo **an**tes do **fi**nal do **di**a,

**4** **es**te computa**dor que**bra ³!

**5** – O que **e**le tem?

**6** – Não sei. **Eu es**ta**va** digi**tan**do e **e**le tra**vou**.

**7** **Deu pau!**

**8** – **Dei**xa **eu** ver... **Ten**ta desli**gar** e li**gar** de **no**vo.

**9** Você sal**vou** o que já **ti**nha **fei**to ⁴?

**10** – Não.

**11** – En**tão** é me**lhor** cha**mar** a assis**tên**cia **téc**nica.

**12** – Que **rai**va! Eu não **po**sso espe**rar** por **e**les.

**13** – **U**sa o lap-top ⁵ da Arlete! **Ho**je **e**la não vem.

**14** – Por a**ca**so é a**que**le azul ⁶?

**15** A**que**le que es**tá** na **sa**la em **fren**te do bebe**dor** de **á**gua?

**16** – Sim, mas por lá é um **pou**co baru**lhen**to.

**17** Não se ⁷ con**se**gue traba**lhar** em si**lên**cio.     □

## Notes

**3** Il y a quantité de façons de dire qu'un ordinateur est en panne : **quebrar**, *casser* ; **pifar**, *être en panne* ; **travar**, *bloquer* ; **dar pau**, *"planter"*.

**4** Outre les formes simples des verbes, il existe des formes composées formées avec l'auxiliaire **ter**, *avoir*, conjugué et suivi du participe passé : **tenho cantado**, *j'ai chanté* ; **tinha cantado**, *j'avais chanté* ; **se eu tivesse cantado**, *si j'avais chanté*. Notez que le participe passé **feito**, *fait*, est irrégulier.

**5** **o lap-top**, *l'ordinateur portable*, vient bien sûr de l'anglais *lap top*.

**6** Les mots qui se terminent par **-al**, **-el**, **-ol**, **-ul** forment leur pluriel en remplaçant le **-l** par **-is** : **azul** / **azuis**, *bleu* ; **geral** / **gerais**, *général* ; **lençol** / **lençóis**, *drap*.

**7** Une des façons de traduire *on* est d'employer la forme pronominale. Quand la phrase est négative, **se** est placé avant le verbe : **Vende-se computador**, *Ordinateur à vendre* ; **Aqui não se vende computador**, *Ici, on ne vend pas d'ordinateur*.

**3 –** Juste aujourd'hui, [alors] que je dois remettre un rapport très important avant la fin de la journée,

**4** cet ordinateur tombe en panne *(casse)* !

**5 –** Qu'est-ce qu'il a ?

**6 –** Je ne sais pas. J'étais en train de saisir et il s'est bloqué *(il bloqua)*.

**7** Il a planté *(A-donné bâton)* !

**8 –** Fais voir *(Laisse je voir)*... Essaye d'éteindre et de rallumer.

**9** Tu as sauvegardé *(sauvé)* ce que tu avais déjà fait ?

**10 –** Non.

**11 –** Alors [le] mieux, [c'est d']appeler l'assistance technique.

**12 –** Ça m'énerve *(Quelle rage)* ! Je ne peux pas les attendre *(attendre pour eux)*.

**13 –** Utilise *(Use)* le portable d'Arlete ! Elle ne vient pas aujourd'hui.

**14 –** Est-ce que par hasard c'est *(Par hasard est)* le bleu[-là] ?

**15** Celui qui est dans la salle en face du distributeur *(buveur)* d'eau ?

**16 –** Oui, mais par là-bas c'est un peu bruyant.

**17** On n'arrive pas à travailler en silence.

▶ Exercício 1 – Traduza

**❶** Este computador é de quem? Eu posso usá-lo? **❷** Eu vou entregar o meu relatório. **❸** O moço da assistência técnica já chegou? Ele deve dar uma olhada no meu computador. **❹** Você pode usar o computador do Paulo. Hoje ele tem um encontro fora. **❺** Não salvei o documento!

\*\*\*

Exercício 2 – Complete

**❶** L'ordinateur de mon patron est un portable.
O computador .. meu ...... . um lap-top.

**❷** Utilise cet ordinateur-là. L'autre est cassé.
Usa aquele .......... O outro .... .........

**❸** Je vais appeler l'assistance technique.
Eu ... ligar .... a assistência técnica.

\*\*\*

C'est la **telenovela Explode Coração** qui, en 1995, a introduit la *Toile auprès du grand public brésilien. L'Internet, au Brésil, c'est, sous la houlette technique et régulatrice du* **CGI.br** (**Comitê Gestor da Internet**), *des compétences et de gros moyens inégalement répartis. D'où la fracture* numérique – **digital** – *que tentent de pallier nombre de projets publics, associatifs, et de partenariats public-privé coordonnés par les* **Casas do Brasil** : *recours au logiciel libre, création de points de connexion à travers le territoire –* **telecentros –**

Corrigé de l'exercice 1

❶ À qui est cet ordinateur ? Je peux l'utiliser ? ❷ Je vais remettre mon rapport. ❸ Le jeune homme de l'assistance technique est-il *(déjà)* arrivé ? Il doit jeter *(donner)* un coup d'œil à mon ordinateur. ❹ Tu peux utiliser l'ordinateur de Paulo. Aujourd'hui il a un rendez-vous à l'extérieur *(dehors)*. ❺ Je n'ai pas sauvegardé le document !

\*\*\*

❹ Elle doit remettre un rapport avant la fin de la journée.
Ela precisa ........ um relatório antes do ..... .. ....

❺ Pour finir mon travail, j'ai besoin de silence.
Para ...... o meu trabalho, ....... .. silêncio.

Corrigé de l'exercice 2

❶ – do – patrão é – ❷ – computador – está quebrado ❸ – vou – para – ❹ – entregar – final do dia ❺ – acabar – preciso de –

\*\*\*

*apprentissage informatique et e-administration, réappropriation culturelle et sociale par le multimédia. Fracture numérique qui s'accompagne d'une fracture linguistique portée par le jargon très tendance qu'est l'***informatiquês** : **deletar**, **mouse**, **clicar**, **home**, **download**, **remover**, *etc., bien loin du portugais appris à l'école ou du brésilien parlé dans la rue.*

Deuxième vague : 5<sup>e</sup> leçon

# Quinquagésima quinta aula

## Machucado

1 – Socorro!
2 – O que foi?
3 – O cavalo me [1] mordeu.
4 – Pensei que tivesse sido [2] o cachorro.
5 – Tá sangrando muito!
6 – Calma! Vamos limpar esta ferida e fazer um curativo.
7 – Tudo bem, mas eu acho melhor irmos [3] ao Pronto Socorro.
8 – Por quê?
9 – Porque parece ter quebrado um osso.
10 Meu dedo está doendo muito.
11 – Mas antes vamos desinfetar.
12 – Cuidado com o que você vai passar, pra não me causar uma alergia.
13 – Está bem.
14 – Aproveita e me traga [4] um analgésico, por favor.
15 – Eu não sei se tenho.

## Notes

1 Ici le pronom personnel **me** est complément d'objet direct. Aux autres personnes, on aura **te, se, nos, (vos), se. Ele te ligou ontem,** *Il t'a appelé(e) hier.*

2 Le participe passé **sido**, *été*, permet de former un temps composé du verbe **ser**, *être.* **Ele tem sido muito gentil,** *Il a été très gentil.*

3 **irmos** est l'infinitif personnel, c'est-à-dire conjugué, du verbe **ir**, *aller.* Attention, pour les verbes réguliers, sa conjugaison se confond souvent avec celle du futur du subjonctif. C'est alors le sens qui permet d'identi-

## Cinquante-cinquième leçon

### Blessé

1 – [Au] secours !
2 – Qu'est-ce qu'il y a *(fut)* ?
3 – Le cheval m'a mordu.
4 – J'ai cru *(pensé)* que c'était *(eût été)* le chien.
5 – Ça saigne beaucoup !
6 – [Du] calme ! On va nettoyer cette blessure et faire un pansement.
7 – D'accord, mais je crois [qu'on ferait] mieux d'aller aux urgences *(au Prompt Secours)*.
8 – Pourquoi ?
9 – Parce qu'il semble *(paraît avoir cassé)* que j'ai un os cassé.
10 Mon doigt me fait très mal.
11 – Mais avant on va désinfecter.
12 – Attention à *(avec)* ce que tu vas mettre *(passer)*, pour ne pas me provoquer *(causer)* une allergie.
13 – D'accord.
14 – Profites-en pour m'apporter *(profite et apporte-moi)* un antidouleur, s'il te plaît.
15 – Je ne sais pas si j'[en] ai.

---

fier le temps. Ayant son propre sujet, différent de celui du verbe principal, il est souvent introduit par des verbes comme **pensar**, *penser* ou comme ici **achar**, *trouver que*. **Acho bom sermos unidos**, *Je pense qu'il est bon d'être unis (nous être unis)*.

4  **traga**, *apporte/z*, est le subjonctif présent du verbe irrégulier **trazer**, à ne pas confondre avec le présent de l'indicatif de **tragar**, *avaler* (au sens propre et figuré). **Ele está me trazendo um vinho difícil de tragar**, *Il est en train de m'apporter un vin difficile à avaler*.

**16** **Eu vou** até a far**má**cia com**prar** al**guns** [5]
re**mé**dios.

**17** – Tá le**gal** [6].

**18** **Vou** descan**sar** um **pou**co.

**19** **Eu** es**tou** com um **pou**co de dor de ca**beça**
tam**bém**. □

: Notes

**5** L'adjectif indéfini **algum**, *quelque/certain*, fait au pluriel **alguns**, et au
féminin **alguma/s** (rappelez-vous de **alguma coisa**, *quelque chose*, en 47[e]
leçon). **Alguns alunos não têm estudado nada**, *Certains élèves n'ont
rien étudié du tout*.

**6** **legal**, que nous avions déjà rencontré à la 22e leçon, signifie littéralement
*"légal"* au sens juridique, mais s'entend surtout dans la langue familière
courante au sens de *sympa*, *bien (d'accord)*, *génial*, *chouette* (ainsi que
**bacana**). Positiver, au Brésil, est un must !

\*\*\*

▶ Exercício 1 – Traduza

❶ A Zélia tem um curativo no pé. O cachorro mordeu o
dedo dela. ❷ Que dor de cabeça! Você tem um analgésico,
por acaso? ❸ Vamos ao Pronto Socorro. Você está sangrando
muito! ❹ O cachorro da vizinha se machucou. ❺ Ela tem
alergia, por isso toma tanto remédio.

\*\*\*

Exercício 2 – Complete

❶ Notre voisin n'est pas allé travailler. Il est blessé.
Nosso vizinho ... ... trabalhar. Ele está .........

❷ Allons à la pharmacie acheter un analgésique.
..... . farmácia ....... um ...........

❸ Certains médicaments peuvent occasionner une allergie.
...... remédios ..... causar ........

**16** Je vais jusqu'à la pharmacie acheter quelques médicaments.

**17** – C'est d'accord.

**18** Je vais me reposer *(défatiguer)* un peu.

**19** J'ai un peu *(Je suis avec un peu de)* mal à la tête aussi.

MACHUCADO

\*\*\*

Corrigé de l'exercice 1

❶ Zélia a un pansement au pied. Le chien l'a mordue à l'orteil *(a mordu son doigt)*. ❷ Quel mal de tête ! Est-ce que par hasard tu as un antidouleur ? ❸ Allons aux urgences. Tu saignes beaucoup ! ❹ Le chien de la voisine s'est blessé. ❺ Elle a une allergie ; c'est pour ça qu'elle prend autant de médicament[s].

\*\*\*

❹ Le chien a mordu le cheval. Nous avons besoin de médicament.
O cachorro ...... o cavalo. Nós .......... de remédio.

❺ Allons nettoyer cette blessure pour la désinfecter.
Vamos ...... esta ferida para ......... -la.

Corrigé de l'exercice 2

❶ – não foi – machucado ❷ Vamos à – comprar – analgésico ❸ Alguns – podem – alergia ❹ – mordeu – precisamos – ❺ – limpar – desinfetá

**Salva-se quem puder**, Sauve qui peut ! *Le caractère univer-
sel et équitable du* **SUS – Sistema Único de Saúde**, *voulu par la
Constitution brésilienne de 88, n'aura pas été atteint vu l'insuffisance
des fonds publics alloués à la santé, malgré l'instauration d'une taxe
sur les mouvements financiers – la* **CPMF**, **Contribuição Provisória
sobre os Movimentos financeiros**. *Dans ce pays à la vieille tradition
médicale (***Chagas**, **Oswaldo Cruz**, *etc.), c'est le secteur privé qui se
taille la part du lion, avec la souscription de* **Planos de Saúde** *à
couverture variable. Dans cet accès inégal à la santé entrent également en ligne de compte, outre la cherté des médicaments, la
répartition disparate à travers le pays (Nord-Est / Sud-Est) du corps*

**56**

# Quinquagésima sexta aula

## Revisão – Révision

### 1  Le pluriel irrégulier

La plupart des noms ou adjectifs se terminant en **-l** (sauf ceux en
**-il**, cf. 44ᵉ leçon) forment leur pluriel en remplaçant **-l** par **-is** :
- mots en **-al** → **legal / legais** ;
- mots en **-el** → **papel / papéis** ;
- mots en **-ol** → **álcool / álcoois** ;
- mots en **-ul** → **azul / azuis** (sauf **cônsul**, qui donne **cônsules**).

### 2  L'accent tonique

Petit à petit, l'assimilation des sons et du rythme des mots
brésiliens vous devient familière, raison pour laquelle la transcription phonétique n'apparaît plus désormais. L'accent tonique figure
encore dans les dialogues en caractères gras, pour quelques leçons.
Il est donc temps de faire le point sur les règles d'accentuation
pour disposer de quelques repères qui viendront compléter votre
écoute des enregistrements et observation des textes écrits ou des
situations que vous vivrez sur place.

*médical, des infrastructures et des équipements. À l'opposé, le Brésil se pose en pionnier et leader, reconnu par l'ONU, par sa courageuse politique de distribution gratuite de traitements et de production de génériques (notamment d'antirétroviraux). Pour sa santé, son ingénieuse population, toutes catégories sociales, origines et croyances confondues, se tourne aussi vers les thérapeutiques alternatives liées aux cultes afro-brésiliens : accessibles, efficaces, bon marché, et porteuses d'identité culturelle, de lien social et de spiritualité.* **Melhoras!**, Bon rétablissement !

Deuxième vague : 6ᵉ leçon

---

**56**

# Cinquante-sixième leçon

## 2.1 Accent tonique sur la dernière syllabe

• Tous les mots dont la dernière voyelle est **i** ou **u**, suivie ou non d'une consonne : **aqui**, *ici* ; **prefer**i, *j'ai préféré* ; **abaca**xi, *ananas* ; **jard**im, *jardin* ; **mane**quim, *mannequin* ; **ruim**, *mauvais* ; **Tocantins**, *(l'État du) Tocantins* ; **jejum**, *jeûne* ; **beiju** (spécialité culinaire de Bahia) ; **Bauru**, *ville de l'État de São Paulo* (41ᵉ leçon) ; **alguns**, *quelques*.
• Tous les mots finissant par les diphtongues **ai**, **ei**, suivies ou non d'une consonne : **gostei**, *j'ai aimé* ; **Uruguai**, *Uruguay* ; **canavi**ais, *plantations de canne à sucre*.
• Tous les mots terminés par les consonnes **-l**, **-r**, **-z** : **pa**pel, *papier* ; **mulher**, *femme* ; **ator**, *acteur* ; **lucidez**, *lucidité* ; **juiz**, *juge* ; **feliz**, *heureux/-euse*...
• Tous les mots finissant par une voyelle ou une diphtongue nasale (**ã**, **ão**, **ãe**, **õe**) suivie ou non d'une consonne : **irmã**, *sœur* ; **geração**, *génération* ; **mamãe**, *maman* ; **ladrões**, *voleurs*, etc.

## 2.2 Accent tonique sur l'avant-dernière syllabe

• Tous les mots terminés par une consonne suivie de **-a**, **-e** ou **-o**, (la <u>voyelle</u> peut être suivie d'un **s** comme c'est souvent le cas pour les pluriels d'adjectifs et de substantifs) : **compra**, *achat* ; **carro**, *voiture* ; **moderno**, *moderne* ; **grande**, *grand* ; **porta**, *porte* ; **ele**, *il* ; **macaco**, *macaque* ; **deste**, *de celui-ci* ; **potente**, *puissant* ; **parece**, *semble* ; **quero**, *je veux* ; **pouco**, *peu* ; **respeito**, *respect* ; **malas**, *valises* ; **verdes**, *verts* ; **vermelhos**, *rouges*, etc.

• Tous les mots en **-am**, **-em**, **-ens** : **bagagem**, *bagages* ; **homem**, *homme* ; **imagens**, *images* ; **viagem**, *voyage* ; **ficam**, *ils/elles restent* ; **querem**, *ils/elles veulent* ; **gostam**, *ils/elles aiment*.

## 3 L'accent graphique

En principe, portent un accent graphique :

• Tous les mots dont l'accentuation tonique échappe aux règles habituelles d'accentuation : **táxi**, *taxi* ; **útil**, *utile* ; **cônsul**, *consul* ; **alô**, *allo* ; **café**, *café* ; **convidá-la**, *vous/l'inviter* ; **será**, *sera* etc. dont les mots d'une seule syllabe tonique : **pé**, *pied* ; **sóis**, *soleils*, etc.

• Tous les mots dont l'accent tonique porte sur l'avant-avant-dernière syllabe : **e se nós fôssemos**, *et si nous allions* ; **próximo**, *prochain* ; **alfândega**, *douane* ; **dúvida**, *doute* ; **públicos**, *publics*, etc.

• Jusqu'à la réforme de l'orthographe ratifiée en 2004, certains homonymes portaient également un accent, pour mieux les différencier : le verbe **pôr**, *poser*, par rapport à la préposition **por**, *par* ; **pára** (du verbe **parar**, *arrêter*) par rapport à la préposition **para**, *pour*, etc. La réforme a supprimé ces accents, mais nous avons choisi de les indiquer dans cette méthode pour faciliter votre apprentissage et vous éviter toute confusion.

## 4 Préfixes et suffixes

• Nous avons vu cette semaine le préfixe **des-**, qui est plus ou moins l'équivalent de notre *dé-*, et traduit l'idée de négation, d'absence, de fin de quelque chose : **confiança**, *confiance* / **desconfiança**, *méfiance* ; **fazer**, *faire* / **desfazer**, *défaire* ; **amor**, *amour* / **desamor**, *désamour*, etc.

• Pour ce qui est des suffixes, nous avons rencontré le suffixe **-nça** : **cobrança**, *recouvrement*, **esperança**, *espoir*, etc.

## 5  Pronom personnel complément

La 3ᵉ personne peut parfois comporter une ambiguïté. Par exemple, la phrase **eu a convido para jantar** pourra aussi bien faire référence à une tierce personne : *Je l'invite à dîner* (en parlant d'une femme), que s'adresser à un interlocuteur direct : *Je vous invite à dîner* (en s'adressant à une femme).

Autres exemples, au masculin cette fois :

**Eu convido o senhor**, *Je vous invite, monsieur* ou *J'invite le monsieur.*

**Convido-o**, *Je vous invite* ou *Je l'invite.*

**Não o convidei**, *Je ne vous ai pas invité* ou *Je ne l'ai pas invité.*

Notez aussi :

**Quero convidar você**, *Je veux t'inviter.*

**Quero te convidar**, *Je veux t'inviter.*

**Quero convidá-lo,** *Je veux t'inviter* ou *Je veux l'inviter.*

## 6  Expression de la possession par *seu* ou *dele*

Selon le même phénomène, **seu/sua** peut renvoyer à l'interlocuteur que l'on a en face de soi ou à une tierce personne. On peut s'aider du contexte, mais ce n'est pas toujours suffisant. Pour éviter cette ambiguïté, on emploie **dele/dela** :

**Quero ver a sua casa**, *Je veux voir votre/ta maison* (celle de la personne avec qui on parle).

**Quero ver a casa dele**, *Je veux voir sa maison* (à lui).

**Quero ver a casa dela**, *Je veux voir sa maison* (à elle).

## 7  Conjugaison

### 7.1 L'expression de l'ordre ou de l'interpellation à la 2ᵉ personne par un impératif ou un subjonctif

À la 50ᵉ leçon, et dans les consignes des exercices (**complete, traduza**), l'ordre est clairement exprimé par un subjonctif, **você** ou **o senhor/a senhora** étant sous-entendus :

**Repare nos pedais de freio**, *Observez les pédales de frein.*

**Venha ver o porta-malas**, *Venez voir le coffre.*

Dans la 51<sup>e</sup> leçon au contraire, l'interpellation se fait véritablement par la 2<sup>e</sup> personne du singulier de l'impératif : **Fala Elza!**, *Dis-moi, Elza !* Ce tutoiement (puisqu'on utilise la deuxième personne) est assumé, notre personnage s'adressant à un interlocuteur supposé subalterne (la bonne). Si celle-ci avait été d'âge mûr, toute employée qu'elle est, on aurait utilisé **a senhora** suivi de la 3<sup>e</sup> personne du subjonctif présent. À moins que la scène ne se passe dans le Nordeste du pays, ou l'État du Rio Grande do Sul, où le tutoiement réel, suivi de la 2<sup>e</sup> personne, est d'usage.

Ne tombez donc pas dans le piège qui consiste à traduire systématiquement l'impératif français par un impératif brésilien. L'important est de connaître les deux conjugaisons, celle de l'impératif et celle du subjonctif présent, et de savoir que les deux formes alternent dans la langue courante selon les situations, les contextes, les locuteurs. Au Brésil plus qu'ailleurs, en particulier au niveau linguistique, rien n'est jamais figé.

## 7.2 Participe passé irrégulier

Nous avions déjà vu la formation des participes passés réguliers dans les 28<sup>e</sup> et 34<sup>e</sup> leçons. Nous découvrons cette semaine qu'il existe des formes irrégulières. C'est le cas de **feito**, *fait*, du verbe **fazer**, *faire*.
Notez que dans les temps composés (**ter** + participe passé), le participe passé ne s'accorde jamais (on utilise la forme en **-o**).

• Formes composées
Pour exprimer le passé, il existe en plus des formes simples du **pretérito perfeito**, de l'imparfait, et du plus-que-parfait, des formes composées. Elles sont formées avec l'auxiliaire **ter** conjugué à l'indicatif ou au subjonctif suivi du participe passé. C'est le cas, par exemple, de **tivesse acontecido**, *[si cela] s'était passé*, formé du subjonctif imparfait de **ter** et du participe passé de **acontecer**, *se produire*, *survenir*.
**tenho, tinha, terei, teria, tenha, tivesse, tiver**... + participe passé
*j'ai, j'avais, j'aurai, j'aurais, (que) j'aie, (que) j'eusse, (si) j'avais*... + participe passé

## 7.3 Conjugaison de l'infinitif personnel ou infinitif "conjugué"

Pour tous les verbes réguliers, sa conjugaison est identique à celle du futur du subjonctif.

|  | Verbes en **-ar** | Verbes en **-er** | Verbes en **-ir** |
|---|---|---|---|
|  | **acabar** *finir* | **escolher** *choisir* | **abrir** *ouvrir* |
| **eu** | acabar | escolher | abrir |
| **tu** (peu utilisé) | acabares | escolheres | abrires |
| **ele/ela/você/ o sr./a sra.** | acabar | escolher | abrir |
| **nós** | acabarmos | escolhermos | abrirmos |
| **vós** (peu utilisé) | acabardes | escolherdes | abrirdes |
| **eles/elas/vocês/ os sres/as sras** | acabarem | escolherem | abrirem |

## 8   Les formes verbales rencontrées cette semaine

*Nous ne retiendrons désormais que les formes irrégulières ou de nouveaux temps.*

• Verbes en -er

**feito**, *fait* ; **fizer**, *(si je) fais/si tu* (**você**) *fais/s'il/elle fait* ou *quand je ferai/quand tu feras/quand il/elle fera*

**sido**, *été* ; **sermos**, *(si nous) sommes* ou *quand nous serons*

**fôssemos**, *que nous allassions*

**quiser**, *(si je) veux/si tu* (**você**) *veux /s'il/elle veut* ou *quand je voudrai/quand tu voudras/quand il/elle voudra*

**tinha**, *j'avais/tu* (**você**) *avais/il/elle avait* ; **tivesse**, *que j'eusse/que tu* (**você**) *eusses/qu'il/elle eût*

**traga**, *que je porte/que tu* (**você**) *portes/qu'il/elle porte*

• Verbes en **-ir**

**venha**, *que je vienne/que tu* (**você**) *viennes/qu'il/elle vienne*

**irmos**, *(si nous) allons* ou *quand nous irons*

▶ **Diálogo de revisão**

    **1** – Não acredito!
    **2** – O que foi?
    **3** – A babá não vem.
    **4** – Não faz mal, deixamos o Mário na casa da tua mãe.
    **5** – Não podemos, ela vai almoçar na casa da minha irmã!
    **6** – E se nós ficássemos por aqui?
    **7**   Você poderia ir ao cinema com o Mário.
    **8** – Por quê?
    **9** – Para eu poder trabalhar um pouco.
    **10** – Eu achava que o computador estava quebrado.
    **11** – Sim, mas eu vou usar o computador do Rui.
    **12** – Legal!

**57**

## Quinquagésima sétima aula

▶ ### É pra hoje ou pra amanhã?

    **1** – Cassiano, vo**cê** já es**tá** **pron**to?
    **2** – **Qua**se.
    **3** – **Va**mos em**bo**ra! Já es**tá** fi**can**do **tar**de, o sol vai esquen**tar**
    **4**   e tal**vez** não consi**ga**mos ¹ um bom lu**gar** na **pra**ia.
    **5** – Tô **in**do...!

🗔 : Note

  **1**  **talvez não consigamos**, littéralement "peut-être ne trouvions", se traduit en réalité par *peut-être ne trouverons-nous pas*. Notez ce subjonctif présent après l'adverbe **talvez**, *peut-être*.

Traduction
**1** Je ne peux pas le croire ! **2** Que s'est-il passé ? **3** La baby-sitter ne vient pas. **4** Ça ne fait rien, on laisse Mário chez ta mère. **5** On ne peut pas, elle va déjeuner chez ma sœur ! **6** Et si nous restions *(par)* ici ? **7** Tu pourrais aller au cinéma avec Mário. **8** Pourquoi ? **9** Pour que je puisse travailler un peu. **10** Je croyais que l'ordinateur était en panne ? **11** Oui, mais je vais utiliser celui de Rui. **12** Super !

Deuxième vague : 7ᵉ leçon

---

**57**

## Cinquante-septième leçon

### C'est pour aujourd'hui ou pour demain ?

**1** – Cassiano, tu es prêt ?
**2** – Presque.
**3** – On y va ! Il se fait tard, le soleil va chauffer
**4**    et on ne va peut-être pas trouver de bonne place sur la plage.
**5** – J'arrive *(Je suis allant)*... !

Notez que **consigamos**, de **conseguir**, *obtenir*, se conjugue sur **seguir**, *suivre*. À la 1ʳᵉ personne du singulier du présent de l'indicatif, et pour tout le présent du subjonctif, le **-e** se transforme en **-i** : **sigo**, *je suis*, **siga**, *que je suive*, etc.

**6** – Você pegou ² o protetor solar?

**7** – Não. Pera aí ³ que eu já volto!

**8** Pronto.

**9** – E cadê o guarda-sol?

**10** – Ai! Esqueci o que eu sempre esqueço ⁴.

**11** – Corre lá!

**12** E aproveita pra pegar as raquetes de frescobol ⁵, as bolas, a esteira e a toalha, que não estão aqui.

**13** – Pronto. Podemos ir.

**14** Compramos uma revista na banca ⁶ ou levamos um livro?

**15** – Nem um, nem ⁷ outro.

**16** Vamos à praia pra descansar... deitar na areia... entrar no mar, jogar raquetinha... Mais nada.

## Notes

**2** pegou, de pegar, *prendre, saisir, attraper*, à l'instar des verbes en -gar, comme pagar *payer*, apagar *éteindre*, jogar *jouer*, etc., transforme le g en gu devant -e pour conserver le même son *[g]* à toutes les personnes : pegue, pague, desligue, etc.

**3** Pera aí est la forme abrégée de Espera aí, *Attends un peu*. L'adverbe aí, *là*, a ici valeur d'interjection, comme dans É isso aí, *C'est exactement ça*, ou – dit sur un autre ton – *Et oui, c'est comme ça*, ou bien encore contracté avec de, *de*, et un brin agacé : E daí, *Et alors ?*

**4** Là encore, vous pouvez observer deux graphies différentes pour le même verbe, esquecer, *oublier* : esqueci, *j'ai oublié* ou *j'oubliai* et esqueço, *j'oublie*. Pour que le son ss soit conservé à toutes les personnes, le c se transforme en ç devant a et o.

**5** frescobol (prononcez *[bôl]*) est formé à partir de fresco, *frais*, et de l'anglais *ball*. Ce jeu de plage bien connu, aux raquettes de bois et à la balle en caoutchouc, s'appelle aussi raquetinha.

**6** – Tu as pris la crème *(le protecteur)* solaire ?

**7** – Non. Attends un peu *(là)*, *(que)* je reviens.

**8**   Voilà.

**9** – Et où est le parasol ?

**10** – Ah ! J'ai oublié ce que j'oublie chaque fois *(toujours)*.

**11** – Va vite *(Cours là)* !

**12**   Et profites[-en] pour prendre les raquettes de frescobol, les balles, la natte et la serviette, qui ne sont pas ici.

**13** – [C'est] prêt. On peut [y] aller.

**14**   On achète un magazine au kiosque ou on emporte un livre ?

**15** – Ni l'un ni l'autre.

**16**   On va à la plage pour se reposer... s'allonger sur le sable... entrer dans l'eau *(dans mer)*, jouer aux raquettes... C'est tout *(Plus rien)*.

---

**6**  Attention à ne pas confondre **a banca** (**de jornal**), *le kiosque* *(à jour-naux)*, **a banca** (**examinadora**), *le jury*, et **o banco**, *la banque* ou *le banc*.

**7**  Redoublé, **nem... nem** signifie *ni... ni* : **nem mais nem menos**, *ni plus ni moins*. Seul, il peut avoir valeur de comparaison dans l'expression **que nem...** *à l'instar de..., comme...* : **Ele não joga nem bola nem pingue-pongue... que nem eu**, *Il ne joue ni au ballon, ni au ping-pong ... comme moi*.

**17 –** Você **trou**xe [8] di**nhe**iro **pa**ra to**mar**mos **u**ma
água-de-**co**co [9]?

**18 – Trou**xe. E a**go**ra **va**mos em**bo**ra, se não só
chega**re**mos ama**nhã** de ma**nhã** na **pra**ia! □

## Notes

**8 trouxe** est une forme irrégulière, au passé simple, de **trazer**, *apporter*,
*amener*.

**9** Au Brésil, le **coco**, fruit du **coqueiro**, *cocotier*, est surtout consommé
sous forme de *lait* (**leite de coco**), ou d'eau de coco, boisson naturelle,

\*\*\*

▶ Exercício 1 – Traduza

❶ O que é que você trouxe? ❷ Pega tudo o que a gente
precisa. ❸ Aproveita pra comprar umas revistas. ❹ Já está
tarde e eu tenho que ir embora. ❺ O Cassiano está quase
pronto, só falta pegar o dinheiro.

\*\*\*

Exercício 2 – Complete

❶ Demain matin nous irons peut-être prendre une eau de coco à
la plage.

...... .. ..... talvez nós iremos ..... água-de-coco
na praia.

❷ Où est le ballon ? Est-ce que tu as oublié que nous sommes en
route pour aller jouer au football ?

.... a bola? Você ........ que estamos indo jogar
futebol?

❸ On n'a pas le temps d'acheter le journal, on en profitera pour
vraiment se reposer.

Não ..... ..... .. comprar o jornal, vamos
.......... .... descansar mesmo.

**17 –** Tu as pris de l'argent pour *(que nous puissions)* **boire une eau de coco ?**

**18 –** Oui. Et maintenant on y va, sinon on n'arrivera à la plage que demain matin !

---

rafraîchissante, riche en sels minéraux, contenue dans les grosses coques vertes que l'on perce, pour en boire "l'eau", avec une **canudo**, *paille*. On le trouve aussi **ralado**, *râpé*, dans de très nombreuses recettes de sucreries et autres desserts.

\*\*\*

Corrigé de l'exercice 1

❶ Qu'est-ce que tu as apporté ? ❷ Prends tout ce dont on a besoin. ❸ Profites-en pour acheter des magazines. ❹ Il est déjà tard et je dois m'en aller. ❺ Cassiano est presque prêt, il ne reste qu'à prendre l'argent.

\*\*\*

❹ Je ne veux aller ni la plage, ni à la piscine !
Eu não quero .. ... à praia, ... à piscina!

❺ Le Dr Rubens a dit que nous devons mettre de la crème solaire quand nous allons à la plage.
O Dr. Rubens ..... ...devemos ......protetor .....
quando formos à praia.

Corrigé de l'exercice 2

❶ Amanhã de manhã – tomar – ❷ Cadê – esqueceu – ❸ – temos tempo de – aproveitar para – ❹ – ir nem – nem – ❺ – disse que – passar – solar –

*Avec 7 000 km de côtes, la plage, les corps et leurs cultes respec-*
*tifs occupent tout naturellement l'imaginaire et la conversation du*
*Brésil littoral. Côté maillots, il y en a pour tous les goûts, comme en*
*témoigne cette petite revue des tenues de rigueur : les plus conven-*
*tionnelles enfileront le* **maiô** *(1 pièce) ou son faux frère en vogue dans*
*les années 1960, le* **engana-mamãe**, *littéralement le "trompe-maman"*
*(1 pièce de face, 2 pièces de dos), d'autres leur préféreront le* **tomara-**
**que-caia**, *"pourvu qu'il tombe" (1 pièce sans bretelles), le* **meia-taça**

**58**

---

# Quinquagésima oitava aula

## Umas comprinhas

**1** – Mo**ci**nha! [1] Por fa**vor**, vo**cê** pode**ri**a [2] me
in**for**mar **on**de **fi**cam os **o**vos?

**2** – Pois não. Os **o**vos **fi**cam **nu**ma prate**lei**ra, na
se**ção** de horti**fru**ti [3].

**3** – Horti**fru**ti?

**4** – Sim se**nho**ra ; beter**ra**ba, ce**nou**ra, quiabo, chu**chu**,

**5** aba**ca**te, couve-**flor** [4], al**fa**ce, agri**ão**,

**6** ca**qui**, maracu**já**, abaca**xi**, caram**bo**la…

**7** – Obri**ga**da.

### Notes

**1** **moço!** et **moça!**, c'est ainsi qu'on appelle souvent les jeunes vendeurs/-
euses dans les commerces, les serveurs/-euses au restaurant etc., quand
on ne les siffle pas par un **psiu** décomplexé… Enrichi du suffixe **-da**,
a **moçada** désigne *la jeunesse*, au sens de l'ensemble des jeunes gens.
Enfin, au supermarché, on trouve *le lait condensé sucré* sous le nom de
(o) **leite moça**, à l'origine, nom d'un type de lait.

**2** Vous avez peut-être saisi la subtilité du **você** brésilien adressé à cette ven-
deuse… un tantinet paternaliste. Il correspond en principe à un *tu*, mais
on l'a traduit ici par un *vous* en raison du contexte commercial.

**3** Au Brésil, on regroupe souvent **os legumes**, *les légumes*, sous le terme
as **verduras** (en fait les "verdures", au pluriel). Les fruits pris dans leur

*(2 pièces haut pigeonnant), ou des variantes plus minimalistes de bon aloi comme la* **tanga** *(années 1970), l'* **enroladinho** *(tiré vers le haut et enroulé à la taille), l'* **asa-delta**, *le* **de lacinho-e-cortininha** *(années 1980), et l'apothéose… le* **fio dental** *("fil dentaire" ou* string*). Mais aussi réduit le bas soit-il, topless s'abstenir… Sans oublier les accessoires : la* **canga**, paréo*, et les célèbres* **havaianas**, *tongs made in Brazil.*

Deuxième vague : 8ᵉ leçon

58

## Cinquante-huitième leçon

## Quelques courses

**1 –** Mademoiselle ! S'il vous plaît, pourriez-vous me dire
*(informer)* où se trouvent les œufs ?

**2 –** Bien sûr. Les œufs se trouvent sur une étagère, au
rayon *(dans-la section de)* **hortifruti**.

**3 –** Hortifruti ?

**4 –** Oui madame ; [les] betteraves, carottes, gombos,
chayottes,

**5** avocats, choux-fleurs, laitues, cresson,

**6** kakis, fruits de la passion, ananas, caramboles…

**7 –** Merci.

ensemble sont, en revanche, plutôt désignés au singulier (et au féminin) : **a fruta**, *le/s fruit/s*, hormis **os frutos do mar**, *les fruits de mer* ou **o fruto**, *le fruit* au sens de *résultat*. Le Brésil est très riche en fruits et légumes locaux, certains à consonance tupi (**abacaxi**, **maracujá**, etc.) ou venant de contrées plus tempérées (**maçã**, *pomme* ; **uva**, *raisin*, etc.). Les façons de les consommer sont multiples, en dessert, en crème sucrée pour **o abacate**, *l'avocat*, sous forme de **sorvetes**, *glaces*, ou à déguster dans la rue comme bases de boisson : **vitamina**, mélange de fruit(s) et de sucre mixés (avec ou sans lait, smoothie), **sucos**, *jus de fruits*, ou en version alcoolisée dans les délicieuses **batidas**.

**4** Le pluriel de **couve-flor**, *chou-fleur*, s'obtient en mettant au pluriel les deux noms qui le composent : **as couves-flores**, *les choux-fleurs*.

8 – **Sem**pre às **or**dens.

9 – De**pois** dos **o**vos **va**mos pe**gar** o fubá [5]...

10 que **de**ve fi**car** na prate**lei**ra, **jun**to com a fa**ri**nha de **tri**go!

11 – Acre**di**to que sim.

12 Apro**vei**ta e **pe**ga um **pou**co de pal**mi**to.

13 Cus**cuz** de cama**rão** tem que ter bas**tan**te [6] pal**mi**to!

14 – É ver**da**de.

15 – **O**lha a **fi**la que tá no **cai**xa!

16 En**quan**to você **pe**ga **e**ssas **coi**sas **e**u **fi**co na **fi**la.

17 – Não vai fu**rar** a **fi**la!

18 Apro**vei**ta en**quan**to es**pe**ra e vai come**çan**do a preen**cher** o **che**que.

19 – A **má**quina pre**en**che.                                   □

---

: Notes

5 La consommation du *maïs*, **o milho verde**, est très répandue au Brésil. On le mange **cozido**, *bouilli*, ou sous forme de farine (**o**) **fubá**, *farine de maïs*, "*maïzena*", ou encore de pâte cuite salée ou sucrée enroulée dans une feuille de maïs ou de bananier : **a pamonha** ; sans oublier l'éternelle **pipoca**, le *pop-corn*. À retenir, l'expression **Enquanto você vem com o milho, eu já estou voltando com o fubá!**, *On n'apprend pas à un vieux singe à faire des grimaces !* (litt. "Quand tu viens avec le maïs, je suis déjà de retour avec la farine").

*** 

▶ Exercício 1 – Traduza

❶ Cassiano, vou fazer umas comprinhas e já volto. ❷ Enquanto vocês comem eu vou descansar um pouco. ❸ Depois da praia vamos fazer umas compras. ❹ Preciso de ovos, camarão, e palmito para fazer uma salada. ❺ Aproveita que está sol e vai jogar bola no jardim.

**8** – À votre service *(Toujours aux ordres)*.

**9** – Après les œufs, on va prendre la farine de maïs...

**10** qui doit se trouver sur l'étagère, avec la farine de blé.

**11** – Je crois bien que oui.

**12** Profites[-en] pour prendre un peu de cœurs de palmier.

**13** Le couscous de crevettes doit contenir pas mal *(avoir assez)* de cœurs de palmier !

**14** – C'est vrai.

**15** – Regarde la queue qu'il y a à la caisse !

**16** Pendant que tu prends tout ça *(ces choses)*, je fais la queue.

**17** – Tu ne vas pas doubler !

**18** En attendant *(pendant-que tu attends)*, profites-en pour commencer à remplir *(va commençant à remplir)* le chèque.

**19** – La machine [le] remplit.

---

**6** bastante, *assez*, se traduit par *pas mal de*, *suffisamment* ou *beaucoup de*, selon le contexte.

Corrigé de l'exercice 1

**❶** Cassiano, je vais faire quelques courses et je reviens de suite. **❷** Pendant que vous mangez, je vais me reposer un peu. **❸** Après la plage, on va faire quelques courses. **❹** Il me faut des œufs, des crevettes, et des cœurs de palmier pour faire une salade. **❺** Profite qu'il fait soleil et va jouer au ballon au jardin.

Exercício 2 – Complete

**❶** Les cœurs de palmier sont avec le maïs.

O ....... está junto com o ......

**❷** Tu peux me dire où tu étais ?

Você .... me dizer .... . que você ......?

**❸** Oui madame, cette farine de maïs est fine.

Sim ......., este fubá é .....

*À base de farine de maïs ou de manioc, de poisson et de crevettes, voire de poulet et d'œufs pour la version* **cuscuz-paulista**, *ou sucré à base de tapioca, de farine de riz et de lait de coco cuit à la vapeur dans le* **Nordeste**, *le couscous brésilien n'a rien à voir avec la fameuse variante d'Afrique du Nord. En revanche, au Brésil, nombre de mets arabes – comme les* **quibes**, *sortes de boulettes allongées, ou les* **esfirras**, *chaussons à la viande, etc. – sont monnaie courante, de par la présence des communautés palestinienne (surtout dans le* **Rio Grande do Sul**) *et syro-libanaise – la plus importante au monde, surtout à* **São Paulo**, *avec près de 10 millions d'individus, soit plus*

**59**

# Quinquagésima nona aula

▶

## Bolo ¹ de banana

1 – Ingre**dien**tes:
2 **Du**as **xí**caras de fa**ri**nha de **tri**go;
3 **Du**as **xí**caras de a**çú**car;
4 **Mei**a ² **xí**cara de **ó**leo ³;

🗂 Notes

**1** Ne confondez pas **o bolo**, *le gâteau* (à base de farine, cuit au four, et auquel on ajoute de la crème pour les anniversaires), **o doce**, le plus souvent *gâteau individuel* ou *entremet*s, mais aussi une *sucrerie* en général, et **o biscoito** et **a bolacha**, *biscuit* ou *gâteau sec*.

**2** meio, meia, *demi*, *demie*, qui donne entre autres, **meio-dia** *midi*, **meia-noite** *minuit*, **uma meia-entrada** *un billet à demi-tarif* (spectacle), et

❹ Je suis à votre disposition, pour ce que vous voudrez.

Eu estou .. ......., para o ... você ........

❺ Je vais prendre de l'argent pour payer ces courses.

Vou ..... dinheiro pra ..... estas ........

Corrigé de l'exercice 2

❶ – palmito – milho ❷ – pode – onde é – estava ❸ – senhora – fino ❹ – às ordens – que – precisar ❺ – pegar – pagar – compras

*qu'au Liban. Les premiers migrants, chaudement invités – en arabe – par l'empereur* **Dom Pedro II** *lors de ses deux périples de 1871 et 1876 arrivèrent vers 1880, dans cet Eldorado que symbolise le mot* **Amrik**. *Les premières vagues s'employèrent dans le Nord du pays au commerce du caoutchouc, faisant aussi office de marchands ambulants ; les générations plus récentes investirent les milieux politique et médical. Notez enfin ce trait essentiel communément oublié : le riche apport linguistique de l'arabe à la langue portugaise (*Fulano, *Untel ;* **alface**, *sorte de laitue ;* **café, açúcar, até…**).

Deuxième vague : 9e leçon

**59**

# Cinquante-neuvième leçon

## Gâteau à la banane

1 – Ingrédients :
2      Deux tasses de farine de blé ;
3      Deux tasses de sucre ;
4      Une demi-tasse d'huile ;

également **meia dúzia** *une demi-douzaine*, raison pour laquelle on emploie souvent **meia** pour désigner le chiffre 6, notamment dans les numéros de téléphone.

3 **o óleo** désigne toutes sortes d'huiles (y compris pour moteurs) hormis *l'huile d'olive,* **o azeite**. Pour former l'adjectif correspondant, on ajoute **-so/-sa** : **cabelos oleosos**, *des cheveux gras ;* **uma pele oleosa**, *une peau grasse*.

5 **Cane**la;
6 **Cin**co o**v**os;
7 Três ba**na**nas ma**du**ras, ama**ssa**das com o **gar**fo;
8 **U**ma co**lher** de **so**pa de fer**men**to.
9 **Mo**do de pre**pa**ro:
10 Mis**tu**re **to**dos os ingre**dien**tes;
11 **Un**te **u**ma **fô**rma e polvi**lhe** com a**çú**car e ca**ne**la;
12 Co**lo**que a **ma**ssa na assa**dei**ra e **le**ve **ao for**no;
13 De**pois** que o **bo**lo esti**ver** no **pon**to [4], sal**pi**que [5] a**çú**car e ca**ne**la.
14 **E**u ou**vi e**sta re**cei**ta no **rá**dio.
15 **E**la é **mu**ito gos**to**sa!
16 – E a **ma**ssa **ca**be **nu**ma **fô**rma pe**que**na?
17 – Não, tem que ser **u**ma **gran**de!
18 – **De**ve fi**car u**ma de**lí**cia com **cre**me de **lei**te!
19 – De**pois e**u te **pa**sso **u**ma re**cei**ta que **e**u vi num pro**gra**ma da **G**lobo.                □

---

**Notes**

4 Le mot **ponto** est très présent dans la vie quotidienne, mais dans des acceptions très diverses : **carne no ponto**, *viande cuite à point* ; **bater o ponto**, *pointer* (au travail) ; **o ponto de ônibus**, *l'arrêt de bus*, etc. Vous connaissez déjà **o ponto de táxi**, *la station de taxis* (33e leçon) et **nove em ponto**, *9h pile* (39e leçon).

\*\*\*

▶ Exercício 1 – Traduza
❶ Estes papéis estão todos misturados! ❷ Meu filho adora arroz misturado com feijão. ❸ Não esqueça de untar a fôrma. ❹ Já faz meia hora que ela foi embora. ❺ Ontem eu tomei cinco xícaras de café.

**5** De la cannelle ;

**6** Cinq œufs ;

**7** Trois bananes mûres, écrasées à la fourchette ;

**8** Une cuillère à soupe de levure.

**9** *(Mode de)* Préparation :

**10** Mélangez tous les ingrédients ;

**11** Graissez *(Oignez)* un moule et saupoudrez[-le] de sucre et [de] cannelle ;

**12** Versez *(Placez)* la pâte dans le plat et mettez au four ;

**13** Une fois le gâteau cuit à point, saupoudrez[-le] de sucre et [de] cannelle.

**14** J'ai entendu cette recette à la radio.

**15** Elle est très savoureuse !

**16** – Et la pâte rentre dans un petit moule ?

**17** – Non, il faut que ce soit un grand [moule] !

**18** – Ce doit être un délice avec de la crème fraîche !

**19** – Après je te passe une recette que j'ai vue dans une émission de la Globo.

**5** Les verbes en **-car** changent le **c** en **qu** devant **e**, toujours pour une question de sonorité : **ficar**, *rester* A **fiquei**, *je suis resté(e)*, **salpicar**, *saupoudrer* A **salpiquei**, *j'ai saupoudré*.

\*\*\*

Corrigé de l'exercice 1

❶ Ces papiers sont tous mélangés ! ❷ Mon fils adore le riz mélangé avec des haricots. ❸ N'oubliez pas de graisser le moule. ❹ Cela fait déjà une demi-heure qu'elle est partie. ❺ Hier j'ai pris cinq tasses de café.

Exercício 2 – Complete

❶ Mario mange toujours de la banane écrasée avec du sucre.
O Mario sempre .... banana ........ com .......

❷ Mélangez bien la levure.
....... bem o .........

❸ Toute cette pâte ne tient pas dans ce plat.
Esta ..... .... não .... nesta assadeira.

❹ On a presque tout, il ne manque que les fourchettes.
Já temos ..... tudo, só ...... os .......

❺ Prenez trois cuillères à soupe de ce médicament et demain vous irez mieux.
Tome .... ........ .. .... deste remédio e amanhã você ... ..... melhor.

---

**60**

# Sexagésima aula

▶

## Posso ajudar?

1 – Oi **tia** ¹. O que é que a se**nho**ra tá fa**zen**do?
2 – Arru**man**do as **rou**pas de in**ver**no.
3 – **Po**sso aju**dar** ²?
4 – **Cla**ro. **U**ma mão**zi**nha **sem**pre é bom.

**Notes**

1 **a tia**, *la tante* ou, en apostrophe, *ma tante*, *tata*, *tantine*, est aussi la façon dont les jeunes enfants appellent la maîtresse à l'école, ou l'appellation des vieilles filles, d'où l'expression **ficar para titia**, *rester vieille fille*. Au masculin **o tio**, *l'oncle* ou *le tonton*. Aussi étrange que cela puisse paraître, dans ce Brésil "informel" et "cordial", il est pourtant courant de vouvoyer ses parents, oncles, tantes… ou encore, comme on le voit ici, de tantôt les vouvoyer (phrases 1, 5, 16), tantôt les tutoyer (phrase 12) et leur parler de façon plus informelle (phrase 21).

**Corrigé de l'exercice 2**

❶ – come – amassada – açúcar ❷ Mistura – fermento ❸ – massa toda – cabe – ❹ – quase – faltam – garfos ❺ – três colheres de sopa – vai estar –

BOLO DE BANANA.

Deuxième vague : 10ᵉ leçon

---

**60**

# Soixantième leçon

## Je peux aider ?

**1 –** Bonjour, ma tante. Qu'est-ce que vous faites ?
**2 –** Je range les vêtements d'hiver.
**3 –** Je peux aider ?
**4 –** Bien sûr. Un coup de main est toujours bienvenu
*(bon)*.

**2**   Il y a de multiples façons d'exprimer la notion d'aide : **ajudar**, *aider*, bizarrement souvent employé en milieu professionnel lorsqu'on demande à quelqu'un d'accomplir (seul) une tâche. Autres formes d'aide : **o auxílio**, *l'assistance*, y compris financière ; **o amparo**, *la protection* ; **o apoio**, *l'appui, le soutien*. Dans un registre plus familier : **dar uma mão** ou **uma mãozinha**, *donner un (petit) coup de main*.

**5** – O que é que a senhora quer que eu faça?
**6** – Primeiro você tira as roupas que estão na máquina de lavar.
**7** – E depois?
**8** – Depois você coloca no varal.
**9** – Tá bom.
**10** – Depois de pendurar aquelas, você vai torcendo as que estão no tanque.
**11** E pra acabar, você vai guardar estas que eu estou passando.
**12** – Olha tia, eu tinha esquecido da minha lição de casa.
**13** Fica pra uma outra vez, tá?
**14** – Tudo bem, desde que você estude mesmo, e não faça como no ano passado,
**15** que em vez de ³ estudar ficava paquerando.
**16** – Tia, a senhora está exagerando tudo.
**17** O ano passado foi uma exceção!
**18** E eu não creio ⁴ ter paquerado tanto assim, a ponto de repetir ⁵ de ano.
**19** Foi culpa daquela professora cujo ⁶ nome eu nem me lembro.

---

Notes

**3** em vez de, *au lieu de*, à ne pas confondre avec **ao invés de**, *à l'inverse de*.

**4** crer, *croire*, et **acreditar**, *croire*, mais aussi *estimer*. On entend souvent au Brésil le mot **crente**, littéralement "croyant", qui désigne celui qui croit dur comme fer à quelque chose, y compris à l'extrême, en termes de religion, frisant la dévotion, la crédulité, voire un aspect sectaire.

**5** repetir, *répéter* au sens de *recommencer*, et ici de *redoubler*, se conjugue comme **preferir**, **divertir**, **seguir**, etc. **Repetir** doit être suivi d'un COD,

**5** – Qu'est-ce que vous voulez que je fasse ?

**6** – D'abord tu sors les vêtements qui sont dans la machine à laver.

**7** – Et ensuite ?

**8** – Ensuite tu les mets sur le séchoir.

**9** – D'accord.

**10** – Après avoir étendu ces affaires-là *(celles-là)*, tu essores celles *(vas tordant les)* qui sont dans l'évier.

**11** Et pour finir, tu rangeras celles-ci, que je suis en train de repasser.

**12** – Écoute, tata, j'avais oublié *(de)* mes devoirs du soir *(ma leçon de maison)*.

**13** Ce sera pour une autre fois, d'accord ?

**14** – D'accord, du moment que tu travailles vraiment, et que tu ne fais pas comme l'année dernière,

**15** où au lieu d'étudier, tu passais ton temps à draguer.

**16** – Ma tante, vous exagérez tout.

**17** L'année dernière, c'était une exception !

**18** Et je ne crois pas avoir dragué au point de redoubler mon année.

**19** C'était la faute de ce professeur dont je ne me rappelle même pas *(ni)* le nom.

---

mais il est souvent employé avec **de** comme dans l'expression **repetir de ano** : *redoubler une classe*.

**6** **cujo/s** et **cuja/s**, *dont*, sont liés au possesseur et toujours suivis du "possédé" avec lequel ils s'accordent. Néanmoins, on peut également utiliser **do qual** ou **de quem**. **A professora cujos alunos viajam comigo, é minha vizinha**, *La professeure dont les élèves font le trajet avec moi est ma voisine*. **A moça de quem você gosta, mora pertinho daqui**, *La jeune fille que tu aimes bien habite tout près d'ici*.

**20** – Mas deve**ria** se lem**brar sem**pre, **pa**ra **nun**ca
mais fa**zer** a **mes**ma bes**te**ira!
**21** – **Tchau**, **tia**! ☐

\*\*\*

▶ Exercício 1 – Traduza
❶ Por favor, a senhora pode me dar uma mãozinha? ❷ Eu
trouxe o Carlinhos para te ajudar. ❸ A Zélia torceu o pé
na praia. ❹ Hoje a gente tem muita lição de casa. ❺ Em
algumas casas, ainda se lava a roupa no tanque.

\*\*\*

Exercício 2 – Complete
❶ Tu veux repasser maintenant, ou ce sera pour une autre fois ?
Você quer ...... agora, ou .... pra ..... ...?

❷ D'abord vous lavez, puis vous essorez et vous étendez [le linge].
........ você ...., depois ..... e ........

❸ Cet hiver, je vais avoir besoin d'acheter quelques vêtements
neufs.
Neste ....... eu ... precisar ....... umas ......
novas.

❹ Rita est en train de ranger la chambre, et après elle va faire un
gâteau.
A Rita está ......... o quarto, e depois vai ..... um .....

❺ Tu ne pourras sortir qu'après avoir rangé ces vêtements.
Você só .... sair ...... ... tiver ........ estas
roupas.

**20 –** Mais tu devrais t'en souvenir pour toujours, pour ne
plus jamais refaire la même bêtise !

**21 –** Ciao, tata !

\*\*\*

## Corrigé de l'exercice 1

❶ S'il vous plaît, vous pouvez me donner un petit coup de main ?
❷ J'ai amené Carlinhos pour t'aider. ❸ Zélia s'est tordu le pied à la
plage. ❹ Aujourd'hui, on a beaucoup de devoirs. ❺ Dans certaines
maisons, on lave encore le linge dans l'évier.

\*\*\*

## Corrigé de l'exercice 2

❶ – passar – fica – outra vez ❷ Primeiro – lava – torce – pendura ❸ –
inverno – vou – comprar – roupas – ❹ – arrumando – fazer – bolo
❺ – pode – depois que – guardado –

Deuxième vague : 11ᵉ leçon

# Sexagésima primeira aula

## Boletim de ocorrência

**1** – Bom **di**a **mi**nha se**nho**ra.
**2** – Bom **di**a. **E**u aca**bei** de ser assal**ta**da [1]!
**3**   O que é que **eu fa**ço?
**4** – Rou**ba**ram o quê, **mi**nha se**nho**ra?
**5** – O **me**u **ca**rro, com a **mi**nha **bol**sa **den**tro!
**6** – A se**nho**ra tem que fa**zer** um bole**tim** de ocor**rên**cia [2].
**7**   Mas é na delega**ci**a; a**qui** é só um **po**sto de atendi**men**to [3].
**8** – E **on**de é a delega**ci**a?
**9** – A se**nho**ra não é da**qui**?
**10** – Não, **e**u sou de Itaju**bá**.
**11** – **Mi**nas **Ge**ra**is**! Um mo**men**to, por fa**vor**.
**12**   **Ca**bo [4] Pe**rei**ra!

---

: Notes

**1**  **o assalto** se traduit par *une agression* (pour vol) s'il s'agit d'une personne ou *un cambriolage* s'il s'agit d'un lieu, et son auteur est **o assaltante** ; le verbe **assaltar** signifie *assaillir* ou *cambrioler*. Dans la même lignée : **o marginal**, *délinquant* assumé, **o pivete**, *jeune voleur à la tire* ou *à l'arraché* et **o ladrão**, simple *voleur* (d'où l'expression **Pega ladrão!**, *Au voleur, au voleur !*). Dans ce sous-univers social (ou cet univers asocial) règne une catégorie à part, mais partie prenante de l'inconscient collectif brésilien, le **malandro**, *le malandrin*, un sympathique mauvais garçon fort rusé, pour qui l'acte délictueux est un instrument de rééquilibrage social, pas une fin en soi, les légendaires bandits d'honneur (ou de vengeance), tel le **cangaceiro Lampião**, entrant dans une autre catégorie.

**2**  **a ocorrência**, *l'occurrence, le cas* (au sens de "fait qui se produit"), du verbe **ocorrer**, *se produire, arriver, se passer*, mais aussi *passer par la*

# Soixante et unième leçon

## Main courante

**1** – Bonjour ma [petite] dame.

**2** – Bonjour. Je viens de me faire agresser *(Je vins d'être assaillie)* !

**3** Qu'est-ce que je dois faire ?

**4** – Qu'est-ce qu'on vous a *(ils ont)* volé, ma petite dame ?

**5** – Ma voiture, avec mon sac à main dedans !

**6** – Vous devez faire [dresser] une main courante *(bulletin d'occurrence)*.

**7** Mais c'est au commissariat ; ici ce n'est qu'un poste d'accueil.

**8** – Et où se trouve le commissariat ?

**9** – Vous n'êtes pas d'ici ?

**10** – Non, je suis d'Itajubá.

**11** – [Dans le] Minas Gerais ! Un instant, s'il vous plaît.

**12** Agent Pereira !

---

*tête, venir à l'esprit.* **De repente, me ocorreu uma ideia genial,** *Soudain m'est venue une idée géniale.*

**3** **atendimento,** substantif du verbe **atender,** un basique à retenir impérativement, car il exprime toutes les formes d'accueil et d'écoute, qu'elles soient téléphoniques, médicales, commerciales, sociales, individuelles. Voici deux **ocorrências,** *cas* : **a central de atendimento,** *le service clientèle* ; **O médico atende às quartas e às sextas,** *Le docteur reçoit les mercredis et vendredis.*

**4** Au Brésil, la protection civile et le maintien de l'ordre sont assurés par la police en tenue, la **PM** *[pé-èmi]*, **Polícia Militar,** sous la houlette du **Ministério da Defesa,** *ministère de la Défense.* Les enquêtes judiciaires (sauf militaires) incombent à la **Polícia Civil,** qui dépend du **Ministério da Justiça,** *ministère de la Justice.*

**13** – Pois não, Sargento.
**14** – Acompanha **est**a senhora a**té** o dis**tri**to polici**al**
  pra fa**zer** um B.O.
**15** – A pé, Sargento?
**16** – **Cla**ro que não **Ca**bo Pe**rei**ra! ☐

\*\*\*

▶ Exercício 1 – Traduza
**❶** Eu acabei de comprar este telefone. **❷** Eu vou te
acompanhar até a delegacia. **❸** A senhora tem que avisar
a polícia. **❹** A minha bolsa está vazia. **❺** Você deve ter sido
roubada.

\*\*\*

Exercício 2 – Complete
**❶** On a cambriolé le magasin de chaussures ! Ils ont volé toutes les
  caisses.
  . . . . . . . . . . a loja de sapatos! . . . . . . . . todos os . . . . . . .

**❷** Un instant s'il vous plaît, je vais appeler le commissaire de police.
  Um . . . . . . . por . . . . . , eu vou . . . . . . o sargento.

**❸** Vous pouvez vraiment aller au poste d'accueil à pied.
  O senhor . . . . ir até o posto de . . . . . . . . . . . . . .
  mesmo.

**❹** J'ai oublié mon sac à main dans la voiture.
  Eu . . . . . . . . minha bolsa . . . . . . do carro.

**❺** Je veux prendre un jus de fruits, mais il n'y en a pas ici.
  Eu quero . . . . . um suco, . . . aqui . . . tem.

**13 –** À vos ordres, commissaire *(sergent)* ?
**14 –** Accompagnez cette dame jusqu'au commissariat
pour faire une main courante.
**15 –** À pied, commissaire *(sergent)* ?
**16 –** Bien sûr que non, agent *(caporal)* Pereira !

\*\*\*

Corrigé de l'exercice 1
❶ Je viens tout juste d'acheter ce téléphone. ❷ Je vais t'accompagner jusqu'au commissariat. ❸ Vous devez prévenir la police. ❹ Mon sac à main est vide. ❺ Vous avez dû être volée.

\*\*\*

Corrigé de l'exercice 2
❶ Assaltaram – Roubaram – caixas ❷ – momento – favor – chamar – ❸ – pode – atendimento a pé – ❹ – esqueci a – dentro – ❺ – tomar – mas – não –

**Ordem e Progresso**, Ordre et Progrès, *prône la devise positiviste au beau milieu du drapeau de cette république instaurée en 1889 par un coup d'État, et semble-t-il, sans bain de sang. Pourtant, le mode même d'occupation du territoire par le colonisateur, l'exploitation des peuples indigènes, la traite négrière, les multiples révoltes sociales ou indépendantistes, les régimes autoritaires, etc. ont ponctué de violence l'histoire du pays. Même si on brandit invariablement le masque d'une nation pacifique, sans hiérarchies et consensuelle, personne n'est à l'abri. Les plus exclus, y compris mineurs, y sont particulièrement exposés, stigmatisés et pris en étau entre des méthodes policières musclées et l'instrumentalisation perverse des trafiquants avec, en toile de fond,*

**62**

# Sexagésima segunda aula

## Banho de verdade [1]

**1** – **No**ssa, Guil**her**me! Por **on**de você an**da**va?
**2** – Jo**gan**do fute**bol** no **cam**po de a**re**ia.
**3** – Vai di**re**to pro [2] **ba**nho!
**4** – Já vou…
**5** – Não, vai já!
**6** – **Po**sso to**mar ba**nho de ban**he**ira?
**7** – Não, a **tu**a mãe já es**tá vin**do te pe**gar**.
**8**   E **na**da [3] de li**gar** o chu**ve**iro, sen**tar** na pri**va**da [4]…

### Notes

**1**  Vous avez remarqué que nous avons choisi **de verdade** pour traduire l'adjectif *vrai*, c'est-à-dire **verdadeiro**, *véritable*. **Na verdade** signifie *en vérité, en réalité*.

**2**  À l'instar de **pra** ou **para a**, *vers la/à*, **pro** est la forme abrégée de **para o**, *vers le/au*.

**3**  **nada**, *rien*, s'emploie dans nombre d'expressions dont **de nada**, *de rien* (lorsqu'on remercie) ; **nada disso**, *rien de cela, absolument pas* ; **nada de…**, *pas question de…*

*corruption et impunité, lit-on partout. Et la circulation illégale d'armes n'aide pas beaucoup, chacun s'inscrivant en justicier et victime poten- tiels. Pourtant, la population rejeta par référendum à 63,3 % le projet de contrôle des armes à feu. Matérialiser un ordre et un progrès effi- caces, légitimes et citoyens, s'avère donc un défi lancé aux institutions et à ce citoyen lambda que* **Sergio Buarque de Holanda** *immorta- lisa en 1936 – dans son œuvre fondatrice* Racines du Brésil *– sous le concept d'*homem cordial, *homme cordial, à savoir impulsif, mû par son cœur et ses émotions… viscéralement… à mort.*

Deuxième vague : 12ᵉ leçon

**62**

# Soixante-deuxième leçon

## Un vrai bain *(Un bain de vérité)*

1 – Ciel, Guilherme ! Où étais-tu passé ?
2 – Je jouais au foot sur le terrain de sable.
3 – File sous la douche *(Va tout-droit pour-le bain)*.
4 – J'y vais *(Déjà vais)*…
5 – Non, vas-y tout de suite !
6 – Je peux prendre un bain *(bain de baignoire)* ?
7 – Non, ta mère est en route [pour] venir te chercher.
8    Et pas question *(rien)* de faire couler la douche, [de] t'asseoir sur les WC…

4 **a privada**, comme son nom ne l'indique pas, désigne *les toilettes*, le lieu et l'équipement. Mais on entend plus souvent **o banheiro**, *le petit coin*, à ne pas confondre donc avec **a banheira**, *la baignoire*. **Tomar banho de banheira**, c'est donc *prendre un bain*. Et comment dit-on *prendre une douche/se doucher* ? **Tomar banho**, sans préciser dans la langue courante **de chuveiro**, car la plupart des salles d'eau sont équipées de seules douches !

**9** e fi**car len**do revistinha...

**10** de**pois** mo**lhar** os cabe**los** e fa**lar** que se la**vou**!

**11** – Vó [5]! **Pá**ra de pe**gar** no **meu** pé!

**12** A**té** parece que **eu fa**ço **i**sso!

**13** – Vo**cê**, a**in**da não fez [6], mas o **teu** pai **sem**pre fa**zi**a.

**14** – **Nun**ca se es**que**ça, vó, a ge**né**tica não é **tu**do.

**15** – O que fi**ze**ra **eu nu**ma **ou**tra **vi**da pra ter **fi**lho e **ne**to que me **dei**xam **qua**se **doi**da?

**16** **Ha**ja paci**ên**cia [7]!     □

---

**Notes**

**5** **vó**, forme abrégée du diminutif **vovó**, *mamie*, *mémé*, pour **a avó**, *la grand-mère*. Même chose au masculin : **vô**, forme abrégée du diminutif **vovô**, *papi*, *pépé*, pour **o avô**, *le grand-père*, auquel viennent respectivement s'ajouter les préfixes **bis-** ou **tris-**, voire **tatar-** : **o bisavô**, *l'arrière-grand-père* ; **o trisavô**, *l'arrière-arrière-grand-père* ; **o tataravô**, *l'arrière-arrière-arrière-grand-père*. Comme on porte souvent les mêmes noms et prénoms dans une même lignée, on ajoute au patronyme du petit dernier **Júnior**, abrégé en **Jr**, ou **Neto**, *petit-fils*, pour le distinguer de l'ancêtre. **Eu sou o Roberto da Silva Júnior**, *Moi je suis Roberto da Silva Fils/Junior*. Ce système n'existe que pour les garçons, vous ne rencontrerez pas de "**Roberta da Silva Neta**".

---

\*\*\*

▶ Exercício 1 – Traduza

❶ Estou tomando um banho de banheira. ❷ O Murilo tomou banho e saiu. ❸ O teu pai vai te pegar na casa do Cassiano. ❹ Seus cabelos estão meio molhados. ❺ Vai direto pro chuveiro!

**9**    et [de] rester à lire *(lisant)* des revues de BD *(petites-revues)*...

**10**   [pour] ensuite [te] mouiller [juste] les cheveux et dire que tu t'es lavé !

**11** – Mamie ! Arrête de m'embêter *(de me prendre le pied)* !

**12**   Comme si je faisais ça *(Ça a même l'air que je fais ça)* !

**13** – Toi, tu ne l'as pas encore fait, mais ton père le faisait toujours.

**14** – Mamie, n'oublie jamais [que] la génétique ce n'est pas tout.

**15**   [Mais] qu'est-ce que j'ai bien pu faire *(j'avais fait)* dans une autre vie pour avoir un fils et un petit-fils qui me rendent presque folle ?

**16**   Il en faut *(Qu'il y ait)* de la patience !

**6**   **fez**, *il fit* ou *il a fait*, est le passé simple du verbe irrégulier **fazer**, *faire*. La 1ʳᵉ personne est **fiz**, *je fis* ou *j'ai fait*, à partir de laquelle on formera plusieurs temps irréguliers : le plus-que-parfait **fizera**, les subjonctifs imparfait **fizesse** et futur **fizer**. Nous y reviendrons dans les révisions.

**7**   L'intérêt de l'exclamation **paciência!** est surtout d'ordre psychologique : c'est une onomatopée philosophique, une sorte de conseil que l'on s'adresse à soi-même dans les situations extrêmes, équivalant à *Restons calme !* ou *Courage !* À mettre en pratique si quelqu'un vous fait **perder a paciência**, *perdre patience*. Au Brésil, le fatalisme est une vertu première.

\*\*\*

## Corrigé de l'exercice 1

❶ Je suis en train de prendre un bain. ❷ Murilo s'est douché et il est sorti. ❸ Ton père va te prendre chez Cassiano. ❹ Tes cheveux sont à moitié mouillés. ❺ Va direct à la douche !

Exercício 2 – Complete

❶ Les enfants adorent rester à lire des revues de bandes dessinées.
.. ........ adoram ficar ..... revistinha.

❷ Arrête de faire comme si tu étais blessé !
.... de fazer .... se estivesse ........!

❸ Tu n'es pas encore sorti des toilettes ?
Você ..... não saiu do ........?

❹ Je vais manger ce gâteau et j'arrive tout de suite.
... comer .... bolo e .. vou.

❺ Pas question de rester les cheveux mouillés !
.... de ..... .. cabelhos ........!

**63**

# Sexagésima terceira aula

## Revisão – Révision

### 1 Conjugaison des verbes irréguliers

Nous nous arrêtons cette semaine sur les conjugaisons irrégulières, et notamment les formes qui servent de base à nombre de temps – le plus-que-parfait, les subjonctifs imparfait et futur – comme c'est le cas pour **fiz**, *je fis* ou *j'ai fait*, le passé simple du verbe irrégulier **fazer**, *faire*.

• fazer

| INDICATIF | Passé simple | Plus-que-parfait |
|-----------|--------------|------------------|
| eu | fiz | fizera |
| tu | fizeste | fizeras |
| ele/ela/você/o sr./a sra. | fez | fizera |
| nós | fizemos | fizéramos |
| vós | fizestes | fizéreis |
| eles/elas/vocês/os sres/as sras | fizeram | fizeram |

## Corrigé de l'exercice 2
❶ As crianças – lendo – ❷ Pára – como – machucado ❸ – ainda – banheiro ❹ Vou – este – já – ❺ Nada – ficar de – molhados

Deuxième vague : 13ᵉ leçon

**63**

# Soixante-troisième leçon

| SUBJONCTIF | Imparfait | Futur |
|---|---|---|
| eu | fizesse | fizer |
| tu | fizesses | fizeres |
| ele/ela/você/o sr./a sra. | fizesse | fizer |
| nós | fizéssemos | fizermos |
| vós | fizésseis | fizerdes |
| eles/elas/vocês/os sres/as sras | fizessem | fizerem |

• **trazer**
Le verbe **trazer**, *apporter*, fonctionne sur le même modèle, à partir de son passé simple : **trouxe**, *je portai, j'ai porté...*

| INDICATIF | Passé simple | Plus-que-parfait |
|---|---|---|
| eu | trouxe | trouxera |
| tu | trouxeste | trouxeras |
| ele/ela/você/o sr./a sra. | trouxe | trouxera |
| nós | trouxemos | trouxéramos |
| vós | trouxestes | trouxéreis |
| eles/elas/vocês/os sres/as sras | trouxeram | trouxeram |

| SUBJONCTIF | Imparfait | Futur |
|---|---|---|
| eu | trouxesse | trouxer |
| tu | trouxesses | trouxeres |
| ele/ela/você/o sr./a sra. | trouxesse | trouxer |
| nós | trouxéssemos | trouxermos |
| vós | trouxésseis | trouxerdes |
| eles/elas/vocês/os sres/as sras | trouxessem | trouxerem |

\*\*\*

▶ **Diálogo de revisão**

1 – Manhê!!!!
2   Rita, você viu a minha mãe?
3 – Ela saiu.
4 – Ela disse alguma coisa?
5 – Sim. Ela falou que ia ao cinema...
6   e que depois te pegava na casa da tua avó.
7 – E como eu vou até a casa da minha avó?
8 – Ela deixou o dinheiro para o ônibus e pediu que você tomasse cuidado.
9 – Legal. Tô indo, você pode dar este papel pra ela?
10 – "Mãe, não fui pra casa da vovó. Fui até a casa do Rui.
11   Vou ajudá-lo a preparar a festa.
12   Não esqueça de levar a minha roupa que está dentro da minha mala.
13   Um beijo, Murilo."
14 – Menino?! Você não vai comer? Tem bolo no forno.

*** 

Traduction

**1** Mman !!!! **2** Rita, tu as vu ma mère ? **3** Elle est sortie. **4** Elle a dit quelque chose ? **5** Oui. Elle a dit qu'elle allait au cinéma... **6** et qu'après elle passait te prendre chez ta grand-mère. **7** Et comment je vais jusque chez ma grand-mère [moi] ? **8** Elle a laissé l'argent pour le bus et demandé que tu fasses attention. **9** D'accord. J'y vais, tu peux lui donner ce papier ? **10** "Maman, je ne suis pas allé chez mémé. Je suis allé jusqu'à chez Rui. **11** Je vais l'aider à préparer la fête. **12** N'oublie pas d'apporter mes vêtements qui sont dans ma valise. **13** Bisou, Murilo." **14** Petit ?! Tu ne vas pas manger ? Il y a un gâteau dans le four.

Deuxième vague : 14ᵉ leçon

## Sexagésima quarta aula

### Prova [1] amanhã

1 – **Pron**to. Já estu**dei**.
2 A**go**ra a se**nho**ra **po**de to**mar** a **mi**nha li**ção**.
3 – Me dá o ca**der**no.
4 – Tó [2].
5 – Quem desco**briu** [3] o Brasil?
6 – Os portu**gue**ses [4].
7 – De **fa**to **e**ra um portu**guê**s e se cha**ma**va [5] **Pe**dro **Ál**vares Ca**bral**.
8 Em que **a**no foi desco**ber**to o Bra**sil**?
9 – No **a**no de mil e qui**nhen**tos (1500) [6].
10 – **On**de **fi**ca o Bra**sil**?
11 – **Per**to da Argen**ti**na.

### Notes

1 La traduction du nom **prova** – du verbe **provar**, *prouver*, *essayer*, *goûter* – navigue entre *preuve* et *épreuve* : **prova de amor**, *preuve d'amour* ; **prova de vestimento**, *essayage d'un vêtement* ; **prova escolar**, *examen scolaire* ; **prova culinária** ou **prova de comida**, *test culinaire*, sans oublier **a toda prova**, *à toute épreuve*.

2 Ne confondez pas **tô**, forme abrégée de **estou**, et **tó**, forme abrégée de **toma**, *prends*, *tiens*, *attrape*. Notez l'expression **Toma lá dá cá**, *donnant donnant* (littéralement "Prends là donne ici").

3 **descobriu**, *découvrit*, passé simple du verbe **descobrir**. Le o du radical se transforme en **u** à la 1re personne du présent de l'indicatif, au subjonctif présent et à l'impératif ; c'est aussi le cas pour les verbes **cobrir**, *couvrir* ; **dormir**, *dormir* ; **engolir**, *avaler* ; **tossir**, *tousser*, etc. On traduit *la découverte du Brésil* par **o descobrimento do Brasil**, même si l'acte officiel de "naissance" du Brésil, la lettre de Pero Vaz de Caminha, utilise l'expression

# Soixante-quatrième leçon

## Demain il y a contrôle *(Épreuve demain)*

**1** – Voilà. Ça y est, j'ai révisé *(Déjà étudiai)*.
**2**   Maintenant, vous pouvez me poser des questions *(prendre ma leçon)*.
**3** – Donne-moi ton cahier.
**4** – Tenez.
**5** – Qui a découvert le Brésil ?
**6** – Les Portugais.
**7** – C'était effectivement un Portugais, et il s'appelait Pedro Álvares Cabral.
**8**   En quelle année le Brésil a-t-il été découvert ?
**9** – En l'an mille cinq cents (1500).
**10** – Où se trouve le Brésil ?
**11** – Près de l'Argentine.

achamento do Brasil, de **achar**, *trouver*. En revanche, *la découverte, l'invention* se dit **a descoberta**, voire **um achado**, *une trouvaille*.

**4**  On met une majuscule aux noms relevant de la sphère géographique, donc aux pays et aux continents, mais pas aux noms de peuples : **Há muitos americanos nas Américas, isto é, no Continente Americano**, *Il y a beaucoup d'Américains aux Amériques, c'est-à-dire sur le continent américain*.

**5**  **chamar-se**, forme pronominale de **chamar**, *appeler*. On l'entend souvent au sens de *convoquer quelqu'un, proposer un poste* : **O Ministro chamou a Embaixadora para ser Secretária de Estado**, *Le ministre a proposé le poste de secrétaire d'État à l'ambassadrice*.

**6**  En matière de date, l'année est toujours précédée de la préposition **de**. **Mil**, *mille*, est relié aux nombres qui le suivent par **e**, *et* : **dois mil e duzentos**, *deux mille deux cents*. Les dates sont précédées de la préposition **em**, *en* : **Em 4 de janeiro de mil e quinhentos**, *Le 4 janvier 1500*.

**12** – Ai, ai, ai! No hemis**fé**rio Sul do Conti**nen**te Ameri**ca**no.

**13** – Na Amé**ri**ca do Sul.

**14** – Exce**len**te! Qual é o **no**sso **cli**ma?

**15** – Tropi**cal**.

**16** – Qual mais? [7]

**17** – **O**ra bo**las** [8], se é um pa**ís** tropi**cal**, o **cli**ma só **po**de ser tropi**cal**!

**18** – **Na**da **di**sso. **Te**mos **se**is **cli**mas dife**ren**tes no pa**ís**.

**19** – E **qua**is são?

**20** – Vai estu**dar** ga**ro**to [9]! ☐

**Notes**

**7** Notez la légère nuance entre **Qual mais?**, *Quel autre ?* et **Que mais?**, *Quoi d'autre ?*

**8** **Ora bolas!** est une interjection très usuelle qui exprime un certain mécontentement : **Ora bolas!**, *Et quoi encore !* **Ora** tout seul se traduit par *or, soit* ; quant à **bola** qu'on traduit surtout par *balle* ou *ballon*, sans oublier les **bolas de gude**, *billes*, on le retrouve dans certaines expressions comme **não dar bola**, *ne pas prêter attention à quelqu'un.*

**9** **um garoto** désigne soit un délicieux gros bonbon au chocolat bien connu de tous les Brésiliens, soit *un gamin, un gosse, un jeune adolescent* (et fait dans ce cas **garota** au féminin).

\*\*\*

▶ Exercício 1 – Traduza

**❶** O Brasil fica no Continente Americano. **❷** Eu tenho prova de história do Brasil amanhã. **❸** Pedro Álvares Cabral descobriu o Brasil no ano de mil e quinhentos. **❹** Este país tem climas diferentes. **❺** No Sul do Brasil, perto da Argentina, faz frio.

**12 –** Aïe, aïe, aïe ! Dans l'hémisphère sud du continent
américain.

**13 –** En Amérique du Sud.

**14 –** Excellent ! [Et] quel est notre climat ?

**15 –** Tropical.

**16 –** Mais encore *(Quel plus)* ?

**17 –** Eh bien *(Or boules)*, si c'est un pays tropical,
le climat ne peut être que tropical !

**18 –** Pas du tout *(Rien de-cela)*. Nous avons six climats
différents, dans le pays.

**19 –** Et quels sont-ils ?

**20 –** Va réviser, petit *(gamin)* !

\*\*\*

Corrigé de l'exercice 1

❶ Le Brésil se trouve sur le continent américain. ❷ J'ai un contrôle
d'histoire du Brésil demain. ❸ Pedro Álvares Cabral a découvert le
Brésil en mille cinq cents. ❹ Ce pays a différents climats. ❺ Dans le
sud du Brésil, près de l'Argentine, il fait froid.

## Exercício 2 – Complete

❶ Cet enfant, en effet, ne travaille *(étudie)* pas beaucoup.
Este menino, .. .... não ...... muito.

❷ Ma mère me fait toujours réviser lorsque j'ai interro.
A minha mãe ...... toma a ..... lição ...... eu
tenho ......

❸ Il existe plusieurs climats sur un même continent.
Existem ...... ...... num ..... Continente.

\*\*\*

**"Quem foi quem inventou o Brasil?
Foi seu Cabral, Foi seu Cabral!
No dia 21 de abril,
Dois meses depois do Carnaval!"**

*Oui, vous avez bien compris : le Brésil n'a été ni trouvé (**achado**),
ni découvert (**descoberto**), mais inventé ("**inventou**") le 21 avril…
dixit la **marchinha**, marche de carnaval composée en 1934 par
**Lamartine Babo** ! Il serait donc l'invention prématurée (la date officielle étant le 22) post-carnavalesque du Colonisateur portugais dont
le fantasme (amour, gloire et beauté…) ne cessera ensuite de se dé-
cliner en mythe collectif lyrique au fil de 500 ans. Dès lors, malgré*

❹ Le père de Zélia était portugais et s'appelait José Pedro da Silva.
O pai .. Zélia ... português e .. ....... José Pedro da Silva.

❺ Quand la voiture a été volée, on était en train de réviser *(étudier)*.
Quando o carro ... ....... ... estávamos .........

Corrigé de l'exercice 2
❶ – de fato – estuda – ❷ – sempre – minha – quando – prova
❸ – vários climas – mesmo – ❹ – da – era – se chamava – ❺ – foi roubado – nós – estudando

\*\*\*

*quelques sérieux bémols, explorateurs, religieux, marchands, peintres, poètes, aventuriers, militaires, scénaristes, etc. n'auront cesse de se lever pour cet Éden tropical. Qu'en pensèrent les principaux intéressés, les quelque 1400 tribus indiennes nomades vivant de la cueillette, de la pêche et de la chasse sur la Terre des Perroquets ? Forcés de couper et de transporter sur leur dos le* brésillet, **le pau-brasil,** *en échange de miroirs et autres quincailleries, avec quelques maladies en prime, beaucoup préférèrent s'enfuir ou se suicider, ouvrant la voie au trafic d'une nouvelle main-d'œuvre plus résistante : les esclaves amenés de force d'Afrique.*

Deuxième vague : 15ᵉ leçon

## Sexagésima quinta aula

▶ **Isto** [1] **aqui é um pouquinho de Brasil** [2]

**1 –** O português **P**edro **Á**lvares **Ca**bral, che**ga**ndo **per**to de **te**rras com i**men**sos coquei**rais** [3],

**2** não aguen**tou** de emo**ção** e gri**tou:**

**3** "**Te**rra à **vis**ta!!!"

**4** Em **te**rra **fir**me, um **ou**tro portu**guês**, **Pe**ro Vaz de **Ca**minha, escre**veu u**ma **car**ta ao rei, Dom João VI (**Se**xto) [4],

**5** con**tan**do-lhe [5] da ri**que**za [6] e da mão de **o**bra que por a**qui** pai**ra**vam.

**6** De**pois** os **pa**dres vie**ram** [7] **pa**ra **Te**rra de **San**ta Cruz **pa**ra catequi**zar** os **ín**dios;

---

📖 Notes

**1** *isto*, *cela, ça*, est le pronom démonstratif neutre (les masculin et féminin étant respectivement **este**, *ce, cet, celui-ci* et **esta**, *cette, celle-ci*). Il est souvent employé dans l'expression **isto é**, *c'est-à-dire*. À l'opposé de **isto aqui**, littéralement *"ceci ici"*, **aquilo lá**, *"ça là-bas"*.

**2** Alors que le nom du pays est toujours précédé de l'article, **o Brasil**, il est ici employé sans. C'est que l'on se réfère non plus à un pays matériel, géographique et humain, mais à une entité, une sorte de concept très marqué, qui va bien au-delà, émotionnellement et affectivement.

**3** **coqueirais**, pluriel de **coqueiral**, désigne une grande plantation de **coqueiros**, *cocotiers*. Sur le même modèle : **o bananal** *la bananeraie* (de **banana**, *banane*), **o canavial**, *la plantation de canne à sucre* (de **cana**, *canne*) ; **o arrozal**, *la rizière* (de **arroz**, *riz*), **o cafezal**, *la plantation de café*. À noter, dans la même famille que **o coco**, *le coco, la noix de coco*, la délicieuse **cocada**, friandise à base de noix de coco, soit nature, soit **queimada**, *caramélisée*.

# Soixante-cinquième leçon

## Ceci est un petit peu de Brésil

**1 –** Le Portugais Pedro Álvares Cabral, approchant de
*(arrivant près de)* terres [couvertes] *(avec)* d'immenses
plantations de cocotiers,

**2** fut submergé *(ne supporta pas)* d'émotion et s'écria *(cria)* :

**3** "Terre en *(à)* vue !!!"

**4** Sur la terre ferme, un autre Portugais, Pero Vaz de
Caminha, écrivit une lettre au roi *(Dom)* Jean VI,

**5** lui contant *(de)* la richesse et *(de)* la main-d'œuvre
abondantes *(qui par ici affleuraient)*.

**6** Ensuite arrivèrent les prêtres *(vinrent les pères)* [jusqu']à
la Terre de Santa Cruz, pour évangéliser les Indiens ;

---

**4** Les chiffres figurant dans les noms de rois s'écrivent en chiffres romains,
et se lisent comme des ordinaux jusqu'à dix : **Dom João VI** (**sexto**, *le
sixième*), mais **Luis XV** (**quinze**, *quinze*).

**5** Le pronom personnel indirect **lhe**, *lui*, correspond à la 3e personne,
même si on l'utilise pour **você** (*toi, à toi*). Placé tantôt après, tantôt avant
le verbe, il a la même forme au masculin et au féminin et prend un **-s** au
pluriel.

**Eu disse-lhes que não estava em casa.**
*Je leur ai dit qu'il n'était pas à la maison.*
**Eu não lhe disse que falava português?**
*Je ne t'ai pas dit qu'il parlait portugais ?*

**6** L'addition du suffixe **-eza** à certains qualificatifs permet de bâtir nombre
de noms féminins assimilables aux noms français en "-té" : **a clareza**
(**claro** + **eza**), *la clarté* ; **a pureza** (**puro** + **eza**), *la pureté* ; **a pobreza**
(**pobre** + **eza**), *la pauvreté*, etc.

**7** **vieram**, ici passé simple de **vir** : *ils vinrent, ils sont venus*. Le contexte
vous aidera à le distinguer du plus-que-parfait **vieram**, *ils étaient venus*.

**7** e os afri**c**anos **pa**ra aju**dar** a explo**rar** [8] as
**ri**cas **te**rras brasi**lei**ras, **jun**to **a**os **ín**dios, como
tra**ba**lho for**ça**do.

**8** Tam**bém** vi**e**ram **ou**tros euro**pe**us: holan**de**ses,
in**gle**ses, fran**ce**ses [9]...

**9** ... **mas fo**ram em**bo**ra.

**10** **Tu**do co**rri**a bem **pa**ra a **cor**te portu**gue**sa

**11** a**té** que o **fi**lho do rei, fu**tu**ro impera**dor**, o
en**tão** mo**ci**nho **Pe**dro,

**12** resol**veu** fi**car** e tor**nar** o Bra**sil** indepen**den**te. □

---

📑 : Notes

**8** En portugais, **explorar** désigne à la fois le fait d'*explorer* et d'*exploiter*.

**9** Rappel : les noms de peuple (**português, brasileiro, inglês, francês**, etc.)
commencent par une minuscule.

\*\*\*

▶ Exercício 1 – Traduza

❶ O João e o Pedro também vieram de Portugal. ❷ Os
índios e os africanos faziam trabalho forçado. ❸ A praia
estava uma delícia até começar a chover. ❹ Os padres
portugueses catequizaram os índios brasileiros. ❺ Esta
terra é muito rica, disse o rei.

\*\*\*

Exercício 2 – Complete

❶ Les terres brésiliennes ont été exploitées par les Portugais.
As ...... ........... foram .......... .....
portugueses.

❷ Les prêtres n'ont pas d'enfants.
Os ...... não ... filhos.

❸ On va écrire une lettre au roi, pour raconter que nous sommes
arrivés.
..... ........ uma carta .. rei, para ...... que .........

**7** et les Africains pour aider à exploiter les riches terres brésiliennes avec les Indiens, sous la forme de *(comme)* travaux forcés.

**8** D'autres Européens vinrent également : des Hollandais, des Anglais, des Français...

**9** ... mais ils repartirent *(s'en allèrent)*.

**10** Tout allait *(courait)* bien pour la cour portugaise,

**11** jusqu'à ce que le fils du roi, [le] futur empereur *(le)* Pedro, alors tout jeune homme,

**12** décide *(décida)* de rester [sur place] et de rendre le Brésil indépendant.

TERRA À VISTA !!!

Corrigé de l'exercice 1

❶ Jean et Pierre sont aussi venus du Portugal. ❷ Les Indiens et les Africains faisaient du travail forcé. ❸ La plage était un délice jusqu'à ce qu'il commence à pleuvoir. ❹ Les prêtres portugais ont évangélisé les Indiens brésiliens. ❺ Cette terre est très riche, a dit le roi.

\*\*\*

❹ Ces plantations de cocotiers sont belles, et je déborde d'émotion.

Estes .......... são lindos e .. não ....... de .......

❺ Le tout jeune homme d'alors, Mario, qui est aujourd'hui ton grand-père, était hollandais.

O ..... ....... Mario, que .... . teu avô, ... .........

Corrigé de l'exercice 2

❶ – terras brasileiras – exploradas pelos – ❷ – padres – têm – ❸ Vamos escrever – ao – contar – chegamos ❹ – coqueirais – eu – aguento – emoção ❺ – então mocinho – hoje é – era holandês

*Colonisation, esclavage, monarchie : suite et fin quelques siècles plus tard… En 1808, la cour portugaise – soit près de 15 000 individus – , fuyant avec armes et bagages l'occupation napoléonienne, s'installe à* **Rio de Janeiro**. *Après avoir repris, en 1821, les rênes du pouvoir au roi* **Dom João VI**, *colonisateur en chef, son fils, le prince régent* **Pedro**, *soutenu par des intérêts divers et variés, dont une vaste pétition, fait, le 9 janvier 1822, acte de rébellion en lançant aux Cortès portugaises qui le somment de rentrer au pays, un résolu "***Digam ao povo que fico***", passé à la postérité sous l'appellation "***Dia do Fico***" (le jour du "je reste"). Le 7 septembre 1822, c'est son fameux cri (primal) d'***Ipiranga** "***Independência ou Morte!***", qui marque l'indépendance politique… moyennant finance (2 millions de livres sterling prêtés par l'Angleterre et versés à l'ex-mère patrie). En 1831,* **Pedro I**,

**66**

# Sexagésima sexta aula

*La série de leçons qui suit présente différents accents et façons de parler régionaux. Les personnages de ce dialogue ont l'accent très particulier du Minas Gerais : nombre de lettres sont avalées, notamment le* s *et le* r *en fin de mot. Nous les remplaçons par une apostrophe.*

## Dia de eleição

**1 – Coi**sa **bo**a, sô ¹!

 : Note

**1** **sô**, avec ici valeur d'interjection (*tiens*, *té*, etc.), est la forme abrégée de **senhor**, à l'instar de **ocê** pour **você**, **muié** pour **mulher**, très courantes dans le Minas Gerais, sans oublier **uai**, *eh bé, ben,* interjection fourre-tout incontournable, qui s'adapte au contexte ou qui, au contraire, vise à le renforcer, telle une surenchère. Les parlers *mineiros* font souvent l'objet de plaisanteries. Le plus caractéristique se distingue par une prononciation où l'on avale ou inverse les syllabes ou les lettres (le **r** ou le **s** final) : **dexovê** pour **deixa eu ver**, *laisse-moi voir*, **chuvenu** pour **chovendo**,

désormais empereur et défenseur perpétuel du Brésil, abdique en faveur de son fils, âgé de 5 ans. En arrière-plan, le mouvement de lutte contre l'esclavage prend corps. Dès 1850, la loi Eusébio de Lima interdit la traite. Puis, en 1871, la loi du Ventre Libre affranchit les nouveaux-nés et en 1881, c'est le tour des sexagénaires. Mais c'est la princesse Isabel qui y met fin dans les textes, par la loi Aurea, le 13 mai 1888. Cette abolition parachève la chute de la monarchie, elle aussi, importée. Un coup d'État aboutit à la proclamation de la république des États-Unis du Brésil en novembre 1889. L'empereur s'exile à Paris où il mourra.

Deuxième vague : 16e leçon

**66**

# Soixante-sixième leçon

## Jour de vote

**1** – Quel délice, té !

DIA DE ELEIÇÃO

*pleuvant*, etc. ou la formation de diphtongue avant **-s** ou **-z**, par exemple **arroiz** pour **arroz**, **treis** pour **três**, **nóis** pour **nos**, ce dernier phénomène phonétique étant déjà observable à São Paulo.

**2** De**pois** de ama**nhã** [2] é fe**ria**do nacio**nal** [3], **va**mo' acor**da**' bem **tar**de,

**3** to**ma**' um ca**fé** com **lei**te **quen**te, do bem bom,

**4** e de**pois** **va**mo' pa**ss**a' o **di**a na cacho**ei**ra.

**5** – E '**ocê** não vai vo**ta**', não?!

**6** De**pois** de ama**nhã** é fe**ria**do por**que** é **di**a de elei**ção**.

**7** – **Va**mo' justi**fi**ca' mui**é**.

**8** – Não. **Eu** pre**fi**ro i' pra ci**da**de vo**ta**'.

**9** **Úl**tima vez que resol**ve**mo' justi**fi**ca' o **vo**to

**10** esque**ce**mo' e ti**ve**mo' que pa**ga**' **mu**'ta.

**11** Nois vota. De**pois**, com o comprovan**te** [4] nas mão,

**12** nóis co**me**mo' tu**tu** [5] por lá e **va**mo' a**té** a **ca**sa da Car**li**nha.

**13** – **Va**mo' cha**ma**' a An**dré**ia e o Dir**ce**u pra i' co**nos**co.

**14** – A An**dré**ia **fa**la **mui**to, sô.

**15** – Uai ! O**cê** sem**pre** **di**sse que ela é **mui**ta sim**pá**tica!

**16** – Vai lá! Con**vi**da **e**les [6].

---

: Notes

**2** Petit rappel pour vous repérer dans le temps : **anteontem**, *avant-hier* ; **ontem**, *hier* ; **hoje**, *aujourd'hui* et **amanhã**, *demain*, à ne pas confondre avec **a manhã**, *le matin*, ni **amanhã de manhã**, *demain matin*. Si besoin, précisez le moment de la journée avec **de manhã**, *du matin*, ou **à noite**, *du soir*, ou encore **de noite**, *de nuit* : **domingo de manhã**, *dimanche matin* ; **amanhã à noite**, *demain soir* ; **ontem à noite**, *hier soir* ; **sexta à noite**, *vendredi soir*, etc.

**3** **nacional**, *national*, désigne tout ce qui est **bem brasileiro**, *bien brésilien*. Parmi la dizaine de **feriados nacionais**, *jours fériés nationaux*, nous retiendrons : **Carnaval** (date fluctuante, équivalant à notre Mardi Gras), **Tiradentes** (**21 de abril**, *21 avril*), **7 de setembro**, *7 septembre* (**dia**

**2** Après-demain, c'est [un jour] férié national, on va [pouvoir] se réveiller bien tard,

**3** prendre un bon café au lait bien chaud *(un café au lait chaud, du bien bon)*,

**4** et ensuite on va passer la journée à la cascade.

**5** – Et tu vas pas voter *(non)* ?!

**6** Après-demain, c'est férié parce que c'est jour d'élection[s].

**7** – On se fera excuser, ma belle *(femme)*.

**8** – Non. Je préfère aller en ville voter.

**9** La dernière fois que nous avons décidé *(résolu)* de justifier [notre absence de] vote,

**10** nous avons oublié [de le faire] et nous avons dû payer l'amende.

**11** On vote. Après, une fois *(avec)* l'attestation en main,

**12** on mange *(nous mangeons)* un *tutu* dans le coin *(par là-bas)* et on va chez Carlinha.

**13** – On va proposer à *(appeler)* Andréia et Dirceu de venir avec nous.

**14** – Andréia parle beaucoup, té.

**15** – Ben ! T'as toujours dit qu'elle était *(est)* très sympathique !

**16** – Bon d'accord *(Vas-y)* ! Invite-les *(eux)*.

---

nacional, *fête nationale*, **Independência do Brasil**, *Indépendance du Brésil*, **N. Sra Aparecida**, patronne (officieuse) du Brésil laïque (**12 de outubro**, *12 octobre* qui est aussi la *fête des Enfants*, **Dia da Criança**), **Proclamação da República**, *Proclamation de la République* (**15 de novembro**, *15 novembre*).

**4** o comprovante signifie aussi *le justificatif comptable* (au sens de la preuve).

**5** Autre spécialité **mineira**, le **tutu**, plat à base de haricots et de farine de manioc. Son homonyme un tantinet argotique signifie *fric*.

**6** Ici, la forme correcte aurait été **os**, mais ce type d'erreur est courant dans le parler populaire.

**17** – Vou convi**dá e**les tam**bém** pra **dor**mi' a**qui**.
**18**   **Pron**to! Já convi**dei**.                                  □

***

▶ Exercício 1 – Traduza
   ❶ Amanhã é dia de eleição. Vamos votar. ❷ Este arroz
   estava do bem bom. ❸ Vamos chamá-los para ir à cachoeira
   conosco? ❹ Que coisa boa esse tutu do restaurante do
   Dirceu! ❺ Até que a Andréia é simpática.

***

Exercício 2 – Complete
❶ On va voter, et ensuite on profite *(profiter)* de la journée à la
   plage.
   Vamos ....., e depois .......... o dia na ......

❷ Tu as toujours dit que tu préférais le restaurant de Carlinha.
   Você ...... ..... que ........ o restaurante ..
   Carlinha.

❸ Si tu l'invites (lui), j'appelle Andréa et je l'invite aussi.
   Se você . convidar, eu ligo .... . Andréa e
   convido ... também.

***

*Dès 1821, les futurs Brésiliens furent appelés aux urnes pour dési-*
*gner leurs représentants aux Cortès portugaises… à condition de*
*n'être ni esclaves, ni femmes (elles attendront 1934), ni Indiens*
*(leur premier député, le célèbre* **Juruna***, sera élu en 1982). Pas de*
*vote non plus pour le clergé, malgré des liens tels entre l'Église et*
*l'État que certaines élections se déroulent jusque dans les églises. En*
*1891, la Constitution marqua, en principe, la séparation institutionnelle.*
*Aujourd'hui, le suffrage est direct – y compris pour le scrutin pré-*
*sidentiel, suite à la vaste pression populaire de 1984, connue sous*
*le nom de* **Diretas Jà!** *(Des élections directes tout de suite !). Les*
*scrutins sont souvent regroupés sur une même journée : président*
*de la République (au niveau de l'État fédéral), gouverneurs (au ni-*

**17** – Je vais aussi les inviter à dormir ici.
**18** Et voilà ! Ça y est, je les ai invités.

\*\*\*

Corrigé de l'exercice 1
❶ Demain c'est jour d'élections. On va voter. ❷ Ce riz était super.
❸ On les appelle pour aller à la cascade avec nous ? ❹ Qu'est-ce que
c'est bon, ce tutu du restaurant de Dirceu ! ❺ Andréia serait même
sympathique.

\*\*\*

❹ Demain c'est férié, et on va passer la journée chez Dirceu.
   Amanhã é ....... e vamos ...... o ... ...... do
   Dirceu.

❺ On va en ville, ou à la cascade ?
   ..... ... cidade ou ... .........?

Corrigé de l'exercice 2
❶ – votar – aproveitar – praia ❷ – sempre disse – preferia – da –
❸ – o – para a – ela – ❹ – feriado – passar – dia na casa – ❺ Vamos
pra – pra cachoeira

\*\*\*

*veau des unités de la Fédération ou États, et du District fédéral),*
**prefeitos**, *maires (au niveau des* **municípios**, *communes) et leurs*
**vices**, *suppléants,* **deputados**, *députés (aux niveaux fédéral, des*
*États fédérés ou du District),* **senadores**, *sénateurs, et* **vereadores**,
*conseillers municipaux. Si on ne se déplace pas pour voter, il faut*
*avoir un bon motif et le* **justificar** *"justifier" administrativement en*
*bonne et due forme, car le vote est obligatoire, au risque de ne pas*
*toucher pensions, indemnités, et autres subsides, ou de se voir privé*
*de la délivrance de papiers d'identité, de l'accès à des concours ou*
*postes publics, et payer une amende.*

Deuxième vague : 17ᵉ leçon

# Sexagésima sétima aula

*Le dialogue d'aujourd'hui fait parler le Nordeste. Nous marquons à nou-*
*veau l'élision par une apostrophe. C'est un exercice utile, car, au Brésil,*
*vous ne manquerez pas d'entendre différents parlers. Autant vous faire*
*l'oreille dès à présent ! Ne vous inquiétez pas, vous n'aurez aucune diffi-*
*culté à comprendre et à retrouver les lettres manquantes.*

## Festas Juninas

1 – "**Pu**la a fo**gue**ira, iô, iô...
2    **Pu**la a fo**gue**ira, iá, iá...
3    Cui**da**do **pa**ra não se quei**ma**'¹...
4    **O**lha que a fo**guei**ra já quei**mou** o **me**u a**mo**'!"
5 – Já tá che**gan**do!
6    **O**lha a **pla**ca: Carua**ru** – **vin**te ki**lô**metro'.
7 – **Vi**xi Ma**ri**a! **Nu**m 'guento mais!
8    **Nu**m **ve**jo a **ho**ra de to**ma**' um quen**tão**
   da**que**le'!
9 – **Vi**xi bi**chi**nha! Tu² tá pare**cen**do **doi**da!
10 – Tô não. Tu que tá **mu**ito **mo**le.
11    Num vai nem 'guen**ta**' dan**ça**' a qua**dri**lha.
12 – Tá **doi**da? Qua**dri**lha **eu** num **dan**ço di **je**ito
   ne**nhu**m!
13 – En**tão** eu **dan**ço com o Ed**nei**.
14 – Oh! **Po**de dan**ça**' com quem tu qui**se**'! **Eu** é que
   num **dan**ço!

---

: Notes

1   Notez tout d'abord la place du pronom personnel réfléchi **se** : devant le
    verbe en raison de la négation. Il s'agit ici de la 3ᵉ personne, que l'on tra-
    duira par *te*, par assimilation à **você**. À la 2ᵉ personne, on entend souvent
    te : Já te falo, *Je te le dis tout de suite.*

# Soixante-septième leçon

## Fêtes de juin

**1 –** "Saute [par-dessus] le feu, iô, iô...
**2** Saute [par-dessus] le feu, ia, ia...
**3** Attention de *(pour)* ne pas te brûler...
**4** Tu sais *(Regarde)*, le feu a déjà brûlé mon amour !"
**5 –** On arrive !
**6** Regarde la pancarte : Caruaru – vingt kilomètres !
**7 –** Sainte vierge ! Je n'en peux plus !
**8** J'vois pas l'heure de boire un bon vin chaud *(un de ces "quentão")* !
**9 –** Sacrée coquine ! T'as l'air toute folle !
**10 –** Moi non. C'est toi qu'es un vrai mollasson.
**11** Tu vas même pas pouvoir danser le quadrille.
**12 –** Ça va pas la tête *(T'es cinglée)* ? Le quadrille, de toute façon, il est pas question que je l'danse !
**13 –** Dans ce cas *(Alors)* j'vais danser avec Ednei.
**14 –** Oh ! Tu peux danser avec qui tu veux ! C'est moi qui danse pas !

**2** Dans le sud du pays et dans le Nordeste on emploie plutôt **tu** que **você** ; **tu** sera suivi de la 2e personne du singulier.

**15** – E **eu** é que num **fi**co sem dan**ça**'.

**16**   São ³ **Pe**dro que me per**doe** ⁴,

**17**   mas se **meu** ma**ri**do num **dan**ça, **eu dan**ço!

**18**   **Mes**mo se **fo**r um for**ró** da**que**les bem arre**ta**do!

□

**Notes**

**3**  Devant les mots qui commencent par une voyelle ou un **h**, on emploie **santo**, *saint*, et dans les autres cas, **são**. No Estado de São Paulo três cidades - Santo André, São Bernardo e São Caetano - formam o ABC, *Dans l'État de São Paulo, trois villes forment l'ABC : Santo André, São Bernardo et São Caetano.*

**4**  **perdoe**, subjonctif présent de **perdoar**, *pardonner*, peut être suivi d'un complément direct ou indirect (introduit par **a**, *à*). Contrairement aux

\*\*\*

▶ Exercício 1 – Traduza

**❶** Cuidado pra não se queimar com a fogueira. **❷** Até Caruaru faltam cinquenta kilômetros. **❸** Esta festa junina foi demais, mas faltou o quentão. **❹** Quando tu quiseres podemos dançar a quadrilha. **❺** O meu marido não quer dançar forró comigo.

\*\*\*

Exercício 2 – Complete

**❶** Je ne vois pas l'heure d'arriver à la fête et de danser avec toi.
Eu não .... . hora .. chegar .. festa e dançar ... você.

**❷** Que mon mari me pardonne, mais je vais boire son *quentão*.
Meu marido ... me ......, mas eu vou ..... o quentão .....

**❸** Vois si tu sautes plus haut. Tu es trop mollasson.
Vê se .... mais ..... Você está muito .....

**15 –** Et moi, pas question que j'reste sans danser !
**16** Que saint Pierre me pardonne,
**17** mais [même] si mon mari ne danse pas, moi je danse !
**18** Même si c'est un de ces *forrós* bien trempé !

apparences, ce verbe est régulier, de même que d'autres verbes parmi les plus courants : **aperfeiçoar**, *perfectionner* ; **atordoar**, *étourdir* ; **coroar**, *couronner* ; **desabotoar**, *déboutonner* ; **enjoar**, *écœurer* ; **soar**, *sonner* au sens de *émettre un son* (et non pas *sonner* comme la cloche, qui se dit **tocar**).
**Estou atordoada, o telefone não pára de tocar.**
*Je suis toute étourdie, le téléphone n'arrête pas de sonner.*

\*\*\*

## Corrigé de l'exercice 1

❶ Attention à ne pas te/vous brûler avec la flambée. ❷ Jusqu'à Caruaru, il y a encore cinquante kilomètres. ❸ Cette fête de juin était trop, mais il a manqué le quentão. ❹ On peut danser le quadrille quand tu veux. ❺ Mon mari ne veut pas danser le forró avec moi.

\*\*\*

❹ Cherche un panneau, pour voir si on arrive.
....... uma ..... pra ver .. já ....... ........

❺ Attention de ne pas te brûler.
....... .... não se queimar.

## Corrigé de l'exercice 2

❶ – vejo a – de – na – com – ❷ – que – perdoe – tomar – dele ❸ – pula – alto – mole ❹ Procura – placa – se – estamos chegando ❺ Cuidado para –

*On célèbre dans tout le Brésil les* **Festas Juninas** *(de* **joanina** *ou de* **junho**, *juin), qui s'articulent autour de trois saints :* **Santo Antônio**, **São Pedro** *et* **São João**. *Entre autres festivités, feux de la Saint-Jean, quadrille et un bon* **quentão** *pour arroser le tout. C'est une sorte de vin chaud à base de cachaça, d'eau, de sucre, de zestes d'orange et de citron, de gingembre, de clous de girofle,* **cravo da Índia** *en portugais, et de cannelle, auquel on ajoute ensuite une pomme coupée en petits morceaux (pour les enfants, eux aussi de la fête, même chose, la cachaça en moins). En termes de notoriété, celle de* **Caruaru**, *dans l'État du* **Pernambuco**, *l'emporte haut la main. Cette ville est également la*

**68**

## Sexagésima oitava aula

*Aujourd'hui, une leçon avec l'accent carioca (de Rio).*

▶

### Da Tijuca à Urca

1 – **Psi**u! **Mo**ço! Ô, **mo**ço!
2 Você pode**ri**a me dar **u**ma informa**ção**?
3 Tô perdi**do**na ¹.
4 Pre**ci**so ir pra **Ur**ca,
5 mas **eu** não **te**nho a me**nor** ² i**dei**a **co**mo é que **eu che**go lá.
6 – Mas vo**cê** tá per**di**da **me**smo, aí!
7 **Dei**xa **eu** ver **co**mo é que **eu po**sso te expli**car**...

📑 Notes

¹ **perdidona** est un augmentatif formé à partir de **perdida**, *perdue*, participe passé de **perder**, *perdre*. On le forme en ajoutant au radical le suffixe **-ona**, qui a une connotation légèrement péjorative. On peut également former cette forme d'augmentatif à partir d'adjectifs et de substantifs : **choro**, *pleur* ; **chorão**, *pleurnichard* (ou *saule pleureur !*), et son féminin **chorona**.

² **menor** est le comparatif de supériorité de **pequeno**, *petit*, à ne pas confondre avec **o menor**, *le mineur* (individu qui n'a pas sa majorité), ni avec **menos**, *moins*. Le comparatif de son contraire **grande**, *grand*, est

**capital do forró**, capitale du forró – *une danse en couple accompagnée d'un accordéon, d'un triangle, et d'un tambour – et un grand centre d'artisanat populaire ; elle a ainsi vu naître un célèbre céramiste,* **Mestre Vitalino***. Dans les années 1940, celui-ci a fait connaître dans le monde entier la culture populaire nordestine à travers des petites figurines en terre, souvent peintes, les* **bonecos***, mises en scène dans le quotidien local, fêtes, traditions, arts et métiers, etc. Cet art aujourd'hui reconnu s'expose à Rio, au musée* **Casa do Pontal***.*

Deuxième vague : 18ᵉ leçon

---

**68**

## Soixante-huitième leçon

### De Tijuca à Urca

**1 –** Psst ! Jeune homme ! Hé, Jeune homme !
**2** Vous pourriez me donner un renseignement *(une information)* ?
**3** Je suis complètement perdue.
**4** J'ai besoin d'aller à Urca,
**5** mais je n'ai pas la moindre idée de comment y arriver.
**6 –** Mais tu es vraiment perdue, là !
**7** Laisse-moi voir comment je peux t'expliquer...

ESTA MULHER ESTÁ MESMO PERDIDONA.

**maior**, *plus grand*, *majeur*. On peut aussi rencontrer **mais pequeno** et **menos grande**, mais c'est plus rare au Brésil et en principe "incorrect".

8   Aí! [3] Você vai andando aqui, toda vida.
9   **Quan**do chegar ali na **fren**te tem a esta**ção** termi**nal** do metrô da Tiju**ca**, morô?
10  Você vai andando, assim, uns **qua**tro quarteir**ões**.
11  De**pois** tem a **pra**ça **Sa**ens **Pe**ña.
12  Aí, vo**cê pe**ga o metrô e **sal**ta na esta**ção** de Botafo**go**.
13  Aí você vai pe**gar** a dire**ção** da **pra**ia de Botafo**go**.
14  Na **pra**ia, lá na **fren**te do **sho**pping tem um **pon**to de ônibus.
15  Aí, vo**cê** apanha o ônibus es**cri**to [4] **Ur**ca.
16  Eu **a**cho que só tem **du**as **li**nhas que vão pra lá.
17  Não tem **erra**da.
18  **Quan**do o ônibus **pá**ra no Pão de A**çú**car, vo**cê** não **des**ce.
19  **On**de você quer ir **me**'mo?
20  – **Que**ro ir pro **For**te Es**tá**cio de Sá.
21  – Aí! En**tão** você vai pro **pon**to fi**nal**.                   □

---

**Notes**

**3**  À Rio, on entend souvent l'interjection aí!, que l'on peut traduire par *là* ou *donc*.

\*\*\*

▶ Exercício 1 – Traduza

❶ Quando você chegar na frente do restaurante me telefona. ❷ Pra ir até a Tijuca você tem que apanhar um ônibus e depois pegar o metrô. ❸ Eu acho que só tem dois quarteirões até a casa da Ana. ❹ Moço, eu preciso pegar o metrô mas não sei onde é. ❺ Esta mulher está mesmo perdidona, ela está procurando o Pão de Açúcar em São Paulo!

8    Tu marches là, tout droit *(ici, toute la vie)*.
9    Lorsque tu arrives là-bas en face, il y a le terminus
     [de la ligne] de métro de Tijuca, pigé ?
10   Tu continues à marcher, comme ça, environ *(quelques)*
     quatre pâtés de maisons.
11   Après il y a la place Saens Peña.
12   Tu prends le métro et tu descends *(sautes)* à la station
     Botafogo.
13   Là, tu vas prendre la direction de la plage de Botafogo.
14   À la plage, *(là)* devant le centre commercial, il y a un
     arrêt de bus.
15   Tu prends le bus écrit Urca.
16   Je crois qu'il n'y a que deux lignes qui y vont *(par là)*.
17   Il n'y a pas d'erreur [possible] *(erronée)*.
18   Quand le bus s'arrête au Pain de Sucre, tu ne
     descends pas.
19   Tu veux aller où, exactement ?
20 – Je veux aller au *(pour le)* fort Estácio de Sá.
21 – Alors tu vas jusqu'au terminus *(l'arrêt final)*.

4   escrito, *écrit*, est le participe passé, de forme irrégulière, de **escrever**,
    *écrire*. **A escrita** désigne *l'écriture*, au sens littéraire du terme, à ne pas
    confondre avec **a escritura**, *l'acte*, au sens du support papier d'un acte
    juridique. *L'écriture*, au sens graphique, se dit **a letra**.

***

Corrigé de l'exercice 1
❶ Quand tu arrives en face du restaurant, téléphone-moi. ❷ Pour
aller jusqu'à Tijuca, tu dois prendre un bus et ensuite *(prendre)* le
métro. ❸ Je crois qu'il n'y a que deux pâtés de maisons jusqu'à chez
Ana. ❹ Jeune homme, je dois prendre le métro, mais je ne sais pas
où c'est. ❺ Cette femme est vraiment complètement perdue, elle
cherche le Pain de Sucre à São Paulo !

Exercício 2 – Complete

❶ Je n'ai pas la moindre idée de comment on fait le vin.
Eu ... ..... a ..... ideia .. .... se faz o vinho.

❷ Tu marches par là *(ici)*, jusqu'à ce que tu arrives *(arriver)* devant une place.
Você vai ....... por .... até ...... na ...... .. uma praça.

❸ On est au terminus de la ligne de bus, on doit descendre.
Estamos no ..... ..... do ......, temos que .......

**69**

# Sexagésima nona aula

## Feira de utilidades domésticas

1 – Bom **di**a.

2 – Bom **di**a. **Co**mo o se**nhor** se **cha**ma?

3 – **Lu**cas Al**mei**da San**ti**ni.

4 – O se**nhor** é exposi**tor**? Qual é a em**pre**sa?

5 – Sou o dire**tor** de marke**ting** da **Bri**lho **Má**ximo [1] pro**du**tos de lim**pe**za Limi**ta**da [2].

6 – O se**nhor** tem um car**tão** de vi**si**ta?

7 – **Te**nho sim.

8 – O se**nhor po**de me dar um **pa**ra fa**zer**mos o ca**das**tro [3]?

9 – E o **me**u cra**chá**?

**Notes**

**1** *máximo*, *maximum*, est le superlatif de **grande**. Il est d'un usage très courant au sens de *génial*, *le top*. No máximo, a gente chega daqui a duas horas, *Au maximum, on arrive dans (d'ici) deux heures*. Esse professor é o máximo, *Ce prof est génial*.

**2** La forme abrégée de **Limitada** dans les raisons sociales est **Ltda**.

❹ Vous prenez le bus marqué Botafogo, et vous descendez à la plage.

Você .... o ônibus ....... Botafogo e ..... .. praia.

❺ Quand est-ce que je peux t'emmener jusqu'au fort ?

Quando é que eu ..... te ..... ... o forte?

Corrigé de l'exercice 2

❶ – não tenho – menor – de como – ❷ – andando – aqui – chegar – frente de – ❸ – ponto final – ônibus – saltar ❹ – pega – escrito – desce na – ❺ – posso – levar até –

Deuxième vague : 19ᵉ leçon

---

**69**

# Soixante-neuvième leçon

## Les arts ménagers
*(Foire d'utilités domestiques)*

1 – Bonjour.
2 – Bonjour. Comment vous appelez-vous ?
3 – Lucas Almeida Santini.
4 – Vous êtes exposant ? Quelle est l'entreprise ?
5 – Je suis le directeur marketing de la SARL *(Limitée)* Brillance Maximum, produits d'entretien.
6 – Vous avez une carte de visite ?
7 – Oui, j'en ai [une].
8 – Vous pouvez m'en donner une pour faire l'inscription ?
9 – Et mon badge ?

3 En matière d'inscription, il faut savoir que l'on rencontre différents vocables, selon les situations. On parle de **matrícula** pour inscrire un enfant à l'école ou un étudiant à l'université. **O cadastro** est un terme d'enregistrement ou d'inscription d'ordre administratif, mais aussi ce qui en constitue le support. Enfin, **o registro** désigne aussi bien une *mention sur un registre*, que le *registre* lui-même.

**10** – De**pois** que o ca**das**tro esti**ver** [4] **pron**to, lhe
entre**ga**mos o cra**chá**.

**11** – En**quan**to [5] **is**so, **eu po**sso sa**ber on**de é o **me**u
stand?

**12** – **Nó**s já lhe [6] informa**re**mos.

**13** O se**nhor** só **po**de ir a**té** lá acompa**nha**do por
um de nós.

**14** – Por quê?

**15** – Por**que** prefe**ri**mos lhe mos**trar** o a**ce**sso mais
**fá**cil e **rá**pido.

**16** E verifi**car**, com o se**nhor**, se as instala**ções**
**fo**ram bem **fei**tas.

**17** – **Mu**ito obri**ga**do. **Eu vol**to mais **tar**de.          □

**Notes**

**4** **estiver** est le futur du subjonctif (irrégulier) de **estar**.

**5** On rencontre le plus souvent **enquanto**, *pendant*, dans l'expression **por
enquanto**, *pour le moment*, *à ce stade*.

**6** N'oubliez pas que **lhe**, *lui*, peut s'utiliser avec **você** : **Eu lhe disse tudo
que sabia**, *Je lui ai/je t'ai dit tout ce que je savais*.

\*\*\*

▶ Exercício 1 – Traduza

❶ Eu sou expositor, a senhora pode me dar o meu crachá?
❷ Os stands não estão prontos. ❸ Eu sou diretor de uma
empresa de produtos de limpeza. ❹ Para que o senhor
possa entrar na feira, precisamos fazer um cadastro.
❺ Estou precisando de uns cartões de visita.

**10** – Une fois que l'inscription sera prête, nous vous remettrons le badge.
**11** – Pendant ce temps, je peux savoir où est mon stand ?
**12** – Nous allons vous en informer tout de suite.
**13** Vous ne pouvez y aller qu'accompagné de l'un d'entre nous.
**14** – Pourquoi ?
**15** – Parce que nous préférons vous montrer l'accès le plus facile et [le plus] rapide.
**16** Et vérifier avec vous si les installations ont été bien faites.
**17** – Merci beaucoup. Je reviens plus tard.

\*\*\*

Corrigé de l'exercice 1

❶ Je suis exposant, pouvez-vous me donner mon badge ? ❷ Les stands ne sont pas prêts. ❸ Je suis directeur d'une entreprise de produits d'entretien. ❹ Pour que vous puissiez entrer dans ce Salon, il nous faut faire votre inscription. ❺ J'ai besoin de quelques cartes de visite.

Exercício 2 – Complete

❶ Pendant que j'attends, [est-ce que] je peux découvrir (connaître) le pâté de maisons ?

........ eu ......, eu posso conhecer o ......... ?

❷ J'ai acheté ces produits d'entretien aux Arts Ménagers.
Eu comprei estes ........ de ....... .. feira de
utilidades ..........

❸ Quel est l'accès le plus rapide pour arriver au Masp ?
.... é o ...... mais ...... .... chegar .. MASP?

❹ Un directeur marketing doit toujours avoir une carte de visite sous la main.
Um ....... de marketing .... ter sempre à ...
um ...... de ....... .

**70**

# Septuagésima aula

## Revisão – Révision

### 1 Les différents emplois du pronom *se*, notamment dans les verbes pronominaux

• Si le pronom renvoie au sujet, dans ce cas le verbe est à la forme pronominale et le pronom réfléchi s'accorde avec ledit sujet (**me, te, se, nos, vos, se**).

• Comme on le voit dans le tableau qui suit, certains verbes peuvent néanmoins aussi s'employer sans.

| Avec réfléchi | Sans |
|---|---|
| **sentar-se**, *s'asseoir* **sento-me**, *je m'assieds* | **Senta a criança no colo do pai.** *Elle assied l'enfant sur les genoux de son père.* |
| **Você se olha no espelho.** *Tu te regardes dans le miroir.* | **Ele olha o mar.** *Il regarde la mer.* |

❺ Voici votre badge. Maintenant on va vous accompagner à votre stand.

.... está o seu ....... ..... vamos

............ ... o stand.

Corrigé de l'exercice 2

❶ Enquanto – espero – quarteirão ❷ – produtos – limpeza na – domésticas ❸ Qual – acesso – rápido para – no – ❹ – diretor – deve – mão – cartão – visita ❺ Aqui – crachá Agora – acompanhá-lo até –

Deuxième vague : 20ᵉ leçon

70

# Soixante-dixième leçon

| Ele se pergunta se está feliz. *Il se demande s'il est heureux.* | Ele pergunta ao aluno onde mora. *Il demande à l'élève où il habite.* |
|---|---|
| Divirta-se. *Amusez-vous* ou *Amuse-toi* (avec **você**). | Ele gosta de divertir os amigos. *Il aime amuser ses amis.* |

• Il est présent dans les verbes pronominaux qui expriment des sentiments : **queixar-se**, *se plaindre* ; **alegrar-se**, *se réjouir* ; **zangar-se**, *se fâcher* ; **arrepender-se**, *regretter*, etc.

• Il peut exprimer la réciprocité : **amam-se**, *ils s'aiment* (l'un l'autre) ; **apaixonaram-se**, *ils sont tombés amoureux* (l'un de l'autre) ; **olharam-se**, *ils se regardèrent* (l'un l'autre) ; **convidaram-se**, *ils se sont invités*.

• Il équivaut à *on* :
**Procura-se cozinheiro**, *On recherche un cuisinier.*

**Alugam-se casas**, *Maisons à louer* *("se louent des maisons")*. **Notez** bien qu'**alugam** se met au pluriel comme **casas**.

• Il permet une forme de voix passive :
**Organizou-se uma reunião às pressas**, *Une réunion a été organisée à toute vitesse.*

• Enfin, comme vous l'avez vu, il se place tantôt après, tantôt avant le verbe ou s'insère dans la propre conjugaison (1re personne du pluriel).

• Principaux temps de la conjugaison de **lembrar-se**, *se souvenir* :
Notez que si on emploie un pronom personnel sujet, le pronom complément se place toujours avant le verbe, et que de plus ce dernier ne commence jamais une phrase : **Eu me lembro, tu te lembras, ele se lembra, nós nos lembramos, vós vos lembrais, eles se lembram**, etc.

| INDICATIF | | |
|---|---|---|
| Présent | Imparfait | Passé simple |
| lembro-me | lembrava-me | lembrei-me |
| lembras-te | lembravas-te | lembraste-te |
| lembra-se | lembrava-se | lembrou-se |
| lembramo-nos | lembrávamo-nos | lembrámo-nos |
| lembrais-vos | lembráveis-vos | lembrastes-vos |
| lembram-se | lembravam-se | lembraram-se |

| SUBJONCTIF | |
|---|---|
| Présent | Imparfait |
| lembre-me | lembrasse-me |
| lembres-te | lembrasses-te |
| lembre-se | lembrasse-se |
| lembremo-nos | lembrássemo-nos |
| lembreis-vos | lembrásseis-vos |
| lembrem-se | lembrassem-se |

Impératif : **lembra-te, lembre-se, lembremo-nos, lembrai-vos, lembrem-se**

Participe présent : **lembrando-se**

## 2 Les formes verbales irrégulières rencontrées cette semaine

• **estiver**, *sera* (futur du subjonctif) de **estar**, *être* : **estiver, estiver, estivermos, estiverem**.

• Verbes en **-er**
**foram**, *ils/elles furent, ont été* de **ser**, *être*. Dans un autre contexte, c'est également la forme au passé simple de **ir**, *aller*.
**poderia**, *je pourrais, tu pourrais* (**você**), *il/elle pourrait*.

• Verbes en **-ir**
**descobriu**, *tu* (avec **você**) *découvris* ou *as découvert, il/elle découvrit* ou *a découvert*, passé simple du verbe **descobrir**.
**venha**, *que je vienne, que tu* (**você**) *viennes, qu'il/elle vienne*.
**vieram**, *vous* (plusieurs *tu*) *êtes venu(e)s, ils/elles vinrent* ou *sont venu(e)s*, de **vir**, *venir*. Dans un autre contexte, c'est également un plus-que-parfait, *vous étiez venu(e)s, ils/elles étaient venu(e)s*.

## ▶ Diálogo de revisão

**1** – O que é que você vai fazer amanhã?
**2** – Amanhã? Domingão? O de sempre.
**3** – Eu descobri um forró excelente.
**4**   Fui com a Marina na semana passada.
**5** – Obrigado, mas eu prefiro fazer o de sempre:
**6**   ver meu jogo de futebol, ir comer uma pizza e
   voltar pra casa.
**7** – Deixa de ser mole!
**8** – Mole? Eu?
**9**   E os 15 kilômetros que eu corro?
**10** – Vamos lá!
**11**   A Marina falou que só vai se você e a Rita forem.

**71**

# Septuagésima primeira aula

## ▶ Paquera em cores [1]

**1** – Solange! Olha só aquele gatinho!
**2** – Onde?
**3** – Na tua direita. Parece um deus grego!
**4** – No meu lado direito? Onde?
**5** – Na mesa do lado. Olha discretamente.
**6** – Tem um monte de gente nessa mesa.

---

🗍 : Note

1   a cor, *la couleur*, pluriel **as cores** ; **em cores**, *en couleurs*. **TV em cores**,
   *TV en couleurs* (on entend aussi **a cores**, assez courant mais grammaticalement faux). **De cor**, *de/en couleurs*, a une expression homonyme :
   **de cor**, qui se traduit par *par cœur* (et dérivée cette fois de **o coração**, *le*
   *cœur*) – **saber de cor**, *savoir par cœur*.

**12** – A Rita está viajando, ela foi pra Recife.
**13** – Não faz mal, convida a Carlinha.
**14** – Você tá doido?

Traduction
**1** Qu'est-ce que tu fais demain ? **2** Demain ? Dimanche ? Comme toujours. **3** J'ai découvert un *forró* excellent. **4** J'y suis allé avec Marina la semaine dernière. **5** Merci pour l'invitation, mais je préfère faire comme toujours : **6** voir mon match de foot, aller manger une pizza et rentrer à la maison. **7** Arrête d'être [aussi] mollasson ! **8** Mou ? Moi ? **9** Et les quinze kilomètres que je cours ? **10** Allez, on y va ! **11** Marina a dit qu'elle n'y allait que si toi et Rita y alliez [aussi]. **12** Rita est en voyage, elle est partie à Recife. **13** Ça ne fait rien, invite Carlinha. **14** Tu es fou ?

Deuxième vague : 21ᵉ leçon

**71**

# Soixante et onzième leçon

## Drague en couleurs

**1** – Solange ! Regarde un peu ce beau mec *(Regarde seulement ce chaton)* !
**2** – Où ?
**3** – À ta droite. On dirait un dieu grec !
**4** – Sur ma droite *(mon côté droit)* ? Où [ça] ?
**5** – À la table à *(du)* côté. Regarde discrètement.
**6** – Il y a plein *(un tas)* de gens à cette table.

**7** – **E**le est**á** [2] de **mal**ha a**zul** [3].

**8** – O **loi**ro, de **ó**culos es**cu**ros [4]?

**9** – Não, o mo**re**no [5] de ca**be**los ca**chea**dos e **ol**hos **pre**tos.

**10** – **E**u só **ve**jo um more**na**ço [6] de ca**be**los **li**sos.

**11** – En**tão o**lha di**rei**to [7].

**12** – Se**ri**a, por a**ca**so, a**que**le que est**á vin**do na **no**ssa dire**ção**?

**13** – Ai, é **e**le...

**14** – **Va**mos sa**ir** da**qui**! Que a**zar**!

**15** – Por quê?

**16** – **Es**te é o ex-namo**ra**do da **Dri**ca.

**17** **E**les desman**cha**ram [8] já faz **tem**po, mas **e**la **ain**da est**á** liga**dís**sima **ne**le!

**18** – Quer di**zer** en**tão** que foi **e**le que **de**u o **fo**ra?!

**19** – Não im**por**ta. **Va**mos em**bo**ra! □

---

: Notes

**2** **Ele está** (sous-entendu **vestido**, *habillé*) **de malha azul**, *Il est [vêtu] d'un pull bleu*, *Il porte un pull bleu*.

**3** **azul**, *bleu*, est identique au masculin et au féminin, y compris au pluriel : **azuis**. Ce mot a connu une renommée universelle grâce aux fameux carreaux de faïence, **os azulejos**, très présents au Brésil sur les façades coloniales de São Luís do Maranhão, de Salvador de Bahia, etc. Le suffixe **-ado** le transforme en **azulado**, *bleuté* ou *bleuâtre*. Sur le drapeau national, il symbolise, sous la forme d'un globe bleu, la beauté du ciel (**azul-celeste**) et – serait-on tenté de dire – la légendaire sérénité brésilienne que résume fort bien l'expression **tudo azul** : **Tudo bem? – Tudo azul!**, *Tout va bien ? – Tout baigne !*

**4** Les **óculos escuros**, mot à mot "lunettes foncées", sont des *lunettes de soleil*. On les appelle aussi **óculos de sol**.

**5** **moreno/morena**, *brun/brune*, c'est-à-dire *au teint basané* (au sens positif de *beau brun/belle brune*). Notez aussi **castanho**, *châtain*, *brun* (pour les yeux ou les cheveux) ; **bronzeado**, *bronzé* ; **mulato**,

**7** – Il porte un pull bleu.
**8** – Le blond aux *(de)* lunettes noires ?
**9** – Non, le brun aux *(de)* cheveux bouclés et [aux] yeux noirs.
**10** – Moi, je ne vois qu'un [gars] très brun avec des cheveux raides.
**11** – Alors regarde bien.
**12** – Est-ce que par hasard ce serait celui qui vient vers nous *(dans notre direction)* ?
**13** – Aïe, c'est lui...
**14** – Sortons *(On va sortir)* d'ici ! Quelle poisse !
**15** – Pourquoi ?
**16** – C'est l'ex-petit ami *(amoureux)* de Drica.
**17** Ils ont rompu *(défirent)* ça fait déjà un bon moment, mais elle est encore très "accro" à lui *(liée dans-lui)* !
**18** – Alors, ça veut dire que c'est lui qui s'est cassé *(fût lui qui donna le dehors)* ?!
**19** – Peu importe. On s'en va !

---

*mulâtre* ; **mestiço**, *métisse* ; **preto**, *noir* – la couleur ou l'individu – , et **cafuzo**, mélange de Noir et d'Indien (indigène). Et pour finir, sachez que **o olho negro** est *le mauvais œil*.

**6** Le suffixe **-aço/-aça** a une valeur augmentative souvent péjorative : **a bar-caça**, *la grande barque* (*le bateau* se dit **o barco**) ; **morenaço**, *très (trop) brun*.

**7** Pour rappel : **a direita**, *la droite* (par opposition à **a esquerda**, *la gauche*). L'adjectif est **direito** au masculin : **o braço direito**, *le bras droit*. Mais **direito** signifie aussi *exact*, *correct*, *juste*, *bien* (dans le sens de *comme il faut*). Poussé à son paroxysme avec le diminutif **-inho**, il donne l'adverbe un brin caricatural **direitinho**, *bien comme il faut*, pour désigner une façon de faire (pour une personne, on dira plutôt **certinho**). Sans oublier bien sûr, **o direito**, *le droit* (au sens juridique), et *tout droit*, **reto** : **Você vira à direita e segue reto**, *Tu tournes à droite et tu continues tout droit*.

**8** **desmanchar**, *tomber en lambeaux*, *défaire*, mais aussi *se quitter*, *se séparer*.

▶ Exercício 1 – Traduza
❶ Eu tenho muitas coisas pra fazer. ❷ Este carro está quase desmanchado. ❸ A namorada do Rui tem olhos azuis e cabelos loiros. ❹ Não esqueça de levar uma malha, vai fazer frio. ❺ Olhe bem naquela direção.

\*\*\*

Exercício 2 – Complete
❶ La blonde aux yeux bleus est à gauche du [beau] brun au pull noir.
A . . . . . . . olhos azuis está . . . . . . . . . do moreno de malha . . . . . .

❷ Apollon était un dieu grec, mais on dit qu'il n'était pas si beau que ça.
Apólo . . . um deus . . . . . , mas . . . . . que . . . não . . . . . . bonito assim.

❸ Drica et moi, nous nous sommes séparés ; maintenant nous sommes seulement amis.
. Drica e eu . . . . . . . . . . . . ; . . . . . somos . . . . . . . . .

**72**

# Septuagésima segunda aula

▶ ## Música da propaganda... Opa!
## Música do Pixinguinha!

1 – Sô, **lem**bra da**que**la **mú**sica da propa**gan**da de io**gur**te pra cri**an**ça?
2 – Qual?
3 – **Aque**la a**ssim ó**:
4 – "**Me**u cora**ção**... Não sei por que

Corrigé de l'exercice 1

❶ J'ai beaucoup de choses à faire. ❷ Cette voiture tombe quasiment en morceaux *(lambeaux)*. ❸ La petite amie de Rui a les yeux bleus et les cheveux blonds. ❹ N'oublie pas d'emporter un pull, il va faire froid. ❺ Regarde bien dans cette direction-là.

\*\*\*

❹ Nous allons sortir d'ici discrètement.

..... .... ..... discretamente.

❺ Cassiano et Carlos sont en train de venir ; ils doivent arriver dans dix minutes.

O Cassiano e o Carlos já ..... .....; eles

..... ...... ..... . dez minutos.

Corrigé de l'exercice 2

❶ – loira de – à esquerda – preta ❷ – era – grego – dizem – ele – era tão – ❸ A – desmanchamos – agora – só amigos ❹ Vamos sair daqui – ❺ – estão vindo – devem chegar daqui a –

Deuxième vague : 22ᵉ leçon

───────────────────────────────

**72**

## Soixante-douzième leçon

### [Une] musique de pub... Ouaouh ! [Un] air de Pixinguinha !

1 – Sô, tu te rappelles cette musique pour la pub *(propagande)* d'[un] yaourt pour enfants ?

2 – Laquelle ?

3 – Celle [qui fait] comme ça, écoute :

4 "Mon cœur... Je ne sais pourquoi

5 **Ba**te **feliz quan**do te **vê** [1]...
6 E os **me**us **o**lhos **fi**cam sor**rin**do
7 E **pe**las **ru**as vão te se**guin**do [2]
8 Mas **mes**mo as**sim fo**ges [3] de mim [4]. Nan Nan
   Nan Nan Nan Nan..."
9 – O **ca**ra que fez **es**ta **le**tra **de**ve ser **mu**ito
   ro**mân**tico!
10 – **Sô**nia! Se **li**ga!
11 **Es**te **ca**ra foi simples**men**te o Pixin**gui**nha, um
   dos cria**do**res do **cho**ro.
12 – "**Cho**ro, **cho**ro, chorinho"? A**que**la **mú**sica de
   vio**lão**?
13 – Não, de cava**qui**nho.
14 – Ah tá! **E**u a**do**ro **es**ta **par**te:
15 "Ah se tu sou**bes**ses **co**mo **e**u sou tão
   cari**nho**so [5]...

## Notes

1 Profitez de ce dialogue pour observer les différentes formes verbales qui appartiennent tantôt au verbe **ver**, *voir* : **vê**, tantôt au verbe **vir**, *venir* : **vem**, ou **ir**, *aller* : **vão**. Nous ferons le point en revoyant ces trois conjugaisons dans la leçon de révision.

2 **seguindo**, *suivant*, participe présent du verbe **seguir**, *suivre*, qui se conjugue comme **conseguir** ; à ne confondre ni avec **seguinte**, *suivant*, au sens de "ce qui vient après", ni avec **segundo**, *second* (2e, adjectif numéral ordinal) ou *selon, d'après* (préposition) : **Vou te dizer o seguinte : segundo o jornal, ele deve chegar hoje no segundo voo**, *Je te dis la chose suivante : d'après le journal, il doit arriver aujourd'hui, sur le deuxième vol.*

3 **foges**, *tu fuis*, de **fugir**, *fuir*. Tous les verbes qui se terminent en **-ugir** changent le **-g** en **-j** devant **a** et **o**. **Fuja, antes que seja tarde**, *Fuis, avant qu'il ne soit trop tard.*

4 **mim**, *moi*, est le pronom personnel complément 1re personne précédé des prépositions **a**, **de**, **em**, **para**, **por**... sauf après **salvo**, *sauf* ; **conforme**,

**5** Bat de bonheur *(heureux)*, quand il te voit...

**6** Et mes yeux se mettent à sourire *(restent souriant)*

**7** Et par les rues se mettent à te suivre *(vont te suivant)*...

**8** Mais même ainsi tu me fuis *(fuis de moi)*. La la la la la la..."

**9** – Le type qui a écrit ces paroles *(a fait cette lettre)* doit être très romantique !

**10** – Sônia ! Rends-toi compte !

**11** Ce gars-là, c'était tout simplement Pixinguinha, un des créateurs du *choro*.

**12** – "*Choro, choro, chorinho*" ? Ce fameux morceau à la guitare ?

**13** – Non, au *cavaquinho*.

**14** – Ah oui ! J'adore cette partie :

**15** "Ah si tu savais à quel point je suis tendre...

selon, etc. où l'on emploie le pronom sujet **eu**. **Ai de mim se não acertar este exercício**, *Pauvre de moi, si je ne réussis pas cet exercice* ; **Por mim, ele sabe de tudo**, *D'après moi, il sait tout*.

**5** carinhoso, *câlin*, *tendre*, est composé de **carinho**, *tendresse*, et du suffixe **-so**, que nous avons déjà vu à la 59ᵉ leçon. De même, on aura **preguiçoso**, *paresseux*, *fainéant*, qui vient de **preguiça** ; **cheiroso**, *odorant*, *parfumé*, de **cheiro** ; **gostoso**, *savoureux*, de **gosto** ; **delicioso**, *délicieux*, *exquis*, de **delícia** ; **cuidadoso**, *soigneux*, de **cuidado** ; **trabalhoso**, *laborieux* de **trabalho**, etc.

**16** e como é sincero o meu amor..."

**17** – E eu esta:

**18** "Vem matar [6] esta paixão que me devora o coração..."

**19** – Ai de mim se ele fosse meu namorado!

**20** Me deixaria de cabeça virada! □

---

**Note**

**6** matar, *tuer*. Ce mot est à double tranchant, sauf si l'on considère que matar a sede, *étancher sa soif*, ou matar a paixão, *assouvir sa passion*, c'est déjà un peu les tuer. De fait, on l'utilise pour sécher les cours – matar as aulas –, le boulot ou le faire "vite fait mal fait" – matar

\*\*\*

▶ Exercício 1 – Traduza

❶ O Carlos estava com fome, ele devorou uma pizza sozinho. ❷ Acabaram de bater à porta, deve ser a faxineira. ❸ Eu adoro aquela música de violão. ❹ Você não imagina o quanto ele é carinhoso. ❺ Este teu novo namorado parece ser sincero.

\*\*\*

Exercício 2 – Complete

❶ En arrivant à la maison, la première chose que je vais faire, c'est rattraper le temps passé loin de mon chat.
Chegando .. casa, a ........ coisa que eu ... fazer
é ..... .. saudades do ... gato.

❷ Viens, allons profiter de cette belle nuit.
..., vamos .......... .... noite linda.

❸ Je crois que cet homme est en train de me suivre.
Eu .... que .... homem está .. .........

**16** et combien est sincère mon amour..."

**17 –** Et moi celle-ci :

**18** "Viens tuer cette passion qui me dévore le cœur..."

**19 –** Pauvre de moi s'il avait été *(fût)* mon petit ami !

**20** Il m'aurait mis la tête à l'envers *(Il me laisserait la tête tournée)* !

---

**o trabalho**. Il résume d'une certaine façon le trop plein, en bon ou en moins bon : **O filme de ontem, era de matar!**, *Le film d'hier était à mourir !* Notez aussi **matar as saudades**, *rattraper le temps perdu/le temps où quelqu'un ou quelque chose nous a manqué*.

\*\*\*

## Corrigé de l'exercice 1

❶ Carlos avait faim, il a dévoré une pizza [à lui] tout seul. ❷ On vient de frapper *(finirent de battre)* à la porte, ce doit être la femme de ménage. ❸ J'adore cet air (musique) à la guitare. ❹ Tu ne peux pas imaginer combien il est tendre. ❺ Ton nouveau petit copain semble sincère.

\*\*\*

❹ Je préfère quand tu arrives souriante et en chantant.

Eu prefiro ...... você chega ........ e .........

❺ Mon cœur bat de bonheur.

Meu coração .... ......

## Corrigé de l'exercice 2

❶ – em – primeira – vou – matar as – meu – ❷ Vem – aproveitar esta –
❸ – acho – este – me seguindo ❹ – quando – sorrindo – cantando
❺ – bate feliz

*Effectivement, tels* **Carinhoso** *(1916-1917),* **Brasileirinho** *(composé sur un* **cavaquinho** *à 1 corde par* **Waldir Azevedo** *!), ou* **Tico-tico no fubá** *pour* **bandolim** *(la mandoline locale et son maître incontesté* **Jacob do Bandolim***), nombre de standards du* **choro** *– ou* **chorinho** *– genre musical urbain carioca dérivé de la polka (délocalisée avec la cour portugaise à* **Rio***), du* **lundu***, et de la* **maxixe***, ont été revisités par toutes les causes marketing. Apparu vers 1870 et soutenu par une classe moyenne afro-brésilienne émergente, le* **choro** *fut un temps interdit, puis connut des hauts et des bas avec l'arrivée du jazz, de la samba, puis de la bossa-nova, avant un véritable retour de flamme, avec entre autres* **Paulinho da Viola** *et* **Paulo Moura***, dans les* **clubes** *et* **rodas de choro** *(sortes de jams sessions), jusqu'au* **novo choro***. Proche du* **danzón** *cubain, de la biguine et du ragtime, sa forme, en quelque sorte fixée (1928) et divulguée auprès du grand*

**73**

# Septuagésima terceira aula

## ▶ Lista de convidados

**1** – E aí **Edu**?

**2** Você já **viu** [1] com os **te**us pais **qua**ntos con**vi**tes **e**les vão que**rer**?

**3** – A **mi**nha mãe **di**sse **pa**ra reser**var**mos uns cem [2] pra **e**les.

**4** – Com mais **cen**to e oi**ten**ta **pa**ra os **me**us e **cen**to e **vin**te **pa**ra os **no**ssos a**mi**gos...

## Notes

**1** viu est le passé simple du verbe **ver**, *voir*, souvent utilisé dans la langue familière au sens de "*Compris ?*". À ne pas confondre avec **veio**, passé simple de **vir**, *venir*. Nous verrons la conjugaison de ces verbes dans la leçon de révision. **Apesar da promessa, seu amigo não veio entregar o livro, viu?**, *Malgré sa promesse, ton ami n'est pas venu remettre le livre, vu ?*

*public par* **Pixinguinha**, *laisse une large place à l'improvisation et à la virtuosité. Au départ joué par des ensembles instrumentaux formés d'interprètes amateurs (les* **chorões***) – flûte, guitare,* **cavaquinho***, ukulélé – , le choro s'enrichit avec le temps du* **pandeiro***, tambourin, d'autres percussions (dès 1915/1920), et des* **bandolim** *(dans les années 1940), saxo, trombone, etc. Il s'ouvre même à l'orchestre tout entier avec le grand* **Villa-Lobos***, un* **chorão** *(aficionado pratiquant) de la première heure.*

*Dans ce dialogue, nous faisons référence au morceau* **Carinhoso** *(1916/1917) de* **Pixinguinha** *et* **Joao de Barro***.*

Deuxième vague : 23e leçon

73

# Soixante-treizième leçon

## Liste d'invités

**1** – Et alors, Edu ?
**2**   Tu as déjà vu avec tes parents le nombre d'invitations qu'il leur faut *(combien d'invitations ils vont vouloir)* ?
**3** – Ma mère a dit d'en réserver *(pour nous-réserver)* une centaine *(quelque cent)* pour eux.
**4** – *(Avec)* Plus cent quatre-vingts pour les miens et cent vingt pour nos amis...

**2**   **uns cem**, étrange forme qui allie un pronom pluriel et un cardinal singulier invariable. C'est parce qu'ici **uns** a le sens de *quelque*, *environ* : **encomendar umas flores**, *commander quelques fleurs* ; **encomendar umas cem flores**, *commander une centaine de fleurs*.

**5** – Falamos en**tão pa**ra o respon**sá**vel do *buffet* [3], que são quatro**cen**tos [4]convi**da**dos.

**6** – **Va**mos convi**dar to**dos **pa**ra a **fes**ta?

**7** – Não sei, o que vo**cê a**cha?

**8** – **Eu a**cho me**lhor** convi**dar**mos só os mais **ín**timos;

**9** e os **ou**tros convi**da**mos só **pa**ra a ceri**mô**nia religi**o**sa.

**10** – A ceri**mô**nia do casa**men**to ci**vil** vai ser na i**gre**ja ou no *buffet*?

**11** – Na i**gre**ja. **E**u já fa**lei** com o ju**iz**.

**12** – Ok [5]. E a cor dos ves**ti**dos das ma**dri**nhas? Vo**cê** deci**di**u?

**13** – Sim, e vou pe**dir pa**ra as **mi**nhas **da**mas de **hon**ra vi**rem to**das em tons de **ver**de.

**14** E as **tu**as em tons de la**ran**ja.

**15** – Vai fi**car lin**do... Te **li**go mais **tar**de.

**16** – Te **a**mo.

**17** – Eu tam**bém**.                                                 □

---

: Notes

**3** **buffet** est ici écrit à la française. Il existe également une graphie brési-lienne, seule d'ailleurs répertoriée en bonne et due forme dans le dic-tionnaire – **bufê**. La graphie d'origine fait plus chic, plus tendance, sur-tout dans le domaine de la consommation de standing (les programmes immobiliers haut de gamme, les fêtes somptueuses, le marketing, etc.).

**4** Attention à l'accord : **quatrocentos** (masc.), **quatrocentas** (fém.) *quatre cents*. C'est valable pour tous les adjectifs multiples de *cent*, **duzentos**, **trezentos**, **quinhentos**, **seiscentos**, **setecentos**, **oitocentos**, **novecen-tos**, qu'ils s'emploient seuls ou complétés par d'autres nombres : **duzen-tos e vinte três** (223), **quinhentos e cinquenta** (550), etc.

**5** **OK** *[ôké]*. La lettre **k** est peu courante au brésil. On la retrouve surtout dans les symboles internationaux – **km**, **kw**, **kg** – ou informatiques – **kb** – , dans

**5** – Alors on dit *(parlons)* au responsable du buffet qu'il y a quatre cents invités.

**6** – On les invite tous à la réception *(fête)* ?

**7** – Je ne sais pas, qu'est-ce que tu en penses ?

**8** – Je trouve qu'il vaut mieux n'inviter que les *(plus)* intimes ;

**9** et on invite les autres à la cérémonie religieuse seulement.

**10** – Est-ce que la cérémonie du mariage civil va avoir lieu à l'église ou au [moment du] buffet ?

**11** – À l'église. J'ai déjà parlé au juge.

**12** – D'accord. Et la couleur des robes des témoins *(marraines)* ? Tu as décidé ?

**13** – Oui, et je vais demander à mes demoiselles *(dames)* d'honneur de venir toutes [habillées] dans des tons de vert.

**14** Et les tiennes dans les tons *(d')*orange.

**15** – Ça va être superbe... Je t'appelle plus tard.

**16** – Je t'aime.

**17** – Moi aussi.

des mots d'origine étrangère – **smoking**, **kiboutz**, **kitchenette** (équivalent de *studette*), dans certains noms propres ou dans des termes brésiliens dits ethniques – **kapaxó/capaxó** (groupe indigène) – où il est souvent remplacé par un **c**, comme justement pour la forme complète de **KO** (pour *knockout* : **nocaute**).

▶ Exercício 1 – Traduza

❶ Queremos nossa casa toda em tons de azul. ❷ Isso é muito íntimo, prefiro que conversemos mais tarde. ❸ Se vocês vierem ao meu casamento, eu ficarei muito feliz. ❹ A Adriana reservou uns convites da festa do Cassiano para a gente. ❺ Eu acho melhor você não falar nada para o juiz.

\*\*\*

Exercício 2 – Complete

❶ Je crois qu'il vaut mieux nous asseoir avant que tout le monde arrive.

Eu .... melhor ......... antes que .... mundo .......

❷ Dans cette salle on peut mettre *(tiennent)* plus de cent quatre-vingt-trois personnes.

..... sala ..... mais de cento e ....... ..... pessoas.

❸ Ne faites pas de manières, asseyez-vous et déjeunez avec nous.

Não .... cerimônia, ..... . ...... conosco.

**74**

─────────────────────────────

# Septuagésima quarta aula

▶ ## Nomes de família [1]

1 – Oi vó!

2 – Oi **meu** **fi**lho.

3 – Que ca**ri**nha é **es**ta, tão pra **bai**xo **Do**na Ju**lie**ta?

4 – **Na**da de**mais**. Eu es**ta**va a**qui** relem**bran**do o **di**a do nasci**men**to do **teu** pai.

📄 Note

**1** Au Brésil, on appelle le plus souvent les gens **pelo nome**, *par le prénom*, o **sobrenome** renvoyant au *nom de famille* – en l'occurrence dans ce

## Corrigé de l'exercice 1

❶ Nous voulons toute notre maison dans des tons de bleu. ❷ Ceci est très intime, je préfère que nous en parlions plus tard. ❸ Si vous venez à mon mariage, j'en serai très heureux. ❹ Adriana nous a réservé des invitations pour la fête [que donne] Cassiano. ❺ Je trouve qu'il vaut mieux que tu ne dises rien au juge.

***

❹ On m'a proposé *(J'ai été invitée pour)* d'être la marraine du fils de Mariana.

Eu ... convidada .... ... a madrinha .. filho .. Mariana.

❺ Notre voisine est très religieuse, elle est toujours à l'église.

A ..... vizinha . muito religiosa, .... sempre na .......

## Corrigé de l'exercice 2

❶ – acho – sentarmos – todo – chegue ❷ Nesta – cabem – oitenta e três – ❸ – faça – sente e almoce – ❹ – fui – para ser – do – da – ❺ – nossa – é – está – igreja

Deuxième vague : 24ᵉ leçon

**74**

# Soixante-quatorzième leçon

## Prénoms "de famille"

1 – Bonjour, mamie !
2 – Bonjour, mon petit.
3 – Qu'est-ce que c'est que cette petite mine *(figure)* si abattue *(si vers le bas)*, Dona Julieta ?
4 – Rien de méchant *(de-trop)*. Je me remémorais le jour de la naissance de ton père.

dialogue **Santinini Júnior** – et non pas au *surnom* qui se dit **apelido** ou plus académiquement **alcunha**, *sobriquet*.

**5** – Me **con**ta **co**mo foi.

**6** – Foi um dos **di**as mais fe**liz**es e mais turbu**len**tos da **mi**nha **vi**da.

**7** – Por quê?

**8** – **E**u es**ta**va fe**liz** por ter **ti**do **me**u pri**me**iro **fi**lho, **ho**mem ain**da** por **ci**ma ².

**9** **E**u sa**bi**a que **e**ra o **so**nho do **te**u avô.

**10** Mas **quan**do **e**le che**gou** com o re**gis**tro de nas**cimen**to nas mãos...

**11** eu **qua**se **ti**ve um piri**pa**que.

**12** – O que **ti**nha?

**13** – A**que**le sem ver**go**nha foi **a**o car**tó**rio ³, sem mim,

**14** e regis**trou** o **te**u pai com o **no**me que **e**u não que**ri**a.

**15** – Uai. A se**nho**ra não **gos**ta de Da**ni**lo?

**16** – O **no**me Da**ni**lo nem me incomo**da**va **tan**to.

**17** O que me incomo**da**va **e**ra que o **te**u avô já se cha**ma**va Da**ni**lo Santi**ni**ni **Jú**nior...

**18** E o **te**u pai fi**cou** sen**do** ⁴ o Da**ni**lo Santi**ni**ni **Ne**to!

**19** Me diz, **me**u **fi**lho, pra que **tan**to Da**ni**lo Santi**ni**ni **nu**ma fa**mí**lia só?

□

---

: Notes

**2** **cima** se construit comme son contraire l'adverbe **baixo** : **de cima**, *de dessus, d'en haut* ; **em cima**, *en haut de* ; **por cima**, *par-dessus* ; **para cima**, *vers le haut*. On le retrouve dans nombre d'expressions très courantes, par exemple **de cima para baixo**, *à l'envers, sens dessus dessous, la tête en bas* ; **para cima e para baixo**, *par monts et par vaux*.
   **Ainda por cima ele fala português fluentemente.**
   *Et par-dessus le marché il parle couramment portugais.*
   **Ele virou o quarto dele de cima para baixo.**
   *Il a mis sa chambre sens dessus dessous.*

**5 –** Raconte-moi comment ça s'est passé.

**6 –** Ça a été un des jours les plus heureux et les plus agités *(turbulents)* de ma vie.

**7 –** Pourquoi ?

**8 –** J'étais heureuse d'avoir eu mon premier enfant *(fils)*, [un] garçon qui plus est *(homme encore par-dessus)*.

**9** Je savais que c'était le rêve de ton grand-père.

**10** Mais lorsqu'il est arrivé avec l'extrait de naissance dans les mains…

**11** j'ai failli avoir *(j'ai quasi eu)* une attaque.

**12 –** Qu'est-ce qu'il y avait ?

**13 –** Ce malotru *(ce sans vergogne)* est allé au bureau d'état civil *(notaire)*, sans moi,

**14** et [il] a déclaré ton père avec un prénom dont *(que)* je ne voulais pas.

**15 –** Ouah. Tu n'aimes pas Danilo ?

**16 –** Le prénom Danilo ne me gênait pas tellement.

**17** Ce qui me gênait, c'était que ton grand-père s'appelait déjà Danilo Santinini Junior…

**18** Et ton père est devenu *(resta étant)* Danilo Santinini Neto *(Petit-fils)* !

**19** Dis-moi, mon petit, à quoi bon tant de Danilo Santinini dans une seule famille ?

---

Ele andava para cima e para baixo em busca daquele livro.
*Il allait par monts et par vaux à la recherche de ce livre.*

**3** **cartório**, *office notarial* ou *greffe*, a également des activités qui correspondent à celles du bureau d'état civil.

**4** Ici, **ficar** allie les fonctions de verbe d'état et en quelque sorte d'auxiliaire, dans une autre expression de la forme progressive – **ficar** + verbe au gérondif : **ficou olhando/lendo/rindo**, *il est resté à regarder/à lire/à rire*. **Ficou claro que ela ficou procurando os documentos por horas**, *Il est clair qu'il est resté à chercher ses papiers durant des heures*.

▶ Exercício 1 – Traduza

❶ Estes documentos devem ser registrados em cartório.
❷ Por favor, qual é a sua data de nascimento? ❸ O vizinho
lá de cima veio sem ser convidado e ainda trouxe uma
amiga! ❹ Eu nunca me lembro do nome dos amigos do meu
irmão. ❺ Eu gostaria de ter tido cinco filhas.

***

Exercício 2 – Complete

❶ Je crois que je vais avoir une attaque si cet ordinateur tombe à
nouveau en panne.
Eu ........ que ... ... um ......... .. este
computador quebrar de .....

❷ Si je m'étais appelé Henri IV, j'aurais un cheval blanc.
Se eu .. ........ Henrique IV, eu ..... um
cavalo .......

❸ Elle m'a traité d'idiot (âne), et par-dessus le marché a cassé ma
voiture.
Ela .. chamou de burro e ..... por cima ....... o
meu carro.

❹ Elle parlait tant qu'elle a fini par être mise à la porte (pour dehors)
de l'école.
Ela ...... tanto ... acabou ..... colocada pra fora
da .......

***

*Au Brésil, on prend le nom de famille de son père et, si l'on veut,
également celui de sa mère, mais on perd ce dernier au profit de
celui de son mari... ! Pour ce qui est des prénoms, hormis les prénoms classiques d'origines diverses, y compris tupi, une loi de 1973
interdit d'exposer sa progéniture au ridicule (**Liberdade Igualdade
Fraternidade Nova York Rocha**, Liberté Égalité Fraternité New
York Rocha, **Cedilha Vírgula Cifra e Ponto**, Cédille Virgule Chiffre et
Point, etc.), même s'il est aujourd'hui encore très difficile de contrôler
son application dans les contrées retirées du pays. En effet, il fut un
temps où il n'y avait aucune restriction légale, et où chacun y allait*

## Corrigé de l'exercice 1

❶ Ces documents doivent être enregistrés au greffe. ❷ S'il vous plaît, quelle est votre date de naissance ? ❸ Le voisin du dessus est venu sans être invité, et en plus il a amené une amie ! ❹ Je ne me rappelle jamais le prénom des amis de mon frère. ❺ J'aurais aimé avoir cinq filles.

\*\*\*

❺ Le type là-bas est vraiment sans vergogne !
**Aquele .... é muito ... ........!**

POR FAVOR, QUAL É A SUA DATA DE NASCIMENTO ?

## Corrigé de l'exercice 2

❶ – acredito – vou ter – piripaque se – novo ❷ – me chamasse – teria – branco ❸ – me – ainda – quebrou – ❹ – falava – que – sendo – escola ❺ – cara – sem vergonha

\*\*\*

*de sa petite création, de la plus originale à la plus improbable, dûment reportée sur le* **certidão de nascimento,** *extrait de naissance, de l'intéressé. On dit même qu'une jeune mère, voyant "ce nom si joli sur une étiquette", appela sa fille* **Madeinusa,** *Made in USA. À ce stade, les* **Frank Sinatra** *et autres* **Washington** *(orthographié* **Yuoston, Woxington** *voire* **Oazinguito)** *font pâle figure ! Retenons tout de même celui pour qui bat définitivement notre cœur, l'apaisant et consensuel* **Brandamente Brasil...** *Clément Brésil !*

Deuxième vague : 25ᵉ leçon

# Septuagésima quinta aula

## A minha existência

**1** – No almoço de Natal eu perguntei pra minha tia onde é que ela tinha nascido [1].

**2** Ela me respondeu que nasceu em Botucatu.

**3** E a minha bisavó começou a contar que...

**4** minha avó era filha de um fazendeiro que tinha um cafezal,

**5** e que um dia, o meu avô, que era peão da fazenda vizinha,

**6** passava pelas terras do meu bisavô à procura de um touro que tinha fugido,

**7** quando ouviu um grito:

**8** "Socorro!"

**9** Era uma voz de mulher.

**10** Meu avô, um peão destemido, foi correndo [2], galopando, ver o que tinha acontecido.

**11** Chegando num pátio, viu uma linda moça...

**12** que apontava para um saco de café onde havia uma lagartixa.

**13** Quando os dois se olharam, logo se apaixonaram [3].

---

**: Notes**

**1** Vous remarquerez dans ce dialogue plusieurs formes de temps composés, formés avec le verbe **ter**, *avoir*, conjugué + participe passé : **tinha nascido** (de **nascer**), *était née* ; **tinha fugido** (de **fugir**), *avait fui* ou *s'était enfui* ; **tinha acontecido** (de **acontecer**), *était arrivé* ; **teria gritado** (de **gritar**), *aurait crié*. Nous en reparlerons dans la leçon de révision.

**2** **foi correndo** : il s'agit ici non pas du verbe **ser**, *être*, suivi du gérondif de la forme progressive "à la brésilienne", mais du verbe **ir**, *aller* : **Vou**

# Soixante-quinzième leçon

## Mon existence

**1** – Au déjeuner de Noël, j'ai demandé à ma tante où est-ce qu'elle était née.

**2** Elle m'a répondu qu'elle était née *(naquit)* à Botucatu.

**3** Et mon arrière-grand-mère a commencé à raconter que...

**4** ma grand-mère était [la] fille d'un gros fermier qui avait une plantation de café,

**5** et qu'un jour mon grand-père, qui était vacher à la grosse ferme voisine,

**6** passait sur les terres de mon arrière-grand-père à la recherche d'un taureau qui s'était enfui,

**7** lorsqu'il entendit un cri :

**8** "Au secours !"

**9** C'était une voix de femme.

**10** Mon grand-père, un vacher hardi, partit en courant au galop *(galopant)*, voir ce qui était arrivé.

**11** Arrivant dans une cour, il vit une belle jeune fille...

**12** qui montrait du doigt un sac de café, où il y avait un lézard.

**13** Quand tous deux se regardèrent, ils tombèrent aussitôt amoureux.

---

correndo ligar para o médico, *J'appelle illico* (littéralement "je vais courant appeler") *le médecin.*

**3** se apaixonaram, *ils tombèrent amoureux*, passé simple du verbe **apaixonar-se**. Remarquez que le pronom personnel **se** est passé devant le verbe en raison de la présence de l'adverbe **logo**, *aussitôt, donc*, etc. **Não é fácil lembrar-se da senha**, *Il n'est pas facile de se souvenir de son mot de passe* ; **Nunca se queixou de nada**, *Il ne s'est jamais plaint de rien.*

**14** Se casaram e tiveram três filhos:

**15** minha mãe, meu tio e a minha tia.

**16** E eu fiquei imaginando, que se não fosse [4] uma lagartixa, ninguém teria gritado;

**17** meus avós não se conheceriam e eu não teria nem bisavô, nem bisavó...

**18** nem avô, nem avó, nem pai, nem mãe... [5]  □

## Notes

**4** se não fosse, *si ce n'était...* Cette forme simple du subjonctif imparfait du verbe **ser**, précédé de **se**, *si*, est suivie dans la deuxième partie de la phrase d'un conditionnel. **Se eu pudesse pedir algo, seria um sorriso seu**, *Si j'avais pu demander quelque chose, ce serait un sourire de ta part*.

\*\*\*

Exercício 1 – Traduza

❶ Se não fosse esta senhora eu não teria conseguido pegar o ônibus certo. ❷ Os peões foram procurar o touro que tinha fugido. ❸ Aquele fazendeiro era destemido. ❹ Onde é que tem um cafezal por aqui? ❺ Os meninos devem estar no pátio conversando.

\*\*\*

Exercício 2 – Complete

❶ Il se trouve que *(Par hasard)* le grand-père de mon père, mon arrière-grand-père, était médecin.

. . . . . . . . , o . . . do meu pai, meu . . . . . . , era médico.

❷ Mon grand-père avait une exploitation de café à Botucatu.

Meu . . . . . . . . uma . . . . . . . de café . . Botucatu.

❸ J'ai peur des lézards ; quand j'en vois un, je pars en courant.

Eu tenho . . . . de lagartixa; . . . . . . . . . . uma, . . . . correndo.

**14** Ils se marièrent, et eurent trois enfants :

**15** ma mère, mon oncle et ma tante.

**16** Et [moi] je me mis à songer que s'il n'y avait pas eu ce *(si ce n'était un)* lézard, personne n'aurait crié ;

**17** mes grands-parents ne se seraient pas connus et je n'aurais ni arrière-grand-père, ni arrière-grand-mère...

**18** ni grand-père, ni grand-mère, ni père, ni mère...

**5** Dans la famille **Fulano**, **Beltrano** ou **Sicrano**, *Untel*, *Untel* ou *Untel*, je voudrais également **o sogro**, *le beau-père* / **a sogra**, *la belle-mère* ; **o genro**, *le gendre* / **a nora**, *la belle-fille* ; **o padrastro**, *le beau-père* / **a madrasta**, *la belle-mère* et **os enteados**, *les beaux-enfants* ; et pour finir, **o sobrinho**, *le neveu* / **a sobrinha**, *la nièce* et **o primo**, *le cousin* / **a prima**, *la cousine*.

\*\*\*

## Corrigé de l'exercice 1

❶ S'il n'y avait pas eu cette dame, je n'aurais pas réussi à prendre le bon bus. ❷ Les vachers sont allés chercher le taureau qui s'était enfui. ❸ Ce gros exploitant agricole était intrépide. ❹ Où y a-t-il une plantation de café par ici ? ❺ Les enfants doivent être dans la cour à discuter.

\*\*\*

❹ Je reste là à imaginer comment serait ma vie sans Ana.
Eu .... aqui .......... .... seria a ..... vida ... .
Ana.

❺ Il m'a demandé si je connaissais le propriétaire de ces terres.
Ele .. perguntou .. eu ........ o dono ...... terras.

## Corrigé de l'exercice 2

❶ Por acaso – avô – bisavô – ❷ – avô tinha – fazenda – em – ❸ – medo – quando vejo – saio – ❹ – fico – imaginando como – minha – sem a – ❺ – me – se – conhecia – destas –

*C'est dans le centre-ouest, le sud-est et le sud du Brésil, zones où l'élevage bovin est important, que l'on côtoie les* **boiadeiros** *ou* peões. *Comme les* **gaúchos**, *gauchos, de la pampa argentine et les cow-boys d'Amérique du Nord, ces hommes veillent sur les troupeaux durant leur longue transhumance à travers les vastes prairies. Toujours à cheval et jamais sans leur guitare, ils soufflent dans une corne de taureau appelée* **berrante**, *pour rassembler les bêtes.*

*La tradition veut que les* **peões** *organisent des rencontres pour faire la fête et s'adonner aux joies du rodéo. De nos jours, ces festivités sont devenues plus commerciales et plus grandioses, allant bien au-delà des traditionnelles rencontres entre vachers. On y accourt de loin pour écouter les chanteurs* **sertanejos** *les plus réputés, et bien sûr pour élire le meilleur* **peão** *– celui qui reste le plus longtemps sur un cheval non dressé ou sur un taureau. Au Brésil, vous ne manquerez pas d'entendre l'expression* **Segura peão!**, *Accroche-toi, vacher !*

**76**

## Septuagésima sexta aula

▶ ## É hora da novela!

1 – Oi **Ci**ça! **Co**mo foi o **te**u jan**tar**?

2 – Foi **mu**ito agra**dá**vel. Mas **e**u per**di** o **úl**timo ca**pí**tulo da no**ve**la.

3 Me **con**ta, por fa**vor**!

4 – O **Jú**lio desco**bri**u que **e**ra o pai da I**nês**.

5 – E o Ta**de**u? Desco**bri**ram que **e**ra **e**le que fa**zia** a**que**las falca**tru**as **to**das?

6 – Sim, e **e**le **fo**i **pre**so ¹.

### Note

1 **preso** est le participe passé irrégulier de **prender**, *arrêter, incarcérer*, que l'on utilise avec **ser** et **estar**. La forme régulière, **prendido**, beaucoup moins courante, ne s'utilise, en principe, qu'à la forme active avec **ter**.
Um preso désigne *un prisonnier, un détenu*.
Ele foi preso ontem no centro da cidade.
*Il a été arrêté hier en centre-ville.*

Deuxième vague : 26ᵉ leçon

**76**

# Soixante-seizième leçon

*Votre apprentissage a pris son rythme de croisière et vos progrès vont bon train. Avez-vous remarqué que les traductions sont de moins en moins littérales ? Prenez, vous aussi, un peu de liberté et n'hésitez pas à traduire les phrases à votre manière, tout en conservant le même sens bien sûr !*

## C'est l'heure du feuilleton !

1 – Salut Ciça ! Comment s'est passé ton dîner ?
2 – Ça a été très agréable. Mais j'ai raté *(perdu)* le dernier épisode *(chapitre)* du feuilleton.
3   Raconte[-le-]moi, s'il te plaît !
4 – Julio a découvert qu'il était le père d'Inês.
5 – Et Tadeu ? On a découvert que c'était lui qui faisait toutes ces manigances ?
6 – Oui, et il a été arrêté.

Ele está preso no sótão.
*Il est enfermé (prisonnier) au grenier.*
O delegado tinha prendido o homem à beira da estrada.
*Le commissaire avait arrêté l'homme sur le bord de la route.*

**7** – A **Cla**ra e o Hen**ri**que fi**ca**ram **jun**tos, não foi?

**8** – Ca**sa**ram e **e**la es**ta**va **grá**vida.

**9** – O **O**la**vo vol**tou do Cana**dá**?

**10** – Não, **e**le arran**jou** um em**pre**go por lá, e resol**veu** le**var** a fa**mí**lia com **e**le.

**11** – E a **Do**na Concei**ção**?

**12** – A**que**la continu**ou** fofo**can**do.

**13** **E**la foi a**té** a **ca**sa dos Pe**rei**ras, e insinu**ou** que o **Seu Ro**cha **ti**nha um **ca**so com a Va**lé**ria.

**14** – E aí?

**15** – E aí que o **Seu Ro**cha es**ta**va no **al**to da es**ca**da escu**tan**do **tu**do, e bo**tou e**la pra co**rrer**.

**16** – Que mais… **Co**mo foi o fi**nal**?

**17** – **Co**mo **sem**pre, **u**ma **fes**ta com **to**dos se abra**çan**do ².

**18** – **Es**tas no**ve**las **sem**pre a**ca**bam do **mes**mo **jei**to!

**19** – Mas bem que vo**cê gos**ta! □

---

**Note**

**2** **o abraço** est le geste brésilien par excellence. C'est cette fameuse accolade que se donnent les hommes lorsqu'ils se rencontrent, dont on dit qu'elle visait au départ à vérifier si l'autre n'avait pas de poignard caché. C'est surtout dans la vie courante, y compris sous sa forme maximale – avec l'augmentatif **o abração** – , une façon chaleureuse et décontractée de terminer un e-mail, un coup de fil, etc. **abraçar**, le verbe, est déjà plus proche de l'étreinte, au sens de *prendre dans ses bras*. C'est de toute façon à ne pas traduire par *embrasser*, au sens de *donner un baiser*, qui se dit **beijar** ou **dar um beijo** ou carrément un très chaleureux **beijão** ou tout petit mais néanmoins tendre **beijinho**, ou encore une charmeuse *bise*, **beijoca**. O Chico mandou aquele abraço para você, *Chico te fait dire bien des choses* (mot à mot "a envoyé un *abraço* comme ça pour toi").

**7 –** Clara et Henrique sont restés ensemble, n'est-ce pas ?

**8 –** Ils se sont mariés, et elle était enceinte.

**9 –** Olavo est revenu du Canada ?

**10 –** Non, il a trouvé un emploi là-bas et a décidé *(a résolu)* d'emmener sa famille avec lui.

**11 –** Et Dona Conceição ?

**12 –** Celle-là, elle a continué à faire des potins.

**13** Elle est allée jusque chez les Pereira, et a insinué que M'sieur Rocha avait une liaison *(un cas)* avec Valéria.

**14 –** Et alors ?

**15 –** Et alors M'sieur Rocha était en haut de l'escalier à tout écouter, et il l'a jetée dehors *(et l'a mise à courir)*.

**16 –** Quoi encore… Comment ça s'est terminé *(Comment était la fin)* ?

**17 –** Comme toujours. [Par] une fête, tout le monde tombant dans les bras les uns des autres *(s'étreignant)*.

**18 –** Ces feuilletons finissent tous de la même manière !

**19 –** Mais ça te plaît bien, hein !

▶ Exercício 1 – Traduza

**❶** O caso da senhora é um pouco difícil pra resolver. **❷** Bem que eu gostaria de escrever uma novela. **❸** O Carlos sempre insinua que eu não trabalho direito. **❹** Espera eu acabar este capítulo do livro e depois saímos. **❺** Ficamos horas juntos; foi muito agradável, relembramos bons momentos da nossa vida.

Exercício 2 – Complete

**❶** Je vais jusqu'au centre-ville, et j'en profite pour déjeuner par là-bas.

Eu vou ... o ...... .. cidade e ......... ...
almoçar ... lá.

**❷** Va-t'en *(là-bas)* ! Laisse-moi *(Sors de près de moi)* !

... pra ..! ... .. perto de ...!

**❸** J'ai découvert que dans la boutique où j'ai acheté ma robe, ils vendent aussi des chaussures.

Eu ........ que .. .... .... eu ....... meu vestido,
eles também ...... ........ .

*\*\*\**

*La **fofoca**, ragot, cancan, se distingue par sa souterraine immanence dans le quotidien des relations sociales, au bureau, en famille, au club, etc., et l'extrême jouissance qu'elle procure à ses adeptes, les **fofoqueiros** (assumés, complices ou témoins), sortes de hackers de la vie d'autrui. En filiation directe, le **reality show**, grande **fofoca** télévisuelle, l'instrumentalise et la détourne – la victime étant non seulement consentante mais volontaire : le **fofoqueiro** "fofoque" sur lui-même à la vue de tous ! La **fofoca**, tel un enzyme glouton, nourrit le mythe de la transgression (péché mignon des Brésiliens) en fouil-*

**Corrigé de l'exercice 1**

❶ Votre affaire est un peu difficile à résoudre. ❷ Ça me plairait bien d'écrire un feuilleton. ❸ Carlos insinue toujours que je ne travaille pas comme il faut. ❹ Attends que je finisse ce chapitre du livre et après on sort. ❺ On est restés des heures ensemble ; ça a été très agréable, nous nous sommes remémoré de bons moments de notre vie.

❹ Tu mets toujours cette musique, changeons un peu.
   Você sempre ...... esta música, ..... mudar um ......

❺ Qui est-ce qui a laissé toutes ces bouteilles ici ?
   .... foi ... ...... estas ........ todas aqui?

**Corrigé de l'exercice 2**

❶ – até – centro da – aproveito pra – por – ❷ Vai – lá – Sai de – mim ❸ – descobri – na loja onde – comprei – vendem sapatos ❹ – coloca – vamos – pouco ❺ Quem – que deixou – garrafas –

\*\*\*

lant, disséquant, exhibant l'individu ; elle fait l'opinion en petit comité et régule, en douce, us et coutumes sociaux, rappelant en filigrane normes et codes, comme le fait la **telenovela**, son **alma gêmea**, âme sœur, des intimes fondements de la société. Le titre de la première **telenovela** de **TV Tupi**, en 1951 – **Sua Vida me Pertence**, Ta vie m'appartient – était prémonitoire...

Deuxième vague : 27e leçon

# Septuagésima sétima aula

## Revisão – Révision

### 1 Conjugaison des verbes irréguliers

Revoyons dans son intégralité l'indicatif des verbes **ver**, **vir** et **ir**.

|  | **ver** *voir* | **vir** *venir* | **ir** *aller* |
|---|---|---|---|
| Présent | | | |
| eu | vejo | venho | vou |
| tu | vês | vens | vais |
| ele/ela/você/o sr./a sra. | vê | vem | vai |
| nós | vemos | vimos | vamos |
| vós | vedes | vindes | ides |
| eles/elas/vocês/os sres/as sras | veem | vêm | vão |
| Imparfait | | | |
| eu | via | vinha | ia |
| tu | vias | vinhas | ias |
| ele/ela/você/o sr./a sra. | via | vinha | ia |
| nós | víamos | vínhamos | íamos |
| vós | víeis | vínheis | íeis |
| eles/elas/vocês/os sres/as sras | viam | vinham | iam |
| Futur | | | |
| eu | verei | virei | irei |
| tu | verás | virás | irás |
| ele/ela/você/o sr./a sra. | verá | virá | irá |
| nós | veremos | viremos | iremos |
| vós | vereis | vireis | ireis |
| eles/elas/vocês/os sres/as sras | verão | virão | irão |
| Passé simple | | | |
| eu | vi | vim | fui |
| tu | viste | vieste | foste |
| ele/ela/você/o sr./a sra. | viu | veio | foi |
| nós | vimos | viemos | fomos |

## Soixante-dix-septième leçon

| vós | vistes | viestes | fostes |
|---|---|---|---|
| eles/elas/vocês/os sres/as sras | viram | vieram | foram |

## 2 Formation des temps composés avec l'auxiliaire *ter* suivi du participe passé, à l'indicatif

• Passé composé des verbes en **-ar/-er/-ir**

| eu | **tenho cantado/vendido/existido**<br>*j'ai chanté/vendu/existé* |
|---|---|
| tu | **tens cantado/vendido/existido**<br>*tu as chanté/vendu/existé* |
| ele/ela/você/<br>o sr./a sra. | **tem cantado/vendido/existido**<br>*il/elle a chanté/vendu/existé, tu as chanté/<br>vendu/existé, vous avez chanté/vendu/existé* |
| nós | **temos cantado/vendido/existido**<br>*nous avons chanté/vendu/existé* |
| vós | **tendes cantado/vendido/existido**<br>*vous avez chanté/vendu/existé* |
| eles/elas/vocês/<br>os sres/as sras | **têm cantado/vendido/existido**<br>*ils/elles ont chanté/vendu/existé, vous avez<br>chanté/vendu/existé* |

• Plus-que-parfait composé des verbes en **-ar/-er/-ir**

| eu | **tinha cantado/vendido/existido**<br>*j'avais chanté/vendu/existé* |
|---|---|
| tu | **tinhas cantado/vendido/existido**<br>*tu avais chanté...* |
| ele/ela/você/<br>o sr./a sra. | **tinha cantado/vendido/existido**<br>*il/elle avait, tu avais, vous aviez chanté...* |
| nós | **tínhamos cantado/vendido/existido**<br>*nous avions chanté...* |
| vós | **tínheis cantado/vendido/existido**<br>*vous aviez chanté...* |
| eles/elas/vocês/<br>os sres/as sras | **tinham cantado/vendido/existido**<br>*ils/elles avaient, vous aviez chanté...* |

• Futur antérieur des verbes en **-ar/-er/-ir**

| eu | terei cantado/vendido/existido<br>*j'aurai chanté/vendu/existé* |
|---|---|
| tu | terás cantado/vendido/existido<br>*tu auras chanté...* |
| ele/ela/você/<br>o sr./a sra. | terá cantado/vendido/existido<br>*il/elle aura, tu auras chanté...* |
| nós | teremos cantado/vendido/existido<br>*nous aurons chanté...* |
| vós | tereis cantado/vendido/existido<br>*vous aurez chanté...* |
| eles/elas/vocês/<br>os sres/as sras | terão cantado/vendido/existido<br>*ils/elles auront, vous aurez chanté...* |

## 3  Les doubles participes

Certains verbes ont deux participes passés. En principe (mais en réalité cela varie), l'un régulier qui s'emploie avec les auxiliaires **ter** ou **haver**, et l'autre irrégulier, avec les auxiliaires **ser** ou **estar**, **ficar** et

\*\*\*

## ▶ Diálogo de revisão

**1** – Ricardo! Levanta, você vai chegar muito tarde na escola!

**2** – Já vou!

**3** – Paulo, o leite já está na xícara e o café já está pronto.

**4** – Já vou!

**5** – Rita, o teu bolo está pronto!

**6** – Já vou!

**7** – Todo dia a mesma coisa!

**8**  E se eu não existisse, como vocês fariam?

**9** – Estaríamos, no mínimo, mais felizes antes de ir pra escola.

**10** – Garoto! Olha como você fala com a tua mãe!

**11** – Desculpa, mas como é que alguém pode acordar já falando desse jeito, sem parar?

**andar**. On entend plus souvent les formes irrégulières, sans doute parce qu'elles sont plus courtes. À titre indicatif, en voici quelques exemples ; mais c'est l'usage qui vous permettra de les assimiler.

|  | Régulier | Irrégulier |
|---|---|---|
| **aceitar** *accepter* | **aceitado** | **aceito/aceite** |
| **acender** *allumer* | **acendido** | **aceso** |
| **entregar** *donner* | **entregado** | **entregue** |
| **eleger** *élire* | **elegido** | **eleito** |
| **exprimir** *exprimer* | **exprimido** | **expresso** |
| **gastar** *dépenser* | **gastado** | **gasto** |
| **imprimir** *imprimer* | **imprimido** | **impresso** |
| **incluir** *inclure* | **incluído** | **incluso** |
| **limpar** *nettoyer* | **limpado** | **limpo** |
| **matar** *tuer* | **matado** | **morto** |
| **nascer** *naître* | **nascido** | **nato** |
| **pagar** *payer* | **pagado** | **pago** |
| **soltar** *lâcher* | **soltado** | **solto** |
| **tingir** *teindre* | **tingido** | **tinto** |

etc.

\*\*\*

**12**  Bom, me dá um pouco de café.
**13** – E você, pára de sair tarde pra levar estas crianças pra aula!

## Traduction

**1** Ricardo ! Lève-toi, tu vas arriver trop *(très)* tard à l'école ! **2** J'arrive ! **3** Paulo, le lait est dans la tasse et le café est prêt. **4** J'arrive ! **5** Rita, ton gâteau est prêt ! **6** J'arrive ! **7** Tous les jours la même chose ! **8** Et si je n'existais pas, comment feriez-vous ? **9** Au moins, on serait plus heureux avant d'aller à l'école. **10** Mon fils *(Gamin)* ! Regarde comment tu parles à ta mère ! **11** Excuse-moi, mais comment quelqu'un peut-il se réveiller en parlant déjà de cette manière, sans s'arrêter ? **12** Bon, donne-moi un peu de café. **13** Et toi, cesse de partir tard quand tu emmènes ces enfants à l'école *(pour emmener… en cours)* !

Deuxième vague : 28ᵉ leçon

# Septuagésima oitava aula

## Histórias de arrepiar

1 – **Ho**je o **di**a es**tá** bom pra con**tar** his**tó**rias.
2 – É ver**da**de. **Chu**va, bo**li**nho de **chu**va e **u**ma
   his**tó**ria assusta**do**ra...
3 – Que **i**sso! ¹ His**tó**ria ne**nhu**ma ² me a**ssus**ta.
4 – **Du**vi – d- o-**dó** ³. Es**cu**ta **e**ssa:
5   **E**le é um mo**le**que de **u**ma **per**na só,
6   que **u**sa **go**rro ver**me**lho e **fu**ma ca**chim**bo.
7   **E**le apa**re**ce ⁴ em es**tra**das de**ser**tas, num
   redemoinho, no **me**io das **ár**vores,

: Notes

1 **Que isso**, littéralement *Quoi cela*, est une forme concise de l'interrogation **O que que é isso?**, *Qu'est-ce que c'est que ça ?*, qui contient parfois
   une nuance de répréhension : *Qu'est-ce que c'est que cette histoire ?*

2 **nenhuma**, *aucune*, est ici placé après le mot sur lequel il porte, pour
   insister. On aurait aussi très bien pu le passer devant. Si **nenhum/
   nenhuma** précède le verbe, on n'emploie pas la négation **não** :
   **Nenhuma delas se manifestou**, *Aucune d'elles ne s'est manifes-
   tée*. Parmi les expressions courantes, **coisa nenhuma** (littéralement
   "chose aucune") équivaut à *rien du tout* : **Você não vai dizer coisa
   nenhuma**, *Tu ne vas rien dire du tout*. On trouve **nenhum**, *aucun*,
   dans l'expression **de jeito nenhum**, *en aucune façon*, qui poussée à
   l'extrême signifie *pas du tout*, *pas question* : **Você vai votar no meu
   candidato? – De jeito nenhum**, *Tu vas voter pour mon candidat ?
   – Certainement pas*.

# Soixante-dix-huitième leçon

## Histoires à faire frémir *(à frissonner)*

**1** – Aujourd'hui, c'est un bon jour pour raconter des
histoires.

**2** – C'est vrai. Pluie, petit[s] beignet[s] [des jours] de
pluie et une histoire qui fait peur...

**3** – Penses-tu *(Quoi cela)* ! Aucune histoire ne m'effraie.

**4** – J'en doute. Écoute celle-ci :

**5** C'est un gamin qui n'a qu'une jambe *(d'une jambe
seulement)*,

**6** qui porte *(utilise)* un bonnet rouge et fume la pipe.

**7** Il apparaît sur les routes désertes, dans un tourbillon,
au milieu des arbres,

**3** Ici la fin du mot **duvido** est scandée, notamment l'avant-dernière syllabe épelée (**soletrada**) pour insister. Prononcez *[dou-vi dé-o do]* (avec
le *[o]* de *sol*). Vous trouvez la prononciation des lettres de l'alphabet dans
l'introduction de la méthode.

**4** Ne confondez pas le verbe **parecer**, *sembler*, *paraître*, et **aparecer**, *appa-
raître*, souvent employé au sens de "aimer se montrer" en public, faire
parler de soi, dans le même esprit starisé que l'expression **Chegueí!**, *Me
voilà, c'est moi !*, etc. Dans la vie courante, on entend souvent l'expression **Apareça em casa**, *Viens quand tu veux*, *Passe à la maison*, pour si-
gnifier à quelqu'un qu'il est toujours le bienvenu, mais qu'il vaut mieux
ne pas prendre pour argent comptant, car elle relève davantage de la formule que de l'invitation ferme. Petit rappel enfin : le **c** prend une cédille
devant **a** et **o**, comme en français, quand on veut conserver le son *[ss]*.

**8** assus**tan**do ⁵ os via**jan**tes.

**9** – **Pá**ra com **i**sso, é o **Sa**ci Pere**rê** e nem dá **me**do.

**10** – En**tão es**ta:

**11** **Di**zem que **fi**lho de **ho**mem que **nas**ce de**pois** de **se**te **fi**lhas

**12** **vi**ra ⁶ lobi**so**mem,

**13** apa**re**ce nas encruzi**lha**das e cemi**té**rios...

**14** – Lobi**so**mem tam**bém** não tem **gra**ça.

**15** – **Úl**tima tenta**ti**va: **E**la apa**re**ce de **noi**te,

**16** vem à pro**cu**ra das cri**an**ças que não **dor**mem...

**17** – A **Cu**ca, a**mi**ga do **bi**cho pa**pão**.

**18** – Ok, pa**re**ce que ⁷ vo**cê** ven**ceu** ⁸.

**19** **Va**mos alu**gar** um **fi**lme?                                              ☐

---

Notes

**5** De la surprise à la terreur, le lexique est vaste : **assustar**, *effrayer*, avec dans la même famille **o susto**, *la peur*, causée par la surprise, ou *le sursaut* ; **recear**, *craindre, avoir de l'appréhension*, ou **temer**, *craindre* (moralement), *s'inquiéter*, qui donnent **o receio** ou **o temor**, *la crainte, l'appréhension* ; **aterrorizar**, *terrifier*. Mais pour traduire une simple frousse de tous les jours et de tout un chacun, on emploiera **o medo**, *la peur*, avec différents cas de figure : **estar com medo**, *avoir peur* ; **dar medo**, *faire peur* ; **morrer de medo**, *mourir de trouille*, etc. **Estou com medo de perder o trem**, *J'ai peur de rater le train*. **Quando ele apareceu na porta, eu levei um susto**, *Quand il est apparu à la porte, j'ai eu un choc*.

**6** **virar**, *virer, tourner, retourner* (la terre, sa veste, etc.), *se transformer*, mais également *se débrouiller*. **Ele virou a folha de papel**, *Il a retourné la feuille de papier* ; **Depois disso, ela virou para mim e sorriu**, *Après cela, elle s'est tournée vers moi et a souri*.

**7** **parece que**, *il semble, on dirait que ou encore il paraît que*, de **parecer**, *paraître*. **O parecer** désigne l'avis rendu par une autorité administrative

**8**   et effraie *(effrayant)* les voyageurs.

**9** –  Arrête avec ça, c'est Saci Pererê, et ça ne fait *(donne)*
     même pas peur.

**10** –  Alors celle-ci :

**11**   On dit que quand un fils naît après sept filles *(On dit*
     *que le fils d'un homme qui naît après sept filles)*,

**12**   [il] se transforme en *(tourne)* loup-garou,

**13**   il fait son apparition *(apparaît)* aux carrefours et dans
     les cimetières...

**14** –  Le loup-garou, c'est pas marrant non plus *(aussi n'a*
     *pas de grâce)*.

**15** –  Dernière tentative : Elle apparaît la nuit,

**16**   [et] vient chercher les enfants qui ne dorment pas...

**17** –  C'est Cuca, amie du Croquemitaine.

**18** –  D'accord, il [me] semble que tu as gagné.

**19**   On va louer un film ?

---

ou judiciaire. Le participe passé se forme sur le radical auquel on ajoute
**-ido** : **parecido**, *pareil, semblable, analogue,* etc. Ce verbe se décline
également à la forme pronominale : **parecer-se**, *ressembler*. **Pelo que**
**parece, vai chover**, *À ce qu'il semble, il va pleuvoir* ou *on dirait qu'il va*
*pleuvoir* ; **O parecer do juiz lhe foi muito favorável**, *L'avis rendu par le*
*juge lui a été très favorable.*

**8**  **vencer**, *vaincre, l'emporter, écraser, arriver, gagner,* qui touche à tous
     les domaines, qu'il s'agisse des difficultés de la vie ou d'une élection ou
     d'un match, est marqué par un esprit de lutte, de conquête : **Eu que-**
     **ria vencer na vida,** *Dans la vie, je voulais arriver (monter dans l'échelle*
     *sociale)* ; **Ele venceu a eleição para Governador**, *Il a gagné l'élection*
     *au poste de gouverneur.* **Ganhar** traduit plutôt ce que l'on reçoit, dans
     une posture plus passive, par un don, un gain, un profit, par exemple un
     cadeau : **Eu ganhei um presente dos meus colegas**,  *Mes collègues*
     *m'ont fait un cadeau.*

▶ Exercício 1 – Traduza

❶ Ele se parece muito com o pai. Dizem que filho de peixe, peixinho é! ❷ Esse moleque não pára; ele fala o tempo todo! ❸ Hoje em dia poucas pessoas fumam cachimbo. ❹ Você já viu un redemoinho? ❺ Vê se aparece lá em casa.

Exercício 2 – Complete

❶ L'équipe de foot de Campinas a gagné le championnat.
O .... de futebol de Campinas ...... o campeonato.

❷ Arrête de faire cette tête-là *(ce visage)*, tu vas finir par effrayer les enfants.
.... de fazer esta cara, você ... acabar
.......... .. .........

❸ Cette rue est déserte, elle me fait peur.
.... rua .... deserta, .. .. .....

❹ J'adore discuter avec ces voyageurs qui ont toujours un tas d'histoires à raconter.
Adoro ......... com ....... viajantes que ... sempre um monte de histórias ... contar.

❺ Je n'ai même pas pu voir le feuilleton hier.
Eu ... .... ver a novela ......

\*\*\*

**Halloween** (prononcez *[Ralouim]*), *n'a qu'à bien se tenir et c'est tant mieux !* **Saci-Pererê**, *issu d'une légende tupi-guarani, pourrait bien lui ravir la date officielle de célébration du 31 octobre, voire être reconnu patrimoine historique immatériel du Brésil. Précurseur de l'action de la* **SOSACI** – Société des Observateurs du **Saci** –, **Monteiro Lobato**, *inquiet du désenracinement de la culture nationale, employa une belle énergie pour lui redonner toute sa place, dans son* **Sitio do Pica-Pau Amarelo**, *mais pas seulement : en 1917,*

## Corrigé de l'exercice 1

❶ Il ressemble beaucoup à son père. On dit tel père tel fils *(que le fils du poisson, petit poisson est)* ! ❷ Ce gamin n'arrête pas ; il parle tout le temps ! ❸ De nos jours, peu de gens fument la pipe. ❹ Tu as déjà vu un tourbillon ? ❺ Essaye de passer *(Vois si tu passes)* à la maison.

## Corrigé de l'exercice 2

❶ – time – venceu – ❷ Pára – vai – assustando as crianças ❸ Esta – está – me dá medo ❹ – conversar – aqueles – têm – pra – ❺ – nem pude – ontem

***

*il lança une vaste enquête dans la presse à destination des lecteurs sur ce compagnon métissé de leur enfance, arbre au milieu d'une forêt de mythes populaires :* **Boitatá**, **Boto**, **Iara**, **Lobisomem**, *etc. N'oublions pas non plus que* **Saci**, *là encore précurseur, est un écolo avant la lettre, comme protecteur des forêts et grand connaisseur des plantes médicinales (voir 97e leçon).*

Deuxième vague : 29e leçon

# Septuagésima nona aula

## Folia na Avenida [1]

**1** – Prontinho [2], **Mô**nica!

**2** **Tu**a fanta**si**a [3] es**tá pron**ta.

**3** Pre**pa**re-se pra ver a mais in**crí**vel fanta**si**a de **to**dos os **tem**pos.

**4** – O que é **i**sso? Um bi**quí**ni com pae**tês**?!

**5** – Não, é a reprodu**ção** da vesti**men**ta in**dí**gena, com um **pou**co de **bri**lho.

**6** – **E**u não vou desfi**lar** com **i**sso.

**7** **I**sso é **tra**je de ra**i**nha [4] de bate**ri**a!

**8** – **Pe**ra **a**í!

---

**Notes**

**1** **avenida**, *avenue*, désigne, ici, ces grandes artères où se déroulent les défilés d'écoles de samba, le Groupe Spécial des plus grandes écoles de samba cariocas défilant le dimanche. Notez que les noms de voie – **Rua**, *rue* ; **Praça**, *place* ; **Largo**, *grande place* ; **Alameda**, *allée*, etc. – commencent en principe par une majuscule.

**2** **prontinho**, de **pronto**, *prêt* : le diminutif **-inho** permet ici d'insister, au sens de *tout à fait*. Sur le même modèle, nous avons rencontré dans la série précédente **direitinho** et **certinho**, *bien comme il faut*, la seconde forme s'employant lorsqu'il s'agit d'une personne.

**3** **fantasia** – Contrairement aux apparences, ne traduisez pas par *fantaisie*, mais par *imagination*, les autres sens de ce mot renvoyant en conséquence à toute forme d'abstraction mentale créative : *fantaisie, fantasme* ou encore *costume, déguisement* – avec sa forme verbale **fantasiar-se**, *se costumer, se déguiser*. D'autres termes courants expriment également, outre le fait de se travestir de façon festive, cette capacité à occulter : **mascarar**, *se masquer* ; **disfarçar**, *faire semblant* ; **fazer de conta**, *faire mine de* ; **fingir**, *feindre*, etc. Profitez-en pour noter que le jeu de *cache-cache* se traduit par **esconde-esconde**.

# Soixante-dix-neuvième leçon

## Délire *(Folie)* sur "l'avenue"

**1 –** Voilà, Mônica !
**2** Ton costume est prêt.
**3** Prépare-toi à voir le plus incroyable costume de tous les temps.
**4 –** Qu'est-ce que c'est que ça ? Un bikini avec des paillettes ?!
**5 –** Non, c'est une réplique des vêtements indigènes, avec un peu de brillant.
**6 –** Je ne vais pas défiler avec ça.
**7** C'est le costume d'une reine de batterie !
**8 –** Attends un peu !

---

O grupo de mascarados cruzou a Avenida pulando.
*Le groupe de gens costumés traversa ("croisa") l'avenue en dansant de façon endiablée ("sautant").*
Ele ficou triste com a notícia, mas disfarçou.
*La nouvelle le rendit triste, mais il fit mine que non.*
Ele fez de conta que era o rei e eu sua rainha.
*Il a fait comme s'il était le roi et moi sa reine.*
Ele fingiu que não viu nada. Que homem mais fingido!
*Il a feint de n'avoir ("qu'il n'a") rien vu. Il n'y a pas plus sournois ("Quel homme feint") !*

**4** Nombre de mots se forment différemment au masculin et au féminin. Ainsi, **a rainha**, *la reine*, et **o rei**, *le roi* ; **o príncipe**, *le prince*, et **a prince-sa**, *la princesse*, etc. Signalons que **rei** est suivi de **D.** pour **Dom**, et du nom du monarque : **o rei D. João VI**, *le roi Dom Jean VI*. À l'époque coloniale, le Portugal était souvent désigné par un terme ayant la même racine, **o Reino**, *le Royaume*. Leur féminin, **dona (D.ᵃ)** et **rainha**, en revanche, n'auront laissé à la postérité que deux expressions : **a rainha do lar**, *la fée du logis*, et **a dona de casa**, *la femme au foyer* ou *maîtresse de maison*.

9 **Ain**da **fal**ta colo**car** o co**car** e a **sai**a de **pe**nas que vo**cê pe**ga no **di**a do des**fi**le, na concentra**ção**.

10 – No **mei**o da**que**la **gen**te **to**da e da**que**la baru**lhei**ra,

11 a **gen**te **ain**da vai ter que en**trar nu**ma **fi**la pra termi**nar** de se fanta**siar**?

12 – Ou en**tão** vo**cê pa**ssa na **qua**dra da es**co**la de **sam**ba ⁵ no do**min**go de man**hã**.

13 – **Eu** pre**fi**ro as**sim**.

14 **Po**sso te pe**dir** um fa**vor** ⁶?

15 – **Cla**ro, **fa**la.

16 – **Eu po**sso aprovei**tar** e le**var** a fanta**sia** do **me**u ma**ri**do?

17 – Se esti**ver pron**ta.

18 Qual é a **ala** ⁷ e o **no**me **de**le?

19 – **E**le faz **par**te da bate**ri**a, **to**ca re**co**-re**co** e se **cha**ma Re**na**to.

20 – Vou a**té** o gal**pão** procu**rar** a fanta**sia** e já **ve**nho. ☐

---

**📋 : Notes**

**5** Qui l'eût cru, **samba**, en brésilien, est… masculin ! On dira donc **o samba**, décrétée "musique officielle du Brésil" par Getúlio Vargas. Quant au terme **escola** dans **escola de samba**, *école de samba*, il n'est pas anodin ; il traduit derrière un nom (souvent à Rio, celui des mornes où elle se trouve) et un drapeau, une doctrine, un mode de vie, des maîtres, bref, une institution à part entière. Ses sociétaires, les **sambistas**, composent une grande famille ou communauté en majorité bénévole, qu'ils en soient les interprètes artistiques (**passistas**, *danseurs,* ou **ritmistas**, *percussionnistes*), ou entrepreneuriaux. À Rio, un "temple", le **sambódromo**, destiné aux défilés de Carnaval, a été conçu par l'architecte Oscar Niemeyer. Que les vrais mordus notent enfin qu'hors des murs de l'École de samba et du carnaval, la samba, un temps marginalisée, voire pourchassée, se décline

**9** Il reste *(manque)* encore à mettre le diadème et la jupe de plumes que tu prends le jour du défilé, au point de ralliement.

**10 –** Au milieu de tout ce monde et de ce raffut,

**11** on va encore devoir faire la queue *(entrer dans une file)* pour finir de se costumer ?

**12 –** Sinon tu passes sur le court de l'école de samba, dimanche matin.

**13 –** Je préfère.

**14** Je peux te demander une faveur ?

**15 –** Bien sûr, dis-moi *(parle)*.

**16 –** Est-ce que je peux en profiter pour emporter le costume de mon mari ?

**17 –** S'il est prêt.

**18** Quelle est sa section *(aile)* et son prénom ?

**19 –** Il fait partie de la batterie, il joue du *reco-reco* et s'appelle Renato.

**20** Je vais jusqu'au dépôt chercher le costume et je reviens.

sur plusieurs modes : **samba-de-roda**, **samba-canção**, **samba-de-ga-fieira**, **pagode**, **samba-reggae**, et sa célèbre petite sœur… la **bossa-nova** (litt. "nouvelle vague").

**6** **pedir**, *demander*, comme **medir**, *mesurer*, change le **d** en **ç** devant **o** et **a**, soit à la 1ʳᵉ personne du présent de l'indicatif présent, pour tout le subjonctif présent et les formes qu'il a en commun avec l'impératif. Pour ce qui est de l'expression **pedir um favor**, *demander un service*, c'est une pratique usuelle au Brésil. Simple *petit coup de main* ou *échange de bons procédés* (**troca de favores**), *faveur* ou *avantage* à la limite de la légalité, tant il recèle parfois d'abus de pouvoir, ce *petit coup de pouce*, subtilement demandé et obtenu, s'apparente au **jeitinho**, sorte de système D très élaboré qui a, au Brésil, pignon sur rue.

**7** **a ala**, *l'aile*, au sens de *côté*, *section*, *secteur*, *rang*, *rangée*, *haie*, *colonne*, *formation en cortège*, mais surtout pas *l'aile* d'un oiseau, **a asa**.

▶ Exercício 1 – Traduza

❶ No pátio da minha escola tem uma árvore. ❷ Nós precisamos colocar uma bateria nova neste telefone: em menos de cinco minutos ele desliga. ❸ Você viu como é bonita a rainha da bateria? ❹ Eu vi este biquíni num desfile de moda de verão em São Paulo. ❺ Se você quiser comer pipoca antes do filme, vai ter que entrar naquela fila enorme, à tua esquerda.

***

Exercício 2 – Complete

❶ Cette année on va défiler avec un costume merveilleux, tout en plumes.
Este ano vamos ........ ... uma ........
maravilhosa, .... de ......

❷ On va au cinéma et non à un défilé d'école de samba.
... vamos .. cinema, não a um ....... de ...... .. ......

❸ Ce diadème fait partie du costume du secteur (aile) des Indiens, pas ces jupes.
Este cocar ... ..... da fantasia da ... dos .......,
..... ..... não.

❹ Hier, j'ai vu une reproduction (réplique) d'une des œuvres de Picasso.
Ontem .. .. uma .......... de ... ... obras do Picasso.

***

*Importé d'Europe par le colonisateur portugais, le carnaval, tout en inversant les codes sociaux, est un spectacle de rue très codifié. Pendant quatre jours, tout le pays, travesti pour la circonstance, au propre ou au figuré, déploie officiellement ses ailes et se débride autour de tous les possibles qui s'éteindront le mercredi des Cendres, sans changer le moins du monde le cours des choses. Le vendredi soir, le maire de Rio remet à **Momo**, le roi du Carnaval, les clés de la ville. Après des semaines de répétitions (publiques et souvent payantes), place à la fête et à la compétition. Techniquement, il y a derrière les défilés (de 65 à 80 minutes réglementaires) un directeur artistique, le **carnavalesco**, recruté pour un pont d'or. C'est un char, **o carro abre-alas**, mû sans moteur ni animal, qui ouvre l'espace aux différentes sections qui dé-*

## Corrigé de l'exercice 1

❶ Dans la cour de mon école, il y a un arbre. ❷ Il nous faut mettre une nouvelle batterie dans ce téléphone : en moins de cinq minutes il s'éteint. ❸ Tu as vu comme la reine de la batterie est jolie ? ❹ J'ai vu ce bikini dans un défilé de mode d'été à São Paulo. ❺ Si tu veux manger des pop-corns avant le film, il te faudra faire la queue *(entrer)* dans cette file gigantesque, sur ta gauche.

*** 

❻ Je doute que Renato soit au milieu de tous ces gens.

Eu ...... que o Renato esteja .. .... ........
gente .....

## Corrigé de l'exercice 2

❶ – desfilar com – fantasia – toda – penas ❷ Nós – ao – desfile – escola de samba ❸ – faz parte – ala – índios, estas saias – ❹ – eu vi – reprodução – uma das – ❺ – duvido – no meio daquela – toda –

> EU VI ESTE BIQUINI
> NUM DESFILE DE MODA
> DE VERÃO EM SÃO PAULO.

*filent, mais ne "sambent" pas, régulées et entraînées par le* **puxador**, *tireur, et son sifflet. Parmi elles : les* **Baianas**, *Bahianaises,* **a porta-bandeira**, *la porte-drapeau, et son* **mestre-sala**, *maître de cérémonie,* **a bateria**, *la batterie (de 200 à 400 personnes), qui insuffle son rythme. Entre les différentes* **alas**, *les danseurs font montre de leur virtuosité et de leur inspiration. Sont notés selon un barème précis élégance, créativité et enthousiasme, lisibilité de l'*****enredo**, *le thème choisi, clarté des paroles du* **samba-enredo** *(en vers libre), rythme de la mélodie, équilibre et entrain de l'interprétation, etc.*

Deuxième vague : 30ᵉ leçon

## Octogésima aula

*Vous le constaterez de vous-même, les dialogues s'allongent et les repères que sont les notes diminuent. Une bonne occasion pour vous de tester les connaissances acquises.*

*Dans ce dialogue, B indique que la personne qui parle est brésilienne, P qu'elle est portugaise.*

### Entre lusitana e brasileira

**1** – (B) Oi **Ro**sa, **tu**do bem?
**2** – (P) Ah?! **Olá Ia**ra es**tás** boa**zi**nha?
**3** – (B) Sim, e vo**cê**?
**4** – (P) Vai-se **in**do. [1]
**5** – (P) Tu e o **Ro**dri**go**, vós [2] **i**des **ao** con**cer**to **ho**je à **noi**te?
**6** – (B) O quê?
**7** – (P) Vo**cê** e o **Ro**dri**go**, vão **ao** con**cer**to da Es**co**la de **Mú**sica da **Á**ustria?
**8** – (B) Sim. E vo**cê**?
**9** – (P) Não sei, es**tou** a procu**rar** [3] compa**nhi**a.
**10** – (B) Vo**cê** vai so**zi**nha?
**11** – (P) Sim. **A**o Manu**el**, não lhe ape**te**ce **es**te **ti**po de **mú**sica.

### Notes

**1** Vai-se indo, *On fait aller*, expression composée de la forme pronominale **ir-se** au présent, et du gérondif **-indo**. Ici, le pronom **se** marque le côté impersonnel de la forme verbale. Selon l'intonation, on penchera pour la traduction *Ça va* ou *Ça peut aller*, voire, dans le meilleur des cas, *Ça roule*. Rappelons, synonyme de **ir-se**, *s'en aller*, **ir-se embora**.

**2** Ce "vous" ici exprimé à la portugaise est inhabituel au Brésil, puisqu'on y utilise essentiellement le **você(s)** qui se situe entre un *tu* et un *vous* pas

# Quatre-vingtième leçon

## D'une Lusitanienne à une Brésilienne

**1** – Bonjour Rosa, tout [va] bien ?

**2** – Ah ?! Bonjour Iara, tu vas bien *(es toute bonne)* ?

**3** – Oui, et toi ?

**4** – Ça se maintient *(Va-se allant)*.

**5** – Est-ce que toi et Rodrigo [vous] allez au concert ce soir ?

**6** – Quoi ?

**7** – Toi et Rodrigo, vous allez au concert de l'école de musique d'Autriche ?

**8** – Oui. Et toi ?

**9** – Je ne sais pas, je cherche de la compagnie.

**10** – Tu y vas toute seule ?

**11** – Oui. Manuel n'est pas friand de *(à Manuel ne le met en appétit)* ce genre de musique.

très marqué, ou **o(s) senhor(es)**, **a(s) senhora(s)** suivi de la 3ᵉ personne. Dans le même ordre d'idée, vous avez noté l'emploi de la 2ᵉ personne du singulier, aux phrases 2 et 23.

**3** La forme **a procurar** est typiquement portugaise. Au Brésil, on aurait employé le gérondif : **Estou procurando companhia**.

**12** – (B) **Ve**nha co**nos**co, en**tã**o.

**13** – (P) Há lu**gar** no **vo**sso **ca**rro?

**14** – (B) Tem, mas a **gen**te vai de ô**nibus**.

**15** (B) Lá **per**to do te**a**tro munici**pal** não tem
a**on**de estacio**nar**.

**16** – (P) Não é **mu**ito di**fí**cil ir de **au**tocarro [4] da
**vo**ssa **ca**sa a**té** lá?

**17** – (B) Não. **Dei**xa o **ca**rro lá na **no**ssa **ru**a, em
**fren**te a pada**ri**a, e **va**mos **jun**tos.

**18** – (P) Não vos vai estor**var** a ti e **ao** te**u** namo**ra**do?

**19** – (B) **Cla**ro que não, **fi**que tran**qui**la.

**20** – (P) Já me **ti**nha esque**ci**do!

**21** (P) Es**tá** a**li** um re**ca**do **pa**ra ti em **ci**ma da **me**sa.

**22** – (B) Obri**ga**da... **Ro**sa, **es**te bil**he**te é pra vo**cê** e
não pra mim.

**23** – (P) Tens a cer**te**za?

**24** – (B) Sim, é do **te**u ma**ri**do, di**zen**do que mu**dou**
de i**de**ia e vai com vo**cê** ao con**cer**to.          □

---

**Note**

4  Il existe également des différences lexicales entre le Portugal (P) et le
Brésil (B) : **o autocarro** (P) ou **ônibus** (B), *le bus* ; **o comboio** (P) ou **o trem**
(B), *le train* ; **o eléctrico** (P) ou **o bonde** (B), *le tramway* ; **o prefeito** (B) ou

\*\*\*

▶ Exercício 1 – Traduza

❶ Você tem certeza que esta mesa não vai quebrar? ❷ Perto
do teatro tem uma padaria. Você não vai acreditar como o
pão deles é bom. ❸ A Maria deixou um recado: ela disse que
vai ao concerto conosco. ❹ Vocês passam na casa da Maria,
pegam ela e depois vêm pra cá. ❺ Vou pedir para o Rodrigo
me fazer companhia esta noite, não quero sair sozinha.

**12** – Viens avec nous alors.

**13** – Il y a de la place dans votre voiture ?

**14** – Oui, mais on y va en bus.

**15** Près du théâtre municipal, il n'y a pas de place où se garer.

**16** – Est-ce que ce n'est pas trop compliqué *(difficile)* d'aller là-bas de chez vous en bus ?

**17** – Non. Laisse ta voiture dans notre rue, devant la boulangerie, et allons-y ensemble.

**18** – Ça ne va pas vous déranger, toi et ton fiancé ?

**19** – Bien sûr que non, sois tranquille.

**20** – J'avais oublié !

**21** Il y a là un mot pour toi sur la table.

**22** – Merci… Rosa, ce mot est pour toi, et non pour moi !

**23** – Tu en es certaine *(as la certitude)* ?

**24** – Oui, c'est de ton mari qui dit *(disant)* qu'il a changé d'avis et qu'il va avec toi au concert.

---

o presidente da câmara (P), *le maire* ; o terno (B) ou o fato (P), *le cos-tume* ; o banheiro (B) ou a casa de banho (P), *la salle de bain* ; o sorvete (B) ou o gelado (P), *la glace* ; o durex (B) ou a fita-cola (P), *le scotch*, etc.

***\*\*\****

Corrigé de l'exercice 1

❶ Tu es sûr que cette table ne va pas casser ? ❷ Il y a une boulangerie près du théâtre. Tu ne vas pas croire à quel point *(comme)* leur pain est bon. ❸ Maria a laissé un message : elle a dit qu'elle allait *(va)* au concert avec nous. ❹ Vous passez chez Maria, vous la prenez avec vous et ensuite vous venez ici. ❺ Je vais demander à Rodrigo de me tenir compagnie ce soir, je ne veux pas sortir seule.

Exercício 2 – Complete

❶ Nous prenons la voiture, Manuel prend le bus et Maria ne sait pas comment elle y va.

A ..... ... de carro, o Manuel vai de ...... e a Maria não .... .... vai.

❷ Aujourd'hui j'ai eu cours de musique et mon professeur m'a dit que je chantais *(suis chantant)* mieux.

Hoje eu tive .... de ...... e o ... professor ..... que eu estou cantando melhor.

❸ Vous ne voulez pas venir avec nous ?

Vocês ... ...... vir .......?

\*\*\*

*AOC linguistique. Hors du Brésil, la dénomination de la langue suscite moult controverses, malgré des variabilités lexicales, phonétiques reconnues. Au Brésil, faute d'une langue nationale parlée standard, et métaphore d'une absence de cohésion sociale, un clivage s'impose d'emblée entre écrit et oral, entre tenants d'une langue* "**certa**" *correcte,* "**culta**" *savante – centralisatrice, à portée des happy few –, et ceux de celle taxée de* "**errada**" *fautive, expression plurielle d'un peuple, telle que la prônait le Moderniste* **Osvaldo de Andrade** *:* "**A palavra física, brasileira em sua época. A língua sem arcaísmos. Sem erudição. Natural e neológica. A contribuição milionária de todos os erros. Como falamos. Como somos.**" *Les enseignants*

❹ Ton fiancé a oublié son pull sur l'ordinateur.
 O ... namorado ........ a malha .... .. .... ..
computador.

❺ Il croit toujours qu'il va gêner, il n'est jamais à l'aise.
Ele ...... .... ... ... incomodar, ..... está à
vontade.

Corrigé de l'exercice 2
❶ – gente vai – ônibus – sabe como – ❷ – aula – música – meu – disse –
❸ – não querem – conosco ❹ – teu – esqueceu – dele em cima do –
❺ – sempre acha que vai – nunca –

***

*pointent déjà un hiatus entre les intitulés institutionnels de l'enseignement "de la langue portugaise" et celui "de la littérature brésilienne". Durant deux siècles, au Brésil, la langue portugaise fut minoritaire, l'agent de communication intégrateur étant le* **nheengetu** *ou* **língua geral**. *Pourquoi – par pragmatisme – ne pas opérer un retour aux sources autochtones, en optant pour l'appellation tupi-guarani si brésilo-brésilienne* **tupininquim** *(dans son acception dictionnairique "propre au Brésil, brésilien")... soit pour nous, cher lecteur, en d'autres termes Le Tupininquim, Collection Sans Peine !*

Deuxième vague : 31ᵉ leçon

# Octogésima primeira aula

*Remontez le temps et plongez dans l'imaginaire d'un petit Brésilien, à travers un classique de la littérature pour enfants…*

## Faz-de-conta…

**1** – **Va**mos brin**car** de ¹ **Sí**tio ² do **Pi**ca-**Pa**u Ama**re**lo?

**2** – **Va**mos, mas só se **e**u pu**der** ³ ser a Nari**zi**nho ⁴!

**3** – Tá bom, e **e**u a E**mí**lia.

**4** – E quem vai ser o Pe**dri**nho?

**5** – **Va**mos cha**mar** a **Ca**rol pra brin**car** com a **gen**te!

**6** – **Tu**do bem, mas a**in**da **fal**ta al**guém** pra ser o Vis**con**de ⁵ de Sabu**go**sa.

**7** – É **mes**mo ⁶. Po**de**mos cha**mar** a Vivi!

### Notes

**1** brincar, *jouer*, mais aussi *plaisanter* – brincar o carnaval, *"faire" carnaval* –, ici suivi de la préposition **de**, *jouer à*. Dans la même famille, **a brincadeira**, *la plaisanterie* ; **o brincalhão**, *le gros farceur* : **Este exercício de química não foi brincadeira!**, *Cet exercice de chimie n'a pas été de la rigolade !* ; **Ele adora fazer arte, ele é muito brincalhão!**, *Il adore faire des siennes, c'est un gros farceur !* Pour conserver le même son, le **c** se transforme en **qu** devant **e** et **i**, au subjonctif présent et à l'impératif, ainsi que dans le substantif **o brinquedo**, *le jouet*. **Não brinque!**, *Ne fais pas l'idiot !* N'oubliez pas pour autant que **o jogo** se traduit par *le jeu* ou *le match*.

**2** Au Brésil, **o sítio**, *le site* ou *le siège* (**o estado de sítio**, *l'état de siège*), désigne aussi une petite exploitation à l'intérieur des terres, utilisée à des fins agricoles ou comme lieu de villégiature le week-end pour les "urbains". En ce sens, on peut également utiliser **chácara**, qui est néanmoins plus petite.

**3** puder, subjonctif futur à ne pas confondre avec **poder**, *pouvoir* – verbe irrégulier – ou *le pouvoir*. Ce temps se forme sur le radical du passé simple **pude**, *je pus* ou *j'ai pu*. Nous en verrons les principales formes en fin de

# Quatre-vingt-unième leçon

## On dirait que...

**1** – On joue à la Ferme*(ette)* du Pivert Jaune ?
**2** – Oui, mais seulement si je peux être Narinette !
**3** – D'accord, et moi Emilia.
**4** – Et qui sera Pedrinho ?
**5** – On va inviter *(appeler)* Carol à *(pour)* jouer avec nous !
**6** – Très bien, mais il manque encore quelqu'un pour faire *(être)* le vicomte de Sabugosa.
**7** – C'est vrai. On peut appeler Vivi !

semaine. **Se eu puder, vou fazer o possível para chegar cedo**, *Si je peux, je vais faire mon possible pour arriver tôt.*

**4** **o nariz**, *le nez*. Notez quelques expressions : **limpar o nariz**, *se moucher* ; **torcer o nariz**, *faire la grimace/la tête/la tronche* ; **ser dono do seu nariz**, *être son propre maître* (ou celui de quelqu'un). **Quando ele soube do caso, torceu o nariz**, *Quand il a appris l'affaire, il a fait grise mine* ; **Faça o que bem quiser, você é dono do seu nariz**, *Fais ce que tu veux, tu es ton propre maître.*

**5** **o visconde**, *le vicomte*, et **o conde**, *le comte*, font respectivement **a viscondessa**, *la vicomtesse*, et **a condessa**, *la comtesse*, au féminin. En revanche, c'est le suffixe **-esa** qui permet de former l'équivalent féminin de **o barão**, *le baron*, et **o duque**, *le duc* : **a baronesa**, *la baronne*, et **a duquesa**, *la duchesse.*

**6** **é mesmo**, littéralement "est même", vise ici à acquiescer à ce qui précède : *exactement, c'est vrai, c'est ça.* Mais la même forme peut aussi semer le doute : **é mesmo?** *c'est (pas) vrai ?, vraiment ?* **Mesmo** permet aussi d'insister sur la personne, la chose, le moment, le lieu auquel on se réfère : **A chave está lá mesmo onde você deixou**, *La clé est exactement là où tu l'as laissée* ; **A palestra é agora mesmo**, *La conférence, c'est précisément maintenant.*

**8** – Já sei! **Te**nho **u**ma id**e**ia.

**9** A **gen**te faz de **con**ta que **es**ta bon**e**ca é a **Emí**lia e a**que**le bon**e**co o Vis**con**de.

**10** – Não! A **gen**te **po**de fa**zer ca**da **u**ma [7] dois perso**na**gens.

**11** – En**tão** eu tam**bém** sou a **Do**na **Ben**ta.

**12** – E **eu** a **Ti**a Nas**tá**cia.

**13** – A **ca**ma é a **ca**sa, tá?

**14** – A escriva**ni**nha é o pu**lei**ro.

**15** – E o ta**pe**te é a flo**res**ta.

**16** – Vou até o ba**nhei**ro pe**gar** um **pou**co de **tal**co

**17** **pa**ra fa**zer** de **con**ta que é o pó de pir**lim** pim pim.

**18** – A **tu**a mãe não vai bri**gar**?

**19** – Não! A **gen**te não vai nem a**brir**, é de menti**ri**nha!

**20** Não po**de**mos derru**bar**! □

---

📁 Note

7 **cada uma**, *chacune* – au masculin **cada um**, *chacun* – comporte parfois une forte connotation admirative ou de rejet. Mais attention, *chaque* se traduit par **todo/toda**, *tout/toute*, lorsqu'il comporte l'idée de répétition : **Todo dia eu dou uma caminhada**, *Chaque jour je fais une marche à pied*.

\*\*\*

▶ Exercício 1 – Traduza

❶ Mamãe, não fique triste, faz-de-conta que eu não quebrei os teus óculos. ❷ A Iara foi até o banheiro lavar as mãos e já volta. ❸ Quando eu era pequeno, eu sempre brincava de boneca com a minhã irmã. ❹ Ainda está faltando uma parte deste jogo; assim não conseguiremos jogar. ❺ Aquele livro que você disse que perdeu está no teu quarto, debaixo da escrivaninha.

**8** – Ça y est *(Je sais déjà)* ! J'ai une idée.

**9** On dirait que cette poupée c'est Emilia, et cette marionnette, le vicomte.

**10** – Non ! On peut faire chacune deux personnages.

**11** – Alors je suis aussi Dona Benta.

**12** – Et moi tante Nastacia.

**13** – Le lit, c'est la maison, d'accord ?

**14** – Le pupitre, c'est le poulailler.

**15** – Et le tapis, c'est la forêt.

**16** – Je vais jusqu'à la salle de bain prendre un peu de talc

**17** pour faire comme si c'était *(semblant que c'est)* de la poudre de perlimpinpin.

**18** – Ta mère ne va pas [te] gronder ?

**19** – [Mais] non ! On ne va même pas l'ouvrir, c'est pour de faux *(de petit mensonge)* !

**20** Nous ne pouvons pas [le] renverser !

Corrigé de l'exercice 1

❶ Maman, ne sois pas triste, fais comme si je n'avais pas cassé tes lunettes. ❷ Iara est allée à la salle de bain se laver les mains et revient de suite. ❸ Quand j'étais petit, je jouais toujours à la poupée avec ma sœur. ❹ Il manque encore une partie de ce jeu ; comme ça, on n'arrivera pas à jouer. ❺ Ce livre que tu as dit avoir perdu est dans ta chambre, au-dessous du pupitre.

Exercício 2 – Complete

**❶** La semaine dernière, on est allés dans la forêt de Tijuca.

Na ...... ....... fomos na floresta da Tijuca.

**❷** C'est toi en personne qui as garé la voiture.

Foi .... ..... que estacionou o carro.

**❸** Tu ne veux pas amener Carol *(pour)* jouer avec Vivi ?

Você ... .... ...... a Carol ... brincar ... a Vivi ?

**❹** Je ne vais au cinéma que si je peux sortir plus tôt du travail.

Eu .. vou .. ......, .. eu ..... sair .... ....

do .........

\*\*\*

**Monteiro Lobato** *est surtout connu de générations et générations de petits Brésiliens pour une série de livres – adaptés pour la télévision – situés dans un lieu imaginaire, le* **Sítio do Pica-Pau Amarelo**, *la Ferme du pivert jaune, où cohabitent de façon intergénérationnelle, multiculturelle et pluridisciplinaire tout le petit monde de son cru et... Peter Pan, Felix le Chat, Einstein, etc. Pédagogue précurseur dans l'âme, il fait découvrir à ses jeunes lecteurs le Brésil, le monde... sans peine – en s'amusant, en suscitant leurs curiosité, inventivité et capacité d'abstraction naturelles. Pour ce faire, il se lança dans l'édition dont il révolutionna les méthodes. Affichant également des positions pionnières en matière d'indépendance énergétique (sur la*

**82**

# Octogésima segunda aula

*Après le vicomte... l'archiduchesse ! En effet, c'est à un petit exercice du style "les chaussettes de l'archiduchesse" que vous êtes convié. Il s'agit, vous l'avez compris, d'un exercice de prononciation, et en particulier de fluidité. À consommer sans modération...*

## Trava-línguas

**1** – Duvido que vo**cê** con**si**ga repe**ti**r ¹ **es**ta;

**2** es**cu**ta a**í**:

❺  Ça y est, je sais ! Tu vas faire quelques courses et moi, je reste ici
à lire.
Já ...! Você vai ..... .... .......... e eu .... ....
lendo.

Corrigé de l'exercice 2
❶ – semana passada – ❷ – você mesmo – ❸ – não quer trazer – pra –
com – ❹ – só – ao cinema – se – puder – mais cedo – trabalho ❺ – sei
– fazer umas comprinhas – fico aqui –

***

*question du pétrole notamment), il se fit chef d'entreprise... Bref, ce
visionnaire, militant invétéré du Brésil, multiplia les casquettes et
mania la plume sur tous les sujets au cours d'une carrière atypique
et déroutante, voire inquiétante parfois. Censuré et pourchassé sous
l'autoritaire* **Estado Novo**, *il s'exila un temps et finit ruiné. On aurait
même brûlé ses livres...* **Que bisurdo (absurdo)**, *Quelle absurdité
s'est sûrement esclaffée l'intarissable poupée de chiffon* **Emilia**, *alter
ego de celui qui croyait dur comme fer que* "**um país se faz com
homens e livros**", *"un pays se fait avec des hommes et des livres".*

Deuxième vague : 32e leçon

**82**

# Quatre-vingt-deuxième leçon

## Virelangues

**1 –** Je doute que tu réussisses à répéter celle-ci ;
**2**   écoute un peu :

] Note

**1**  **repetir**, *répéter, recommencer, redoubler une classe, se resservir (reprendre d'un plat).* À la 1ʳᵉ personne de l'indicatif présent et pour tout le
subjonctif présent, le **e** se transforme en **i** : **repito**, *je répète,* **repita**, *qu'il/
elle répète/que tu répètes,* répète.

**3** "O **tem**po pergun**tou** pro **tem**po

**4** **quan**to **tem**po o **tem**po tem

**5** e o **tem**po respon**deu** pro **tem**po

**6** que o **tem**po tem **tan**to **tem**po

**7** **quan**to o **tem**po tem."

**8** – **E**ssa **eu** já conhe**ci**a! **O**uve ² só **es**ta:

**9** "**Dis**seram que o **pei**to ³ do pé do **Pe**dro é **pre**to;

**10** quem **dis**se que o **pei**to do pé do **Pe**dro é **pre**to

**11** tem o **pei**to do pé mais **pre**to

**12** que o **pei**to do pé do **Pe**dro."

**13** – **E**ssa é le**gal**, mas pre**fi**ro **es**ta:

**14** "O **do**ce pergun**tou** pro **do**ce ⁴:

: Notes

**2** ouvir, *écouter, entendre*, est un verbe partiellement irrégulier dont on ne
retiendra ici que les emplois les plus fréquents : **ouvir dizer**, *ouï-dire*, et
**ser todo ouvido**, *être tout ouïe*. C'est justement sur son participe passé
**ouvido** que s'est formé le mot **os ouvidos**, *les oreilles*, au sens de l'or-
gane interne de l'ouïe. Les oreilles que l'on voit, elles, sont désignées par
**orelhas**. **Você só merece um puxão de orelha**, *Tu ne mérites qu'une
chose, te faire tirer l'oreille* ; **Estou com dor de ouvido**, *J'ai mal aux
oreilles*. Enfin, ne confondez pas **ouvir** avec **entender**, *comprendre*, ni
**escutar**, *écouter* au sens d'*être à l'écoute*, ni même avec l'écoute au sens
de l'attention, la prise en compte que l'on dispense à quelqu'un, que l'on
exprimera par le verbe **atender** et le substantif correspondant **o atendimento**. **Ouvi dizer que o Zé trabalha na central de atendimento
da minha empresa**, *J'ai entendu dire que Zé travaille au service clients*
("*centre d'écoute*") *de mon entreprise*.

**3** o peito, *la poitrine*, aussi bien au sens propre (*poitrail* ou *seins*) que figuré,
désigne donc aussi bien le courage à l'excès – **ter peito**, *avoir du culot* ;
**amigo do peito**, *un ami intime*, *véritable* (à l'opposé du *faux frère* qu'est
**o amigo da onça**) – que la partie la plus charnue, par exemple de la
volaille, pour le poulet, le *blanc*.

**3**  "Le temps demanda au temps

**4**  combien de temps le temps a

**5**  et le temps répondit au temps

**6**  que le temps a autant de temps

**7**  qu'a de temps le temps."

**8** – Celle-là je la connaissais déjà ! Écoute celle-ci :

**9**  "On a dit que le cou-de-pied de Pierre est noir ;

**10**  celui qui a dit que le cou-de-pied de Pierre est noir

**11**  a le cou-de-pied plus noir

**12**  que le cou-de-pied de Pierre."

**13** – Celle-là est géniale, mais je préfère celle-ci :

**14**  "La douceur demanda à la confiture :

**4**  Sachez qu'au Brésil tout est très sucré. Nous avons déjà rencontré le mot d'origine arabe **o açúcar**, *le sucre*, matière première de nombre de sucreries et entremets : **doces (os)**, *gâteaux, sucreries, douceurs, entremets, confitures* (mais aussi comme adjectif, *doux, sucrés*). Retenez sur le même radical le verbe **adoçar**, *sucrer, édulcorer, radoucir* et son substantif **o adoçante**, "faux sucre", équivalent local des *sucrettes*. *La douceur*, en tant qu'attitude, s'exprime entre autres par le mot **doçura**. Vous avez certainement remarqué dans ce petit jeu linguistique les différents sens du mot **doce**, et notamment *confiture*. Mais attention, il existe d'autres types de "confiture" ou assimilés : **a geleia** qui, dans sa version sucrée, n'a pas forcement la consistance d'une *gelée* ; **a marmelada**, et bien sûr **a goiabada**, *la pâte de goyave*, quasi dessert national, qui consommée avec du **queijo de Minas**, porte le doux nom de **Romeo e Julieta**.

**15** Qual é o **doce** mais **doce**
**16** que o **doce** de ba**ta**ta **doce**?
**17** E o **doce** respon**deu** pro **doce**
**18** que o **doce** mais **doce**
**19** que o **doce** de ba**ta**ta **doce**
**20** é o **doce** de ba**ta**ta **doce**."
**21** – **U**ma gra**ci**nha **es**ta!
**22** Dá a**té** vontade de cozi**nhar u**mas pra co**mer**! ☐

\*\*\*

▶ Exercício 1 – Traduza

❶ Me disseram que eu não ficava bem com o cabelo deste jeito. ❷ Eu conheço o Pedro faz um tempão; nós estudamos juntos. ❸ Ele está com dor nos pés porque andou muito. ❹ Você está sempre de preto! Coloque alguma coisa azul. ❺ Espero que nós consigamos chegar a tempo.

\*\*\*

Exercício 2 – Complete

❶ Je ne sais pas si j'assiste au concert ou si je vais au théâtre.
   .. não sei se ....... .. concerto .. se vou ao teatro.

❷ Est-ce que ce pantalon va mieux avec ce pull ou avec celui-ci ?
   Esta calça .... ...... com .... ..... ou
   com .... .....?

❸ Écoute un peu ce que j'ai à te raconter, tu ne vas pas [me] croire !
   ...... .. . que eu ..... pra .. ......, você não
   vai .........!

❹ Je n'ai pas autant de patience avec les enfants que je pensais.
   Eu não ..... ..... paciência com ........ ....
   eu ........

**15** Quelle est la douceur plus sucrée
**16** que la sucrerie de patate douce ?
**17** Et la confiture répondit à la douceur
**18** que la douceur plus sucrée
**19** que la sucrerie de patate douce
**20** est la confiture de patate douce."
**21** – Tout à fait charmante *(Une petite grâce)*, celle-là !
**22** Ça donne même envie d'en faire *(cuisiner)* quelques-unes à manger !

\*\*\*

Corrigé de l'exercice 1

❶ On m'a dit que ça ne m'allait pas, les cheveux [coiffés] de cette manière. ❷ Je connais Pedro depuis *(ça fait)* un bon bout de temps ; on a fait nos études ensemble. ❸ Il a mal aux pieds parce qu'il a beaucoup marché. ❹ Tu es toujours en noir ! Mets quelque chose de bleu. ❺ J'espère qu'on réussira à arriver à temps.

\*\*\*

❺ Au Brésil, il ne fait pas aussi chaud que je le pensais *(j'imaginais qu'il fasse)*.
No Brasil, não faz ..... ..... ......eu .........
que ........

Corrigé de l'exercice 2

❶ Eu – assisto ao – ou – ❷ – fica melhor – esta malha – essa daqui
❸ Escuta só o – tenho – te contar – acreditar ❹ – tenho tanta – crianças como – pensava ❺ – tanto calor quanto – imaginava – fizesse

Deuxième vague : 33ᵉ leçon

# Octogésima terceira aula

## Teste de seleção

**1** – E aí **ca**ra! **Co**mo é que foi de audi**ção**?

**2** – Não sei. **A**cho que **eu** não vou ser selecio**na**do.

**3** – Qual foi o pa**pel** ¹ que vo**cês** ti**ve**ram pra represen**tar**?

**4** – Vo**cê** não vai acredi**tar**: Chapéu**zi**nho ver**me**lho!

**5** O **tre**cho ² do **lo**bo ves**ti**do de vovó**zi**nha,

**6** dei**ta**do na **ca**ma e fa**lan**do com a Chapéu**zi**nho ver**me**lho:

**7** Por**que e**sses **o**lhos tão **gran**des?

**8** Pra te ver me**lhor**... etce**te**ra, etce**te**ra,

**9** a**té** a **ho**ra que **e**le se le**van**ta pra ten**tar** comê-la.

**10** – Não **de**ve ter **si**do **mo**le ³, não!

**11** **E**u que**ri**a **mui**to ser selecio**na**do.

**12** **E**les es**tão** mon**tan**do **u**ma **pe**ça **so**bre a Se**ma**na de **Ar**te Mo**der**na,

---

**┌┐**⋮ Notes

⋮ **1** Le sens premier de **o papel** est *le papier*, qui fait **papéis** au pluriel. **Casamos sim, de papel passado**, *Mais si nous sommes mariés, en bonne et due forme* (formalisé sur le papier). Il est ici pris dans une autre accep-tion : *rôle* (au théâtre ou dans la vie), *attribution, mission.* **A manutenção das estradas que é papel do Estado, ficou no papel**, *L'entretien des routes, qui est du rôle de l'État, est resté lettre morte* (au stade du papier).

⋮ **2** **o trecho**, *le morceau, le passage* ou *l'extrait* d'un texte, *un tronçon (de route)*, etc.: **O primeiro trecho da BR-116 foi asfaltado**, *Le premier tron-çon de la BR-116 a été bitumé*. Pour insister sur l'aspect fragmenté, on emploiera plutôt le mot **pedaço (o)** : **A casa está caindo aos pedaços**, *La*

# Quatre-vingt-troisième leçon

## Essai *(Test de sélection)*

**1 –** Et alors, mon vieux ! Comment s'est passée *(a été)* l'audition ?

**2 –** Je ne sais pas. Je crois que je ne vais pas être retenu *(sélectionné)*.

**3 –** Quel est le rôle que vous avez eu à jouer *(représenter)* ?

**4 –** Tu ne vas pas le croire : le petit chaperon rouge !

**5** Le passage du loup habillé en *(de)* grand-mère,

**6** couché dans le lit et parlant au petit chaperon rouge :

**7** Pourquoi as-tu de si grands yeux *(Pourquoi ces yeux si grands)* ?

**8** Pour mieux te voir, etc., etc.

**9** jusqu'au moment où il se lève pour essayer de la manger.

**10 –** Ça n'a pas dû être du gâteau *(mou)*, ça non !

**11 –** Je voudrais vraiment être sélectionné.

**12** Ils sont en train de monter une pièce sur la Semaine d'Art Moderne,

---

*maison tombe en ruines* ; **Você quer provar um pedacinho de queijo de Minas?**, *Tu veux goûter un petit morceau de fromage du Minas ?*

**3** Un seul mot au masculin et au féminin, **mole**, *mou*, *mollasson*, au point – sur un ton un peu plus familier – d'être ou ne pas être *facile*, *"coton"*. Le substantif se forme avec le suffixe **-eza** : **a moleza**, *la molesse*, *la flemme*, *la facilité*. **Decorar aquele trecho todo, não é mole não!**, *Apprendre par cœur tout cet extrait, ce n'est pas de la tarte !* ; **Isso é moleza de fazer!**, *Ça, c'est "fastoche" à faire !*

**13**   com uns **tre**chos de **o**bras de **Má**rio de An**dra**de
e Os**wald** de An**dra**de.

**14**   O cená**rio** é **su**per colo**ri**do, com reprodu**ções**
de **qua**dros de **Cân**dido Porti**na**ri e Dja**ni**ra.

**15**   E a **mú**sica é **to**da do **Vi**lla-**Lo**bos.

**16** – Re**la**xa, **ca**ra! Vo**cê** não **sa**be **co**mo foi a audi**ção**
dos **ou**tros a**to**res [4].

**17**   Tal**vez** vo**cê te**nha **i**do **su**per bem.

**18** – Não sei, não. Só **ti**nha **gen**te de **pe**so.

**19** – Se por a**ca**so vo**cê** fi**zer** [5] **par**te do e**len**co [6], não
vai esque**cer** de me dar uns in**gre**ssos!   □

---

🔲 Notes

**4**   o ator, *l'acteur*, au pluriel **os atores**, *les acteurs*, fait au féminin **a atriz**,
*l'actrice* ; **as atrizes**, *les actrices*.

**5**   **fizer**, est le subjonctif futur de **fazer**, *faire*.

**6**   Nombre de mots "collectifs" désignent un ensemble de choses d'une
même catégorie : **o elenco**, *la troupe, la distribution* ; **o acervo**, *la collec-*
*tion, le fonds* ; **o cacho (de uvas)**, *la grappe* ; **o enxoval**, *le trousseau (de*
*la mariée)* ; **o molho de chaves**, *le trousseau de clés*, etc.

\*\*\*

▶ Exercício 1 – Traduza

❶ Não vai esquecer de me dar teus livros do Oswald de
Andrade. ❷ Estou fazendo uma seleção de cores para o
meu novo quadro. ❸ Quando eu quero relaxar eu tomo um
banho, me deito, e escuto bossa-nova. ❹ Ontem ele teve
que se levantar super cedo. ❺ Que moleza! Começa logo a
preparar o jantar!

**13** avec des extraits d'œuvres de Mario de Andrade et Oswald de Andrade.

**14** Le décor est très coloré, avec des reproductions de tableaux de Cândido Portinari et de Djanira.

**15** Et la musique est entièrement *(toute)* de Villa-Lobos.

**16** – Détends-toi, mon vieux ! Tu ne sais pas comment a été l'audition des autres acteurs.

**17** Peut-être que tu as été très bien.

**18** – Je ne sais pas trop. Il n'y avait que des pointures *(gens de poids)*.

**19** – Si par hasard tu fais partie de la distribution, n'oublie pas de me donner quelques entrées !

NÃO VAÍ ESQUECER DE ME DAR TEUS LIVROS DO OSWALD DE ANDRADE.

\*\*\*

Corrigé de l'exercice 1

❶ N'oublie pas de me donner tes livres de Oswald de Andrade. ❷ Je suis en train de faire un choix de couleurs pour mon nouveau tableau. ❸ Quand je veux me détendre, je prends un bain, je me couche, et j'écoute de la bossa-nova. ❹ Hier il a dû se lever très tôt. ❺ Quelle fainéantise ! Mets-toi de suite à préparer le dîner !

Exercício 2 – Complete

**❶** On a vu dans le journal que le théâtre municipal de Rio de Janeiro organise une audition.

Vimos .. jornal que o Teatro municipal .. Rio de Janeiro .... organizando uma ........

**❷** Elle portait *(était avec)* un pantalon bleu, mais je préfère quand elle est en robe.

Ela ...... ... uma ..... azul, mas eu ....... ...... ela está .. ........

**❸** Je n'en pouvais plus et je suis partie.

... ........ mais e fui- .. .......

\*\*\*

*Un siècle après le cri d'**Ipiranga**, la Semaine d'Art Moderne de 1922 – organisée au théâtre municipal de **São Paulo** par un groupe d'écrivains, de plasticiens et de musiciens – marque dans l'euphorie une rupture résolue avec l'académisme artistique passé, ouvrant la voie à l'expérimentation autour de la brésilianité. Sous la houlette de ses principaux animateurs-agitateurs – **Mário** et **Osvaldo de Andrade** – ce mouvement dit Moderniste a connu plusieurs phases et tendances, dont la première a été la plus "décoiffante": elle vit se*

**84**

# Octogésima quarta aula

## Revisão – Révision

### 1 Verbes réguliers

Certains verbes, malgré une conjugaison régulière, subissent une modification graphique (voyelle ou consonne) à certaines personnes.

• **recear**, *craindre* : Pour une question d'euphonie, un **i** s'intercale entre le **e** et le **a** en fonction de la place de l'accent tonique sur le radical. Se conjuguent de la sorte **nomear**, *nommer* ; **bloquear**, *bloquer* ; **folhear**, *feuilleter* ; **semear**, *semer* ; **passear**, *se promener* ; **frear**, *freiner*, etc. Ne sont repris ci-après que les temps concernés.

❹ Est-ce que Rosa a pu acheter les billets pour le théâtre ?
.... que a Rosa pôde comprar os ......... ....o
teatro?

❺ La distribution du feuilleton de huit heures est merveilleuse, il n'y a que des acteurs et actrices de poids.
O ...... da ...... ... oito está ...........,
só ... ...... e ....... de peso.

Corrigé de l'exercice 2
❶ – no – do – está – audição ❷ – estava com – calça – prefiro quando – de vestido ❸ Não aguentei – me embora ❹ Será – ingressos para – ❺ – elenco – novela das – maravilhoso – tem atores – atrizes –

\*\*\*

*succéder jusqu'en 1930 publications et manifestes ; entre autres,* Pau-Brasil *(1924-25) et* Anthropophage *(1928) à* **São Paulo**, Régionaliste *(1926) dans le* **Nordeste** *d'où émergera une littérature engagée autour de l'homme nordestin, de son délaissement, et de ses conditions de vie critiques (***Rachel de Queiróz**, **Graciliano Ramos**, **Jorge Amado**, *etc.).*

Deuxième vague : 34ᵉ leçon

**84**

# Quatre-vingt-quatrième leçon

| | INDICATIF Présent | SUBJONCTIF Présent | IMPÉRATIF |
|---|---|---|---|
| eu | receio | receie | |
| tu | receias | receies | receia |
| ele/ela/você/ o sr./a sra. | receia | receie | receie |
| nós | receamos | receemos | receemos |
| vós | receais | receeis | receai |
| eles/elas/vocês/ os sres/as sras | receiam | receiem | receiem |

• **repetir**, *répéter* : Certains verbes changent une voyelle à la 1<sup>re</sup> personne du présent de l'indicatif et à toutes les personnes du subjonctif présent, et en conséquence à certaines de l'impératif :

| | INDICATIF Présent | SUBJONCTIF Présent | IMPÉRATIF |
|---|---|---|---|
| eu | repito | repita | |
| tu | repetes | repitas | repete |
| ele/ela/você/ o sr./a sra. | repete | repita | repita |
| nós | repetimos | repitamos | repitamos |
| vós | repetis | repitais | repeti |
| eles/elas/vocês/ os sres/as sras | repetem | repitam | repitam |

• **parecer**, *paraître* / *vencer*, **vaincre** : Certains verbes changent le **c** en **ç** devant **a** et **o**, soit à la 1<sup>re</sup> personne du présent de l'indicatif et à toutes les personnes du subjonctif présent, et en conséquence à certaines de l'impératif. Se conjugue de la sorte **descer**, *descendre*, etc.

| | INDICATIF Présent | SUBJONCTIF Présent | IMPÉRATIF |
|---|---|---|---|
| eu | pareço/venço | pareça/vença | |
| tu | pareces/ vences | pareças/ venças | parece/vence |
| ele/ela/você/ o sr./a sra. | parece/vence | pareça/vença | pareça/vença |
| nós | parecemos/ vencemos | pareçamos/ vençamos | pareçamos/ vençamos |
| vós | pareceis/ venceis | pareçais/ vençais | parecei/ vencei |
| eles/elas/vocês/ os sres/as sras | parecem/ vencem | pareçam/ vençam | pareçam/ vençam |

• **ouvir**, *entendre* : Le **v** se change en **ç** à la 1<sup>re</sup> personne du présent de l'indicatif et à toutes les personnes du subjonctif présent, et en conséquence à certaines de l'impératif :

| | INDICATIF Présent | SUBJONCTIF Présent | IMPÉRATIF |
|---|---|---|---|
| eu | ouço | ouça | |
| tu | ouves | ouças | ouve |
| ele/ela/você/ o sr./a sra. | ouve | ouça | ouça |
| nós | ouvimos | ouçamos | ouçamos |
| vós | ouvis | ouçais | ouvi |
| eles/elas/vocês/ os sres/as sras | ouvem | ouçam | ouçam |

• **brincar**, *jouer* : Le **c** se change en **qu** devant **e**, soit à la 1<sup>re</sup> personne du subjonctif présent, et en conséquence à certaines de l'impératif. Se conjuguent de la sorte **ficar**, *rester* ; **secar**, *sécher*, etc.

| | SUBJONCTIF Présent | IMPÉRATIF |
|---|---|---|
| eu | brinque | |
| tu | brinques | brinca |
| ele/ela/você/o sr./a sra. | brinque | brinque |
| nós | brinquemos | brinquemos |
| vós | brinqueis | brincai |
| eles/elas/vocês/ os sres/as sras | brinquem | brinquem |

## 2 Verbes irréguliers

Nous avons rencontré deux verbes irréguliers au futur du subjonctif : **puder**, du verbe **poder**, *pouvoir*, et **fizer**, du verbe **fazer**, *faire*, temps formé à partir de leur passé simple.

| INDICATIF | | |
|---|---|---|
| Présent | **poder** | **fazer** |
| eu | posso | faço |
| tu | podes | fazes |
| ele/ela/você/o sr./a sra. | pode | faz |
| nós | podemos | fazemos |
| vós | podeis | fazeis |
| eles/elas/vocês/os sres/as sras | podem | fazem |
| Passé simple | | |
| eu | pude | fiz |
| tu | pudeste | fizeste |
| ele/ela/você/o sr./a sra. | pôde | fez |
| nós | pudemos | fizemos |
| vós | pudestes | fizestes |
| eles/elas/vocês/os sres/as sras | puderam | fizeram |

\*\*\*

▶ Diálogo de revisão

1 — Hoje é domingo
2 — Pé de cachimbo
3 — O cachimbo é caro
4 — Bate no carro
5 — O carro é de ouro
6 — Bate no touro
7 — O touro é louco
8 — Bate no moço
9 — O moço gritou
10 — O mundo acabou
11 — UUUUUUU!

| SUBJONCTIF | | |
|---|---|---|
| Futur | | |
| eu | puder | fizer |
| tu | puderes | fizeres |
| ele/ela/você/o sr./a sra. | puder | fizer |
| nós | pudermos | fizermos |
| vós | puderdes | fizerdes |
| eles/elas/vocês/os sres/as sras | puderem | fizerem |

\*\*\*

Traduction

**1** Aujourd'hui c'est dimanche **2** Pied de pipe **3** La pipe est chère **4** Tape sur la voiture **5** La voiture est en or **6** Tape sur le taureau **7** Le taureau est fou **8** Tape sur le jeune homme **9** Le jeune homme a crié **10** C'est la fin du monde **11** Ouh ouh ouh !

Deuxième vague : 35ᵉ leçon

HOJE É DOMINGO.

## Octogésima quinta aula

### Desde os tempos de colégio

1 – Não **po**sso acredi**tar**!
2 **Ca**ra, é vo**cê me**smo?
3 **G**uil**her**me Al**mei**da **Ba**rros, o ga**ro**to que
   dei**xa**va os pro**fe**ssores do Co**lé**gio Obje**ti**vo de
   ca**be**lo em pé.
4 – **Pe**dro **Pau**lo Co**rrei**a, **meu** compa**nhei**ro de
   suspen**sões** e **co**la nas **pro**vas de mate**má**tica!
5 – **Quan**to **tem**po, **ca**ra! Você es**tá** igual**zi**nho [1]!
6 – **Pá**ra com **i**sso! Você é que não mu**dou na**da.
7 – Mu**dei** sim, mu**lher**, três **fi**lhos, **so**gra, tra**ba**lho
   **sé**rio...
8 – **On**de você tra**ba**lha?
9 – **Eu** mon**tei u**ma a**gên**cia de propa**gan**da com
   uns a**mi**gos.
10 – Você **fe**z facul**da**de de comunica**ção**?
11 – Não, **eu** fiz uns **bi**cos [2] na **á**rea de propa**gan**da,
   gos**tei**...
12 E você? Com que tra**ba**lha?
13 – **Eu** sou dire**tor** de **u**ma es**co**la **pú**blica.

### Notes

1 **igualzinho**, *tout à fait semblable* (*"égal"*). Voici encore un exemple
  d'emploi du diminutif, cette fois avec le suffixe **-zinho** qui lui donne une
  connotation d'insistance, au sens de *tout à fait*. **O meu filho caçula é
  igualzinho ao meu pai**, *Mon benjamin est le portrait craché de mon
  père*.

# Quatre-vingt-cinquième leçon

## Depuis l'époque du collège

**1 –** Je ne peux pas le croire !
**2** Mec, c'est vraiment toi ?
**3** Guilherme Almeida Barros, le gamin qui faisait se dresser les cheveux [sur la tête] des professeurs du collège Objectif *(laissait ... le cheveu debout)*.
**4 –** Pedro Paulo Correia, mon compagnon d'exclusions *(suspensions)* et d'antisèches aux épreuves de mathématiques !
**5 –** Que de temps [a passé], mon pote. Tu n'as pas du tout changé *(Tu es tout-égal)* !
**6 –** Arrête avec ça ! C'est toi qui n'as pas changé *(changé rien)*.
**7 –** Si, j'ai changé, [j'ai une] femme, trois enfants, [une] belle-mère, [un] travail sérieux...
**8 –** Où est-ce que tu travailles ?
**9 –** J'ai monté une agence de publicité avec des amis.
**10 –** Tu as fait [une] fac de communication ?
**11 –** Non, j'ai fait quelques petits boulots dans le secteur de la pub, ça m'a plu...
**12** Et toi ? Tu travailles dans quoi *(avec quoi)* ?
**13 –** Je suis directeur d'une école publique.

**2** **bico**, *bec*, ici employé au sens figuré, familier – et dépréciatif – de *petit boulot* : **Ele vive de bicos**, *Il vit de petits boulots*. Ce n'est pas le cas, dans un autre registre, de tout autre travail (**serviço**) fourni, même de façon ponctuelle, au sens de *prestation* (**prestação de serviço**), ou payé **por tarefa**, *à la tâche*. En ce sens, dans la communication, la presse, donc pour une *pige*, on parlera davantage de **colaboração**, *collaboration*.

**14** – O clima não é muito pesado?
**15** – Não muito ³. A escola fica no meio de umas fazendas em Pindamonhangaba.
**16** Os alunos são quase todos filhos de colonos ⁴.
**17** Eles são interessados e interessantes.
**18** – E como você foi parar lá?
**19** – Casei com a agrônoma de uma das fazendas.
**20** – Que vidão, hein!
**21** E eu aqui neste stress ⁵ de cidade grande!
**22** Não consigo desistir desta vida corrida! □

## Notes

**3** não muito, *pas tellement*. On aurait très bien pu remplacer **muito** par **tanto**, au sens de *pas tant que ça*. **Dizem que você adora viajar. – Nem tanto assim**, *On dit que tu adores faire des voyages. – Pas tant que ça.*

**4** Si on désigne souvent le Brésil colonisé sous l'expression **Brasil Colônia**, *la Colonie*, **o colono** se réfère ici au *colon*, en tant *qu'agriculteur, métayer*, etc.

*** *

▶ Exercício 1 – Traduza
❶ Hoje eu peguei dois alunos falando durante a prova de português. ❷ Fazia muito tempo que não nos víamos, ele é um antigo amigo de escola. ❸ Aquele rapaz me deixa de cabelos em pé, vai levar outra suspensão. ❹ Estas frutas não estão boas, elas devem ter ficado no calor. ❺ Acabei desistindo de ser professora, precisava de muita paciência.

**14 –** L'ambiance n'est pas trop pesante ?

**15 –** Pas tellement. L'école se trouve au milieu de quelques grosses fermes, à Pindamonhangaba.

**16** Les élèves sont presque tous des enfants de travailleurs agricoles.

**17** Ils s'intéressent [aux cours] et ils sont intéressants.

**18 –** Et comment as-tu atterri *(es-allé arrêter)* là-bas ?

**19 –** Je me suis marié avec l'agronome d'une des fermes.

**20 –** C'est la belle vie, hein ?

**21** Et moi [qui vis] ici, dans le *(ce)* stress de [la] grande ville !

**22** Je n'arrive pas [à] renoncer à cette vie à 100 à l'heure *(vie courue)* !

---

**5** Voici encore un cas d'emploi du terme étranger, alors qu'il a été "brésilia-nisé" sous la forme **estresse**, à partir de laquelle se sont formés le verbe **estressar**, *stresser*, et l'adjectif **estressante**, *stressant*. De nombreux mots d'origine latine ou étrangère ont été formés en ajoutant un **-e** au radical : **escrutínio**, *scrutin* ; **escândalo**, *scandale* ; **escrita**, *écriture* ; **estrela**, *étoile* ; **estufa**, *serre* ; **estágio**, *stage* ; **especial**, *spécial* ; **espacial**, *spatial* ; **esnobe**, *snob*, etc.

*** *

Corrigé de l'exercice 1

❶ Aujourd'hui, j'ai surpris *(pris)* deux élèves en train de parler pendant l'interro de portugais. ❷ Cela faisait très longtemps qu'on ne se voyait pas, c'est un ancien ami d'école. ❸ Ce garçon me fait dresser les cheveux sur la tête, il va se prendre une autre exclusion. ❹ Ces fruits ne sont pas bons, ils ont dû rester à *(dans) la chaleur*. ❺ J'ai fini par renoncer à être professeure, il fallait beaucoup de patience.

Exercício 2 – Complete

❶ Voici le gamin que j'ai connu à la ferme quand j'étais agronome *(m.)*

Este é o ...... que eu conheci na ....... quando
eu ... .........

❷ Il travaillait dans une agence de publicité ; maintenant il est professeur dans une faculté de communication.

Ele .......... .... agência de ..........
. ..... ... . professor de uma faculdade de comunicação.

❸ Je me suis marié, j'ai eu trois enfants, j'ai une femme qui est professeure et j'adore cette belle vie !

Eu .. ....., .... três ......, .... uma mulher que
é .......... e eu adoro este .....!

❹ J'ai monté une agence de communication, dont je suis le directeur.

.. ......uma agência de comunicação, da .... eu sou
o diretor.

❺ L'école dont je t'ai parlé est bien en centre-ville, près de la mer.

A ...... ... eu te falei .... bem .. ......da
cidade, ..... .. mar.

*** 

*Les Jésuites tinrent les rênes éducatives (et linguistiques) du **Brasil Colônia** jusqu'à leur expulsion en 1759. Seul l'enseignement supérieur tira parti de l'installation de la cour portugaise, grâce à la création d'institutions prestigieuses, renvoyant le reste de la population à un taux de 84 % d'analphabètes, à l'aube de la République (1889). Il fallut attendre 1932 pour voir s'amorcer une véritable politique éducative, avec l'emblématique **Anísio Teixeira** et le Manifeste des Pionniers de l'Éducation, la démocratisation de l'École – publique, universelle et gratuite – se concrétisant en 1961. Mais c'est la très citoyenne constitution de 1988 qui consacre l'éducation en termes de politiques publiques. Aujourd'hui, le système éducatif est relativement autonome et décentralisé, sous l'évaluation constante du ministère de*

## Corrigé de l'exercice 2

❶ – garoto – fazenda – era agrônomo ❷ – trabalhava numa – propaganda ; agora ele é – ❸ – me casei – tive – filhos – tenho – professora – vidão ❹ Eu montei – qual – ❺ – escola que – fica – no centro – perto do –

\*\*\*

*tutelle. Parmi les principales embûches à la scolarité, la fréquentation et l'assiduité tout court (65 % des inscrits ne vont pas jusqu'au bout de l'enseignement fondamental), la médiocre qualité de celui-ci, due en partie au manque de formation des enseignants et à leurs très bas salaires. Quant aux taux élevés de* **repetência**, *redoublement, ils ont pour conséquence une inadéquation entre la classe suivie et l'âge des élèves. Beaucoup reste donc à faire, malgré un engagement personnel réel du corps enseignant brésilien, et des initiatives publiques prises au niveau fédéral.*

Deuxième vague : 36ᵉ leçon

# 86

## Octogésima sexta aula

### Primeira conta corrente

1 – Desculpa, o senhor é o gerente [1]?
2 – Não, o gerente é aquele homem que está de gravata listrada e terno bege.
3 – Já vi, obrigada...
4 Com licença, o senhor é o gerente do banco?
5 – Sou eu mesmo, no que posso lhe servir [2]?
6 – Eu gostaria de abrir uma conta e meu pai disse pra falar com o senhor.
7 – Ah! Você deve ser a filha do Dr. Aníbal!
8 Eu já deixei tudo preparado, é só assinar.
9 – E depois eu já posso pegar meu talão de cheque [3] e cartão de crédito?
10 – Não minha filha, tudo tem seu tempo.
11 – Como assim?

---

## Notes

**1** **gerente** désigne en général plutôt un *manager*, un *directeur*, qu'un gérant. Il est de la famille de **gerir**, *gérer*, qui, comme **aderir**, change le **e** du radical en **i** à la 1ʳᵉ personne de l'indicatif présent et pour toute la conjugaison du subjonctif présent (et donc certaines formes de l'impératif) : **giro**, *je gère*, etc.

**2** **servir**, *servir*, suit à peu près la même règle de modification de la voyelle du radical de **e** en **i** que **gerir** : **sirvo** ; **sirva**, etc. Parmi les emplois les plus courants : **serve**, au sens de *ça sert, ça va / ça marche / ça fonctionne*, qu'il s'agisse d'un vêtement ou d'un objet que l'on veut réutiliser ou récupérer. **Acho que este meu vestido serve para você,** *Je pense que ma robe te va.* **Este computador já está velho, mas serve,** *Cet ordinateur est vieux, mais il marche.*

# Quatre-vingt-sixième leçon

## Premier compte courant

**1** – Excusez-moi, vous êtes le directeur *(gérant)* ?

**2** – Non, le directeur, c'est ce monsieur, là-bas, qui porte une cravate rayée et un costume beige.

**3** – Je vois *(Déjà j'ai-vu)*, merci...

**4** Pardon, vous êtes le directeur de la banque ?

**5** – C'est moi-même, en quoi puis-je vous être utile ?

**6** – J'aimerais ouvrir un compte, et mon père m'a dit de voir ça *(parler)* avec vous.

**7** – Ah ! Tu dois être la fille de M. Anibal !

**8** J'ai déjà tout *(J'ai déjà laissé tout)* préparé, il n'y a qu'à signer.

**9** – Et ensuite je pourrai *(déjà peux)* prendre mon carnet de chèques et ma carte de crédit ?

**10** – Non ma fille, chaque chose *(tout)* en son temps.

**11** – Comment ça ?

**3** La forme correcte est **talão de cheques** mais on entend couramment **talão de cheque**. Pour les carnets à souche, par exemple d'épargne, on parlera davantage de **carnê** ou **caderneta**, *carnet* : a **caderneta de poupança**, *le livret d'épargne*.

**12 –** Pri**mei**ro você ⁴ con**fe**re os **te**us ⁵ **da**dos que
estão **ne**ste formu**lá**rio,

**13** de**pois** as**si**na a confirma**ção** de aber**tu**ra de
**con**ta cor**ren**te.

**14** De**pois** você tem que deposi**tar** o **che**que ⁶ que
o **teu** pai te dei**xou**.

**15** As**sim** que o **che**que for compen**sa**do, a **con**ta
se**rá** ati**va**da ⁷...

**16** e você vai rece**ber** u**ma car**ta **pa**ra vir bus**car** o
car**tão** da **con**ta e um ta**lão** de **che**ques.

**17 –** E **quan**to eu **po**sso gas**tar**?

**18 –** Você só **po**de gas**tar** o que ti**ver** na **con**ta.

**19** Se você fi**zer che**ques sem **fun**do, você **co**rre o
**ri**sco de não po**der** ter mais **con**ta.

**20 Sen**do as**sim**, não **dei**xe de verifi**car** o **teu**
ex**tra**to e calcu**lar** bem os **te**us gas**tos** ⁸.

---

**⎘** Notes

**4** Vous avez remarqué, dans ce contexte commercial, la cohabitation d'une
certaine familiarité un tantinet paternaliste (**minha filha / você**), dans
la façon dont le directeur s'adresse à cette jeune cliente, alors que cette
dernière, elle, garde les formes et le vouvoie (**o senhor**...). Comme nous
l'avons dit, c'est non seulement courant, mais banal. Cela peut même
aller jusqu'au paradoxe de tutoyer (**você**) son supérieur hiérarchique et
de l'appeler par son prénom, malgré des relations empreintes d'un certain
formalisme et de peu de liberté d'expression. Souvenez-vous, l'important
au Brésil, c'est de savoir jongler !

**5** La logique aurait également voulu qu'ici **você**, toujours employé avec
la 3ᵉ personne, soit suivi de l'adjectif possessif **seus** (littéralement "son",
mais traduit *ton* en raison du contexte), au lieu de **teu**, *ton*, qui correspond grammaticalement à la 2ᵉ personne. C'est une caractéristique de la
langue orale. Là encore, adaptez-vous. **O senhor já tem o seu talão de
cheques?**, *Vous avez déjà votre carnet de chèques ?*

**12 –** D'abord *(En premier)* tu vérifies tes coordonnées qui sont sur ce formulaire,

**13** puis tu signes la confirmation d'ouverture de compte courant.

**14** Ensuite, tu dois déposer sur ton compte le chèque que ton père a laissé [pour] toi.

**15** Dès que le chèque aura été encaissé, le compte sera opérationnel *(activé)*…

**16** et tu vas recevoir une lettre pour venir chercher la carte de ton compte et un chéquier.

**17 –** Et combien [est-ce que] je peux dépenser ?

**18 –** Tu ne peux dépenser que ce qu'il y a sur le compte.

**19** Si tu fais des chèques sans provision, tu cours le risque de ne plus pouvoir avoir de compte.

**20** Ainsi, n'omets pas de vérifier ton relevé et de bien calculer tes dépenses.

**6** Le verbe correspondant est aussi d'origine anglaise : **checar**, *vérifier*, *contrôler*, *conférer*… qui se conjugue comme **brincar**, *jouer*, **ficar**, *rester*, etc. (le **c** devient **qu** devant **e** à la 1ʳᵉ personne du présent du subjonctif présent, et en conséquence à certaines personnes de l'impératif).

**7** L'utilité pratique du verbe **ativar** étant d'*activer*, de *mettre en marche*, *rendre opérationnel*, vous conviendrez qu'il est indispensable de pouvoir revenir en arrière, et donc de savoir *désactiver*, etc. Linguistiquement, il suffit d'ajouter le préfixe **des-** : **ativar**, *activer* / **desativar**, *désactiver* ; **fazer**, *faire* / **desfazer**, *défaire* ; **conversar**, *converser*, *discuter* / **desconversar**, *noyer le poisson*, *changer de sujet* ; **dizer**, *dire* / **desdizer**, *dédire*, etc.

**8** **o gasto**, *la dépense*, de **gastar**, *dépenser*, y compris à l'extrême, donc *épuiser*. Ce verbe a un double participe passé : **gastado** et **gasto**. Synonyme quasi identique malgré le préfixe **des-**, **desgastar**, *user*, *épuiser*, a donné **o desgaste**, *l'usure*, *l'épuisement* : **A imagem do governo se desgastou com o tempo**, *L'image du gouvernement s'est érodée avec le temps*.

**21** Você **po**de **fa**zer as **tu**as opera**ções** no gui**chet** ou no **cai**xa ele**trô**nico.

**22** – Que opera**ções**?

**23** – Deposi**tar** di**nhe**iro ou **che**que, sa**car** di**nhe**iro, pa**gar con**tas ou **fa**zer transfe**rên**cia.

**24** – Ah?! E o que é **dé**bito **mes**mo?                     □

***

▶ Exercício 1 – Traduza

❶ Você pode depositar o cheque na minha conta, e assim que ele for compensado eu te aviso. ❷ Acabei de pegar um extrato da nossa conta, os cheques do mês passado ainda não foram depositados. ❸ Cuidado com o cartão do banco, os ladrões podem te obrigar a sacar todo o dinheiro da tua conta. ❹ Você primeiro tem que saber se tem crédito na conta, pra não gastar dinheiro que não tem. ❺ Este mês é o terceiro cheque sem fundo que eu recebo, agora só aceito dinheiro ou cartão de crédito.

***

Exercício 2 – Complete

❶ Tu devrais mettre une jupe à rayures.
Você . . . . . . . . . . . . . . uma saia . . . . . . . . .

❷ D'abord, j'ai besoin de vos coordonnées pour remplir le formu-laire.
. . . . . . . . eu . . . . . . . dos seus . . . . . para . . . . . . . . . o formulário.

❸ Tout est prêt ; maintenant il n'y a plus *(il ne reste)* qu'à mettre la viande au four et laisser cuire pendant une demi-heure.
Já está tudo . . . . . . . . .; agora é . . colocar a carne . . . . . . e deixar cozinhando . . . . . . . meia hora.

**21** Tu peux effectuer tes opérations au guichet ou au distributeur.

**22** – Quelles opérations ?

**23** – Déposer de l'argent ou un chèque, tirer de l'argent, payer des factures ou faire des virements.

**24** – Ah ?! Et qu'est-ce que c'est déjà *(même)*, un débit ?

\*\*\*

## Corrigé de l'exercice 1

❶ Tu peux déposer le chèque sur mon compte, et comme ça, dès qu'il aura été encaissé, je te préviens. ❷ Je viens de prendre un relevé de notre compte, les chèques du mois dernier n'ont pas encore été déposés. ❸ Attention avec la carte bancaire, les voleurs peuvent t'obliger à retirer tout l'argent de ton compte. ❹ Tu dois d'abord savoir si ton compte est créditeur pour ne pas dépenser l'argent que tu n'as pas. ❺ Ce mois-ci, c'est le troisième chèque sans provision que je reçois, désormais je n'accepte que de l'argent [liquide] ou une carte de crédit.

\*\*\*

❹ Je ne veux pas travailler autant et gagner si peu.
Eu não quero trabalhar ..... e ganhar ... pouco.

❺ Bonjour madame, en quoi puis-je vous être utile ?
Bom dia, senhora, no que eu ..... ... ......?

## Corrigé de l'exercice 2

❶ – deveria colocar – listrada ❷ Primeiro – preciso – dados – preencher – ❸ – preparado – só – no forno – durante – ❹ – tanto – tão – ❺ – posso lhe servir

Deuxième vague : 37ᵉ leçon

## Octogésima sétima aula

### Vestibular

1 – Kadu? Você tá **pron**to, **ca**ra?

2 – **Pron**to pra quê?

3 – Nós **te**mos **trei**no ¹ **ho**je;

4 a fi**nal** do campeo**na**to é da**qui** a **u**ma se**ma**na.

5 – Des**cu**lpa Wal**tão**, mas eu **te**nho que estu**dar**.

6 Eu **te**nho **u**ma **pro**va de vestibu**lar** na se**ma**na que vem.

7 – **Dei**xa **di**sso e **pe**ga **le**ve com **e**sta his**tó**ria de en**trar** na facul**da**de.

8 – Eu **que**ro en**trar lo**go na facul**da**de pra não fa**zer** um **a**no de cur**si**nho ².

9 **Nu**ma **bo**a ³, **ca**ra, se vo**cê** não é a fim de ⁴ prepa**rar** o **teu** fu**tu**ro, **dei**xa eu prepa**rar** o **meu**.

10 – **I**sso não faz sen**ti**do!

11 Vo**cê** pre**fe**re per**der** a oportuni**da**de de ser campe**ão** de **pó**lo a**quá**tico pra fa**zer u**ma **pro**va?

---

◻ : Notes

¹ Il est facile de faire l'association entre **treino** et l'anglais *training*. Ne vous étonnez donc pas si, dans un autre contexte que le sport, vous rencontrez l'anglicisme **training**, au sens de *formation*, plutôt pour une spécialisation.

² **o cursinho** désigne un cours préparatoire à l'examen d'entrée en fac, tandis que **curso**, employé au singulier, s'emploie pour les études suivies, qu'elles soient supérieures (dans ce cas, on parlera de **curso superior**) ou spécialisées : **curso de medicina**, *études de médecine*, etc. Le cours dans la salle de classe, lui, se dit **aula**, comme vous l'avez observé chaque jour dans votre méthode.

# Quatre-vingt-septième leçon

## Le *vestibular*

**1** – Kadu ? Tu es prêt, mec ?

**2** – Prêt pour quoi ?

**3** – Nous avons entraînement aujourd'hui ;

**4** la finale du championnat est dans *(d'ici)* une semaine.

**5** – Excuse-moi Waltão, mais il faut que je révise *(j'étudie)*.

**6** J'ai une épreuve de *vestibular* la semaine prochaine *(qui vient)*.

**7** – Arrête avec ça, et vas-y mollo *(léger)* avec cette histoire d'entrer à la faculté.

**8** – Je veux entrer directement à la fac pour ne pas [avoir à] faire une année préparatoire *(de petit-cours)*.

**9** Keep cool mec *(Dans-une bonne)* ; si tu n'as pas envie de préparer ton avenir, laisse-moi préparer le mien.

**10** – Ça n'a pas de sens !

**11** Tu préfères laisser passer l'occasion d'être champion de water-polo pour passer un examen ?

---

**3** Notez l'expression **numa boa** qui donne l'idée de *bien prendre les choses, rester cool.*

**4** Ne confondez pas **ser a fim de** ou, plus grammaticalement correct, **estar a fim de**, *avoir envie, être dans de bonnes dispositions*, et l'adjectif quasi homonyme **afim**, *qui a une affinité, est apparenté, assimilé, connexe.*
**Estou a fim de falar russo fluentemente.**
*J'ai envie de parler russe couramment.*
**Estou procurando o meu dicionário de falsos cognatos e termos afins.**
*Je cherche mon dictionnaire de faux amis et termes assimilés.*

**12 –** Wal**tão**! **E**u vou pres**tar** [5] vestibu**lar** pra fa**zer**
me**di**cina.

**13** Eu **te**nho, no **mí**nimo, uns dez **a**nos de es**tu**do
pe**la fren**te,

**14** e não **que**ro per**der tem**po.

**15** Vo**cê** já se inscre**veu** em al**gu**ma facul**da**de?

**16 –** Não, **e**u nem sei a**in**da o que **que**ro fa**zer**,
**mui**to **me**nos se vou pa**ssar** de **a**no!

**17** O **meu** ne**gó**cio [6] **me**smo é es**por**te.

**18 –** En**tão** apro**vei**ta en**quan**to é **tem**po,

**19** es**tu**da pra não repe**tir** de **a**no e pres**tar**
vestibu**lar** pra educa**ção fí**sica.

**20 –** Pri**mei**ro **que**ro ser campe**ão** de **pó**lo a**quá**tico,
de**pois**... sei lá. ☐

---

Notes

**5** **prestar**, *se prêter à*, est un verbe passe-partout, qui permet d'accomplir
tout un tas de choses : **prestar serviço**, *bien travailler, se rendre utile*
(professionnellement) ; **prestar homenagem**, *rendre hommage* ; **prestar
depoimento**, *témoigner* (littéralement "prêter une déposition") ; **prestar
concurso**, *passer un concours* ; **prestar contas**, *remettre sa comptabi-
lité* ; **prestar informações**, *fournir des informations* ; **prestar atenção**,
*être attentif, faire attention*... sauf, évidemment, si on ne vaut rien (**não
presta** ou **não vale nada**) !

\*\*\*

▶ Exercício 1 – Traduza

❶ Eu vou parar de fazer esporte este ano pra ter mais tempo
pra estudar para o vestibular. ❷ O vestibular de medicina
deve ser no final deste mês. ❸ Eu acho que gostaria de ser
agrônomo e trabalhar numa fazenda, perdida no meio do
nada. ❹ Quem estiver interessado, pode começar a estudar
para o vestibular. ❺ A Carolina dever ter uns cinco anos a
mais que eu.

**12** – Waltão ! Je vais passer mon *vestibular* pour faire
médecine.

**13** J'ai au moins une dizaine d'années d'études devant
moi,

**14** et je ne veux pas perdre de temps.

**15** Tu t'es déjà inscrit dans une *(quelque)* fac ?

**16** – Non, je ne sais même pas encore ce que je veux
faire, encore moins si je vais passer dans la classe
supérieure *(passer d'année)* !

**17** Mon truc *(affaire)*, c'est vraiment le sport.

**18** – Alors, profites-en pendant qu'il est temps,

**19** révise pour ne pas redoubler, et passer le *vestibular*
d'éducation physique.

**20** – D'abord je veux être champion de water-polo, [et]
après... va savoir *(sais là)* !

Meninos, prestem atenção!
*Un peu d'attention, les enfants !*
Este detergente não presta para nada.
*Ce détergent ne vaut rien du tout.*

**6** Notez pour finir le mot **negócio**, *négoce* ou *affaire*, au sens large, qui
plus familièrement veut dire *truc*.

*** 

Corrigé de l'exercice 1

❶ Je vais arrêter de faire du sport cette année, pour avoir plus de
temps pour préparer mon vestibular. ❷ Le vestibular de médecine doit
être à la fin de ce mois-ci. ❸ Je crois que j'aimerais être agronome et
travailler dans une grande exploitation en pleine nature *(au milieu
de rien)*. ❹ Celui que cela intéresse peut commencer à étudier pour
le concours d'entrée à l'université *(vestibular)*. ❺ Caroline doit avoir à
peu près cinq ans de plus que moi.

Exercício 2 – Complete

❶ Je ne peux pas manquer ce voyage.
Eu não posso . . . . . . esta viagem.

❷ Cela fait deux ans que je ne la vois pas, et on va se voir dans deux jours ; c'est pour ça que je suis heureux.
. . . dois anos que eu não . . . . . ., e nós vamos . . . ver . . . . . . dois dias; . . . . . . . estou . . . . . .

❸ Je suis assis sur ce banc depuis quinze minutes, en train d'attendre.
Eu . . . . . . . . . . . . neste banco . . quinze minutos, . . . . . . . . . .

*\*\**

*Au Brésil, il n'y a pas, pour l'heure, de diplôme sanctionnant la fin des études secondaires, mais un concours pour entrer en fac, le* **vestibular**, *véritable sésame pour accéder à l'***ensino superior**, *enseignement supérieur. On peut préparer ce concours ultra sélectif tout seul ou dans un* **cursinho**, *petit cours, facultatif et payant. La majeure partie des épreuves du* **vestibular** *se fait par QCM et selon la filière, les questions sont ouvertes et parfois pratiques (arts, éducation physique…). Le* **vestibular** *est tantôt dénoncé comme un obstacle à la mixité sociale à l'université, tantôt vu comme une reconnaissance de la méritocratie et de la non-discrimination (de genre ou ethnique), du fait de son anonymat. Le classement des candidats détermine l'accès à telle ou telle formation supérieure en fonction du nombre de* **vagas**, *places, dans les universités fédérales (du type* **UFMG – Universidade Federal de Minas Gerais –**, **UFBA**, **UNIFESP**, **UFRJ**, *etc.), dans celles des États fédérés (type* **UERJ – Universidade do Estado do Rio de Janeiro**, **Unesp – Universidade Estadual Paulista**, *etc.) ou dans les universités privées (***PUC**, **MACKENZIE**, **FAAP**, **FGV**, **Unip**, *etc.). Les universités publiques sont les plus cotées pour la qualité de leur enseignement, outre leur gratuité. Afin d'éviter les abus, le niveau des universités est évalué par le biais d'un super-examen, le* **provão**.

❹ Nous allons conclure un marché *(faire un négoce)* : tu travailles *(études)*, tu passes dans la classe supérieure et tu pourras faire le sport que tu veux.

..... fazer um .......: você ......, passa de ano, e vai poder fazer o esporte que você .......

❺ Elle n'a pas redoublé son année.
Ela não ....... de ano.

Corrigé de l'exercice 2
❶ – perder – ❷ Faz – a vejo – nos – daqui a – por isso – feliz
❸ – estou sentado – há – esperando ❹ Vamos – negócio – estuda – quiser
❺ – repetiu –

\*\*\*

Deuxième vague : 38ᵉ leçon

## Octogésima oitava aula

### Todo santo ajuda

1 – Menina! Você precisa me dar o **no**me do **teu**
pai de **san**to, babalori**xá**!

2 **E**u tô com **u**ma urucu**ba**ca que vo**cê** nem
ima**gi**na.

3 – Por quê?

4 – Em **u**ma se**ma**na **e**u per**di mi**nha car**te**ira com
os docu**men**tos,

5 ba**ti** o **ca**rro, que**brei** mais de **cin**co **co**pos,
quei**mei rou**pa com o **fe**rro

6 e o Madu**re**ira tá num **mau** hu**mor** que só
**ven**do.

7 – Cruz **cre**do! Sai pra lá com **e**ssa ziqui**zi**ra!

8 – Eu já fiz de **tu**do:

9 to**mei ba**nho de sal **gro**sso,

10 acen**di ve**la **pa**ra o **meu an**jo da **guar**da,

11 fui ¹ na **mi**ssa no do**min**go...

12 fiz a**té** pro**me**ssa pra **No**ssa Se**nho**ra Apare**ci**da.

13 – E se**rá** que vo**cê** vai ter co**ra**gem de ir no
te**rre**iro?

Note

1 fui, *je fus, j'ai été* ou *j'allai, je suis allé(e)*. Souvenez-vous, nous avons déjà
rencontré cette forme commune aux verbes **ser**, *être*, et **ir**, *aller*.

# Quatre-vingt-huitième leçon

## Tout saint est utile *(aide)*

**1 –** Ma petite ! Il faut que tu me donnes *(Tu as besoin de me donner)* le nom de ton "père-de-saint", [ton] *babalorixá* !

**2** J'ai une de ces poisses, tu ne peux pas imaginer.

**3 –** Pourquoi [dis-tu ça] ?

**4 –** En une semaine j'ai perdu mon portefeuille avec mes papiers,

**5** j'ai eu un accrochage *(j'ai battu la voiture)*, cassé plus de cinq verres, brûlé des vêtements avec le fer [à repasser]

**6** et Madureira est d'une *(mauvaise)* humeur... il faut le voir *(seulement en voyant)* pour y croire.

**7 –** Sacré Dieu ! Sors *(Sort)* d'ici avec ton mauvais œil !

**8 –** J'ai déjà tout essayé *(fait de tout)* :

**9** j'ai pris un bain dans du gros sel,

**10** j'ai allumé un cierge à mon ange gardien,

**11** je suis allée à la messe dimanche...

**12** j'ai même fait des promesses à Notre-Dame d'Aparecida.

**13 –** Est-ce que tu aurais le courage d'aller au *terreiro* ?

14 – Não sei, mas **a**cho que **e**u tô preci**san**do.

15 – Tal**vez te**nha chegado [2] a **tu**a **ho**ra de
   conhe**cer** [3] os ori**xás**!

16 **E**u não fre**quen**to mais **a**que**le** de um**ban**da.

17 A**go**ra vou num de camdom**blé**, que é **ó**timo!

18 – Se**rá** que vo**cê** não con**se**gue mar**car u**ma
   con**su**lta com o pai de **san**to?

19 – Com o babalori**xá**? Não sei.

20 O me**lhor** se**ri**a que vo**cê** vi**e**sse [4] **nu**ma se**ssão**.

21 Vo**cê** vem co**mi**go no **sá**bado; a**go**ra **e**u vou
   **sem**pre e a**té** re**ce**bo **san**to.

22 – E vo**cê** não tem **na**da pra me indi**car** en**quan**to
   **e**u es**pe**ro?

23 – **Re**za, põe [5] um **ga**lho de a**rru**da [6] **den**tro da
   **bo**lsa e **to**ma **ba**nho de ale**crim**. ☐

☐ : Notes

2   Ici, l'auxiliaire **ter** (suivi du participe passé **chegado**) est au subjonctif, car
    précédé de **talvez**. Au subjonctif, la formation de ces temps composés
    (dont nous verrons toutes les formes dans la leçon de révision) s'aligne
    sur l'indicatif. De même pour le conditionnel.
    **Duvido que ele tenha chegado.**
    *Je doute qu'il soit arrivé.*
    **Eu duvidei que ela tivesse chegado.**
    *J'ai douté (doutai) qu'elle fût arrivée.*
    **Quando eu tiver chegado, poderemos jantar juntos.**
    *Quand je serai arrivé, nous pourrons dîner ensemble.*

3   **conhecer**, *connaître*, se conjugue comme **vencer** (le **c** devient **ç** devant
    **a** et **o**) : **conheço**, *je connais* ; **que conheça**, *que je connaisse/que tu
    connaisses/qu'il, elle connaisse*.

**14** – Je ne sais pas, mais je crois que j'en ai besoin.

**15** – Il est peut-être temps pour toi de découvrir les *orixás* !

**16** Je ne fréquente plus [le lieu de culte] *(celui)* de l'umbanda.

**17** Désormais je vais à un candomblé qui est très bien !

**18** – Est-ce que tu peux m'obtenir une consultation avec le "père-de-saint" ?

**19** – Avec le *babalorixá* ? Je ne sais pas.

**20** Le mieux serait que tu viennes à une séance.

**21** Tu viens avec moi samedi ; maintenant j'y vais tout le temps *(toujours)*, je "reçois" même le saint.

**22** – Et tu n'as aucun conseil à me donner en attendant *(rien à m'indiquer pendant que j'attends)* ?

**23** – Prie, mets un rameau de rue dans ton sac à main et prends des bains de romarin.

**4** **viesse**, subjonctif imparfait du verbe **vir**, *venir*, à ne pas confondre avec **visse**, subjonctif imparfait de **ver**, *voir*.

**5** **põe**, *il/elle pose*, 3e personne du singulier du verbe irrégulier **pôr**, *poser*, *mettre* (nous conservons l'accent circonflexe pour vous aider à le distinguer de la préposition **por**, *par*). **Ela quer pôr um vestido novo por dia**, *Elle veut mettre une robe neuve par jour*. Notez aussi **pôr-do-sol**, *coucher de soleil*.

**6** Un peu de botanique : **arruda**, la *rue*, est une plante médicinale qui se présente sous la forme d'un buisson à feuilles grisâtres ou bleutées. Ses fleurs sont jaunes et ses fruits ressemblent à des petits croissants en bois. Au Brésil, la rue est surtout utilisée contre le "mauvais œil".

▶ Exercício 1 – Traduza

❶ Você disse que passaria uns dias comigo, não pode desistir agora. ❷ Nós poderíamos sair pra jantar e ver um bom filme. ❸ Eu preciso marcar uma consulta com o médico, será que vou conseguir para a semana que vem? ❹ Coloque bastante sal grosso na carne antes de cozinhá-la, fica mais gostosa. ❺ Eu tô com uma urucubaca, até perdi minha carteira!

\*\*\*

Exercício 2 – Complete

❶ J'espère qu'il ne m'a pas vue comme ça, aussi mal fagotée.
Espero que ele não . . . . . . . visto assim, toda . . . vestida.

❷ Si j'étais toi, j'irais jusqu'à la faculté et je parlerais avec le professeur qui t'a donné cette note.
. . . . . . . . . . você, eu . . . . até a faculdade e . . . . . . . com o professor que te . . . esta nota.

❸ Pour entrer dans ce restaurant, tu as besoin d'une pièce d'identité.
Para entrar . . . . . restaurante você . . . . . . . . . um documento de . . . . . . . . . . .

\*\*\*

*Au Brésil, les cultes de possession venus d'Afrique avec les esclaves, souvent désignés sous le terme général profane (et souvent péjoratif) de* **macumba**, *partant de leur forme la plus pure, le* **candomblé**, *concentré dans la région de* **Bahia** *puis transposé, se conjuguent sous des noms et des pratiques différentes à travers le pays :* **pajelança** *en Amazonie,* **batuque** *dans le sud,* **xangô** *à* **Recife**, *puis, vers 1930 en une version désafricanisée, l'*umbanda, *à* **Rio**. *Tout un chacun a son* **santo** *ou* **orixá**, *sa divinité afro-brésilienne protectrice, dotée des mêmes qualités et défauts que le commun des mortels. À chaque* **orixá** *correspond un élément, une personnalité propre, un symbole, un jour de la semaine, une couleur, un collier, un type d'offrande et de sacrifice... et un équivalent catholique. En effet, la pratique de ces religions afro-brésiliennes, longtemps pourchassées (sous* **Getúlio Vargas** *jusque dans les années 1950), donc pratiquées dans l'ombre,*

Corrigé de l'exercice 1

❶ Tu as dit que tu passerais quelques jours avec moi ; tu ne peux pas revenir en arrière maintenant. ❷ Nous pourrions sortir dîner et voir un bon film. ❸ J'ai besoin de prendre rendez-vous avec le médecin, vais-je y arriver pour la semaine prochaine ? ❹ Mets pas mal de gros sel sur la viande avant de la faire cuire, elle sera plus savoureuse. ❺ J'ai une de ces poisses, j'ai même perdu mon portefeuille !

\*\*\*

❹ Je n'étais jamais arrivée si tard à la maison !
Eu ..... ..... ....... tão tarde .. .....!

❺ Nous fréquentions cette plage, mais maintenant elle est bondée *(très pleine)* et je n'ai même pas le courage d'entrer dans l'eau *(la mer)*.
Nós ............. esta praia, ... ..... ela está muito cheia e eu não tenho ... coragem de ...... .. mar.

Corrigé de l'exercice 2

❶ – tenha me – mal – ❷ Se eu fosse – iria – falaria – deu – ❸ – neste – precisa de – identidade ❹ – nunca tinha chegado – em casa ❺ – frequentávamos – mas agora – nem – entrar no –

\*\*\*

*est non seulement compatible avec le catholicisme, mais souvent mixte, d'autant qu'elles n'en reproduisent pas les actes tel le mariage, ni la notion de péché, etc. Elles sont à la fois une source liturgique, symbolique, thérapeutique, de lien social et d'entraide. L'***orixá***, esprit des ancêtres, s'incarne dans l'initié lors de cérémonies ouvertes où officient le ***pai de santo/babalorixá***, la ***mãe de santo/ialorixá***, et la ***filha de santo/iaô***. Le lieu de culte est appelé ***terreiro***. La relation est faite d'obligation (offrandes, sacrifices) d'une part, et de protection (de justicier et guérisseur) de l'autre. Rappelons que ce phénomène a, et pour cause, également essaimé ailleurs, sous d'autres formes : le vaudou en Haïti, la Santeria à Cuba.*

Deuxième vague : 39ᵉ leçon

## Octogésima nona aula

### Aluguel de casa

1 – **Pe**ra aí! Vo**cê** não tem fa**mí**lia em **Ou**ro **Pre**to?
2 – **Te**nho, por quê?
3 – **Eu** es**tou** procu**ran**do **u**ma **ca**sa pra alu**gar**.
4 – **Eu te**nho **u**ma **ti**a que aca**bou** de constru**ir** [1] **u**ma **ca**sa e es**ta**va que**ren**do alu**gar** a **ca**sa **ve**lha.
5 – Que bom! Tem que ser **al**go bara**to** [2].
6 Vo**cê sa**be **co**mo é a **ca**sa?
7 – É **u**ma ca**si**nha **sim**ples:
8 tem três **quar**tos, quin**tal, quar**to de empre**ga**da, ga**ra**gem...
9 Mas vo**cê** não pre**fe**re aparta**men**to?
10 – Não, a**ca**ba fi**can**do mais **ca**ro por **ca**usa do condo**mí**nio;
11 **sem**pre tem um vi**zi**nho que faz ba**ru**lho, um **sín**dico **cha**to...
12 Mas me diz **u**ma **coi**sa: **quan**do é que **eu po**sso fa**lar** com a **tu**a **ti**a?
13 – **Eu** não sei se é di**re**to com **e**la ou com a corre**to**ra.

**Notes**

1 Pour information, quelques rares formes du verbe **construir**, *construire*, sont irrégulières au présent de l'indicatif (2e et 3e personnes du singulier ; 3e personne du pluriel) et de l'impératif (2e personne du singulier). Elles sont répertoriées en fin de semaine.

2 **barato**, *bon marché, pas cher* ; et son contraire **caro**, *cher*. O aluguel deste apartamento é muito caro, *Le loyer de cet appartement est très cher*.

# Quatre-vingt-neuvième leçon

## Location *(Loyer)* de maison

**1 –** Attends un peu ! Tu n'as pas de la famille à Ouro Preto ?

**2 –** Si, pourquoi ?

**3 –** Je cherche une maison à louer.

**4 –** J'ai une tante qui vient tout juste *(a fini)* de [faire] construire une maison et qui souhaitait louer l'ancienne *(la maison vieille)*.

**5 –** Super ! Il faut que ce soit quelque chose de pas cher.

**6** Tu sais comment elle est, la maison ?

**7 –** C'est une petite maison simple :

**8** il y a trois chambres, un jardinet, une chambre de bonne [et] un garage...

**9** Mais tu ne préfères pas un appartement ?

**10 –** Non, ça finit toujours par être plus cher, à cause des charges de copropriété ;

**11** il y a toujours un voisin qui fait du bruit, un syndic embêtant...

**12** Mais dis-moi une chose : quand est-ce que je peux parler à ta tante ?

**13 –** Je ne sais pas si c'est directement avec elle ou avec l'agence *(la courtière)*.

**14** – Se for com a corre**to**ra não a**dian**ta ³,

**15** a comi**ssão** de**l**es enca**re**ce **mui**to o alu**guel**.

**16** – **E**u sei, mas **e**la já **te**ve **tan**to proble**ma** com inqui**li**no, que não quer mais cui**dar** ⁴ **di**sso.

**17** – Se **e**la qui**ser** e**u pa**go uns **me**ses adian**ta**do ⁵.

**18** **Te**nho um bom fia**dor**, e po**de**mos colo**car** no con**tra**to **u**mas **clá**usulas de manuten**ção** da **ca**sa.

**19** – **Quan**do vo**cê** se mu**da**ria?

**20** – Ama**nhã**! □

---

:**Notes**

**3** **Não adianta**, *Ça ne sert à rien*, *Ça n'avance à rien*, *Ce n'est pas la peine* (voir aussi note 5).

**4** **cuidar**, *s'occuper*, *prendre soin*, presque *materner*, *dorloter*. Il a donné sous la forme du participe passé l'interjection **Cuidado!**, *Attention !*, et le substantif **o cuidado**, *le soin*, *l'attention*, *la méticulosité*. Notez ainsi l'expression **aos cuidados de**, *aux bons soins de*, abrégée en **A/C** sur les enveloppes, paquets, etc.
**Cuidado para não cair.** *Attention à ne pas tomber.*
**Ele é muito cuidadoso. Sempre fez o serviço com o maior cuidado.** *Il est très méticuleux. Il a toujours fait son boulot avec le plus grand soin.*
**Ele deixou a encomenda aos cuidados do porteiro.** *Il a laissé le paquet aux bons soins du concierge.*

---

\*\*\*

▶ Exercício 1 – Traduza

❶ Hoje todos os inquilinos devem ir à reunião. ❷ Já faz dois meses que o inquilino do apartamento da senhora não paga o aluguel. ❸ O condomínio deste prédio é muito caro, acho que deveríamos nos mudar. ❹ O síndico do nosso prédio não quer que os cachorros usem os elevadores. ❺ Tenho uma tia que procura uma casa para alugar, com dois quartos, garagem e quintal.

**14** – Si c'est avec une agence, ce n'est pas la peine *(n'avance pas)*,

**15** leur commission augmente beaucoup le loyer.

**16** – Je sais, mais elle a déjà eu tant de problèmes avec [des] locataire[s] qu'elle ne veut plus s'en occuper.

**17** – Si elle veut, je peux régler plusieurs mois d'avance.

**18** J'ai une bonne caution *(garant)*, et on pourrait [même] mettre dans le contrat des clauses d'entretien de la maison.

**19** – Quand est-ce que tu déménagerais ?

**20** – Demain !

**5** adiantado, de **adiantar**, *devancer*, *avancer*, a ici valeur d'adverbe, raison pour laquelle il ne s'accorde pas avec **meses**. On aurait pu également utiliser la forme adverbiale du verbe synonyme **antecipar**, *anticiper*, *aller au devant* : **antecipadamente**, *à l'avance*, *par avance*. En revanche, ne confondez pas **adiantar** et **adiar**, *ajourner*, *différer*, *repousser* une action.
**Não adianta levantar cedo, o trem sai às dez.**
*Cela n'avance à rien de se lever tôt, le train part à dix heures.*
**Agradeço antecipadamente o seu acordo.**
*Je vous remercie par avance de votre accord.*
**Ele estava tão duro que adiou o pagamento.**
*Il était tellement fauché qu'il a différé le paiement.*

\*\*\*

## Corrigé de l'exercice 1

❶ Aujourd'hui tous les locataires doivent aller à la réunion. ❷ Ça fait déjà deux mois que le locataire de votre appartement ne paie pas le loyer. ❸ Les frais de copropriété de cet immeuble sont très élevés, je pense que nous devrions déménager. ❹ Le syndic de notre immeuble ne veut pas que les chiens utilisent les ascenseurs. ❺ J'ai une tante qui cherche une maison à louer, avec deux chambres, un garage et un petit jardin.

Exercício 2 – Complete

❶ Nous utilisons des ingrédients qui augmentent le coût de nos recettes.

...... ingredientes que ......... ...... receitas.

❷ Tu as réussi *(arrivé)* à voir qui fait l'entretien de cette machine ?

Você ...... . ... quem faz a manutenção

desta .......?

❸ Ça ne sert à rien de construire une maison avec un garage aussi grand si on n'a même pas de voiture !

Não ....... construir uma casa com uma

....... ..... ... grande se ... ..... carro!

\*\*\*

*La découverte d'or par les pionniers venus de* **São Paulo** *provoque une véritable ruée dans la région montagneuse où fut fondée à flanc de colline, en 1698,* **Vila Rica de Ouro Preto** *(la "Ville Riche d'Or Noir"), miroir d'un cycle économique basé sur l'or et les pierres précieuses. Cette richesse sera source d'un âge d'or culturel (avec la création de l'École de pharmacie en 1839 et de l'École des mines en 1876), mais aussi artistique (avec l'art baroque, que les Modernistes reconnaîtront comme référence de l'identité brésilienne), et la musique, notamment érudite et sacrée, domaine où les mulâtres ont une forte présence au sein des congrégations, les autres professions (médecine, droit, carrière ecclésiastique) leur étant interdites. Pour la nation, cette ville est politiquement emblématique puisqu'elle fut le théâtre des premiers mouvements d'émancipation anticoloniaux*

❹ Quand je me marierai, je vais vouloir une fête bien simple, avec très peu d'invités.

Quando .. ......, vou ...... uma festa ... ........, com poucos ...........

❺ Je suis en train de penser qu'on est arrivés un peu en avance ; ils n'ont même pas encore ouvert les portes !

Estou ....... que chegamos um pouco ..........; ..... ... abriram as portas!

Corrigé de l'exercice 2

❶ Usamos – encarecem nossas – ❷ – chegou a ver – máquina ❸ – adianta – garagem assim tão – nem temos – ❹ – eu casar – querer – bem simples – convidados ❺ – achando – adiantados – ainda nem –

\*\*\*

*(avec notamment l'**Inconfidência Mineira** en 1789). Splendeur puis décadence : avec le déclin des mines, exit la Ville Riche. **Ouro preto** perd, en 1898, le titre de capitale régionale (**Minas Gerais**) et 40 % de sa population. C'est ainsi que – démarche singulière – nombre d'édifices connus sous le nom de **repúblicas**, désormais vacants, furent mis à la disposition d'étudiants pour se loger, selon des modalités de fonctionnement bien particulières (autonomie, autogestion, coopération et solidarité). Aujourd'hui, on assiste à la reconversion touristique de l'habitat colonial d'antan, classé "patrimoine national", en **pousadas**, petits hôtels ou gîtes d'étape, pleins de charme.*

Deuxième vague : 40ᵉ leçon

## Nonagésima aula

### Na fazenda

1 – **Ci**do, vo**cê po**de atre**lar** dois cava**l**os pra mim [1], por fa**vor**?

2 – Sim se**nh**or. **Po**de se' o ma**lha**do e o ala**zão**?

3 – **Po**de, mas ca**dê** aque**l**e manga**l**arga **pre**to?

4 – O Zé pe**ão** pe**gou** pra tra**ze'** [2] a **boi**ada pra va**ci**na'.

5 – E **quan**do é que vo**cês** vão tra**zer** o re**ba**nho pra to**sar** a lã?

6 – Na sema**na** que vem...

7 **Se**u **Chi**co! O ca**fé** ai**n**da não se**cou** e os **mo**ços da u**si**na **de**vem pa**ssar ho**je pra pe**ga'**.

8 – Vou dar **u**ma liga**di**nha pra **e**les e pe**dir** [3] pra pa**ssa**rem na se**ma**na que vem.

---

:📋: Notes

**1** **mim** est le pronom personnel complément correspondant à la 1ʳᵉ personne du singulier, toujours précédé d'une préposition. Notez qu'à la 2ᵉ personne du singulier, on entend aussi bien **ti** que **você**. **Ai de mim!**, *Pauvre de moi !* **Preciso muito de ti** (ou **de você**), *J'ai beaucoup besoin de toi.* **Ele mandou um cartão postal para você?**, *Il t'a envoyé une carte postale ?*

**2** Sachez différencier l'emploi de **trazer**, *apporter, rapporter*, et de **levar**, *porter, amener, emmener, emporter, mener, passer* (temps) : **Você trouxe aquela cachaça de Minas**, *Tu as apporté de la fameuse cachaça du Minas Gerais !* ; **Você trouxe alguma novidade de lá?**, *Tu as rapporté quelque nouveauté* (ou *nouvelle*) *de là-bas ?* ; **Vou levar o casaco comigo dentro do avião**, *Je vais prendre mon manteau avec moi à l'intérieur de l'avion* ; **Levou um mês para responder àquele pedido meu**, *Il a pris un mois pour répondre à ma demande* ; **Ele levou a mal aquele comentário seu**, *Il a mal pris ton commentaire.*

# Quatre-vingt-dixième leçon

## À la ferme

**1** – Cido, tu peux atteler deux chevaux pour moi, s'il te plaît ?

**2** – Oui monsieur. Ça peut être le tacheté et l'alezan ?

**3** – Oui, mais où est le *mangalarga* noir ?

**4** – Zé le vacher l'a pris pour ramener le troupeau de bœufs pour le vaccin.

**5** – Et quand est-ce que vous allez ramener le troupeau [de moutons] pour la tonte *(tondre la laine)* ?

**6** – La semaine prochaine...

**7** M'sieur Chico ! Le café n'a pas séché et les jeunes de l'usine doivent passer aujourd'hui pour le prendre.

**8** – Je vais les appeler *(donner un petit appel)* et demander qu'ils passent la semaine prochaine.

**3** pedir, *demander, prier de, solliciter,* ou **fazer um pedido**, *faire une demande,* et non pas **perguntar**, *demander dans le sens d'interroger.* **Vou te pedir de novo um favor,** *Je vais à nouveau te demander un petit service* (ou *une faveur* selon le contexte). **Atender a um pedido,** *répondre (satisfaire) à une demande.* **O pedido** peut aussi avoir le sens de *commande* : **fazer um pedido,** *passer une commande.*

**9** E os caminhões de cana, já foram carregados?

**10** – Sim senhor, e já foram embora.

**11** O senhor que' alguma coisa da horta e do pomar?

**12** – Quero sim. Pega umas alfaces, um pouco de tomate e umas jabuticabas.

**13** – A cozinheira pediu leite pra fazer doce.

**14** Levo quanto pra ela?

**15** – Acho que uns cinco litros tá bom.

**16** – Olha seu Chico, cuidado se o senhor fo' pra mata,

**17** parece que a jaguatirica anda atacando gente.

**18** – Obrigado Cido, não vamos pra lá não.

**19** Vamos tomar um banho de cachoeira.

**20** – Seu Chico?

**21** – Fala!

**22** – Parece que a água tá fria...                    □

\*\*\*

▶ Exercício 1 – Traduza

❶ Vamos depressa! Precisamos carregar os caminhões de café. ❷ Ontem, tomamos banho de cachoeira, a água estava uma delícia, pena que tivemos que voltar para trabalhar. ❸ Estou atrelando este cavalo alazão para o seu Aníbal, ele quer dar uma olhada no café. ❹ O pomar está cheio de jabuticabas e na horta tem muita alface e cenoura. ❺ Quando a boiada chegar vou pedir ao Chico uns dez litros de leite pra fazer doce.

9    Et les camions de canne, ils ont déjà été chargés ?
10 – Oui monsieur, et ils sont déjà partis.
11    Vous voulez quelque chose du potager et du verger ?
12 – Oui. Prends quelques laitues, des tomates et
       quelques *jabuticabas*.
13 – La cuisinière a demandé du lait pour faire un
       entremets.
14    Je lui en apporte combien [de litres] ?
15 – Je crois que cinq litres, ça devrait aller.
16 – Dites, m'sieur Chico, attention si vous allez dans les
       bois,
17    il paraît que l'ocelot attaque les gens.
18 – Merci, Cido, mais on ne va pas par là.
19    On va prendre un bain à la cascade.
20 – M'sieur Chico !
21 – Oui ?
22 – Il paraît que l'eau est froide…

***

Corrigé de l'exercice 1

❶ On y va et que ça saute *(vite)* ! Nous devons charger les camions
de café. ❷ Hier, on a pris un bain dans la *(de)* cascade ; l'eau était
délicieuse, dommage qu'on ait dû rentrer pour travailler. ❸ Je suis en
train d'atteler ce cheval alezan pour M'sieur Anibal, il veut jeter un
coup d'œil sur le café. ❹ Le verger est plein de jabuticabas, et dans le
potager il y a beaucoup de laitues et de carottes. ❺ Quand le troupeau
de bœufs arrivera, je demanderai à Chico une dizaine de litres de lait
pour faire des entremets.

Exercício 2 – Complete

❶ Je crois que je vais tondre mes cheveux; ils sont trop épais *(gros)* et mettent trop de temps à sécher.
Acho que eu vou ..... meu ......; ele é muito ......
e leva muito ..... pra ......

❷ Tu sais *(as une idée de)* combien de litres de lait Cléopâtre utilisait pour prendre son bain?
Você ... ..... de ....... litros de leite
Cleópatra ..... para ..... banho?

❸ J'ai tellement faim qu'en arrivant à la maison je vais manger toutes ces *jabuticabas*.
Eu ..... com ..... fome que ........ .. casa
vou ..... aquelas jabuticabas ......

**91**

# Nonagésima primeira aula

## Revisão – Révision

### 1  Verbes réguliers

Certains verbes, malgré une conjugaison régulière, subissent une modification graphique (voyelle ou consonne) à certaines personnes.

• **gerir** et **servir** changent le **e** du radical en **i** à la 1ʳᵉ personne du singulier du présent de l'indicatif et à toutes les personnes du subjonctif présent (et donc certaines formes de l'impératif) : **giro**, *je gère*, etc.

|  | INDICATIF Présent | SUBJONCTIF Présent | IMPÉRATIF |
|---|---|---|---|
| eu | giro / sirvo | gira / sirva |  |
| tu | geres / serves | giras / sirvas | gere / serve |

❹ Dans ce bois, il doit y avoir des ocelots et on peut se perdre.
Nesta .... deve ter .......... e podemos ... .......

❺ Ana a demandé que tu prennes quelques laitues dans le potager et [que tu] n'oublies pas les tomates.
A Ana pediu ... você pegar .... ....... na ..... e
não esquecer ... ........

Corrigé de l'exercice 2

❶ – tosar – cabelo – grosso – tempo – secar ❷ – tem ideia – quantos – usava – tomar – ❸ – estou – tanta – chegando em – comer – todas ❹ – mata – jaguatirica – nos perder ❺ – pra – umas alfaces – horta – dos tomates

Deuxième vague : 41ᵉ leçon

---

**91**

# Quatre-vingt-onzième leçon

| ele/ela/você... | gere / serve | gira / sirva | gira / sirva |
|---|---|---|---|
| nós | gerimos / servimos | giramos / sirvamos | giramos / sirvamos |
| vós | geris / servis | girais / sirvais | geri / servi |
| eles/elas/vocês... | gerem / servem | giram / sirvam | giram / sirvam |

• **pedir** : Le **d** se change en **ç** à la 1ʳᵉ personne du présent de l'indicatif et à toutes les personnes du subjonctif présent, et en conséquence à certaines de l'impératif :

| | INDICATIF Présent | SUBJONCTIF Présent | IMPÉRATIF |
|---|---|---|---|
| eu | peço | peça | |
| tu | pedes | peças | pede |
| ele/ela/você... | pede | peça | peça |
| nós | pedimos | peçamos | peçamos |

| vós | pedis | peçais | pedi |
| eles/elas/vocês... | pedem | peçam | peçam |

• **trazer** : Le **z** devient **g** à la 1ʳᵉ personne du présent de l'indicatif et à toutes les personnes du subjonctif présent, et en conséquence à certaines de l'impératif :

| | INDICATIF Présent | SUBJONCTIF Présent | IMPÉRATIF |
|---|---|---|---|
| eu | trago | traga | |
| tu | trazes | tragas | traz / traze |
| ele/ela/você... | traz | traga | traga |
| nós | trazemos | tragamos | tragamos |
| vós | trazeis | tragais | trazei |
| eles/elas/vocês... | trazem | tragam | tragam |

## 2  Verbes irréguliers

Nous avons rencontré quelques verbes irréguliers comme **construir**, dont nous ne verrons ici que les formes irrégulières, ainsi que **vir** dont nous verrons la conjugaison au subjonctif imparfait (en parallèle à celle de **ver**).

| | INDICATIF Présent | IMPÉRATIF |
|---|---|---|
| eu | construo | |
| tu | constróis | constrói |
| ele/ela/você... | constrói | construa |
| nós | construímos | construamos |
| vós | construís | construí |
| eles/elas/vocês... | constroem | construam |
| | SUBJONCTIF Imparfait | |
| | **ver** (*voir*) | **vir** (*venir*) |
| eu | visse | viesse |
| tu | visses | viesses |
| ele/ela/você... | visse | viesse |

| nós | víssemos | viéssemos |
| vós | vísseis | viésseis |
| eles/elas/vocês... | vissem | viessem |

## 3 Formation des temps composés avec l'auxiliaire *ter* suivi du participe passé, au subjonctif et au conditionnel

| | SUBJONCTIF<br>Passé – Verbes en **-ar** / **-er** / **-ir** |
|---|---|
| eu | **tenha cantado / vendido / existido**<br>*que j'aie chanté / vendu / existé* |
| tu | **tenhas cantado / vendido / existido**<br>*que tu aies chanté / vendu / existé* |
| ele/ela/você... | **tenha cantado / vendido / existido**<br>*qu'il/elle ait, que tu aies chanté / vendu / existé* |
| nós | **tenhamos cantado / vendido / existido**<br>*que nous ayons chanté / vendu / existé* |
| vós | **tenhais cantado / vendido / existido**<br>*que vous ayez chanté / vendu / existé* |
| eles/elas/<br>vocês... | **tenham cantado / vendido / existido**<br>*qu'ils/elles aient, que vous ayez chanté /<br>vendu / existé* |
| | SUBJONCTIF<br>Plus-que-parfait – Verbes en **-ar** / **-er** / **-ir** |
| eu | **tivesse cantado / vendido / existido**<br>*que j'eusse chanté / vendu / existé* |
| tu | **tivesses cantado / vendido / existido**<br>*que tu eusses chanté...* |
| ele/ela/você... | **tivesse cantado / vendido / existido**<br>*qu'il/elle eût, que tu eusses chanté...* |
| nós | **tivéssemos cantado / vendido / existido**<br>*que nous eussions chanté...* |
| vós | **tivésseis cantado / vendido / existido**<br>*que vous eussiez chanté...* |
| eles/elas/<br>vocês... | **tivessem cantado / vendido / existido**<br>*qu'ils/elles eussent, que vous eussiez chanté...* |

| | SUBJONCTIF<br>Futur composé – Verbes en **-ar** / **-er** / **-ir** |
|---|---|
| **eu** | **tiver cantado/vendido/existido**<br>*j'aurai chanté / vendu / existé* |
| **tu** | **tiveres cantado/vendido/existido**<br>*tu auras chanté...* |
| **ele/ela/você...** | **tiver cantado/vendido/existido**<br>*il/elle aura, tu auras chanté...* |
| **nós** | **tivermos cantado/vendido/existido**<br>*nous aurons chanté...* |
| **vós** | **tiverdes cantado/vendido/existido**<br>*vous aurez chanté...* |
| **eles/elas/<br>vocês...** | **tiverem cantado/vendido/existido**<br>*ils/elles auront, vous aurez chanté...* |

\*\*\*

## ▶ Diálogo de revisão

1 – Quem tocou a campainha?
2 – O moço que arrumou a janela.
3 – O que ele quer?
4 – Ser pago.
5 – Por quê?
6 – Eusébio, temos que pagar o moço pelo serviço
    que fez.
7 – Mas não era presente?
8 – Pára com isso, o moço tem que ir embora!
9 – Mas a janela está igual!
10 – Mas agora pelo menos fecha,
11   e não entra mais água quando chove.

|  | SUBJONCTIF<br>Conditionnel composé – Verbes en **-ar** / **-er** / **-ir** |
|---|---|
| eu | **teria cantado/vendido/existido**<br>*j'aurais chanté / vendu / existé* |
| tu | **terias cantado/vendido/existido**<br>*tu aurais chanté...* |
| ele/ela/você... | **teria cantado/vendido/existido**<br>*il/elle aurait, tu aurais chanté...* |
| nós | **teríamos cantado/vendido/existido**<br>*nous aurions chanté...* |
| vós | **teríeis cantado/vendido/existido**<br>*vous auriez chanté...* |
| eles/elas/<br>vocês... | **teriam cantado/vendido/existido**<br>*ils/elles auraient, vous auriez chanté...* |

***

Traduction
**1** Qui a sonné ? **2** Le gars qui a réparé la fenêtre. **3** Qu'est-ce qu'il veut ? **4** Être payé. **5** Pour quoi ? **6** Eusébio, on doit payer ce jeune homme pour son travail *(le service qu'il fit)*. **7** Mais ce n'était pas "cadeau" ? **8** Arrête avec ça, ce jeune homme doit s'en aller ! **9** Mais la fenêtre est pareille ! **10** Mais maintenant au moins [elle] ferme, **11** et il n'entre plus d'eau lorsqu'il pleut.

Deuxième vague : 42ᵉ leçon

# Nonagésima segunda aula

*Ce premier compagnonnage linguistique dans la sphère brésilienne touche bientôt à sa fin. Ces derniers dialogues – où ne figurera plus l'accent tonique –, agrémentés de quelques notes, vont vous permettre de laisser davantage cours à votre naturel et de vous abandonner au rythme de cette langue si séduisante.*

## Roupa nova

**1** – Que delícia, décimo terceiro salário pago [1]...
**2**  Já podemos comprar umas roupinhas para as festas de fim de ano.
**3** – Eu vou aproveitar e comprar um biquíni novo.
**4** – Que número você usa?
**5** – Depende do modelo. Se não for muito pequeno uso M.
**6** – Eu comprei um que está enorme [2], mas é tamanho G.
**7** – Você usa tamanho grande?
**8** – Sim, por quê?

## Notes

**1** C'est **pago**, le double participe passé de **pagar**, *payer*, qui est en usage, le participe passé régulier **pagado** étant pratiquement tombé en désuétude. Notez, si vous partez travailler au Brésil, que lorsqu'on est payé en fin de mois ou qu'on touche une somme, on dit qu'on "reçoit" (**receber**) son salaire. Dans un tout autre registre, cette fois-ci spirituel puisqu'il s'agit des religions afro-brésiliennes, on emploie ce même verbe pour dire que l'on a été "visité" par une divinité, un **orixá** (voir la 88ᵉ leçon) :
**Preciso pagar o aluguel; já venceu.**
*Je dois payer le loyer ; il est déjà arrivé à échéance.*

# Quatre-vingt-douzième leçon

## Vêtements neufs

**1 –** Que c'est bon *(Quel délice)*, [ce] treizième mois
   *(payé)*...

**2** On peut d'ores et déjà acheter quelques fringues
   pour les fêtes de fin d'année.

**3 –** Je vais en profiter pour acheter un nouveau bikini.

**4 –** Quelle taille tu fais *(Quel numéro tu utilises)* ?

**5 –** Ça dépend du modèle. S'il n'est pas trop petit, je fais
   du M.

**6 –** J'en ai acheté un qui est immense, mais c'est taille L
   *(G)*.

**7 –** Tu fais du L *(taille grand)* ?

**8 –** Oui, pourquoi ?

Os funcionários ainda não receberam.
*Les employés n'ont pas encore été payés.*
Ele recebeu a importância de dois mil reais do seguro.
*Il a perçu la somme de deux mille réals de l'assurance.*

**2** Contrairement aux apparences, **enorme** désigne quelque chose de *très
grand*, *immense*, *colossal* et non pas de très gros.

**9** – Aquela calça ³ que você me emprestou ⁴ era tamanho trinta e oito.

**10** Se cabe em você, teu biquíni não pode ser grande.

**11** – Eu compro grande pois não gosto de nada aparecendo.

**12** – Pudica!

**13** – E que número você calça?

**14** – Trinta e seis.

**15** Não vai me dizer que você também tem um sapato ⁵ pra me vender.

**16** – Um tênis. Minha tia trouxe um da França, você não quer experimentar ⁶?

**17** – Que número ele é?

**18** – É trinta e sete, mas na Europa a numeração é diferente,

**19** e o trinta e sete de lá corresponde ao trinta e cinco daqui.

**20** – Não vale a pena nem eu ver, pois além de calçar um número a mais,

: Notes

**3** Vous pouvez observer dans ce dialogue plusieurs emplois d'un même mot : **calça**. Il s'agit d'abord, à la phrase 9, du substantif désignant un *pantalon* ; néanmoins on entend souvent, pour ainsi dire, la version longue : **as calças compridas**, soit littéralement "les pantalons longs", la version mi-longue se forme avec **-ão** : **o calção**, *le caleçon,* à ne pas confondre avec **meia calça**, *les collants.* La version courte, elle, avec **-inha** : **a calcinha** désigne un sous-vêtement féminin (*culotte* ou *slip*). En revanche, à la phrase 13, ce même mot **calça** est un verbe : **calçar**, *chausser* mais aussi *paver* (d'où le nom de ce large trottoir – sorte de "Promenade" – où nombre de Cariocas font leur footing : le **Calçadão**).

**4** Encore un faux ami ou en tout cas une certaine ambiguïté autour des notions de prêt et d'emprunt. En effet, si **emprestar** veut avant tout dire

**9** – Le pantalon que tu m'as prêté était [en] taille trente-huit.

**10** S'il te va *(S'il va sur toi)*, ton bikini ne peut pas être du L *(grand)*.

**11** – J'achète du L car j'aime que rien ne dépasse *(apparaisse)*.

**12** – [Qu'est-ce que tu es] prude *(pudique)* !

**13** – Et tu fais quelle pointure *(quel numéro tu chausses)* ?

**14** – [Du] trente-six.

**15** Tu ne vas pas me dire que tu as aussi des chaussures *(une chaussure)* à *(pour)* me vendre.

**16** – Des *(Un)* tennis. Ma tante les a rapportées *(a-rapporté un)* de France, tu ne veux pas les essayer ?

**17** – C'est quelle pointure ?

**18** – C'est [du] trente-sept, mais en Europe les tailles *(la numérotation est)* sont différentes,

**19** et le trente-sept là-bas correspond au trente-cinq d'ici *(par ici)*.

**20** – Ça ne vaut même pas la peine que je regarde, car outre le fait de chausser une pointure de plus,

*prêter*, **o empréstimo** désigne aussi bien *le prêt* que *l'emprunt*. Pour *emprunter à quelqu'un*, on dira plutôt **pedir emprestado de alguém**, et *prêter à quelqu'un*, **emprestar a alguém** : **Pediu emprestado o carro do vizinho**, *Il a emprunté sa voiture au voisin* ; **Emprestou o carro ao vizinho**, *Il a prêté sa voiture au voisin*.

**5** Nous avons vu en maintes occasions qu'un terme employé au pluriel au Brésil peut être au singulier en français, et inversement. C'est le cas pour **o sapato**, *une paire de chaussures*. Le domaine de la chaussure, au niveau industriel, s'exprime lui au pluriel : **a indústria do Couro e Calçados**, *l'industrie du Cuir et de la Chaussure*. Notez également **a roupa**, *les vêtements*.

**6** **experimentar** signifie entre autres *essayer* (un vêtement, une recette de cuisine) ou *expérimenter* selon le contexte.

**21** gosto de tênis folgado [7] pra poder colocar meia grossa.

**22** E agora chega de querer me empurrar tuas bugigangas.

**23** Vamos comprar coisas diferentes, novas e na moda.

**24** – Tá querendo fazer sucesso, não é? ☐

Note

**7** **folgado** peut se traduire par *large* (comme **solto**) ou encore *bouffant*, pour des vêtements, et dans un autre registre, il désigne une personne oisive, un peu trop "cool", peu fiable.

\*\*\*

Exercício 1 – Traduza

❶ Que tamanho a senhora gostaria de experimentar, P ou Ǥ? ❷ Vamos levar um tênis número trinta e nove. ❸ Ainda bem que o nosso décimo terceiro salário é pago antes do Natal! ❹ A calça quarenta está folgada, acho melhor levar uma trinta e oito. ❺ Eu posso calçar estes sapatos para ver se são da mesma cor que a minha roupa.

\*\*\*

Exercício 2 – Complete

❶ N'achète pas de vêtements aussi larges, ils font tellement bouffants qu'on dirait des sacs à patates.
Não compre roupa ... ......; elas ficam ... ........
que parecem sacos de .......

❷ Carlos est sorti ; il est allé acheter une petite table pour installer l'ordinateur qu'on a rapporté d'Europe.
O Carlos ....; ele foi comprar uma ....... ... poder
....... o computador que ......... .. Europa.

❸ Tu m'as dit que tu avais très soif ; maintenant tu ne vas pas me dire que tu ne veux rien boire !
Você ..... que ...... com muita sede; ..... não ...
me ..... que não quer beber ....!

**21** j'aime les tennis larges, pour pouvoir mettre de grosses chaussettes.

**22** Et maintenant arrête d'essayer *(de vouloir)* de me fourguer tes [vieux] trucs.

**23** Allons acheter quelque chose qui change *(des choses différentes)*, nouveau et à la mode.

**24** – Tu veux avoir *(faire)* du succès, hein ?

\*\*\*

Corrigé de l'exercice 1

❶ Quelle taille souhaitez-vous essayer, madame, S ou L ? ❷ On va prendre une paire de tennis en trente-neuf. ❸ Encore heureux que notre treizième mois soit payé avant Noël ! ❹ Le pantalon en quarante est large, je pense qu'il vaut mieux prendre un trente-huit. ❺ Je peux enfiler ces chaussures pour voir si elles sont de la même couleur que mes vêtements.

\*\*\*

❹ Je ne peux pas croire que tu aies prêté les chaussures que j'aime le plus !
Eu não ..... ......... que você ..... .......... o sapato que eu mais .....!

❺ Tu ne peux pas être aussi prude, tu vas finir toute seule.
Você não pode ser ..... ... pudica, vai acabar ficando ........

Corrigé de l'exercice 2

❶ – tão grande – tão folgadas – batata ❷ – saiu – mesinha pra – colocar – trouxemos da – ❸ – disse – estava – agora – vai – dizer – nada ❹ – posso acreditar – tenha emprestado – gosto ❺ – assim tão – sozinha

Deuxième vague : 43e leçon

## Nonagésima terceira aula

▶ ## Velhas Árvores (Olavo Bilac, 1867-1918)

**1** – Carminha, você conhece algum poema do Olavo Bilac?

**2** – Eu só conheço o *Hino à Bandeira*.

**3** – Então escute o que eu vou te recitar.

**4**  Eu li isso anteontem:

**5**  "Olha estas velhas árvores, tão belas

**6**  Do que [1] as árvores novas, mais amigas:

**7**  Tanto mais belas quanto as mais antigas

**8**  Vencedoras da idade e das procelas...

**9**  O homem, a fera, e o inseto, à sombra delas

**10**  Vivem, livres de fomes e fadigas;

**11**  E em seus galhos abrigam-se as cantigas

**12**  E os amores das aves tagarelas.

**13**  Não choremos, amigo, a mocidade [2]!

**14**  Envelheçamos rindo! Envelheçamos

**15**  Como as árvores fortes envelhecem;

**16**  Na glória da alegria e da bondade,

**17**  Agasalhando os pássaros nos ramos [3],

**18**  Dando sombra e consolo aos que padecem!" ☐

: Notes

: **1** Le comparatif d'égalité *aussi... que* s'exprime de plusieurs façons : **tão...
(do) que** comme dans le dialogue ou **tão... quanto**, **tanto/tanta... quan-
to/quanta** ou **tanto... como** : Gosta tanto de batida de cocô quanto de
vitamina, *Il aime autant les batidas au coco que les smoothies aux fruits* ;
**Ele gosta tanto de ler como de escrever**, *Il aime autant lire qu'écrire*.

: **2** a mocidade, *la jeunesse* ; a velhice, *la vieillesse*. Parmi les mots de la
même famille, vous avez déjà rencontré **a moça**, *la jeune fille* et **o moço**,

# Quatre-vingt-treizième leçon

## Vieux Arbres (Olavo Bilac, 1867-1918)

**1** – Carminha, tu connais un poème quelconque de
　　Olavo Bilac ?
**2** – Je connais juste l'*Hymne au drapeau*.
**3** – Alors écoute celui que je vais te réciter.
**4** 　Je l'ai lu avant-hier :
**5** 　"Regarde ces vieux arbres, aussi beaux
**6** 　Que les jeunes *(arbres)*, plus amicaux *(amis)* :
**7** 　Tout aussi beaux que les plus anciens
**8** 　Qui ont vaincu *(vainqueurs de)* l'âge et les tempêtes
　　marines...
**9** 　L'homme, le fauve, et l'insecte, sous leur ombre
**10** 　Vivent, délivrés des faims et des fatigues ;
**11** 　Et dans leurs branches s'abritent les aubades
**12** 　Et les amours des oiseaux jacasseurs.
**13** 　Ne pleurons pas, ami, notre jeunesse !
**14** 　Vieillissons en riant ! Vieillissons
**15** 　Comme les arbres forts vieillissent ;
**16** 　Dans la gloire de la joie et de la bonté,
**17** 　Abritant les oiseaux dans leurs branches *(rameaux)*,
**18** 　Donnant de l'ombre et du réconfort à ceux qui
　　souffrent."

---

*le jeune homme*, et vous connaissez **velha**, *vieille*, *ancienne*, qui donne
**velho** au masculin. Et vous souvenez-vous que *jeune* se dit **jovem** ?

**3** **o ramo** peut se traduire par *branche* ou *rameau* ; synonyme **o galho**,
que nous avons déjà rencontré (**galho de arruda**, *rameau de rue*).

▶ Exercício 1 – Traduza

❶ Não façamos do trabalho uma chatice; trabalhemos com alegria! ❷ Esta música, quanto mais eu escuto, mais eu gosto. ❸ Este poema é tão lindo quanto aquele que você me leu anteontem. ❹ Esta árvore tem um galho, neste galho tem um ramo e neste ramo tem uma folha. ❺ Eu adoro encontrar com as minhas primas, mas elas são tão tagarelas que fico até com dor de cabeça.

\*\*\*

Exercício 2 – Complete

❶ On dirait que tu attends que vienne la vieillesse.

...... que você está ......... a ....... chegar.

❷ Cette gamine parle tellement que la nuit j'en ai des maux de tête.

.... menina fala ..... que .. ..... eu até .... com dor de cabeça.

❸ Réciter des poèmes n'est pas seulement pour les adultes.

....... ...... não é só pra os ........

❹ Plus je vieillis, plus j'aime écouter de la musique.

...... .... envelheço .... eu gosto de ..... música.

\*\*\*

"**Última flôr do Lácio, inculta e bela, És, a um tempo, esplendor e sepultura...**", litt. "Ultime fleur du Latium, inculte et belle, Tu es, en même temps, splendeur et sépulture". Au Brésil, ces premiers vers du poème **Língua portuguesa** sont dans toutes les têtes. Leur auteur, **Olavo Bilac** (1865-1918), fut membre fondateur de l'**ABL** (**Academia Brasileira de Letras** - 1897), chroniqueur de presse, conférencier, co-auteur d'ouvrages en prose à vocation didactique pétris d'un patriotisme exacerbé, au sens du concept brésilien bien connu d'**ufanismo**, en référence à l'ouvrage **Por que me ufano pelo meu país**, Pourquoi je m'enorgueillis de mon pays, d'**Afonso Celso**. Dans cette même veine, le Brésil lui doit **O Hino à Bandeira**, L'Hymne au drapeau. Il fut la troisième figure de proue du **Parnasianismo**, le Parnasse

Corrigé de l'exercice 1

❶ Ne faisons pas du travail un ennui ; travaillons dans la joie ! ❷ Cette musique, plus je l'écoute, plus je l'aime. ❸ Ce poème est aussi beau que celui que tu m'as lu avant-hier. ❹ Cet arbre a une branche, sur cette branche il y a un rameau, et sur ce rameau il y a une feuille. ❺ J'adore rencontrer mes cousines, mais elles sont si bavardes que ça me donne même *(je reste même avec)* mal à la tête.

\*\*\*

❺ Cela a été un honneur de vous avoir reçus chez nous, revenez quand vous voudrez.

... uma ..... ter ..... na ..... casa, voltem sempre que .........

Corrigé de l'exercice 2

❶ Parece – esperando – velhice – ❷ Essa – tanto – de noite – fico – ❸ Recitar poemas – adultos ❹ Quanto mais – mais – ouvir – ❺ Foi – honra – vocês – nossa – quiserem

brésilien, un mouvement littéraire surgi vers 1882, qui prône un respect rigide des canons esthétiques. Peu importe les banalités et les lieux communs, pourvu qu'on ait l'emphase et la perfection dans la forme : la langue peut être creuse, mais elle doit rester ciselée. "Un admirable poète superficiel" dira de lui le très respecté critique littéraire **Antônio Cândido**. C'est précisément cet académisme complètement déconnecté de la réalité brésilienne et compassé qui fit du **Parnasianismo** la cible privilégiée des organisateurs de la Semaine d'Art Moderne de 1922 (voir la 83e leçon).

Deuxième vague : 44e leçon

# Nonagésima quarta aula

## Aula de ginástica

1 – Todo mundo pronto?
2 Vamos então começar nosso aquecimento!
3 Esta parte da aula é muito importante
4 pra evitar traumatismos musculares, distensões, etcetera.
5 Vamos lá! Dobrem bem os joelhos e estiquem bem os braços.
6 Agora vamos começar a trabalhar os glúteos.
7 Quem quiser pode colocar peso nos tornozelos.
8 E um e dois e três!
9 Levantem a perna contraindo [1] bem os músculos!
10 Respirem direito!
11 Não esqueçam de inspirar pelo nariz e expirar pela boca!
12 Soltem o ar dos pulmões quando estiverem fazendo força.
13 Isso aí!
14 Agora deitem de costas; vamos trabalhar os abdominais.

## Note

1 **contrair**, *contracter*, dont le **a** et le **i** se prononcent séparément, maintient ce **i** à toutes les formes sauf à la 3ᵉ personne du pluriel du présent de l'indicatif. Se conjuguent de même **atrair**, *attirer* ; **cair**, *tomber* ; **extrair**, *extraire* ; **recair**, *retomber* ; **sair**, *sortir* ; **trair**, *trahir*, etc.

# Quatre-vingt-quatorzième leçon

## Cours de gymnastique

**1** – Tout le monde est prêt ?
**2** Nous allons donc commencer notre échauffement.
**3** Cette partie du cours est très importante
**4** pour éviter [les] traumatismes musculaires,
[les] élongations, etc.
**5** Allons-y ! Pliez bien les genoux et étirez bien les bras.
**6** Maintenant nous allons commencer à travailler les fessiers.
**7** Ceux qui veulent peuvent mettre des poids *(Qui voudra peut mettre du poids)* aux chevilles.
**8** Et un, et deux, et trois !
**9** Levez la jambe en contractant bien les muscles !
**10** Respirez bien !
**11** N'oubliez pas d'inspirer par le nez et d'expirer par la bouche !
**12** Libérez l'air des poumons lorsque vous forcez *(serez faisant force)*.
**13** C'est ça !
**14** Maintenant allongez-vous sur le dos ; nous allons travailler les abdominaux.

AULA DE GINÁSTICA

**15** Coloquem as mãos atrás do pescoço, joelhos dobrados,

**16** e levantem o tronco.

**17** Boa!

**18** Agora relaxem; vamos fazer o alongamento.

**19** Continuem ² deitados

**20** e abracem o joelho contra o peito.

**21** Agora, devagarinho, peguem no ³ calcanhar

**22** e tentem esticar as pernas.

**23** Vamos dar uma relaxada no corpo.

**24** Fechem os olhos e escutem a música.  ☐

---

**Notes**

**2** Nous avons vu que le verbe **ficar** exprime l'idée de *rester*, y compris comme résultat d'une action : **Ela ficou triste**, *Cela l'a rendue triste*. **Ele ficou preso no elevador**, *Il est resté prisonnier dans l'ascenseur*. Nous rencontrons aujourd'hui l'idée de *rester*, au sens de la permanence, de la poursuite d'une action (*rester à*) exprimée ici par le verbe **continuar** : **O contrato continua vigorando**, *Le contrat reste en vigueur ("continue à prendre effet")*. On aurait aussi pu utiliser le verbe **seguir**, *suivre*, voire

\*\*\*

▶ Exercício 1 – Traduza

❶ Eu acordei com o corpo pesado, deve ter sido a ginástica de ontem. ❷ Tente pegar teus calcanhares sem dobrar os joelhos. ❸ Antes de correr eu sempre faço alongamento, me disseram que é muito importante. ❹ É só fechar os olhos! ❺ Eu sempre inspiro quando não é hora, e expiro quando não se deve.

**15** Mettez les mains derrière le cou, genoux pliés,

**16** et redressez le tronc.

**17** Bien *(Bonne)* !

**18** Maintenant relâchez ; nous allons faire des étirements.

**19** Restez toujours *(Continuez)* allongés

**20** et pressez *(embrassez)* le genou contre la poitrine.

**21** Maintenant, tout doucement, prenez votre *(le)* talon

**22** et essayez de tendre vos jambes.

**23** [Maintenant,] on détend tout son corps *(on va donner un "coup de relaxation" au corps).*

**24** Fermez les yeux et écoutez la musique.

ficar lui-même. **Ela segue cursando teatro**, *Elle continue à faire des études de théâtre* ; **Ele ficou lendo no quarto dele**, *Il est resté à lire ("lisant") dans sa chambre ("de lui").*

**3** On peut omettre le possessif, quand le sens est évident. C'est le cas ici. Autre exemple : **Ela costuma conversar com os vizinhos**, *Elle a l'habitude de bavarder avec ses ("les") voisins.*

\*\*\*

Corrigé de l'exercice 1

**❶** Je me suis réveillée le corps lourd, ça doit être *(doit avoir été)* la gymnastique d'hier. **❷** Essaie d'attraper *(prendre)* tes talons sans plier les genoux. **❸** Avant de courir je fais toujours des étirements, on m'a dit que c'est très important. **❹** Il n'y a qu'à fermer les yeux ! **❺** J'inspire toujours quand ce n'est pas le moment, et j'expire quand il ne faut pas.

Exercício 2 – Complete

❶ Allonge-toi sur le dos et ramène tes genoux sur ta poitrine ; cela aide à se relaxer.

Deite de ...... e ...... .. ....... contra o peito; ..... a relaxar.

❷ Je suis resté presque trois mois sans pouvoir marcher.

Eu ...... ..... três meses ... poder andar.

❸ Courez un peu plus vite.

...... um ..... mais .......

❹ Voici Elza, une amie, je l'ai connue au cours de gymnastique.

Esta é a Elza, uma amiga, eu . conheci .. .... de ginástica.

**95**

# Nonagésima quinta aula

# Entrevista de trabalho

1 – Bom dia, a senhora é a Camila Vieira?

2 – Sim sou eu mesma.

3 – A senhora é responsável pelo setor de recursos humanos?

4 – Sou...

5 – Eu sou Manuela Periscinhono.

6  Sou representante comercial e enviei meu currículo pra senhora, lembra?

7 – Claro que eu me lembro; nos falamos por telefone na semana passada,

8  e você me disse que tinha experiência com comércio exterior.

❺  Prenez ces valises et essayez de les emmener jusqu'à la chambre
du haut.

...... estas malas e tentem ........ até o ...... ..

.....

Corrigé de l'exercice 2

❶ – costas – abrace os joelhos – ajuda – ❷ – fiquei quase – sem –
❸ Corram – pouco – rápido ❹ – a – na aula – ❺ Peguem – levá-las – quarto
de cima

Deuxième vague : 45e leçon

**95**

# Quatre-vingt-quinzième leçon

## Entretien d'embauche

1 –  Bonjour madame, vous êtes Camila Vieira ?
2 –  Oui, c'est moi-même.
3 –  Vous êtes responsable du service des Ressources
Humaines ?
4 –  Oui...
5 –  Je suis Manuela Periscinhono.
6  Je suis représentante commerciale et je vous ai
envoyé mon cv, vous vous souvenez ?
7 –  Bien sûr que je m'en souviens ; nous nous sommes
parlé au téléphone la semaine dernière,
8  et vous m'avez dit que vous aviez (avoir) de
l'expérience en commerce extérieur.

**9** – E tenho mesmo, eu trabalhei cinco anos numa *trade* [1].

**10** – E o que você fazia exatamente?

**11** – Um pouco de tudo, mas o meu departamento cuidava dos contratos.

**12** – Você redigia contratos?

**13** – Sim, e em várias línguas: inglês, italiano e espanhol.

**14** – Você se sente capaz de fazer prospecção [2] de novos clientes?

**15** – Para compra ou para venda?

**16** – Para ambos: para vender produtos,

**17** e para comprar os produtos dos nossos clientes.

**18** – Acho que sim, mas como é que vocês trabalham?

**19** – Nós prestamos assessoria [3] às empresas de países que fazem parte do Mercosul [4]

## Notes

**1** **trade**, utilisé pour *trading company* (**sociedade mercantil**), barbarisme particulièrement ancré dans le monde des affaires et du commerce, qu'il désigne plus généralement. Si on ne goûte ni l'**economês**, *jargon de l'économie*, ni les anglicismes, on peut remplacer **trade** par ses équivalents et leurs dérivés : **comércio**, *commerce* ; **negócio**, *affaire* ; **mercantil**, *commercial*, etc.

**Eu assino a Gazeta Mercantil.** *Je suis abonnée à la Gazeta Mercantil* ("Gazette Commerciale").

**Se você quer exportar produtos brasileiros, consulte a Brazil Tradenet pela Internet.**

*Si tu veux exporter des produits brésiliens, consulte Brazil Tradenet sur Internet.*

**2** **prospecção**, *prospection* : **prospecção** ou **pesquisa de mercado**, *étude de marché*.

9 – Et j'en ai vraiment, j'ai travaillé cinq ans dans une société d'import-export.
10 – Et que faisiez-vous exactement ?
11 – Un peu de tout, mais mon département s'occupait des contrats.
12 – Vous rédigiez des contrats ?
13 – Oui, et en plusieurs langues : anglais, italien et espagnol.
14 – Vous vous sentez capable de faire de la prospection de nouveaux clients ?
15 – À l'achat ou à la vente ?
16 – Les deux : pour vendre des produits,
17 – et pour acheter les produits de nos clients.
18 – Je crois que oui, mais comment travaillez-vous ?
19 – Nous fournissons du conseil aux entreprises de pays qui font partie du Mercosud,

3 **a assessoria** est un terme récurrent dans le jargon politico-administratif et dans le domaine du conseil en général. Il peut désigner une direction spécialisée, dans un ministère ou une **autarquia**, *institution indépendante* ; les **assessores**, eux, sont des *adjoints*, des *bras droits*, voire des *conseillers* spécialisés dont la fonction est d'assister et de *seconder*, assessorar. **Ele assumiu a chefia da assessoria de imprensa do Ministério do Comércio**, *Il a pris (assumé) la direction du service de presse du ministère du Commerce*.

4 L'acronyme **o Mercosul**, *le Mercosud*, vient de **Mercado Comum do Sul**, *marché commun du Sud*. Retenez aussi l'**ALADI** (pour **Associação latino-americana de Integração**), a **Organização das Nações Unidas** (a **ONU** *[a ónou]*, *l'ONU*) ; a **Unesco** *[a ounèsskou]*, *l'Unesco*, etc. Pour d'autres acronymes, on prononce chaque lettre séparément : a **OMC** *[a ó-èmi-ssé]*, *l'OMC* ; a **OEA** *[a ó-é-a]*, *l'OEA* (**Organização dos Estados Americanos**). Notez enfin qu'au Brésil les sigles s'apparentent à des noms communs, ils prennent donc la marque du pluriel : **uma ONG** (prononcez **[ong]** comme "tong") *une ONG*/**umas ONGs**, *des ONG* ; **um PM**, *un gendarme* ("Policier Militaire")/**uns PMs**, *des gendarmes*. Nous reprendrons dans l'appendice grammatical les principaux sigles brésiliens et autres abréviations.

**20**  e que queiram ou se instalar no Brasil

**21**  ou simplesmente vender seus produtos no território brasileiro.

**22**  Você seria responsável de descobrir clientes potenciais,

**23**  propor-lhes nossos serviços, nossos preços e negociar,

**24**  administrar todas as suas transações comerciais, financeiras e jurídicas...

**25** – E como é que vocês pagam?

**26** – Você vai ser registrada na carteira de trabalho recebendo 5 salários mínimos,

**27**  mas também recebe comissão de 5% das vendas dos seus clientes.

**28** – E não tem ajuda de custo?

**29** – Infelizmente não. Gasolina e almoços de negócios são por sua conta.

**30** – Tá certo...  □

\*\*\*

▶ Exercício 1 – Traduza

❶ Nós fomos chamados para fazer uma prospecção de mercado e não para redigir contratos de compra e venda. ❷ O meu salário não é muito alto, mas as comissões que eu recebo são bem interessantes. ❸ Os representantes comerciais desta empresa são muito bons, eles fazem negócio até de baixo de chuva. ❹ Dona Neusa, por favor, veja estes contratos comerciais, a tradução para o espanhol não parece certa. ❺ Quem quiser pode enviar seu currículo para o diretor de recursos humanos, nossa empresa está à procura de um representante.

**20** et qui veulent ou [bien] s'installer au Brésil,

**21** ou [bien] simplement vendre leurs produits sur le territoire brésilien.

**22** Vous auriez pour tâche [de] trouver *(Vous seriez responsable de découvrir)* des clients potentiels,

**23** [de] leur proposer nos services, nos prix et [de] négocier,

**24** [de] gérer *(administrer)* toutes leurs transactions commerciales, financières et juridiques...

**25 –** Et quelle est la rémunération *(comment payez-vous)* ?

**26 –** Vous serez déclarée *(inscrite à la carte de travail)* et toucherez *(recevant)* cinq [fois le] salaire minimum,

**27** mais vous recevrez *(recevez)* aussi 5 % de commission sur les ventes de vos clients.

**28 –** Et il n'y a pas de remboursement de frais *(aide de coût)* ?

**29 –** Malheureusement non. L'essence et les déjeuners professionnels sont à votre charge.

**30 –** D'accord...

Corrigé de l'exercice 1

❶ Nous avons été appelés pour faire une étude de marché, et non pour rédiger des contrats d'achat et de vente. ❷ Mon salaire n'est pas très élevé, mais les commissions que je perçois sont très intéressantes. ❸ Les représentants commerciaux de cette entreprise sont très bons ; ils font des affaires même sous la pluie. ❹ Madame Neusa, s'il vous plaît, voyez ces contrats commerciaux ; la traduction en espagnol ne semble pas bonne. ❺ Ceux qui veulent peuvent adresser leur CV au directeur des Ressources Humaines ; notre entreprise est à la recherche d'un représentant.

Exercício 2 – Complete

❶ En ce moment, les transactions commerciales brésiliennes vont très bien.

..... momento as .......... .......... brasileiras ... muito ....

❷ Avant d'entrer dans une affaire de ce type, tu dois avoir fait une très bonne étude de marché.

Antes de ...... num ....... deste tipo, .... tem que ... ..... uma .......... de mercado muito ....

❸ Si ton entreprise fait partie du Mercosud, tu peux peut-être vendre tes produits moins chers.

Se a ... empresa ..... parte do Mercosul, você pode ...... vender .... produtos mais ........

**96**

# Nonagésima sexta aula

## Correspondência formal ¹

**1** Paris, 18 de março de dois mil e doze (2012)
**2** Ilustríssimo ² Senhor Marcos de Almeida

Notes

**1** **formal**, *formel*, *formaliste*, *conventionnel*… Inutile de vous dire qu'au Brésil, c'est plutôt son contraire – **informal** – qui fait référence, notamment à l'oral, où l'on parlera plutôt de style **coloquial**, entre langage *courant* et *familier*. À l'écrit, ce sera aussi le cas si vous rédigez un e-mail, ou un simple **bilhete**, *petit mot*, ou un **lembrete**, *pense-bête*. En revanche, pour toute correspondance plus officielle, le style sera rigoureux et soigné (d'où le fameux débat langue écrite/langue orale, portugais/brésilien)… Ayez à l'esprit, en toutes circonstances, que l'on assiste souvent à un mélange des genres, et que le côté "formel" de certaines situations, au niveau des pratiques ou des personnes, est une façon de marquer un statut social.

❹ Les personnes qui veulent étudier à l'étranger *(l'extérieur)* doivent parler la langue du pays où elles veulent s'installer.

As pessoas que ....... estudar no ........ .....
falar a ...... .. .... .... queiram .. instalar.

❺ Tous les employés d'une entreprise doivent être déclarés.

Todos os .......... de uma ....... devem
ser ...........

Corrigé de l'exercice 2

❶ Neste – transações comerciais – vão – bem ❷ – entrar – negócio – você – ter feito – prospecção – boa ❸ – tua – fizer – talvez – teus – baratos ❹ – queiram – exterior devem – língua do país aonde – se – ❺ – empregados – empresa – registrados

Deuxième vague : 46ᵉ leçon

---

**96**

# Quatre-vingt-seizième leçon

## Correspondance en bonne et due forme *(formelle)*

**1** Paris, le 18 mars 2012
**2** *(Illustrissime)* **Monsieur Marcos de Almeida**

**2** L'un des premiers signes de cette formalité est un emploi rigoureux des titres, fonctions, et autres formules afférentes : **Dr. (Doutor)** pour tout diplômé ou individu en position de pouvoir, suivi des titres spécialisés : **Dr. / Dr.**ª, *M*ᵉ, dans le monde juridique ; **Engenheiro/a (Eng. / Eng.**ª**)**, **Professor/Professora (Prof. / Prof.**ª**)**, **Ilustríssimo/a (Il.**ᵐᵒ/ᵃ**)**, **Excelentíssimo (Ex.**ᵐᵒ/ᵃ**)**, **Vossa Senhoria (V. S.**ª**)**, ceux-ci pouvant s'additionner. À titre indicatif, voici quelques exemples : **Excelentíssimo Senhor Reitor**, **Excelentíssimo Senhor Presidente da Corte Suprema de Justiça**, **Excelentíssimo Senhor Ministro**, etc.

**3** Prezado [3] Senhor,

**4** Queremos, nesta oportunidade, agradecer a participação de Vossa Senhoria

**5** na XIIª Jornada de Estudos sobre a Colonização da América Latina,

**6** organizada pela nossa associação.

**7** Temos certeza de que as informações transmitidas foram de grande proveito aos participantes,

**8** servindo-lhes [4] de subsídio para projetos futuros.

**9** Imensamente gratos [5],

**10** colocamo-nos à disposição para vos enviar os relatórios desta última Jornada.

**11** Subscrevemo-nos com toda estima e consideração [6].

**12** Atenciosamente [7].

**13** Professor Calil Pereira ☐

## Notes

**3** **prezado** est une approche quelque peu formelle de *cher* ; **caro** est apparemment plus chaleureux, mais garde ses distances. À l'oral, on entend en revanche très couramment **querida**, **querido**, ou **minha querida**, *ma chérie*, **meu querido**, *mon chéri*, même de la part d'un ou d'une illustre inconnu(e). Ne vous formalisez pas, c'est l'expression d'une certaine proximité, sympathie, chaleur humaine bien brésilienne, dépourvue de toute vulgarité.

**4** Rappel : **lhe(s)** est le pronom personnel indirect à la 3e personne, il équivaut à **a ele(s) / ela(s)**, **a você(s)**, **ao(s) senhor(es) / à(s) senhora(s)**. **Eu já lhe disse tudo que sabia**, *Je t'ai / lui ai / vous ai déjà dit tout ce que je savais*.

**5** À l'instar de **caro**, il existe une graduation dans la chaleur d'un remerciement, **grato/grata**, *gré*, *obligé* ; **agradecido**, *avec mes remerciements* ; **obrigado/obrigada**, *merci* (oral ou informel). **Sou-lhe grato por tudo**, *Je vous sais gré pour tout*.

**3** Cher Monsieur,

**4** Nous souhaitons, par la présente *(en cette occasion)*, vous remercier pour votre participation

**5** à la XIIᵉ Journée d'Études sur la colonisation de l'Amérique latine,

**6** organisée par notre association.

**7** Nous sommes persuadés *(certains)* que les informations transmises ont été d'un grand profit pour les *(aux)* participants,

**8** et qu'elles leur serviront d'éléments d'information *(leur servant de subsides)* pour des projets futurs.

**9** Infiniment *(Immensément)* reconnaissants,

**10** nous nous tenons à votre disposition pour vous adresser les comptes rendus de cette dernière Journée.

**11** Nous vous prions d'agréer toute notre estime et notre considération.

**12** Salutations distinguées.

**13** Professeur Calil Pereira

---

**6** Informel ne veut pas dire **falta de consideração**, *manque de consi-dération*. Qu'on se le dise, au Brésil, ce type de comportement qui se situe dans le registre de l'absence de civilité, d'attention minimum due à autrui, à la limite du mépris, est à juste titre très mal perçu, non pas pour des questions de **formalidade** (protocole et autres conventions sociales), mais précisément de respect humain, de fraternité minimum spontanée ; car la qualité première des Brésiliens en général, en tout cas au premier degré, est le **convívio**, *le savoir vivre ensemble*. **Ela saiu sem (se) despe-dir de ninguém. Que falta de consideração!** *Elle est partie sans dire au revoir à personne. Quel manque de consideration (savoir-vivre) !*

**7** Plus commercial : **cordialmente**, *cordialement*. Mais le commun des mortels, Brésiliens ou amoureux du Brésil, lui, n'a qu'un mot (et qu'un geste) chaleureux, fraternel et informel : **um abraço** ou **abração** !

▶ Exercício 1 – Traduza

❶ Prezada Senhora, espero que tenha recebido todas as informações. ❷ Colocamo-nos à disposição para enviar o que quiserem. ❸ Subscrevemo-nos com todo respeito, estima e consideração. ❹ Ilustríssimo senhor, queira desculpar-nos. ❺ Esperamos que a nossa participação tenha sido de bom proveito.

Exercício 2 – Complete

❶ La participation de tous les élèves à la fête de fin d'année est très importante.
A ............ de todos .. ...... na festa
de ... .. ... é ...............

❷ Le respect et l'estime que j'ai pour vous sont sincères.
O ........ e a ...... que eu ..... .... senhor ...
sinceros.

❸ Si tu prends en compte tout ce que je dis, tu vas finir par être triste.
Se você ..... em ............ tudo o que eu falar,
vai ...... ....... triste.

❹ Tu ne peux pas profiter de tout et de tous ; un jour les gens vont te fuir.
Você não pode .......... de tudo e de .....;
.. ... as pessoas ... fugir de .....

❺ Qu'est-ce que vous pourriez nous dire sur les projets futurs de notre département ?
O que . ... o senhor ....... nos falar sobre os
projetos ....... do ..... ............?

## Corrigé de l'exercice 1

❶ Chère madame, j'espère que vous avez reçu toutes les informations. ❷ Nous nous tenons à votre disposition pour envoyer ce que vous voudrez. ❸ Nous vous prions d'agréer tout notre respect, notre estime et notre considération. ❹ *(Illustrissime)* Monsieur, veuillez nous excuser. ❺ Nous espérons que notre participation a (ait) été profitable *(de bon profit)*.

## Corrigé de l'exercice 2

❶ – participação – os alunos – fim de ano – importantíssima ❷ – respeito – estima – tenho pelo – são – ❸ – levar – consideração – acabar ficando – ❹ – aproveitar – todos – um dia – vão – você ❺ – é que – poderia – futuros – nosso departamento

Deuxième vague : 47ᵉ leçon

# Nonagésima sétima aula

## Medicina popular

**1** – Eu trouxe umas acerolas da feira. Vou fazer um suco.

**2** Parece que ¹ esta fruta é riquíssima em vitamina C.

**3** – Eu ouvi falar que a goiaba também é rica em vitamina C.

**4** – Mas engorda.

**5** – Não se você não comer quatro de uma vez.

**6** – Até parece que eu como tanto assim!

**7** – Foi você mesma quem disse que tinha engordado e que deveria começar um regime ².

**8** – Regime, não. Vou fazer reeducação alimentar.

**9** – E o que é isso?

**10** – Aprender a comer direito.

**11** – E parar de se intoxicar ³ com cápsulas, pós e chás?

**12** – Como você é exagerado!

**13** As cápsulas eram minhas vitaminas.

**14** Não tomo mais, as vitaminas dos alimentos são melhores.

**15** O pó de guaraná é pra me energizar.

## Notes

**1** Ne confondez pas les deux expressions **parece que**..., *il paraît que*... et **até parece que**..., *comme si*...

**2** On entend également **estar com sobrepeso**, littéralement "être en surpoids". À titre indicatif, pour les régimes alimentaires, amaigrissants, végétariens, on entend aussi souvent le mot **a dieta**.

# Quatre-vingt-dix-septième leçon

## Médecine populaire

**1 –** J'ai rapporté des acérolas du marché. Je vais faire un jus.

**2** Il paraît que ce fruit est très riche en vitamine C.

**3 –** J'ai entendu dire que la goyave aussi est riche en vitamine C.

**4 –** Mais elle fait grossir.

**5 –** Pas si tu n'en manges pas quatre d'un coup.

**6 –** Comme si j'en mangeais autant que ça !

**7 –** C'est toi-même qui as dit que tu avais grossi et que tu devrais commencer un régime.

**8 –** [Un] régime, non. Je vais faire de la rééducation alimentaire.

**9 –** Et c'est quoi, ça ?

**10 –** Apprendre à manger correctement.

**11 –** Et arrêter de t'intoxiquer avec des capsules, [des] poudres et [des] tisanes ?

**12 –** Comme tu exagères !

**13** Les capsules, c'étaient mes vitamines.

**14** Je n'en prends plus ; les vitamines des aliments sont meilleures.

**15** Le *guaraná* en poudre, c'est pour me donner de l'énergie *(m'énergiser)*.

---

**3** Observez la prononciation de ces trois **x** : **intoxicar** *[kss]*, **exagerado** *[z]*, **relaxar** *[ch]*.

16 – Energizante mesmo é boa ducha fria!
17 – E os chás, não posso ficar sem eles:
18   Maracujína e erva cidreira pra relaxar, boldo
     para o fígado…
19 – Bom mesmo é um bom mate.
20 – Nada disso.
21   Chá mate ou chá preto atrapalham a absorção
     de ferro e a gente pode até ficar com anemia.
22 – Onde é que você ouve tudo isso?
23 – Eu leio [4] meu filho!
24 – Então precisa tomar cuidado com o que lê.
25   Esta história de chá preto ou mate é se você
     toma depois das refeições.
26   E além do mais, quando eu falo de mate, falo é
     de um bom chimarrão [5]!
27   E já falaram que a erva mate também é muito
     boa para ajudar a digestão!                    □

## Notes

**4**  **leio**, *je lis*, 1re personne du présent de l'indicatif du verbe **ler**, *lire*, dont
nous verrons la conjugaison en fin de semaine.

***

Exercício 1 – Traduza

❶ Acho que vou fazer um cházinho pra fazer a digestão
de tudo o que comemos. ❷ A gente ouve tanta coisa sobre
alimentos que nem sabemos mais o que é verdade. ❸ Ela
não fica sem erva cidreira, ela toma toda noite um chá
antes de dormir. ❹ Estou fazendo reeducação alimentar e
meu médico me disse que acerola tem bastante vitamina C.
❺ Eu comi tanto que eu engordei e vou fazer um regime.

**16 –** Un vrai énergisant *(Énergisant même)*, c'est une bonne
douche froide !

**17 –** Et les tisanes, je ne peux pas m'en passer :

**18** *Maracujína* et mélisse pour se relaxer, boldo pour le
foie...

**19 –** Ce qui est vraiment bon, c'est un bon maté.

**20 –** Pas du tout *(Rien de tout ça)*.

**21** Le maté ou le thé noir perturbent l'absorption du fer et
on peut même devenir anémique *(rester avec anémie)*.

**22 –** Où est-ce que tu entends tout ça ?

**23 –** Je lis, mon garçon *(fils)* !

**24 –** Alors il faut faire attention à *(avec)* ce que tu lis.

**25** Cette histoire de thé noir ou de maté, c'est si tu en
prends après les repas.

**26** Et en plus, quand je parle de maté, je parle d'un bon
*chimarrão* !

**27** Et on m'a dit que le maté *(herbe maté)*, c'est aussi
très bon pour aider à digérer *(la digestion)* !

---

**5** Le **chimarrão** (voir aussi la 17ᵉ leçon), c'est cette fameuse infusion à base
de maté sans sucre que l'on boit dans le sud du Brésil, souvent en petit
cercle, dans une sorte de calebasse avec une "paille" en métal plus ou
moins travaillé.

$$***$$

## Corrigé de l'exercice 1

❶ Je crois que je vais faire un petit thé pour digérer *(faire la digestion
de)* tout ce qu'on a mangé. ❷ On entend tellement de choses sur les
aliments qu'on ne sait plus ce qui est vrai. ❸ Elle ne manque jamais
de mélisse, elle prend une tisane tous les soirs avant de dormir.
❹ Je fais de la rééducation alimentaire, et mon médecin m'a dit que
l'acérola a pas mal de vitamine C. ❺ J'ai tellement mangé que j'ai pris
du poids, et je vais faire un régime.

Exercício 2 – Complete

**❶** Les Gauchos boivent beaucoup de maté après les repas.

Os gaúchos ..... muito mate .... as ..........

**❷** Il semble que j'ai un problème de digestion et je dois boire beaucoup de tisane de boldo.

...... que eu estou com um ........ de ........ e tenho que ..... muito ... de boldo.

**❸** Il vaut toujours mieux manger un fruit riche en vitamine C après un repas ; il paraît que cela aide à absorber *(l'absorption)* le fer.

É sempre ...... comer uma fruta .... .. vitamina C ...... de uma refeição; ...... que ajuda a ........ de ferro.

**❹** Quand on était jeunes, on mangeait mieux !

Quando ...... mais jovens comíamos ......!

**❺** Ce monsieur est devenu richissime, il a commencé en vendant du thé glacé avec de l'énergisant dans les académies de gymnastique.

Este senhor ..... ..........; ele ....... ........ chá ...... com energizante nas ........ de ..........

\*\*\*

**O cupuaçu é nosso!** *D'après le* **TCU** *[té-ssé-**ou**],* **Tribunal de Contas da União,** *la* Cour des Comptes *locale, en dépit de la mise en place par les autorités brésiliennes d'une direction pour prévenir et réprimer les crimes environnementaux, l'exploitation des ressources génétiques et savoirs traditionnels ou ancestraux (les plantes et herbes médicinales et pouvoirs qui vont avec dont sont historiquement détenteurs les peuples indiens d'Amazonie) échappe à toute contrepartie financière. Il arrive au sein même du Brésil que des prélèvements autorisés à des seules fins de recherche soient détournés dans un but lucratif. Pire, sous couvert des fameux accords ADPIC/TRIPS de l'OMC, ces ressources sont mises industriellement sur le marché*

## Corrigé de l'exercice 2

❶ – tomam – após – refeições ❷ Parece – problema – digestão – tomar – chá – ❸ – melhor – rica em – depois – parece – absorção – ❹ – éramos – melhor ❺ – ficou riquíssimo – começou vendendo – gelado – academias – ginástica

\*\*\*

par des tiers, des **patentes**, brevets *internationaux étant déposés par des sociétés étrangères qui en détiennent ainsi seules l'exploitation et l'usage du nom. Un exemple bien connu est celui du* **cupuaçu** *(dans l'État de l'***Acre***), dont on exploite la pulpe et les graines. Ce n'est pas une première : le vol de graines d'***Hévéa brasiliensis*** *avait permis d'introduire les caoutchoucs en Asie du Sud-Est, mettant fin au monopole brésilien et provoquant un effondrement des cours au début du* xxe *siècle.*

Deuxième vague : 48e leçon

# Nonagésima oitava aula

## Revisão – Révision

*Cette dernière leçon de révision porte essentiellement sur la conjugaison de verbes irréguliers que viendra compléter l'appendice grammatical proposé en fin de méthode.*

• **seguir** change le **e** du radical en **i** à la 1re personne du singulier du présent de l'indicatif et à toutes les personnes du subjonctif présent (et donc certaines formes de l'impératif).

|  | INDICATIF Présent | SUBJONCTIF Présent | IMPÉRATIF |
|---|---|---|---|
| eu | sigo | siga | |
| tu | segues | sigas | segue |
| ele/ela/você... | segue | siga | siga |
| nós | seguimos | sigamos | sigamos |
| vós | seguis | sigais | segui |
| eles/elas/vocês... | seguem | sigam | sigam |

• **sair**

|  | INDICATIF Présent | Imparfait | Passé simple |
|---|---|---|---|
| eu | saio | saía | saí |
| tu | sais | saías | saíste |
| ele/ela/você... | sai | saía | saiu |
| nós | saímos | saíamos | saímos |
| vós | saís | saíeis | saístes |
| eles/elas/vocês... | saem | saíam | sairam |
|  | SUBJONCTIF Présent | Imparfait | Futur |
| eu | saia | saísse | sair |
| tu | saias | saísses | saíres |
| ele/ela/você... | saia | saísse | sair |
| nós | saiamos | saíssemos | sairmos |

# Quatre-vingt-dix-huitième leçon

| vós | saias | saísseis | sairdes |
| eles/elas/vocês... | saiam | saíssem | saírem |

Participe présent : **saindo**
Participe passé : **saído**

• ler

| | INDICATIF | | |
| | Présent | Imparfait | Passé simple |
| eu | leio | lia | li |
| tu | lês | lias | leste |
| ele/ela/você... | lê | lia | leu |
| nós | lemos | líamos | lemos |
| vós | ledes | líeis | lestes |
| eles/elas/vocês... | leem | liam | leram |
| | SUBJONCTIF | | |
| | Présent | Imparfait | Futur |
| eu | leia | lesse | ler |
| tu | leias | lesses | leres |
| ele/ela/você... | leia | lesse | ler |
| nós | leiamos | lêssemos | lermos |
| vós | leiais | lêsseis | lerdes |
| eles/elas/vocês... | leiam | lessem | lerem |

| | IMPÉRATIF |
| | Présent |
| eu | |
| tu | lê |
| ele/ela/você... | leia |
| nós | leiamos |
| vós | lede |
| eles/elas/vocês... | leiam |

Participe présent : **lendo**
Participe passé : **lido**

## ▶ Diálogo de revisão

**1** – Desde os velhos tempos o Homem procurava medir o tempo.

**2** Hoje em dia ele é dependente do tempo...

**3** – Joana, já é hora de acordar.

**4** Vamos embora! Está na hora de ir pra escola.

**5** – Mas que horas são?

**6** – São sete horas. Temos que ir...

**7** – Não vou chegar na hora!

**8** E a professora vai me falar : "Isto são horas mocinha?"

**9** – E você vai falar que seu pai não te acordou na hora certa...

**10** E que ficamos no engarrafamento horas e horas...

**11** – E por falar em horas, a que horas você vem me buscar?

**12** – Na hora do almoço.

**13** – Se eu não estiver no portão da escola, você vai me procurar na lanchonete.

**99**

## Nonagésima nona aula

### ▶ O que faz o povo brasileiro?

**1** – O povo ¹ brasileiro não é convencido,

**2** ao contrário ², é bastante humilde.

**3** Porém, brasileiro que é brasileiro é patriota...

---

🗂 Notes

**1** C'est en général par l'augmentatif de **povo (o)**, *le peuple*, **povão (o)**, *le petit peuple*, *la plèbe*, *la populace*, que le Brésil d'en haut désigne celui d'en bas. Ce terme, le plus souvent péjoratif, peut néanmoins dans certaines

Traduction

**1** Depuis les temps reculés (*vieux*), l'homme cherche (*cherchait*) à mesurer le temps. **2** Aujourd'hui il est dépendant du temps... **3** Joana, il est (*déjà*) l'heure de te réveiller. **4** Allez (*Allons*), ne traîne pas ! C'est l'heure d'aller à l'école. **5** Mais quelle heure est-il ? **6** Il est sept heures. Il faut y aller... **7** Je ne vais pas arriver à l'heure. **8** Et la professeure va me dire "C'est une heure pour arriver (*des heures*), ça, jeune fille ?" **9** Et tu vas dire que ton père ne t'a pas réveillée à la bonne heure... **10** Et qu'on reste dans les bouchons des heures et des heures... **11** Et à propos d'heures (*pour parler d'heures*), à quelle heure tu viens me chercher ? **12** À l'heure du déjeuner. **13** Si je ne suis pas au portail de l'école, tu viens me chercher à la *lanchonete*.

NÃO VOU CHEGAR NA HORA.

Deuxième vague : 49ᵉ leçon

**99**

# Quatre-vingt-dix-neuvième leçon

## Qu'est-ce qui fait le peuple brésilien ?

**1** – Le peuple brésilien n'est pas prétentieux,

**2** au contraire, il est assez simple (*humble*).

**3** Pourtant, un vrai Brésilien (*Brésilien qui est brésilien*) est patriote...

bouches traduire toutes les qualités supposées à ce qui est "populaire" : chaleureux, brave, accessible, le "bon peuple".

**2** **ao contrário**, *au contraire*, mais aussi *à l'envers*.

**4** ama seu país pela beleza e riqueza natural.
**5** Poder-se-ia [3] dizer muito a respeito desta riqueza humana...
**6** Povo alegre!
**7** Impressionante como enfrenta a seca, a fome,
**8** e os grandes problemas sociais com tanta alegria!
**9** Tudo acaba em pizza [4], acaba em festa,
**10** e nada como uma boa cerveja e um churrasquinho no quintal para esquecer as desaventuras.
**11** Inexplicável como os brasileiros driblam situações árduas e momentos difíceis,
**12** sempre com um sorriso no rosto.                            □

## Notes

**3** Contentez-vous d'observer cette étrange forme : **poder-se-ia**. Il s'agit du conditionnel du verbe **poder**, **poderia**, auquel a été intégré le pronom **se**, ce dernier ayant ici valeur de *on*.

**4** Voilà une expression typiquement brésilienne qui signifie que les choses capotent, qu'elles tombent à l'eau.

***

▶ Exercício 1 – Traduza

❶ Eu adoro pessoas humildes e alegres. ❷ Depois que ela aprendeu a falar português, ela está muito convencida. ❸ Colocamos as cervejas que compramos para a festa no quintal. ❹ Mesmo com as desaventuras e tantos problemas ainda tens este sorriso no rosto. ❺ Ela é tão patriota que diz amar mais o seu país que o seu marido.

**4**  il aime son pays pour sa *(la)* beauté et [sa] richesse
naturelle.

**5**  On pourrait en dire long *(beaucoup dire)* à propos de
cette richesse humaine...

**6**  Un peuple joyeux !

**7**  C'est impressionnant [de voir] comment [il] affronte
la sécheresse, la faim,

**8**  et les grands problèmes sociaux avec autant de joie !

**9**  Tout finit en eau de boudin *(pizza)*, [mais tout] finit
par la fête,

**10**  et rien de tel qu'une bonne bière et un petit
barbecue dans le jardin pour oublier les
mésaventures.

**11**  On ne peut expliquer comment les Brésiliens gèrent
*(driblent)* [les] situations ardues et les moments
difficiles,

**12**  toujours un sourire aux lèvres *(sur le visage)*.

EU ADORO PESSOAS HUMILDES E ALEGRES.

Corrigé de l'exercice 1

❶ J'adore les gens simples et joyeux. ❷ Depuis qu'elle a appris à
parler portugais, elle est très prétentieuse. ❸ [Nous] avons mis les
bières que [nous] avons achetées pour la fête dans le jardin. ❹ Malgré
*(Même avec)* ces mésaventures et autant de problèmes, [tu] as encore
le sourire aux lèvres. ❺ Elle est si patriote qu'elle dit aimer son pays
plus que son mari.

Exercício 2 – Complete

❶ Si tu prends tout, je te fais un prix *(te le fais moins cher)*.
.. ..... ..... tudo, eu .. ..... mais ........

❷ Oublions *(Allons oublier)* un peu la vie, allons boire une petite bière et regarder cette mer merveilleuse !
Vamos ........ um pouco .. ....., vamos tomar ... .......... e olhar este mar ...........!

❸ C'est impressionnant [de voir] comment les Brésiliens affrontent les problèmes.
É impressionante .... os brasileiros ........... problemas.

●100

# Centésima aula

▶

## O povo brasileiro
## acaba deixando saudade ¹...

**1** – O brasileiro ² não sorri só mostrando os dentes.
**2** O brasileiro sorri com os olhos,
**3** como se ele fosse uma eterna criança.

🗂 : Notes

**1** Adieu donc, séparation, absence, manque, tristesse… : *"un seul être vous manque et tout est dépeuplé"*. Enchaînement tout trouvé, puisque une de nos dernières notes porte sur le mot **saudade**. Ce terme lusitanien par excellence – puisqu'il renvoie au mal du pays des marins portugais qui couraient le monde – est intraduisible… et le traduire serait presque le tuer un peu. Mélange de douce nostalgie, de manque dans lequel on se complaît ou que l'on anticipe, façon d'éterniser cette absence, ce souvenir et de nourrir ce désir insatisfait. Notez que les mots **saudar**, *saluer*, **saudação**, *salutation*, ou encore l'expression **saúde!**, *à votre santé !*, pourtant très ressemblants, n'ont rien à voir. On peut **morrer de saudade**, litt. *mourir de "saudade"*, de quelqu'un que l'on a aimé, des fruits de

❹ Ce qui est arrivé est presque inexplicable.

. ... ......... é quase inexplicável.

❺ Et si tu mettais cette valise à l'envers, tournée sur le côté droit, sur la valise verte ?

E .. você ........ esta mala .. .........,

virada .... . .....direito, .. .....da mala verde?

Corrigé de l'exercice 2

❶ Se você levar – te faço – barato ❷ – esquecer – da vida – uma cervejinha – maravilhoso ❸ – como – enfrentam os – ❹ O que aconteceu – ❺ – se – colocasse – ao contrário – para o lado – em cima –

Deuxième vague : 50ᵉ leçon

**100**

# Centième leçon

## Le peuple brésilien nous manque déjà...

1 – Les Brésiliens ne sourient pas seulement en montrant leurs *(les)* dents.

2 Les Brésiliens sourient avec les yeux,

3 comme s'ils étaient d'éternels enfants.

son enfance, d'un lieu, d'un cher disparu, d'une époque, de celui ou de celle que l'on a été, etc. Seule façon d'y mettre fin ou de l'atténuer, se rattraper (lors des retrouvailles), compenser : **matar a saudade**, litt. "tuer la saudade".

Já tô morta de saudade deste curso ; pra matar saudade, vou falar brasileiro o tempo todo!, *Cette méthode* (ce cours) *me manque déjà terriblement ; pour compenser, je vais parler brésilien tout le temps !*

2 **o brasileiro** : notez qu'on a ici un singulier (et une minuscule), alors qu'en français on utilisera plutôt le pluriel (et une majuscule).

**4**   Sorri com o corpo quando dança samba, forró,
pagode...

**5**   Sorri com a alma, sorri por inteiro.

**6**   A esperança é uma das palavras chave na vida
de um brasileiro comum,

**7**   daqueles que se contenta com arroz e feijão,

**8**   calor, música, novela e Copa do mundo...

**9**   Esperança de dias melhores é a filosofia do
país.

**10**   Desde a colonização portuguesa, o Brasil é o
país do futuro ³.

**11**   Alguns até brincam: que futuro é este que
nunca chega?

**12**   Por aqui eu vou ficando, meus caros
companheiros...

**13**   Vou voltar pra minha lida,

**14**   mas deixo aqui o rastro do meu coração.

**15**   Foi muito bom ter compartilhado, entre outras
coisas,

**16**   com um pouco da maneira verbal e escrita pela
qual este povo se expressa.

**17**   Quanta saudade vou sentir! □

## Note

**3**  À titre indicatif, le concept de **país do futuro** en perpétuelle attente de
devenir, est particulièrement galvaudé. Certains l'ont détourné – avec
humour ou conviction – en **país no futuro**, ou au contraire dénoncé. Ce
mythe **nacional** renvoie en fait au livre *Brésil, Terre d'avenir* de l'écrivain
Stefan Zweig, qui y avait trouvé refuge et raison d'espérer, même si cela

**4** [Ils] sourient avec leur *(le)* corps quand [ils] dansent [la] samba, [le] *forró*, [le] pagode…

**5** [Ils] sourient avec leur *(l')*âme, [ils] sourient tout entiers.

**6** L'espoir est un des mots clés dans la vie des Brésiliens ordinaires,

**7** de ceux qui se contentent de riz et de *(avec)* haricots,

**8** [de] chaleur, [de] musique, [de] feuilletons et [de] Coupe du monde…

**9** [L']espoir de jours meilleurs, c'est la philosophie du pays.

**10** Depuis la colonisation portugaise, le Brésil est le pays de l'avenir.

**11** Certains plaisantent même : qu'est-ce que c'est que cet avenir qui n'arrive jamais ?

**12** Sur ce *(Par ici)*, je vous laisse *(je reste)*, mes chers compagnons…

**13** Je retourne à mon labeur quotidien,

**14** mais je laisse ici un peu *(la trace)* de mon cœur.

**15** Cela a été très bon d'avoir partagé [avec vous], entre autres choses,

**16** un peu de[s] forme[s] verbale et écrite à travers *(par)* lesquelles ce peuple s'exprime.

**17** Vous allez tellement me manquer ! *(Que de saudade je vais ressentir !)*

ne l'empêcha pas de s'y suicider le 22 février 1942, en laissant une lettre dans laquelle il écrivait : *"… Avant de quitter la vie de ma propre volonté et en toute lucidité, j'éprouve le besoin de remplir un dernier devoir : adresser de profonds remerciements au Brésil, ce merveilleux pays qui m'a procuré, ainsi qu'à mon travail, un repos si amical et si hospitalier […]"*

▶ Exercício 1 – Traduza

**❶** Você ainda tem esperança de encontrar as tuas chaves na cachoeira? **❷** Eu tenho uma filosofia de vida: sorrir, dançar, comer e beber para esquecer os problemas. **❸** Companheiros, eu vos deixo, tenho que voltar à minha lida. **❹** Temos tantas saudades daqueles olhos e daquele sorriso... **❺** Amigos são feitos para compartilhar bons momentos.

Exercício 2 – Complete

**❶** Comme j'ai la nostalgie des cours de philosophie que j'avais à la faculté !

Como .. tenho ....... das aulas .. ......... que
eu ..... .. faculdade!

**❷** Regarde avec les yeux, souris avec tes dents, respire par le nez, et écoute avec tes deux oreilles.

.... com os olhos, ...... com .. dentes, respire ....
nariz e ...... com os dois ........

**❸** Ce chien se contente de peu : si tu lui apportes un petit peu d'attention, il sera déjà heureux.

.... cachorro .. ........ com pouco: se você der um
pouquinho de atenção, ele .. .... feliz.

**❹** L'espoir fait du peuple brésilien un peuple heureux.

A .......... ... ....... brasileiro um .... feliz.

**❺** Qu'est-ce qui est le plus facile pour vous, danser la samba ou le forró ?

O que é .... fácil ... você, ...... samba ou forró?

Corrigé de l'exercice 1

❶ Tu as encore l'espoir de retrouver tes clés dans la chute d'eau ? ❷ J'ai une philosophie de vie : sourire, danser, manger et boire pour oublier les problèmes. ❸ Les amis *(camarades)*, je vous laisse, je dois retourner à mes tâches quotidiennes. ❹ Nous avons une telle nostalgie de ces yeux et de ce sourire… ❺ [Les] amis sont faits pour partager les bons moments.

Corrigé de l'exercice 2

❶ – eu – saudade – de filosofia – tinha na – ❷ Olhe – sorria – os – pelo – escute – ouvidos ❸ Este – se contenta – já fica – ❹ – esperança faz do povo – povo – ❺ – mais – pra – dançar –

AMIGOS SÃO FEITOS PARA COMPARTILHAR BONS MOMENTOS.

Deuxième vague : 51ᵉ leçon

*Et voilà, nous sommes arrivés à la fin de notre livre. Nous ne pouvons que vous en féliciter, tout en vous invitant à terminer la deuxième vague : traduire les dialogues des leçons 52 à 100 du français vers le portugais du Brésil. En espérant que ce parcours que nous avons fait ensemble vous a procuré autant de plaisir qu'à nous.* **Tudo de bom!,** Bon vent !

# Appendice grammatical

*Au fil de ces 100 leçons, vous avez rencontré, au travers de dialogues pris sur le vif, un certain nombre de formes grammaticales, approfondies dans les notes et leçons de révision, elles-mêmes listées dans l'Index grammatical qui suit le présent Appendice. S'agissant de vos premiers pas dans l'apprentissage de la langue brésilienne, seuls les fondamentaux ont été abordés. Nous les complétons ci-après de façon synthétique par quelques spécificités usuelles (sigles, etc.), et principales formes verbales, afin de vous permettre d'y jeter un rapide coup d'œil, si besoin était.*

## Sommaire

# 1 Réforme orthographique

Sur initiative de la CPLP – **Comunidade dos Países de Língua Portuguesa** (voir la 12e leçon) – a été mise en œuvre une réforme orthographique votée en 1995 au Sénat et ratifiée par le Brésil en 2004. Elle vise à harmoniser les différentes variantes en cours dans huit pays lusophones (230 millions de locuteurs), outre des économies en matière de production éditoriale et le renforcement diplomatique de ce bloc linguistique. Ces modifications portent sur l'écrit.

Principales modifications concernant le brésilien :

- Suppression complète du tréma sur le **u** (**consequência** au lieu de **conseqüência**), sauf pour les noms propres.

- Suppression de l'accent circonflexe :
  – à la 3e personne du pluriel au présent de l'indicatif ou du subjonctif des verbes **crer**, **dar**, **ler**, **ver** et leurs dérivés. On a ainsi désormais **creem** (pour **crêem**), **deem** (pour **dêem**), **leem** (pour **lêem**), **veem** (pour **vêem**) ;
  – sur les mots se terminant par 2 **o** : **voo** pour **vôo**, **enjoo** pour **enjôo**.

- Suppression de l'accent
  – qui permettait de différencier certains mots, créant ainsi des "homonymes" : **para** (pour **pára**) du verbe **parar** vs. **para** préposition ; **pelo** vs. **pêlo**, *le poil*, etc.
  – sur les diphtongues **ei** et **oi** : **ideia** (pour **idéia**), **heroica** (pour **heróica** – accents graphique et tonique sur le **o**).

Notez que nous avons conservé certains accents dans cette méthode pour vous aider à différencier les homonymes, jugeant que cela faciliterait votre apprentissage. Avec la pratique, vous apprendrez vite à vous en passer.

- Suppression du tiret dans certains mots composés.

- Insertion des lettres **k**, **w**, **y** et **ç** dans l'alphabet.

## 2  Abréviations, sigles et acronymes

• États brésiliens :

**AC** (Acre) – **AL** (Alagoas) – **AM** (Amazonas) – **AP** (Amapá) – **BA** (Bahia) – **CE** (Ceará) – **DF** (Distrito Federal) – **ES** (Espírito Santo) – **GO** (Goiás) – **MA** (Maranhão) – **MG** (Minas Gerais) – **MS** (Mato Grosso do Sul) – **MT** (Mato Grosso) – **PA** (Pará) – **PB** (Paraíba) - **PE** (Pernambuco) – **PI** (Piauí) – **PR** (Paraná) – **RJ** (Rio de Janeiro) – **RN** (Rio Grande do Norte) – **RO** (Rondônia) – **RR** (Roraima) – **RS** (Rio Grande do Sul) – **SC** (Santa Catarina) – **SE** (Sergipe) – **SP** (São Paulo) – **TO** (Tocantins).

• Sigles de la vie courante suivis de leur application :

**BB** = Banque du Brésil

**CEP** = code postal

**CGC** = N° d'immatriculation au registre des personnes morales (Recette Fédérale)

**CPF** = N° d'immatriculation au registre des personnes physiques (Recette Fédérale)

**DDC** = appel en PCV

**DDI** = appel international

**DDD** = appel interurbain

**DOU** = journal officiel de l'Union (Brésil)

**FGTS** = fonds capitalisé par le salarié proportionnel à son ancienneté

**FGV** = fondation Getúlio Vargas

**INPS** = sécurité sociale brésilienne

**IR** = impôt sur le revenu

**OAB** = ordre des Avocats du Brésil (barreau)

**Rem.**te = expéditeur

**RG** = registre général

## 3  Chiffres et nombres

Rappel utile : reportez-vous à la numérotation figurant en tête de chaque leçon pour les ordinaux de 1re à 100e, et en bas de chaque page pour retrouver les nombres cardinaux.

### 3.1 Ordinaux

N'oubliez pas que tous les ordinaux sont variables en genre (masculin/féminin) et en nombre (singulier/pluriel) : **primeiro(s)**

**exercício(s)**, *premier(s) exercice(s)* / **primeira(s) aula(s)**, *première(s) leçon(s)*.

Dans la pratique, les formes plus complexes (voir quelques éléments à suivre) relevant plutôt de la langue savante, on emploie surtout les formes simples (jusqu'à 10e, etc.). Elles permettent notamment de former le nom de certains jours de la semaine (**segunda-feira**, *lundi*... **sexta-feira**, *vendredi*), le 1er jour du mois : **primeiro de Abril**, *premier avril*, de même que de désigner les chapitres de livres, les souverains – **Pedro II (Pedro Segundo)** – etc. Au-delà, on a recours aux cardinaux : **sete de Abril**, *sept avril*, **Luiz XV / Luiz Quinze**, *Louis XV*.

101e, 102e... **centésimo primeiro, centésimo segundo**
200e... **ducentésimo**
1 000e... **milésimo**
2 000e... **dois milésimo**

## 3.2 Cardinaux

En revanche, les cardinaux, ne sont pas tous variables. Seuls le sont : 1 (**um/uma**), 2 (**dois/duas**), les centaines à compter de 200 (**duzentos/-as** et liste ci-dessous), les milliers (**milhar/milhares**), millions (**milhão/milhões**), milliards (**bilhão/bilhões**), etc. : **um exercício**, *un exercice* / **cinquenta exercícios**, *cinquante exercices* / **duzentos exercícios**, *deux cents exercices* **duas / cinquenta / duzentas aulas**, *deux / cinquante / deux cents leçons*.

Pour les nombres composés, la conjonction **e** relie les chiffres entre eux pour les dizaines et les centaines : 38 **trinta e oito**, 228 **duzentos e vinte e oito**.
100 tout seul se dit **cem** (invariable). De 100 à 199 : **cento** (invariable) **e** + nombre voulu.

| 200 | **duzentos/-as**    | 600 | **seiscentos/-as**  |
|-----|---------------------|-----|---------------------|
| 300 | **trezentos/-as**   | 700 | **setecentos/-as**  |
| 400 | **quatrocentos/-as**| 800 | **oitocentos/-as**  |
| 500 | **quinhentos/-as**  | 900 | **novecentos/-as**  |

1 000 **mil** est invariable (**dois mil**, **dez mil** etc. ; **mil vezes**, *mille fois*) ; on lui adjoint souvent **um** sur les chèques bancaires (**um mil**).

Pour former ses composés, si les centaines se terminent par 00, on emploie **e** : 1 500 **mil e quinhentos**, sinon pas de conjonction : 1 932 **mil novecentos e trinta e dois**.

1 000 000, 2 000 000... **um milhão, dois milhões**...
1 000 000 000, 2 000 000 000... **um bilhão, dois bilhões**...

Notez aussi les expressions suivantes :
**um e um são dois**, *un et un font deux*
**três vezes três são nove**, *trois fois trois neuf*
**ambos/ambas**, *tous/toutes les deux*

## 4 Adjectifs et adverbes

### 4.1 Adjectifs qualificatifs

Le **-o** des adjectifs au masculin se transforme en **-a** au féminin. Ajoutez **-s** au pluriel (**-os/-as**), de même que pour ceux en **-e** (**alegre/alegres**).

Ceux – peu nombreux – en **-s** (**simples**) sont invariables.

Les adjectifs terminés en **-il** (**fácil**), **-el** (**agradável**), **-r** (**melhor**), **-z** (**feliz**) ont la même forme au masculin et au féminin. Leur pluriel est identique à celui des noms : **fáceis**, **agradáveis**, **melhores**, **felizes**, etc.

L'adjectif qualificatif, comme en français, peut se placer avant ou après le nom ; c'est souvent une question de nuance qu'on assimile avec le temps.

### 4.2 Adverbes

Très employés, les adverbes en **-mente** se forment à partir du féminin de l'adjectif (pour les adjectifs en **-e**, **-il**, **-el**...) : **friamente** de **fria + mente**, **facilmente** de **fácil + mente** (la syllabe tonique se déplace, l'accent graphique disparaît), **decentemente** de **decente + mente**, **simplesmente** de **simples + mente**, etc.

Il existe aussi, bien sûr, des adverbes et des locutions adverbiales :
**primeiro** *d'abord*
**muito** *beaucoup*
**antes** *avant*

**direito** *droit* ou *comme il faut*
**certo** *correct*
**muitas vezes** *souvent*
**poucas vezes** *rarement*
**bem** *bien*
**mal** *mal*
**aqui** *ici*
**devagar** *lentement*
**cedo** *tôt*
**tarde** *tard*
**hoje** *aujourd'hui*
**nunca** *jamais*
**já** *déjà, tout de suite*
**logo** *bientôt*
etc.

Selon le mot qu'ils modifient, les adverbes se placent avant un adjectif, après un verbe et avant ou après les adverbes de temps ou de lieu.

## 5 Principales terminaisons du pluriel (hormis quelques exceptions)

| Terminaison au singulier | Terminaison au pluriel |
|---|---|
| -a / -o / -e / -é / -ai / -ei / -ã / -ãe | -s |
| -al / -ol / -il / -el / -ul | -ais / -óis / -eis -is / -eis -éis / -uis |
| -ão | -ãos / -ães / -ões |
| -em / -im / -om / -um | -ens / -ins / -ons / -uns |
| -ar / -er / -or | -res |
| -az / -ez / -oz | -zes |
| -ês / -ís / -us | -ses |

## 6 Les pronoms personnels sujets et compléments

Nous indiquons ici les formes simples les plus courantes.

### 6.1 Sujets

Liste "grammaticale" complète : **eu**, **tu**, **você/ele/ela**, **nós**, **vós**, **vocês/eles/elas**.

Cependant, dans le langage quotidien, les Brésiliens emploient essentiellement **você**, *tu*, ou **vocês**, *vous* (plusieurs personnes que l'on tutoie). **Tu** n'est utilisé que dans le Rio Grande do Sul, et dans quelques États du Nord et du Nordeste. **Vós** ne fait plus partie de la langue courante et est rarement utilisé à l'écrit. Les pronoms sujets employés au quotidien sont donc : **eu, você/ele/ela, nós, vocês/eles/elas**. Ce sont ces formes qu'on emploie :
– dans les comparaisons (**mais... que/menos... que**) ;
– après certains adverbes (**salvo** *sauf* / **exceto** *excepté* / **segundo** *selon*, etc.).

Rappelez-vous que l'on traduit *on* par **a gente** + 3$^e$ personne du singulier ou en faisant suivre le verbe conjugué de **-se** (**fala-se, vendem-se**).

## 6.2 Compléments directs et indirects

Pour simplifier, au Brésil, la tendance la plus marquée est de placer le pronom personnel complément sans préposition avant le verbe (**me parece, ele me disse, ele se cala, ele não me disse, onde se foi?** etc.). Employé avec une préposition, il suit automatiquement le verbe (**ele olhou para mim, andei com ele**).

• Pronoms employés sans préposition :
Pronoms directs : **me, te, o/a, nos, vos, os/as**.
Pronoms indirects : **me, te, lhe, nos, vos, lhes**.
Pronoms réfléchis : **me, te, se, nos, vos, se.**

• Pronoms employés avec préposition : **mim, ti, ele/ela dele/dela nele/nela, si, nós, vós, eles/elas deles/delas neles/nelas**.
Pronom réfléchi employé avec préposition : **mim, ti, si, nós, vós, si.**

# 7 Les possessifs

On utilise la même forme pour traduire l'adjectif possessif (mon/ma, etc.) et le pronom (le mien/la mienne, etc.). Comme en français, les possessifs s'accordent en genre et en nombre :
**meu(s), minha(s)**
**teu(s), tua(s)**

seu(s), sua(s)
nosso(s), nossa(s)
vosso(s), vossa(s)
seu(s), sua(s)

On peut employer le possessif avec ou sans article (**a minha cidade** ou **minha cidade**), et on l'omet souvent quand le sens est évident (*j'enfile mes chaussures*, **calço os sapatos** ou **calço os meus sapatos**).

Rappelez-vous qu'à la 3e personne, on remplace souvent **seu(s)/sua(s)** par **dele(s)/dela(s)**, ce qui permet, de plus, de lever souvent les ambiguïtés : (**sua cidade** ou **a cidade dele**)
**Quero visitar a sua casa**, *Je veux visiter ta maison* ou *sa maison* ou *votre maison*.
**Quero visitar a casa dele**, *Je veux voir sa maison* (à lui).
**Quero visitar a casa de vocês**, *Je veux visiter votre maison*.

Notez aussi qu'on peut lui adjoindre un démonstratif : **Gosto desta minha cidade**, *J'aime cette ville qui est la mienne*.

Notez enfin sa présence dans quelques locutions : **a meu pedido**, *à ma demande* ; **a meu ver**, *à mes yeux*, etc.

# 8 Les pronoms interrogatifs

| que? / o que? / o que é que? | que ?/ quoi ? / qu'est-ce que ? |
|---|---|
| quem? / quem é que? | qui ? / qui est-ce qui ? |
| qual? / quais? | (le)quel, (la)quelle ? / (les)quels, (les)quelles ? |
| como? | comment ? |
| quando? | quand ? |
| porque? / por que? | pourquoi ? |
| quanto? | combien ? |
| quanto(s).../quanta(s)...? | combien de... ? |
| cadê? / onde? / aonde? | où ? |
| de onde? | d'où ? |
| por onde? / para onde? | par où ? / pour, vers où ? |

# 9 Les pronoms relatifs

Pour une personne uniquement : **quem**, *qui*, et ses composés (**de/a/para/com/por quem**, *de/à/pour/avec/par qui*).

Après un pronom personnel uniquement : **quem**.

Pour une chose, un objet, un animal, un concept : **que**, *que/qui*, et ses composés (**a/com/de/em/por que**).

Attention, les relatifs suivants s'accordent avec leur antécédent :
– **o/a qual?**, *lequel/laquelle*, et **os/as quais**, *lesquels/lesquelles*, ainsi que leurs composés (**para o/a qual, para as/os quais ; com o/a qual, com as/os quais ; no/na qual, nos/nas quais**) ;
– **pelo/pela qual?**, *par lequel/laquelle*, **pelos/pelas quais**, *par lesquels/lesquelles* ;
– **do/da qual**, *dont/duquel/de laquelle* / **dos/das quais**, *dont/desquels/desquelles*.

Si l'antécédent est une chose, après **sem**, **sob**, **para**, **sobre**, **segundo**, et les locutions prépositives, on emploiera **o/a qual**, **os/as quais**, etc.

S'accorde avec le nom qui le suit : **cujo(s) / cuja(s)**, *dont*.

# 10 Principales prépositions

| a | *à* |
|---|---|
| **por causa de** | *à cause de* |
| **após / depois de** | *après* |
| **antes** | *avant* |
| **com** | *avec* |
| **contra** | *contre* |
| **em** | *dans, en, à* |
| **dentro** | *dans, à l'intérieur de* |
| **de** | *de, en* (+ moyen de transport), *à/au* (+ matière, goût) |
| **desde** | *depuis* |

| atrás de | derrière |
| --- | --- |
| em frente de | devant |
| na frente de | en face de, à l'avant de |
| entre | entre, parmi |
| fora de | hors, en dehors de |
| até | jusque |
| apesar de | malgré |
| para | pour (attribution), pour, vers, à (destination) |
| perto de | près de |
| por | par, pour |
| sem | sans |
| salvo | sauf |
| debaixo de | sous, au-dessous de |
| sob | sous |
| em cima de | sur, au-dessus de |
| sobre | sur, à propos de |

## 10.1 Contractions

a + a(s) = à
a + o(s) = ao
a + aquele(s) /aquela(s) = àquele(s) / àquele a(s)
com + mim = comigo
com + ti = contigo
com + si = consigo
com + nós = conosco
com + vós = convosco
de + a(s) = da(s)
de + o(s) = do(s)
de + aquele(s) / aquela(s) = daquele(s) / daquela(s) (de même deste, desse, etc.)
de + ele(s) / ela(s) = dele(s) / dela(s)
em + a(s) = na(s)
em + o(s) = no(s)
em + um = num
em + uma = numa

em + **aquele(s) / aquela(s) = naquele(s) / naquela(s)** (de même
**neste, nesse** etc.)
em + **ele(s) / ela(s) = nele(s) / nela(s)**
**por + a(s) = pela(s)**
**por + o(s) = pelo(s)**

## 11 Les conjonctions

| Coordination | |
|---|---|
| pois | *donc* |
| e | *et* |
| mas | *mais* |
| nem | *ni* |
| ou | *ou* |
| porém | *pourtant* |
| quer... quer | *soit... soit* |

| Subordination | |
|---|---|
| antes que | *avant que* |
| sempre que | *chaque fois que* |
| até que | *comme si* |
| desde que | *depuis que* |
| assim que | *dès que* |
| porque | *parce que, car* |
| enquanto | *pendant que* |
| talvez | *peut-être que* |
| quando | *quand* |
| que | *que* |
| se | *si* |
| depois que | *une fois que* |

## 12 Conjugaisons usuelles

Les formes données correspondent le plus souvent aux personnes
les plus usuelles : **eu**, **você/ele/ela**, **nós**, **vocês/eles/elas**.

## 12.1 Verbes auxiliaires

• **SER**, *être* (de façon structurelle)

Indicatif
Présent : **sou, é, somos, são**
Imparfait : **era, era, éramos, eram**
Futur : **serei, será, seremos, serão**
*Pretérito perfeito* : **fui, foi, fomos, foram**
Plus-que-parfait : **fora, fora, fôramos, foram**

Subjonctif
Présent : **seja, seja, sejamos, sejam**
Imparfait : **fosse, fosse, fôssemos, fossem**
Futur : **for, for, formos, forem**

Conditionnel : **seria, seria, seríamos, seriam**
Gérondif : **sendo**
Participe passé : **sido**

• **ESTAR**, *être* (de façon conjoncturelle)

Indicatif
Présent : **estou, está, estamos, estão**
Imparfait : **estava, estava, estávamos, estavam**
Futur : **estarei, estará, estaremos, estarão**
*Pretérito perfeito* : **estive, esteve, estivemos, estiveram**
Plus-que-parfait : **estivera, estivera, estivéramos, estiveram**

Subjonctif
Présent : **esteja, esteja, estejamos, estejam**
Imparfait : **estivesse, estivesse, estivéssemos, estivessem**
Futur : **estiver, estiver, estivermos, estiverem**

Conditionnel : **estaria, estaria, estaríamos, estariam**
Gérondif : **estando**
Participe passé : **estado**

• **TER**, *avoir* (auxiliaire des temps composés)

Indicatif
Présent : **tenho, tem, temos, têm**
Imparfait : **tinha, tinha, tínhamos, tinham**
Futur : **terei, terá, teremos, terão**
*Pretérito perfeito* : **tive, teve, tivemos, tiveram**
Plus-que-parfait : **tivera, tivera, tivéramos, tiveram**

Subjonctif
Présent : **tenha, tenha, tenhamos, tenham**
Imparfait : **tivesse, tivesse, tivéssemos, tivessem**
Futur : **tiver, tiver, tivermos, tiverem**

Conditionnel : **teria, teria, teríamos, teriam**
Gérondif : **tendo**
Participe passé : **tido**

• **HAVER** , *avoir*

Indicatif
Présent :             **hei, hás, há, havemos, haveis, hão**
*Pretérito perfeito* :   **houve, houveste, houve, houvemos, houvestes, houveram**
Plus-que-parfait :   **houvera, houveras, houvera, houvéramos, houvéreis, houveram**

Subjonctif
Présent :             **haja, hajas, haja, hajamos, hajais, hajam**
Imparfait :        **houvesse, houvesses, houvesse, houvésse-mos, houvésseis, houvessem**
Futur :              **houver, houveres, houver, houvermos, houverdes, houverem**
Impératif :        **há, haja, hajamos, havei, hajam**

## 12.2 Verbes réguliers en *-ar, -er, -ir*, sur le modèle de *cantar, beber* et *partir*

Indicatif
Présent :             **canto, canta, cantamos, cantam**
                       **bebo, bebe, bebemos, bebem**
                       **parto, parte, partimos, partem**

| Imparfait : | cantava, cantava, cantávamos, cantavam |
| | bebia, bebia, bebíamos, bebiam |
| | partia, partia, partíamos, partiam |
| Futur : | cantarei, cantará, cantaremos, cantarão |
| | beberei, beberá, beberemos, beberão |
| | partirei, partirá, partiremos, partirão |
| *Pretérito perfeito* : | cantei, cantou, cantamos, cantaram |
| | bebi, bebeu, bebemos, beberam |
| | parti, partiu, partimos, partiram |
| Plus-que-parfait : | cantara, cantara, cantáramos, cantaram |
| | be, bera, bebera, bebêramos, beberam |
| | partira, partira, partíramos, partiram |

| Subjonctif | |
| Présent : | cante, cante, cantemos, cantem |
| | beba, beba, bebamos, bebam |
| | parta, parta, partamos, partam |
| Imparfait : | cantasse, cantasse, cantássemos, cantassem |
| | bebesse, bebesse, bebêssemos, bebessem |
| | partisse, partisse, partíssemos, partissem |
| Futur : | cantar, cantar, cantarmos, cantarem |
| | beber, beber, bebermos, beberem |
| | partir, partir, partirmos, partirem |

| Conditionnel : | cantaria, cantaria, cantaríamos, cantariam |
| | beberia, beberia, beberíamos, beberiam |
| | partiria, partiria, partiríamos, partiriam |

| Gérondif : | cantando, bebendo, partindo |

| Participe passé : | cantado, bebido, partido |

| Infinitif "conjugué" : | cantar, cantar, cantarmos, cantarem |
| | beber, beber, bebermos, beberem |
| | partir, partir, partirmos, partirem |
| Impératif : | canta, cantai |
| | bebe, bebei |
| | parte, parti |

## 12.3 Verbes irréguliers

### • DAR

**Indicatif**

| | |
|---|---|
| Présent : | **dou, dá, damos, dão** |
| *Pretérito perfeito* : | **dei, deu, demos, deram** |
| Plus-que-parfait : | **dera, dera, déramos, deram** |

**Subjonctif**

| | |
|---|---|
| Présent : | **dê, dê, demos, deem** |
| Imparfait : | **desse, desses, déssemos, dessem** |
| Futur : | **der, der, dermos, derem** |

### • CABER

**Indicatif**

| | |
|---|---|
| Présent : | **caibo, cabe, cabemos, cabem** |
| *Pretérito perfeito* : | **coube, coube, coubemos, couberam** |
| Plus-que-parfait : | **coubera, coubera, coubéramos, couberam** |

**Subjonctif**

| | |
|---|---|
| Présent : | **caiba, caiba, caibamos, caibam** |
| Imparfait : | **coubesse, coubesse, coubéssemos, coubessem** |
| Futur : | **couber, couber, coubermos, couberem** |

### • CRER

**Indicatif**

| | |
|---|---|
| Présent : | **creio, crê, cremos, creem** |
| *Pretérito perfeito* : | **cri, creu, cremos, creram** |
| Plus-que-parfait : | **crera, crera, crêramos, creram** |

**Subjonctif**

| | |
|---|---|
| Présent : | **creia, creia, creiamos, creiam** |
| Imparfait : | **cresse, cresse, crêssemos, cressem** |
| Futur : | **crer, crer, crermos, crerem** |

### • DIZER

**Indicatif**

| | |
|---|---|
| Présent : | **digo, diz, dizemos, dizem** |
| Futur : | **direi, dirá, diremos, dirão** |
| *Pretérito perfeito* : | **disse, disse, dissemos, disseram** |
| Plus-que-parfait : | **dissera, dissera, disséramos, disseram** |

**Subjonctif**

| | |
|---|---|
| Présent : | **diga, diga, digamos, digam** |

| Imparfait : | dizesse, dizesse, dizéssemos, dizessem |
| Futur : | disser, disser, dissermos, disserem |
| Conditionnel : | diria, diria, diríamos, diriam |
| Gérondif : | dizendo |
| Participe passé : | dito |

### • FAZER

Indicatif

| Présent : | faço, faz, fazemos, fazem |
| Futur : | farei, fará, faremos, farão |
| *Pretérito perfeito* : | fiz, fez, fizemos, fizeram |
| Plus-que-parfait : | fizera, fizera, fizéramos, fizeram |

Subjonctif

| Présent : | faça, faça, façamos, façam |
| Imparfait : | fizesse, fizesse, fizéssemos, fizessem |
| Futur : | fizer, fizer, fizermos, fizerem |
| Conditionnel : | faria, faria, faríamos, fariam |
| Gérondif : | fazendo |
| Participe passé : | feito |

### • PODER

Indicatif

| Présent : | posso, pode, podemos, podem |
| *Pretérito perfeito* : | pude, pôde, pudemos, puderam |
| Plus-que-parfait : | pudera, pudera, pudéramos, puderam |

Subjonctif

| Présent : | possa, possa, possamos, possam |
| Imparfait : | pudesse, pudesse, pudéssemos, pudessem |
| Futur : | puder, puder, pudermos, puderem |

### • PÔR

Indicatif

| Présent : | ponho, põe, pomos, põem |
| Imparfait : | punha, punha, púnhamos, punham |
| *Pretérito perfeito* : | pus, pôs, pusemos, puseram |
| Plus-que-parfait : | pusera, pusera, puséramos, puseram |

Subjonctif

| Présent : | ponha, ponha, ponhamos, ponham |
| Imparfait : | pusesse, pusesse, puséssemos, pusessem |

| Futur : | puser, puser, pusermos, puserem |
| Gérondif : | pondo |
| Participe passé : | posto |

### • QUERER
**Indicatif**

| Présent : | quero, quer, queremos, querem |
| Imparfait et | |
| conditionnel : | queria, queria, queríamos, queriam |
| *Pretérito perfeito* : | quis, quis, quisemos, quiseram |
| Plus-que-parfait : | quisera, quisera, quiséramos, quiseram |

**Subjonctif**

| Présent : | queira, queira, queiramos, queiram |
| Imparfait : | quisesse, quisesse, quiséssemos, quisessem |
| Futur : | quiser, quiser, quisermos, quiserem |
| Gérondif : | querendo |
| Participes passés : | querido / quisto |

### • SABER
**Indicatif**

| Présent : | sei, sabe, sabemos, sabem |
| *Pretérito perfeito* : | soube, soube, soubemos, souberam |
| Plus-que-parfait : | soubera, soubera, soubéramos, souberam |

**Subjonctif**

| Présent : | saiba, saiba, saibamos, saibam |
| Imparfait : | soubesse, soubesse, soubéssemos, soubessem |
| Futur : | souber, souber, soubermos, souberem |

### • TRAZER
**Indicatif**

| Présent : | trago, traz, trazemos, trazem |
| Futur : | trarei, trará, traremos, trarão |
| *Pretérito perfeito* : | trouxe, trouxe, trouxemos, trouxeram |
| Plus-que-parfait : | trouxera, trouxera, trouxéramos, trouxeram |

**Subjonctif**

| Présent : | traga, traga, tragamos, tragam |
| Imparfait : | trouxesse, trouxesse, trouxéssemos, trouxessem |

| Futur : | trouxer, trouxer, trouxermos, trouxerem |
| Conditionnel : | traria, traria, traríamos, trariam |

## • VER
Indicatif
| Présent : | vejo, vê, vemos, veem |
| Pretérito perfeito : | vi, viu, vimos, viram |
| Plus-que-parfait : | vira, vira, víramos, viram |

Subjonctif
| Présent : | veja, veja, vejamos, vejam |
| Imparfait : | visse, visse, víssemos, vissem |
| Futur : | vir, vir, virmos, virem |
| Gérondif : | vendo |
| Participe passé : | visto |

## • IR
Indicatif
| Présent : | vou, vai, vamos, vão |
| Imparfait : | ia, ia, íamos, iam |
| Futur : | irei, irá, iremos, irão |
| Pretérito perfeito : | fui, foi, fomos, foram |
| Plus-que-parfait : | fora, fora, fôramos, foram |

Subjonctif
| Présent : | vá, vá, vamos, vão |
| Imparfait : | fosse, fosse, fôssemos, fossem |
| Futur : | for, for, formos, forem |
| Conditionnel : | iria, iria, iríamos, iriam |
| Gérondif : | indo |
| Participe passé : | ido |

## • VIR
Indicatif
| Présent : | venho, vem, vemos, vêm |
| Imparfait : | vinha, vinha, vínhamos, vinham |
| Pretérito perfeito : | vim, veio, viemos, vieram |
| Plus-que-parfait : | viera, viera, viéramos, vieram |

Subjonctif
| Présent : | venha, venha, venhamos, venham |
| Imparfait : | viesse, viesse, viéssemos, viessem |

| Futur : | vier, vier, viermos, vierem |
| Gérondif : | vindo |
| Participe passé : | vindo |

### • OUVIR
| Présent de l'indic. : | ouço, ouve, ouvimos, ouvem |
| Présent du subj. : | ouça, ouça, ouçamos, ouçam |

### • PEDIR
| Présent de l'indic. : | peço, pede, pedimos, pedem |
| Présent du subj. : | peça, peça, peçamos, peçam |

## 12.4 Verbes dont l'irrégularité consiste en un changement de consonne ou de voyelle.

### • ABRAÇAR
| *Pretérito perfeito* : | abracei |
| Présent du subj. : | abrace, abrace, abracemos, abracem |
| Impératif : | abrace, abracemos, abracem |

### • ACONTECER (et agradecer, aparecer, apetecer, conhecer, descer, encarecer, envelhecer, esquecer, merecer, nascer, padecer, parecer, vencer)
| Présent de l'indic. : | aconteço |
| Présent du subj. : | aconteça, aconteça, aconteçamos, aconteçam |
| Impératif : | aconteça, aconteçamos, aconteçam |

### • ADERIR (et gerir)
| Présent de l'indic. : | adiro |
| Présent du subj. : | adira, adira, adiramos, adiram |
| Impératif : | adira, adiramos, adiram |

### • BRINCAR (et checar, esticar, ficar, indicar, marcar, verificar)
| *Pretérito perfeito* : | brinquei |
| Présent du subj. : | brinque, brinque, brinquemos, brinquem |
| Impératif : | brinque, brinquemos, brinquem |

### • CHEGAR (et jogar)
| *Pretérito perfeito* : | cheguei |

Présent du subj. :    **chegue, chegue, cheguemos, cheguem**
Impératif :    **chegue, cheguemos, cheguem**

### • COBRIR (et descobrir)
Présent de l'indic. :    **cubro**
Présent du subj. :    **cubra, cubra, cubramos, cubram**
Impératif :    **cubra, cubramos, cubram**
Double participe passé :  **coberto**

### • CONSEGUIR
Présent de l'indic. :    **consigo, consegues, consegue, conseguimos, conseguis, conseguem**
Présent du subj. :    **consiga, consigas, consiga, consigamos, consigais, consigam**
Impératif :    **consegue, consiga, consigamos, consegui, consigam**

### • CONSTRUIR
Présent de l'indic. :    **constroi, constroem**
Impératif :    **constroi**

### • DIVERTIR
Présent de l'indic. :    **divirto, divertes, diverte, divertimos, divertis, divertem**
Présent du subj. :    **divirta, divirtas, divirta, divirtamos, divirtais, divirtam**
Impératif :    **diverte, divirta, divirtamos, diverti, divirtam**

### • DORMIR
Présent de l'indic. :    **(eu) durmo**
Présent du subj. :    **durma, durmas, durma, durmamos, durmais, durmam**
Impératif :    **(eu) durma, (nos) durmamos, (eles) durmam**

### • ELEGER
Présent de l'indic. :    **elejo**
Présent du subj. :    **eleje, eleja, eleamos, elejam**
Impératif :    **eleja, elejamos, elejam**
Double participe passé :  **eleito**

### • ENGOLIR
Présent de l'indic. : **engulo**
Présent du subj. : **engula, engula, engulamos, engulam**
Impératif : **engula, engulamos, engulam**

### • FUGIR (et **tingir, redigir**)
Présent de l'indic. : **fujo**
Présent du subj. : **fuja, fuja, fujamos, fujam**
Impératif : **fuja, fujamos, fujam**

### • MEDIR
Présent de l'indic. : **meço**
Présent du subj. : **meça, meça, meçamos, meçam**
Impératif : **meça, meçamos, meçam**

### • PERDER
Présent de l'indic. : **perco**
Présent du subj. : **perca, perca, percamos, percam**
Impératif : **perca, percamos, percam**

### • PREFERIR
Présent de l'indic. : **prefiro, preferes, prefere, preferimos, preferis, preferem**
Présent du subj. : **prefira, prefiras, prefira, prefiramos, prefirais, prefiram**
Impératif : **prefere, prefira, prefiramos, preferi, prefiram**

### • REPETIR
Présent de l'indic. : **repito, repetes, repete, repetimos, repetis, repetem**
Présent du subj. : **repita, repitas, repita, repitamos, repitais, repitam**
Impératif : **repete, repita, repitamos, repeti, repitam**

### • SEGUIR
Présent de l'indic. : **sigo**
Présent du subj. : **siga, siga, sigamos, sigam**
Impératif : **siga, sigamos, sigam**

### • SENTIR

Présent de l'indic. : **sinto**
Présent du subj. : **sinta, sinta, sintamos, sintam**
Impératif : **sinta, sintamos, sintam**

### • SUMIR

Présent de l'indic. : **sumo, somes, some, sumimos, sumis, somem**
Impératif : **some, suma, sumamos, sumi, sumam**

### • TOSSIR

Présent de l'indic. : **tusso**
Présent du subj. : **tussa, tussa, tussamos, tussam**
Impératif : **tussa, tussamos, tussam**

## 12.5 Conjugaisons particulières

### • APERFEIÇOAR (et atordoar, desabotoar, enjoar, soar)
Présent de l'indic. : **aperfeiçoo**

### • NOMEAR (et bloquear, folhear, frear, passear, recear)
Présent de l'indic. : **nomeio, nomeia, nomeiam**
Présent du subj. : **nomeie, nomeie, nomeiem**
Impératif : **nomeia, nomeie, nomeiem**

### • DOER
Présent de l'indic. : **doi**
Imparfait de l'indic. : **doia, doiam**
Présent du subj. : **doa, doam**

## 13 La concordance des temps

C'est – encore une fois – une modalité de la langue qu'on assimile naturellement, sans effort de théorisation ni de "par cœur". Nous vous proposons ici quelques éléments, comme simples repères. Vous remarquerez sans doute que les temps employés ne correspondent pas toujours au français.

| INDICATIF | |
|---|---|
| **Principale** | **Subordonnée** |
| présent<br>**Diz**<br>*Il dit* | présent<br>**que agradece.**<br>*qu'il remercie.* |
| présent<br>**Diz**<br>*Il dit* | futur<br>**que virá.**<br>*qu'il viendra.* |
| présent<br>**Diz**<br>*Il dit* | futur antérieur<br>**que terá acabado em breve.**<br>*qu'il aura fini sous peu.* |
| imparfait<br>**Dizia**<br>*Il disait* | imparfait<br>**que agradecia.**<br>*qu'il remerciait.* |
| pretérito perfeito<br>**Disse**<br>*Il dit/a dit* | imparfait<br>**que agradecia.**<br>*qu'il remerciait.* |
| pretérito perfeito<br>**Agradeceram**<br>*Ils remercièrent* | passé simple / passé composé<br>**quando acabou.**<br>*quand il finit/a eu fini/eut fini.* |

| INDICATIF | SUBJONCTIF |
|---|---|
| **Principale** | **Subordonnée** |
| présent<br>**Não penso**<br>*Je ne pense pas* | présent<br>**que seja útil.**<br>*que ce soit utile.* |
| présent<br>**Duvido**<br>*Je doute* | passé<br>**que tenha cantado.**<br>*qu'il ait chanté.* |
| futur<br>**Pedirei**<br>*Je demanderai* | présent<br>**que cante.**<br>*qu'il chante.* |

| | |
|---|---|
| futur<br>**Falarei**<br>*Je parlerai* | futur<br>**quando ele acabar.**<br>*quand il finira.* |
| futur<br>**Falarei**<br>*Je parlerai* | futur composé<br>**quando ele tiver acabado.**<br>*quand il aura fini.* |
| imparfait<br>**Não pensava**<br>*Je ne pensais pas* | imparfait<br>**que fosse útil.**<br>*que c'était ("fût") utile.* |
| imparfait<br>**Duvidava**<br>*Je doutais* | plus-que-parfait<br>**que ele tivesse cantado.**<br>*qu'il eût chanté.* |
| pretérito perfeito<br>**Não pensei**<br>*Je ne pensai pas*<br>ou *Je n'ai pas pensé* | imparfait<br>**que fosse útil.**<br>*que ce fût utile.*<br>*que c'était utile.* |
| pretérito perfeito<br>**Duvidei**<br>*Je doutai / J'ai douté* | plus-que-parfait<br>**que ele tivesse cantado.**<br>*qu'il eût chanté.* |

| PRINCIPALE | SUBORDONNÉES | |
|---|---|---|
| Indicatif | Indicatif | Subjonctif |
| présent<br>**Diz**<br>*Il dit* | futur<br>**que cantará**<br>*qu'il chantera* | futur<br>**quando quiser.**<br>*quand il voudra.* |
| Indicatif | Conditionnel | Subjonctif |
| passé simple<br>**Disse**<br>*Il dit/a dit* | présent<br>**que cantaria**<br>*qu'il chanterait* | imparfait<br>**quando quisesse.**<br>*quand il voudrait ("voulût").* |

# Index grammatical

*Le premier chiffre renvoie au numéro de la leçon, le second à la note (ou au paragraphe s'il s'agit d'une leçon de révision). Les nombres en gras correspondent à des leçons de révision.*

# Expressions et locutions

*Les chiffres qui suivent les expressions renvoient au numéro de la leçon.*

## Se présenter

**alô! Quem é que está falando?** (23) *allô ! Qui est à l'appareil ?*
**Cheguei!** (78) *C'est moi ! / Me voilà !*
**Moço! / Moça!** (58) *Jeune homme !, Monsieur / Mademoiselle !*
*(commerces, restaurants)*

## Demander

**Como vai?** (17) *Comment ça va ?*
**Tudo bem?** (16, 53) *Ça va ?*
**Tá boa?** (53) *Ça va ?*
**É mesmo?** (81) *C'est (pas) vrai ? / Vraiment ?*
**O que é isso?!** (79) *Qu'est-ce que c'est que ça ?!*
**Que horas são?** (29) *Quelle heure est-il ?*
**Que mais?** (64) *Quoi d'autre ?*
**Viu?** (73) *Compris ? / Vu ?*

## Être d'accord

**Claro!** (4) *Bien sûr !*
**Claro!** (16) *Bien entendu !*
**É isso aí.** (57) *C'est exactement ça !*
**É mesmo.** (81) *C'est ça. / Exactement.*
**Isso aí!** (94) *C'est ça !*
**Falou!** (43) *Tu l'as dit !*
**Falou e disse!** *(fam.)* (50) *D'ac !*

## Donner son avis / s'exclamer

**do bom e do melhor** (29) *ce qu'il y a de mieux*
**Deixa para lá.** (46) *Laisse tomber.*
**É isso aí.** (57) *Et oui, c'est comme ça...*
**Isso não existe!** (54) *Ce n'est pas possible !*
**nada de...** (62) *pas question de...*
**Não deve ter sido mole!** (83) *Ça n'a pas dû être du gâteau !*
**Não adianta.** (89) *Cela n'avance à rien.*
**Que chatice!** (36) *Quelle barbe !*

**Que pena!** (27) *Quel dommage !*
**Quem diria.** (38) *Qui l'eût cru !*
**Tanto faz.** (25) *Ça m'est égal.*
**Tudo azul!** (71) *Tout baigne !*
**Vai-se indo.** (80) *Ça peut aller.*

## Face au danger

**Cuidado!** (89) *Attention !*
**Pega ladrão!** (61) *Au voleur !*
**Socorro!** (55) *Au secours !*

## Formules de politesse

**aos cuidados de (A/C)** (89) *aux bons soins de (courrier)*
**agradecido** (96) *avec mes remerciements*
**Atenciosamente** (96) *Salutations distinguées (correspondance)*
**Desculpe!** (3) *Excuse/z-moi ! / Pardon !*
**Fica à vontade.** (24) *Mets-toi à l'aise.*
**Melhoras!** (55) *Bon rétablissement !*

## Expressions diverses et courantes

**ai credo!** (53) *oh, là, là !*
**ai de mim** (72) *pauvre de moi*
**Coitadinho!** (53) *Pauvre petit !*
**Apareça em casa.** (78) *Passe à la maison ! / Viens quand tu veux.*
**droga!** (33) *zut !*
**estar com sede/fome/calor** (41) *avoir soif/faim/chaud*
**Estamos varados de fome.** (41) *Nous avons une faim de loup.*
**estar por fora** (46) *ne pas être dans le coup / pas au courant*
**Estou com dor de...** (55) *J'ai mal à...*
**fazer calor/frio/sol** (43) *faire /chaud/froid/soleil*
**Ora bolas!** (64) *Et quoi encore !*
**Pronto!** (25) *Bon !*
**Puxa vida!** (40) *Bigre !*
**Saúde!** (100) *À votre santé !*
**Tudo bem?** (16) *Tout baigne !*
**Vamos!** (5) *Allons(-y)!*
**Vai com Deus!** (53) *Que Dieu te protège !*
**Vixe Maria!** (67) *Sainte Vierge !*
**Vai-se indo.** (80) *Ça roule.*

# Bibliographie

*La liste ci-dessous, loin d'être exhaustive, s'adresse au plus grand nombre. Elle reprend quelques titres de référence pour une approche un peu plus approfondie de la langue et du pays.*

## Langue

TEYSSIER (Paul), *Histoire de la langue portugaise*, Que sais-je ?, éd. PUF.

TEYSSIER (Paul), *Manuel de langue portugaise, Portugal-Brésil*, librairie Klincksieck.

CANTEL (Robert), *Précis de grammaire portugaise*, éd. Vuibert.

*Larousse de la conjugaison portugaise* – 12 000 verbes, 80 conjugaisons. Freire (N.-A.) *Verbes portugais et brésiliens*, Bescherelle Langues, éd. Hatier.

*Il n'existe pas, pour l'heure, de dictionnaire français-portugais du Brésil. Nous vous proposons donc les deux ouvrages suivants :*

*Dictionnaire portugais-français, français-portugais*, coll. Les Dicos d'Assimil, éd. Assimil & KDictionaries.
24 000 entrées, 112 000 mots, expressions et traductions.

FERREIRA (A.B.H.), *Mini Aurélio. Dicionário da língua portuguesa*, ed. Positiva, Curitiba, 2006.

Notez qu'il existe une version électronique des deux dictionnaires de référence : *"Houaiss"* et *"Aurélio"* (cf. 41e leçon).

## Ouvrages généraux

MAURO (Frédéric), *Histoire du Brésil*, Que sais-je ? n°1533, éd. PUF.

DROULERS (Martine), BROGGIO (Céline), *Le Brésil*, Que sais-je ? n°628, éd. PUF, 2008.

CROS (Claudi R.), *La Civilisation afro-brésilienne*, Que sais-je ? n°3170, éd. PUF.

CARELLI (Mario), *Brésil, Épopée métisse*, coll. Découvertes Gallimard, éd. Gallimard.

GHEERBRANT (Alain), *L'Amazone, un géant blessé*, coll. Découvertes Gallimard, éd. Gallimard.

DA MATTA (Roberto), *Carnavals, bandits et héros, Ambiguïtés de la société brésilienne*, coll. Esprit, éd. du Seuil.

PEREIRA DE QUEIROZ (M. I.), *Carnaval brésilien. Le Vécu et le mythe*, coll. Bibliothèque des sciences humaines, éd. Gallimard.

SCHNEIDER (G.) et MONTENEGRO (A. M.), *Rio de Janeiro, La Beauté du diable*, Autrement, n°42.

SEVILLA (Jean-Jacques), *Rio de Janeiro en mouvement*, coll. Villes en mouvement, Autrement.

ESTEVES (Juan) et LOUYOT (Anne), *São Paulo en mouvement*, coll. Villes en mouvement, Autrement.

THERY (Hervé), *Le Brésil*, coll. U, éd. Armand Colin.

## Littérature

*Voici quelques pistes pour commencer. Vous trouverez de nombreuses autres références – toutes langues confondues… – dans les fonds d'institutions, sur Internet ou dans les bibliothèques et librairies lusophones (vous en trouverez une liste, entre autres, sur le site www.bresil.org).*

Quelques auteurs de référence : Machado DE ASSIS, Jorge AMADO, Rubem BRAGA, Clarice LISPECTOR, Cecilia MEIRELES, Graciliano RAMOS, Lygia FAGUNDES TELLES, Milton HATOUM, etc.

PICCHIO (Liciana Stegano), *La Littérature brésilienne*, Que sais-je ?, n°1894, PUF.

Revue *Europe* n°919-920, "Littérature du Brésil", dossiers établis et présentés par Michel Riaudel et Pierre Rivas, novembre 2005.

DA CAMARA CASCUDO (Luis), *Contes traditionnels du Brésil*, Maisonneuve et Larose.

ZWEIG (Stefan), *Brésil, terre d'avenir*, Le livre de poche, éd. LGF.

LOURENÇO (Edouardo), *Mythologie de la Saudade, Essai sur la mélancolie portugaise*, coll. Série lusitane, éd. Chandeigne.

BUARQUE DE HOLANDA (Sérgio), *Racines du Brésil*, Arcades Gallimard.

FREYRE (Gilberto), *Maîtres et esclaves, La Formation de la société brésilienne*, coll. Tel, éd. Gallimard.

De **Andrade** (Mario), *Macounaïma ou Le Héros sans aucun caractère*, édition critique établie sous la direction de Pierre Rivas. coll. Unesco d'œuvres représentatives, "Série brésilienne", éd. Stock.

... Sans oublier les riches filmographie et discographie brésiliennes.

# Lexiques

*Vous trouverez dans les lexiques l'ensemble des mots de la méthode. Chaque mot est accompagné de sa traduction et du numéro de la leçon où il apparaît pour la première fois. Certains mots peuvent se traduire de différentes façons ; si un mot est apparu avec plusieurs traductions au fil des leçons, vous trouverez logiquement la référence de plusieurs numéros de leçons.*

*Les noms en -o sont généralement masculins, ceux en -a féminins. Si ce n'est pas le cas, nous vous indiquons le genre entre parenthèses.*

| Abréviations utilisées | |
|---|---|
| *(adj.)* adjectif | *(adv.)* adverbe |
| *(prép.)* préposition | *(pr.)* pronom |
| *(m.)* masculin | *(f.)* féminin |

# Lexique portugais du Brésil - français

## A

| | |
|---|---|
| a | la *(article)* 1, 5 |
| à | à la 3 |
| a *(prép.)* | à 1, 39, 42 ; à *(+ destination, direction)* 5 |
| abacate *(m.)* | avocat (fruit) 58 |
| abacaxi | ananas 9 |
| abdominais *(adj.)* | abdominaux 94 |
| aberto/aberta | ouvert/e 10 |
| abertura | ouverture 86 |
| abraçar-se | s'étreindre 76 |
| abraço | accolade 76, 96 |
| abrigar-se | s'abriter 93 |
| abril *(m.)* | avril 66 |
| abrir | ouvrir 30, 35, 56, 81, 86 |
| absorção *(f.)* | absorption 97 |
| acabar | finir 29, 34, 35, 42, 49, 56, 76, 89 |
| acabar em pizza | finir en eau de boudin, capoter, tomber à l'eau 99 |
| academia | académie 93 |
| acaso | hasard 54 |
| aceitar | accepter 20 |
| acelerador *(m.)* | accélérateur 50 |

| | |
|---|---|
| acender | allumer 77, 88 |
| acerola | acérola *(cerise des Barbades ou des Antilles)* 97 |
| acertar | réussir 72 |
| acervo | collection, fonds 83 |
| acesso | accès 69 |
| achado | trouvaille 64 |
| achar | trouver (penser de) 17, 31, 36, 39 |
| acompanhar | accompagner 24 |
| acontecer | arriver (se produire) 53, 75 |
| acordar | réveiller 29, 66 |
| acordo | accord 89 |
| acreditar | croire 48, 54 |
| açúcar *(m.)* | sucre 19, 59 |
| adequado/adequada | adéquat/e 23 |
| aderir | adhérer 86 |
| adiantar | avancer, devancer 89 |
| adiar | différer (ajourner) 89 |
| administrar | gérer 95 |
| adoçante *(m.)* | édulcorant, sucrette 82 |
| adoçar | sucrer 82 |
| adorar | adorer (aimer) 29, 32 |
| adulto | adulte 31 |
| aeromoça | hôtesse de l'air 38 |
| aeroporto | aéroport 25 |
| africano/africana | Africaine, africain/e 65 |
| agasalhar | abriter 93 |
| agência | agence 15 |
| agora | maintenant 17, 32, 88 |
| agradável *(m./f.)* | agréable 76 |
| agradecer | remercier 89, 96 |
| agradecido | avec mes remerciements 96 |
| agrião | cresson 58 |
| agrônomo/agrônoma | agronome 85 |
| água | eau 32, 41, 90 |
| água-de-coco | eau de coco 41 |
| aguentar | supporter 41, 48, 65, 67 |
| aí | là 46, 49, 57, 68, 73, 83 |
| aí (e ~) | et alors 73, 76 |
| ainda | encore 8, 32, 40, 62, 79 |
| ainda bem | encore heureux 8 |
| ainda por cima | en plus, par-dessus le marché 74 |
| ajuda | aide 11 |
| ajuda de custo | remboursement de frais 95 |
| ajudar | aider 23, 47, 65 |
| ala | rang, section, côté, aile 79 |

| | |
|---|---|
| alameda | allée 79 |
| alazão | alezan 90 |
| álbum *(m.)* | album 42 |
| álcool *(m.)* | alcool 56 |
| alcunha | sobriquet 74 |
| alecrim *(m.)* | romarin 88 |
| alegrar-se | réjouir (se ~) 70 |
| alegre | joyeux/-euse 17 |
| alegria | joie 93, 99 |
| além de | en plus de 92 |
| além do mais | et en plus 97 |
| Alemanha | Allemagne 2 |
| alemão | Allemand/e, allemand/e 24 |
| alergia | allergie 55 |
| alface *(f.)* | laitue 58 |
| alfândega | douane 37 |
| algo | quelque chose 37, 89 |
| alguém | quelqu'un 30, 81 |
| algum | quelque 6, 55, 87, 93, 100 |
| ali | là, là-bas 46 |
| alimentar | alimentaire 97 |
| alimento | aliment 97 |
| almoçar | déjeuner *(verbe)* 22 |
| almoço | déjeuner *(nom)* 22, 52 |
| alô | allô 23 |
| alongamento | étirement 94 |
| alto/alta | haut/e 18, 76 |
| alugar | louer 70, 78 |
| aluguel *(m.)* | loyer 89 |
| aluno/a | élève 55, 85 |
| amanhã | demain 5, 57 |
| amar | aimer 70, 73 |
| amarelo(-ouro ) | jaune (d'or) 47 |
| amassar | écraser (malaxer) 59 |
| ambos/ambas | tous/toutes les deux 95 |
| América | Amérique 64 |
| americano/americana | Américain/e, américain/e 64 |
| amigo da onça | faux frère 82 |
| amigo/amiga | ami/e 13 |
| amor *(m.)* | amour 56, 67, 93 |
| amparo | protection 60 |
| analgésico | analgésique (antidouleur) 55 |
| andar *(nom, m.)* | étage 18 |
| andar *(verbe)* | marcher 62, 68, 77, 90 |
| anemia | anémie 97 |

| | |
|---|---|
| aniversariante *(m./f.)* | celui/celle qui fête son anniversaire 31 |
| aniversário | anniversaire 31 |
| anjo da guarda | ange gardien 88 |
| ano | an 27, 64 ; année 60, 64, 87 |
| antecipadamente | à l'avance, par avance 89 |
| antecipar | anticiper 89 |
| anteontem | avant-hier 66, 93 |
| antes | avant 11, 24, 40, 55 |
| antigo/antiga | ancien/ne 45, 93 |
| ao | au 1, 20 ; à la 34 |
| aonde | où 4, 50, 80 |
| apagar | éteindre 57 |
| apaixonar-se | tomber amoureux 75 |
| apanhar | prendre 68 |
| aparecer | apparaître 78, 92 |
| apartamento | appartement 18 |
| apelido | surnom 74 |
| aperfeiçoar | perfectionner 67 |
| apesar | malgré 47 |
| apetece | ne convient pas, ne donne pas envie 80 |
| apoio | appui (soutien) 60 |
| apontar | pointer, montrer du doigt 75 |
| após | après *(prép.)*, ensuite 51 |
| aprender | apprendre 44 |
| aproveitar | profiter 29, 55, 92 |
| aquecimento | échauffement 94 |
| aquele/aquela *(adj. et pr.)* | celui-là/celle-là 19, 21, 54 |
| | ce/cet/cette... là 21, 49, 52 |
| aqui | ici 3, 25, 46 ; voici 25 |
| ar *(m.)* | air 29, 45 |
| ar condicionado | air conditionné (clim) 29 |
| aranha | araignée 46 |
| árduo/árdua | ardu/e 99 |
| área | domaine (secteur) 85 |
| areia | sable 57 |
| Argentina | Argentine 64 |
| arranjar | obtenir 76 |
| arrepender-se | regretter 70 |
| arrepiar | frissonner 78 |
| arroz *(m.)* | riz 52 |
| arrozal *(m.)* | rizière 65 |
| arruda | rue (plante) 88 |
| arrumar | ranger 60 |
| arte *(f.)* | art 2 |
| árvore *(f.)* | arbre 78 |
| as | les 8 |

| | |
|---|---|
| avião | avion 8 |
| avisar | prévenir 51 |
| avô/avó | grand-père/grand-mère 53, 62, 74 |
| azar *(m.)* | poisse (manque de chance) 71 |
| azeite *(m.)* | huile d'olive 59 |
| azul(-marinho) | bleu (marine) 47, 54 |
| azulado | bleuâtre, bleuté 71 |
| azul-celeste | bleu ciel 71 |
| azulejo | *carreau de faïence* 71 |

## B

| | |
|---|---|
| babá | nourrice, nounou 30, 53 |
| babalorixá | *babalorixá* 88 |
| bacana | chouette *(adj.)*, sympa 55 |
| bagageiro | galerie, porte-bagages 50 |
| bagagem *(f.)* | bagage 30, 37 |
| baiano/baiana | Bahianais/e, bahianais/e 26, 79 |
| baile *(m.)* | bal 45 |
| bairro | quartier 17 |
| baixo/baixa | bas/se 50, 74 |
| balcão | comptoir (bar) 41 |
| banana *(m.)* | banane 59 |
| bananal | bananeraie 49, 65 |
| banca | kiosque 57 |
| banca (examinadora) | jury 57 |
| banco | banque 57, 86 |
| bandeira | drapeau 93 |
| bandolim *(m.)* | mandoline 72 |
| banheira | baignoire 41, 62 |
| banheiro | salle de bain 22 ; toilettes (WC) 41 |
| banho | bain 41, 62 |
| barão/baronesa | baron/ne 9, 81 |
| barato/barata | bon marché, pas cher/chère 89 |
| barco | bateau 71 |
| barulheira | raffut 79 |
| barulhento/barulhenta | bruyant/e 54 |
| barulho | bruit 89 |
| bastante | beaucoup de 58 ; assez (pas mal de) 58, 99 |
| batata | pomme de terre 52 |
| batata doce | patate douce 82 |
| bater | battre 72, 88 |
| bater o ponto | pointer (au travail) 59 |
| bateria | batterie d'école de samba, ensemble de percussions 79 |
| bauru | *sandwich avec fromage, jambon et tomate* 41 |

| | |
|---|---|
| cenoura | carotte 58 |
| centavo | centime 20 |
| central de atendimento *(f.)* | service client 61 |
| centro | centre 3 |
| centro da cidade | centre-ville 3 |
| cerimônia | cérémonie 73 |
| certeza | certitude 23 |
| certidão de bons antecedentes *(f.)* | extrait de casier judiciaire 36 |
| certidão de nascimento *(f.)* | extrait/certificat de naissance 36, 74 |
| certinho/certinha | bien comme il faut (personne) 71 |
| certo/certa | correct/e 48, 80 |
| cerveja | bière 46 |
| cesta | panier 45 |
| céu *(m.)* | ciel 50 |
| chá *(m.)* | thé, tisane 97 |
| chácara | petite maison de vacances 81 |
| chamar(-se) | appeler, s'appeler 40, 46, 53, 64 |
| chapéu *(m.)* | chapeau 83 |
| Chapéuzinho vermelho | Petit chaperon rouge 83 |
| charuto | cigare 34 |
| chato/chata | ennuyeux/-euse (barbant/e) 36 ; embêtant/e 89 ; casse-pieds 39 |
| chave *(f.)* | clé 81 |
| checar | vérifier, contrôler, conférer 86 |
| chefe *(m./f.)* | chef 39 |
| chefia | direction 95 |
| chegar | arriver 24, 65, 78 |
| cheio/cheia | plein/e 45 |
| cheiro | odeur 72 |
| cheiroso/cheirosa | odorant/e (parfumé/e) 72 |
| cheque *(m.)* | chèque 20 |
| cheque sem fundo | chèque sans provision 86 |
| chimarrão | maté (thé) 17 |
| chinês/chinesa | Chinois/e, chinois/e 45 |
| chique *(m./f.)* | chic 47 |
| chocolate *(m.)* | chocolat 31 |
| chope *(m.)* | bière demi-pression 46 |
| chorão | pleurnichard, saule pleureur 68 |
| chorar | pleurer 93 |
| choro | pleur 68 |
| chover | pleuvoir 43 |
| chuchu *(m.)* | chayotte 58 |
| churrasco | barbecue (viande, objet) 46 |
| churrasqueira | barbecue (objet) 46 |
| chuva | pluie 43 |
| chuveiro | douche 62 |

| | |
|---|---|
| cidadão | citoyen/ne, ressortissant 37 |
| cidade *(f.)* | ville 3 |
| cifra | chiffre 74 |
| cigarrilha | cigarillo 34 |
| cigarro | cigarette 34 |
| cima (de ~) | de dessus, d'en haut 74 |
| cima (em ~ de) | au-dessus de, sur 11 ; en haut de 74 |
| cima (para ~) | vers le haut 74 |
| cima (por ~) | par-dessus 74 |
| cima para baixo (de ~) | à l'envers, sens dessus, dessous 74 |
| cinema *(m.)* | cinéma 13 |
| civil *(m./f.)* | civil/e 38 |
| clareza | clarté 65 |
| claro | évidemment 4, 16 |
| cláusula | clause 89 |
| cliente *(m./f.)* | client/e 95 |
| clima *(m.)* | climat 64 ; ambiance 85 |
| clube *(m.)* | club 72 |
| cobrança | recouvrement 56 |
| cobrar | facturer, encaisser (percevoir) 51 |
| cobrir | couvrir 64 |
| cocada | *préparation culinaire sucrée, à base de noix de coco et sucre* 65 |
| cocar *(m.)* | diadème 79 |
| coceira | chatouille 48 |
| coco | coco 41 |
| coisa | chose 6, 39, 47 |
| coitadinho/coitadinha | le/la pauvre 53 |
| cola | antisèche 85 |
| colaboração *(f.)* | collaboration 85 |
| colega *(m./f.)* | collègue 39 |
| colégio | collège 85 |
| colher *(f.)* | cuillère 45, 59 |
| colo | giron 53 |
| colocar | mettre 59, 60, 94 |
| colocar-se à disposição | se tenir à disposition 96 |
| colônia | colonie 85 |
| colonial *(m./f.)* | colonial/e 43 |
| colonização *(f.)* | colonisation 96 |
| colono/colona | paysan/ne 43, 85 |
| coloquial *(m./f.)* | courant/e (familier/-ière) 96 |
| colorido/colorida | coloré/e 83 |
| com | avec 5, 9, 19, 30, 55, 73 |
| com licença | pardon 15 |
| começar | commencer (débuter) 32, 39, 47, 58 |
| comemorar | fêter 31 |

| | |
|---|---|
| de repente | soudain 61 |
| debaixo de | en/au dessous de, sous 50 |
| débito | débit 86 |
| decidir | décider 45 |
| décimo terceiro salário | treizième mois 92 |
| declarar | déclarer 37 |
| decorar | décorer 83 |
| dedo | doigt 55 |
| deitar | se coucher 57, s'allonger 83 |
| deixar | laisser 30, 48 |
| deixar doido | rendre fou 62 |
| dele/dela | son/sa/ses (à lui/elle) 46, 51 |
| delegacia | commissariat 61 |
| delegado | commissaire 76 |
| delfim | dauphin 42 |
| delicado/delicada | délicat/e 36 |
| delícia | délice 59 |
| delicioso/deliciosa | délicieux/-euse 52 |
| demais (os/as ~) | les autres 24 |
| demais *(adv.)* | trop, sacrément 24, 44 |
| dengue *(f.)* | dengue 23 |
| dente *(m.)* | dent 22 |
| dentro | dans (à l'intérieur de) 37 ; dedans 46, 61 |
| departamento | département 95 |
| depende de | ça dépend de 92 |
| dependente *(m./f.)* | dépendant/e (accro) 34 |
| depois | ensuite 3 |
| depois de *(prép.)* | après *(prép.)* 58, 60 |
| depois de amanhã | après-demain 66 |
| depois que | une fois que 59 |
| depositar | déposer (une somme d'argent) 86 |
| depressa | vite 40 |
| derrubar | renverser 81 |
| desabotoar | déboutonner 67 |
| desamor *(m.)* | désamour 56 |
| desativar | désactiver 86 |
| desaventura *(m.)* | mésaventure 99 |
| descansar | se reposer 55 |
| descer | descendre 68 |
| descoberta | découverte (invention) 64 |
| descobrimento | découverte 64 |
| descobrir | découvrir 43, 64, 76 |
| desconfiança | méfiance 56 |
| desconto | remise (réduction) 25 |
| desconversar | changer de sujet 86 |
| desculpar | excuser 3 |

| | |
|---|---|
| desculpe | pardon 3 |
| desde | depuis 44 |
| desde que | du moment que 60 |
| desdizer | dédire 86 |
| desencontro | "non rencontre" (rdv marqué par le désaccord) 13 |
| deserto/deserta | désert/e 78 |
| desfazer | défaire 56 |
| desfilar | défiler 79 |
| desfile *(m.)* | défilé 79 |
| desgastar | épuiser (user) 86 |
| desgaste *(m.)* | usure, épuisement 86 |
| desinfetar | désinfecter 55 |
| desistir | abandonner, renoncer 85 |
| desligado/desligada *(adj.)* | tête en l'air 51 |
| desligar | raccrocher 51 ; débrancher, se déconnecter 51, 54 |
| desmanchar | défaire, rompre (se quitter, se séparer) 71 |
| despedir | dire au revoir 96 |
| desse | de ce/cet/cette/ces 43 |
| deste/desta | de ce/cet/cette 1, 19 |
| destemido/destemida | courageux/-euse 75 |
| detergente *(m.)* | détergent 87 |
| deus | dieu 45, 50, 53, 71 |
| devagar | doucement 94 |
| dever | devoir 44, 53, 60 |
| devorar | dévorer 72 |
| dia *(m.)* | jour 1, 24 |
| dia (o ~ seguinte) | le lendemain 45 |
| dia dos namorados | Saint-Valentin (fête des amoureux) 33 |
| dicionário | dictio..naire 23, 87 |
| dieta | régime 97 |
| diferente *(m./f.)* | différent/e 64 |
| difícil *(m./f.)* | difficile 44 |
| digestão *(f.)* | digestion 97 |
| digitar | saisir (sur ordinateur) 54 |
| dinheiro | argent 20 |
| direção *(f.)* | direction (automobile) 50 |
| direita | droite 3, 48 |
| direito | droit (sens juridique), exact *(adj.)* 71 ; bien (correct) 71, 97 |
| direto | directement 62, 89 |
| diretor/directora | directeur/-trice 69 |
| discretamente | discrètement 71 |
| discutir | discuter (délibérer) 50 |
| disfarçar | faire semblant (feindre) 79 |

| | |
|---|---|
| disposição *(f.)* | disposition 96 |
| distensões *(f.)* | élongations musculaires 94 |
| Distrito Federal | District fédéral 5 |
| distrito policial | commissariat 61 |
| divertir-se | s'amuser, se divertir 40, 46, 70 |
| dizer | dire 31, 38, 82 |
| dobrar | tourner 3 ; plier 3, 94 |
| doce *(m.)* | sucrerie 59 ; douceur (confiture) 82 ; entremets 90 |
| documento | document (papier) 36 |
| doçura | douceur (attitude) 82 |
| doer | faire mal 55 |
| doido/doida | fou/folle 62 |
| dólar *(m.)* | dollar 45 |
| Dom | Dom 65, 79 |
| doméstico/doméstica | ménager/-ère (domestique) 69 |
| domingo | dimanche 38, 79 |
| dona *(+ prénom)* | madame 30 |
| dona de casa | femme au foyer 30 |
| dor *(f.)* | douleur 55 |
| dormir | dormir 29, 64 |
| doutor (Dr.) | docteur 23, 96 |
| driblar | dribler 99 |
| droga | drogue, zut 33 |
| ducha | douche 97 |
| duque/duquesa | duc/duchesse 81 |
| durante | pendant, durant 39, 44 |
| durex *(m.)* | scotch 80 |
| duro/dura | fauché/e (argent) 89 |
| dúvida | doute 34 |
| duvidar | douter 78 |
| dúzia | douzaine 59 |

## E

| | |
|---|---|
| e | et 2 |
| educação física *(f.)* | éducation physique 87 |
| eis | voici 25 |
| ela(s) | elle(s) 5, 25 |
| ele(s) | il(s) 2, 31, 38 ; eux 31 |
| eleger | élire 77 |
| eleição *(f.)* | élection 66 |
| elenco | troupe de théâtre 83 |
| eletricista *(m./f.)* | électricien/ne 20 |
| elevador *(m.)* | ascenseur 30 |
| em | dans 5 ; à 5, 18, 42 ; en 5, 18, 44, 64 |
| embaixador/embaixadora | ambassadeur/-rice 64 |

| | |
|---|---|
| erva cidreira | mélisse 97 |
| erva mate | maté (thé) 97 |
| escada | escalier 76 |
| escândalo | scandale 85 |
| escola | école 16 |
| escola pública | école publique 85 |
| escolher | choisir 31, 35, 56 |
| esconde-esconde *(m.)* | cache-cache (jeu) 79 |
| escovar | brosser 22 |
| escrever | écrire 44, 65, 68 |
| escrita | écriture 68, 85 |
| escritura | acte juridique 68 |
| escrivaninha | bureau (pupitre) 81 |
| escrivão | greffier, notaire 24 |
| escrutínio | scrutin 85 |
| escuro/escura | foncé/e 47, 71 |
| escutar | écouter 48, 76, 82, 94 |
| esnobe | snob 85 |
| espacial *(m./f.)* | spatial/e 85 |
| espaçoso/espoçosa | spacieux/-euse 50 |
| Espanha | Espagne 2 |
| espanhol/espanhola | Espagnol/e, espagnol/e 95 |
| especial *(m./f.)* | spécial/e 85 |
| espelho | miroir 70 |
| esperança | espoir 56, 100 |
| esperar | attendre 34, 44, 54 ; espérer 34 |
| esporte *(m.)* | sport 87 |
| esposa | épouse, femme (mariée) 15 |
| esquecer | oublier 51, 57, 62 |
| esquentar | chauffer 57 |
| esquerdo | gauche 48 |
| esquisito/esquisita | bizarre, étrange 50 |
| esse/essa | ce/cet/cette 36, 37 |
| estação *(f.)* | gare (station) 68 |
| estação terminal | terminus (station) 68 |
| estacionar | garer (stationner) 33 |
| estádio | stade 27 |
| Estado | État 31 |
| estado de sítio | état de siège 81 |
| estágio | stage 85 |
| estar | être 8, 13, 22, 41, 69 |
| estar a fim de | avoir envie de 41 |
| este/esta | celui-ci, celle-ci 1, 2, 21 |
| esteira | natte (tapis) 57 |
| estepe *(f.)* | roue de secours 50 |
| esticar | étirer 94 |

| | |
|---|---|
| estima | estime 96 |
| estorvar | déranger 80 |
| estrada | route 45 |
| estrangeiro/estrangeira | étranger/-ère 1, 36 |
| estrela | étoile 85 |
| estressante *(m./f.)* | stressant/e 39 |
| estressar | stresser 85 |
| estudar | étudier 44, 87 |
| estudo | études 87, 96 |
| estufa | serre 85 |
| etcetera | *et cetera* 83 |
| eterno/eterna | éternel/le 100 |
| eu | je 1, moi 15, 72 |
| Europa | Europe 2 |
| europeu/europeia | européen/ne 27 |
| evitar | éviter 39 |
| exagerar | exagérer 60, 97 |
| exatamente | exactement 95 |
| exceção *(f.)* | exception 60 |
| excelente *(m./f.)* | excellent/e 64 |
| excelentíssimo (Ex.<sup>mo</sup>)/<br>excelentíssima (Ex.<sup>ma</sup>) | *titre* 96 |
| excursão *(f.)* | excursion 24 |
| exemplo | exemple 44 |
| exercício | exercice 1 |
| existência | existence 75 |
| existir | exister 45, 54, 77 |
| ex-namorado/a | ex petit/e-ami/e 71 |
| expediente *(m.)* | dossier 39 |
| experiência | expérience 95 |
| experimentar | essayer (expérimenter) 92 |
| expirar | expirer 94 |
| explicar | expliquer 68 |
| explorar | explorer, exploiter 65 |
| exportar | exporter 95 |
| expositor | exposant *(nom)* 69 |
| exprimir | exprimer 77 |
| exterior *(m./f.)* | extérieur/e 95 |
| extrair | extraire 94 |
| extrato | extrait de compte (relevé) 86 |

## F

| | |
|---|---|
| fácil *(m./f.)* | facile 44, 69 |
| faculdade *(f.)* | faculté 85 |
| fadiga | fatigue 93 |
| falar | parler 12, 23, 43, 50, 51, dire 43, 50 |

| | |
|---|---|
| falar pelos cotovelos | être bavard/e 44 |
| falcatrua | manigance 76 |
| falsos cognatos | faux amis (linguistique) 87 |
| falta de consideração | manque de considération 96 |
| faltar | manquer 25, 36 |
| família | famille 17 |
| famoso/famosa | fameux/-euse (célèbre) 27 |
| fantasia | déguisement, fantaisie 79 |
| fantasiar-se | se déguiser 79 |
| farinha de trigo | farine de blé 58 |
| farmácia | pharmacie 55 |
| farofa | *plat à base de farine de manioc* 52 |
| fato (de ~) | effectivement, en effet 64 |
| favor *(m.)* | faveur 1, 79 |
| favorável *(m./f.)* | favorable 78 |
| faxina | ménage 35 |
| faxineira | femme de ménage 30 |
| faz-de-conta | faire semblant (jeu) 81 |
| fazenda | ferme (exploitation agricole) 75, 85 |
| fazenderio/a | fermier/-ière 75 |
| fazer | faire 15, 33, 43, 54, 62, 63, 84 |
| fazer de conta | faire comme si, faire semblant 43 |
| fazer fila | faire la queue 33 |
| fazer questão de | tenir absolument à 43 |
| fazer sentido | avoir un sens, une raison 87 |
| fazer sucesso | avoir du succès 92 |
| fechar | fermer 11 |
| feijão | haricot 52 |
| feijoada | *plat à base de haricots et viande de porc* 52 |
| feira | marché 38 ; foire 38, 69 |
| felicidade *(f.)* | joie (bonheur) 31 |
| feliz *(m./f.)* | heureux/-euse 40 |
| felizmente | heureusement 28 |
| fera *(nom)* | fauve 93 |
| feriado/a | férié/e 66 |
| ferida | blessure 55 |
| fermento | levure 59 |
| ferro | fer (à repasser) 88 ; fer (minéral) 97 |
| festa | fête 31, 32 |
| fiador | garant 89 |
| ficar | rester 5, 74, 94 ; devenir 39, 74 ; se trouver 64 |
| ficar na fila | faire la queue 58 |
| ficar para titia | rester vieille fille 60 |
| fígado | foie 97 |

| frente | devant 25 |
| frente (em ~) | tout droit 3 ; en face 3, 54 |
| frente (na ~ de) | en face de 13 ; à l'avant de 25 |
| frequentar | fréquenter 88 |
| fresco/fresca | frais/fraîche 45 |
| frescobol *(m.)* | tennis de plage (jeu) 57 |
| frio/fria | froid/e 43, 90 |
| fruta | fruit 58, 97 |
| fruto | fruit (résultat) 58 |
| frutos do mar | fruits de mer 58 |
| fubá *(m.)* | farine de maïs 58 |
| fugir | fuir 72, 75 |
| fulano | n'importe qui/quelqu'un, untel 75 |
| fumar | fumer 34, 78 |
| funcionário/a | fonctionnaire 92 |
| furar | percer 33 |
| furar a fila | doubler (la file) 33 |
| futebol *(m.)* | football 4 |
| futuro *(nom)* | futur (avenir) 87 |
| futuro/futura | futur/e *(adj.)* 65 |

## G

| galho | rameau 88 ; branche 93 |
| galopar | galoper 75 |
| galpão | dépôt 79 |
| ganhar | gagner 78 |
| garagem *(f.)* | garage 89 |
| garfo | fourchette 41 |
| garoto/garota | gamin/e, jeune garçon/fille 64 |
| garrafa | bouteille 47 |
| gasolina | essence 95 |
| gastar | dépenser 77 |
| gasto | dépense 86 |
| gatinho | beau garçon 71 |
| gaúcho | originaire de la Pampa 46 |
| gelado/gelada | frais/fraîches, glacé/e 32 |
| geleia | confiture 82 |
| genética | génétique 62 |
| genro | gendre 75 |
| gente *(f.)* | gens 29, 38, 40 ; on *(pr. indéfini)* 29, 32 |
| gentil *(m./f.)* | gentil/le 55 |
| geração *(f.)* | génération 50 |
| geral *(m./f.)* | général/le 44, 54 |
| gerente *(m./f.)* | gérant/e 86 |
| gerir | gérer 86, 91 |

| | |
|---|---|
| ginástica | gymnastique 94 |
| glória | gloire 93 |
| glúteos | fessiers 94 |
| goiaba | goyave 97 |
| goiabada | pâte à la goyave 82 |
| gorro | bonnet 78 |
| gostar (de) | aimer 19, 70, 76, 85 |
| gosto | goût 46 |
| gostoso/gostosa | bon/ne (savoureux/-euse) 46, 59, délicieux/-euse 46 |
| governador | gouverneur 78 |
| governo | gouvernement 86 |
| graça | grâce 78 |
| gracinho/gracinha | charmant/e 82 |
| graciosamente | gracieusement 26 |
| grande *(m./f.)* | grand/e 2 |
| grande (G) | taille L (vêtement) 92 |
| grato/grata | reconnaissant/e (gré) 96 |
| gravata | cravate 86 |
| grávida | enceinte *(adj.)* 76 |
| grego/grega | Grec/Grecque, grec/grecque 71 |
| gritar | crier 65, 75 |
| grito | cri 75 |
| grosso/grossa | gros/se 92 |
| grupo | groupe 24 |
| guaraná *(m.)* | *guaraná (boisson gazeuse)* 32 |
| guaraná em pó | poudre de *guaraná* 32 |
| guaranazeiro | arbuste qui donne le *guaraná* 32 |
| guardar | ranger 60 |
| guarda-sol | parasol 57 |
| guichê/guichet *(m.)* | guichet 86 |

## H

| | |
|---|---|
| há | il y a, depuis *(temporel)* 27 |
| haver | avoir 31, 37 |
| haverá | il y aura 31 |
| hemisfério | hémisphère 64 |
| hino | hymne 93 |
| história | histoire 48, 78, 87 |
| hoje | aujourd'hui 13, 33 |
| holandês/holandesa | Hollandais/e, hollandais/e 65 |
| homem | homme 37, 74 |
| honra | honneur 73 |
| hora | heure 29, 39 |
| horta | potager 90 |
| hortifruti | hortifruti 58 |

| | |
|---|---|
| juiz *(m.)* | juge 56, 73 |
| junho | juin 67 |
| junino/junina | du mois de juin 67 |
| Júnior (Jr) | fils *(avec les patronymes)* 62, 74 |
| junto | joint/e 16 ; ensemble 16, 76 |
| junto com | avec 58 |
| jurídico/jurídica | juridique 95 |
| justificar | justifier 66 |
| justo | juste 54 |

## K

| | |
|---|---|
| kilômetro | kilomètre 67 |
| kitchenette *(f.)* | studette 73 |

## L

| | |
|---|---|
| lá | là(-bas) 46, 54, 66, 92 |
| lã | laine 90 |
| lado | côté 8, 71 |
| ladrão | voleur 10 |
| lagartixa | lézard 75 |
| lanchar | goûter *(verbe)* 41 |
| lanche | goûter *(nom)* 41 |
| lanchonete | *lanchonete* 9 |
| lap-top | ordinateur portable 54 |
| laranja | orange (couleur, fruit) 9, 47 |
| largo | square (grande place) 79 |
| latino/latina | latin/e 96 |
| lavar-se | se laver 62 |
| leão/leoa | lion/lionne 53 |
| legal | super 13 ; génial 22, 55 ; bien (d'accord), chouette *(adj.)* 55 |
| legume *(m.)* | légume 58 |
| leite *(m.)* | lait 9 |
| leite de coco | lait de coco 57 |
| lembrar-se | se rappeler 31, 33, 70 ; se souvenir 33, 70 |
| lembrete *(m.)* | pense-bête 96 |
| lençol *(m.)* | drap 54 |
| ler | lire 44, 98 |
| letra | lettre (écriture) 68 ; parole (de chanson) 72 |
| levantar(-se) | se lever 48, 83, 94 |
| levar | emmener 38, 90 ; emporter 57 ; amener, apporter/rapporter 90 |
| leve *(m./f.)* | léger/légère 87 |
| lhe | le *(pronom)*, lui 65 |
| lição *(f.)* | leçon 60 |

| | |
|---|---|
| lição de casa | devoirs (d'école) 60 |
| licença | licence 15 |
| licor de jenipapo | liqueur de jenipapo 26 |
| ligação (f.) | appel téléphonique 51 |
| ligação a cobrar (f.) | appel en PCV 51 |
| ligadíssimo/a | lié/e 71 |
| ligar | lier (appeler), mettre le contact 51 ; brancher (allumer) 51, 54 ; faire démarrer 51, 62 ; téléphoner 51, 73 |
| limitada (Ltda.) | SARL 69 |
| limpar | nettoyer 55, 77 |
| limpar o nariz | se moucher 81 |
| limpeza | entretien (propreté) 69 |
| lindo/linda | beau/belle 43 |
| língua | langue 44 |
| linha | ligne 51, 68 |
| liquidação (f.) | soldes (liquidation) 47 |
| liso/lisa | raide (cheveux) 71 |
| lista | liste 36 |
| listrado/listrada | rayé/e (à rayures) 86 |
| litoral (m.) | littoral 45 |
| litro | litre 90 |
| livre (m./f.) | libre (délivré/e) 93 |
| livro | livre 57 |
| lobisomem (m.) | loup-garou 78 |
| lobo | loup 83 |
| logo | aussitôt (donc) 75 |
| loiro/loira | blond/e 71 |
| loja | magasin (boutique) 47 |
| longe | loin 3 |
| longo/longa | long/ue 45 |
| louco/louca | fou/folle 10 |
| lua-de-mel (f.) | lune de miel 15 |
| lucidez (f.) | lucidité 56 |
| lugar | place (lieu) 16, 34 |
| lusitano/lusitana | Lusitanien/ne, lusitanien/ne 80 |

## M

| | |
|---|---|
| maçã | pomme 58 |
| macaco | cric, macaque 50 |
| machucado/machucada | blessé/e 55 |
| macio/macia | souple, doux/douce 50 |
| madama/madame | madame (péjoratif) 30 |
| madrasta | belle-mère (par alliance) 75 |
| madrinha | marraine, témoin (mariage) 73 |
| maduro/madura | mûr/e 59 |

| | |
|---|---|
| mãe | maman 17, 52 ; mère 45, 52 |
| maiô | maillot de bain (1 pièce) 57 |
| mais | plus 6, 34 |
| mais do | plus que 40 |
| mal | mauvais (mal) 34, 43 |
| mala | valise 11 |
| malandro | malandrin 61 |
| maleta | mallette 37 |
| malha | pullover 71 |
| malhado/malhada | tacheté/e 90 |
| maluco/maluca | fou/folle 39 |
| mamãe | maman 52 |
| mandar | envoyer 53 |
| maneira | manière 100 |
| manequim *(m./f.)* | mannequin 56 |
| mangalarga | *race de cheval* 90 |
| manhã | matin 29, 66 |
| manhê | maman 52 |
| manifestar-se | se manifester 78 |
| manjar *(m.)* | *dessert à base de lait de coco* 52 |
| manutenção *(f.)* | entretien 83, 89 |
| mão *(f.)* | main 48, 66 |
| mãozinha | coup de main (aide) 60 |
| mapa *(m.)* | plan, carte 6 |
| máquina | machine 58 |
| máquina de lavar | machine à laver 60 |
| mar *(m.)* | mer 57 |
| maracujá *(m.)* | fruit de la passion 9, 58 |
| maracujína | *substance aux vertus relaxantes retrouvée dans le fruit de la passion* 97 |
| maravilhoso/maravilhosa | merveilleux/-euse 52 |
| marcar | marquer 13 |
| março | mars (mois) 96 |
| maré *(f.)* | marée 48 |
| marginal | délinquant/e 61 |
| marido | mari 12 |
| marinha | marine 35 |
| marinheiro | marin 35 |
| marketing | marketing 69 |
| marmelada | pâte de coing 82 |
| mas | mais 3 |
| mascarar | se masquer 79 |
| massa | pâte 59 |
| mata | bois 90 |
| matar | tuer 72 |
| mate *(m.)* | maté (thé) 97 |

| | |
|---|---|
| ministério | ministère 61 |
| ministro | ministre 64 |
| minuto | minute 4 |
| missa | messe 88 |
| misturar | mélanger 59 |
| moça | demoiselle 41 |
| moçada | jeunesse (jeunes gens) 58 |
| mocidade *(f.)* | jeunesse (âge) 93 |
| mocinho/mocinha | tout/e jeune 65 |
| moço/moça | jeune homme/femme 47, 51, 65 |
| moda | mode *(f.)* 4, 45 |
| modelo | modèle 92 |
| moderno/moderna | moderne 50 |
| modo | manière (mode) 59 |
| mole *(m./f.)* | mou/molle (flasque) 67, 83 |
| moleque *(m.)* | gamin 78 |
| moleza | mollesse 83 |
| molhar | mouiller 43, 53, 62 |
| molho de chaves | trousseau de clés 83 |
| momento | instant 61 ; moment 99 |
| montar | monter (créer) 83, 85 |
| monte (um ~ de) | un tas de, plein de 71 |
| morango | fraise 31 |
| morar | habiter 17 |
| morder | mordre 55 |
| morenaço/morenaça | très brun/e 71 |
| moreno/morena | brun/e (mat) 71 |
| morrer | mourir 78 |
| mosca | mouche 33 |
| mosquito | moustique 23 |
| mostrar | montrer 43 |
| motivo | motif (cause) 24 |
| motor | moteur 50 |
| motorista *(m./f.)* | chauffeur, conducteur/-trice 20 |
| mudar | changer 46, 53 ; déménager 89 |
| mudar de ideia | changer d'avis 80 |
| muié | femme 66 |
| muitas vez | souvent 30 |
| muito *(adv.)* | très 2 ; beaucoup 6 |
| muitos/muitas | beaucoup de 2, 27 |
| mulato | mulâtre 71 |
| mulher | femme 51 |
| multa | amende 66 |
| mundo | monde 34 |
| municipal *(m./f.)* | municipal/e 80 |
| município | commune *(nom)* 66 |

| | |
|---|---|
| perguntar | demander (questionner) 20, 90 |
| perna | jambe 45, 78 |
| personagem *(m./f.)* | personnage 81 |
| perto | près (proche) 6 |
| pesado/pesada | lourd/e (pesant/e) 37, 85 |
| pescoço | cou 94 |
| peso | poids 83, 94 |
| pesquisa de mercado | étude de marché 95 |
| pessimista *(m./f.)* | pessimiste 48 |
| pessoal *(adj.)* | personnel/le *(adj.)* 37 |
| pessoal *(nom m.)* | personnel, groupe de personnes 46 |
| pessoas | personnes (gens) 26, 34 |
| pica-pau *(m.)* | pivert 81 |
| pifar | être/tomber en panne 54 |
| pimenta | piment 26 |
| pimenta do reino | poivre de table 26 |
| pimentão | poivron 26 |
| pingado | café noisette 9 |
| pipoca | pop-corn 32 |
| piranha | piranha 15 |
| piripaque *(m.)* | malaise 74 |
| pirlim pim pim *(m.)* | perlimpinpin 81 |
| piscina | piscine 5 |
| pivete *(m.)* | voleur à la tire 61 |
| pizza | pizza 46 |
| placa | pancarte 67 |
| pó | poudre 81, 97 |
| pó de guaraná | poudre de *guaraná* 97 |
| pobreza | pauvreté 65 |
| poder | pouvoir 3, 84 |
| poema *(m.)* | poème 93 |
| pois | car *(conjonction)* 92 |
| pois não | à votre service 47 |
| polícia | police 53 |
| política | politique 9 |
| pólo aquático | water-polo 87 |
| polvilhar | saupoudrer 59 |
| pomar *(m.)* | verger 90 |
| ponto | point 74 |
| ponto (em ~) | pile (à l'heure exacte) 29, 39 |
| ponto (no ~) | à point 59 |
| ponto de ônibus | arrêt de bus 59, 68 |
| ponto final | arrêt final, terminus (arrêt) 68 |
| popular | populaire 97 |
| por | par 1 ; pour 23 |
| pôr | poser 56 ; mettre 88 |

| | |
|---|---|
| prestar contas | remettre sa comptabilité 87 |
| prestar depoimento | témoigner 87 |
| prestar homenagem | rendre hommage 87 |
| prestar informações | fournir des informations 87 |
| prestar serviço | se rendre utile 87 |
| prestar vestibular | passer le concours d'entrée en université 87 |
| preto/preta | noir/e 71 |
| prezado/prezada | cher/chère *(correspondance)* 96 |
| primeiro | d'abord 60 |
| primo/prima | cousin/e 75 |
| princesa | princesse 79 |
| principe *(m.)* | prince 79 |
| privada | toilettes (WC) 62 |
| pro | pour 62 |
| problema *(m.)* | problème 20 |
| procela | tempête marine 93 |
| procura (à ~ de) | à la recherche de 75 |
| procurar | chercher 33, 78, 80 |
| produto | produit 69 |
| professor/professora | professeur/e 60, 96 |
| programa *(m.)* | programme 59 |
| proibido/probida | interdit/e 34 |
| proibir | interdire 34 |
| projeto | projet 96 |
| promessa | promesse 73, 88 |
| prometer | promettre 38 |
| pronto | voilà (bon) 25 |
| Pronto Socorro | urgences (hôpital) 55 |
| pronto/pronta | prêt/e *(adj.)* 8, 79, 94 |
| pronúncia | prononciation 44 |
| propaganda | publicité 72 |
| propor | proposer 95 |
| prospecção *(f.)* | prospection 95 |
| prospecção de mercado | étude/prospection de marché 95 |
| protetor solar *(m.)* | crème solaire 57 |
| prova | preuve, épreuve, contrôle (examen) 64 |
| provão | *contrôle d'état post-universitaire pour évaluer le niveau des étudiants* 87 |
| provar | essayer (goûter) 64 |
| provavelmente | probablement 52 |
| proveito | profit 96 |
| próximo/próxima | prochain/e 38 |
| público/pública | public/publique 34 |
| pudico/pudica | pudique 92 |
| pular | sauter 67 |

| | |
|---|---|
| ralado/ralada | râpé/e 57 |
| ramo | branche, rameau 93 |
| rapaz | homme 41 |
| rápido/rápida | rapide 69 |
| raquete *(f.)* | raquette 57 |
| raquetinha | tennis de plage (jeu) 57 |
| rastro | trace 100 |
| razão | raison (cause) 24, 29 |
| real, reais | réal, réaux (devise brésilienne) 20 |
| realmente | réellement, vraiment 41 |
| rebanho | troupeau 90 |
| recair | retomber 94 |
| recear | craindre (avoir de l'appréhension) 78, 84 |
| receber | recevoir 45, 88 |
| receio | crainte 78 |
| receita | recette 59 |
| recitar | réciter 93 |
| reco-reco | *instrument à percussion* 79 |
| recursos humanos | ressources humaines 95 |
| redemoinho | tourbillon 78 |
| redigir | rédiger 95 |
| reeducação *(f.)* | rééducation 97 |
| reencontrar | retrouver 40 |
| reencontro | retrouvailles 13 |
| refeição *(f.)* | repas 97 |
| referência | référence 50 |
| refrís *(m.)* *(refrigerante)* | sodas 32 |
| regime *(m.)* | régime 32, 97 |
| registrado/registrada | inscrit/e 95 |
| registrado/registra na carteira de trabalho | déclaré/e, inscrit/e sur la carte de travail 95 |
| registrar | déclarer (faire enregistrer) 74 |
| registro | registre 69 |
| registro de nascimento | acte/registre de naissance 74 |
| rei | roi 79 |
| reino | royaume 79 |
| reitor *(m.)* | recteur 96 |
| relação *(f.)* | relation (rapport) 50 |
| relatório | rapport (exposé) 54, 96 |
| relaxar | détendre 83, 94 |
| relembrar | remémorer 74 |
| religioso/religiosa | religieux/-euse 38, 73 |
| remédio | médicament 55 |
| renovar | renouveler 36 |
| reparar | observer (remarquer), noter ; réparer 50 |
| repetir | répéter 26, 52, 82, 84 |

| | |
|---|---|
| repetir de ano | redoubler (une classe) 60 |
| representante comercial *(m./f.)* | représentant/e commercial/e 95 |
| representar | représenter, jouer un rôle 83 |
| reprodução *(f.)* | réplique 79, reproduction 83 |
| reservar | réserver 26 |
| residente *(m./f.)* | résident/e 36 |
| resolver | décider 65 |
| respeito | respect 50 |
| respeito (a ~ de) | à propos de, au sujet de 50 |
| respirar | respirer 94 |
| responder | répondre 75 |
| responsável *(m./f.)* | responsable 73 |
| restaurante *(m.)* | restaurant 26 |
| reto | tout droit 71 |
| reunião *(f.)* | réunion 70 |
| revestido/revestida | doublé/e 50 |
| revisão *(f.)* | révision 7 |
| revista | revue 4 |
| revistinha | bande dessinée 62 |
| rezar | prier 88 |
| rico/rica | riche 97 |
| riqueza | richesse 65, 99 |
| rir | rire 74 |
| roda | ronde (cercle) 46 |
| rodoviária | gare routière 38 |
| romântico/romântica | romantique 72 |
| rosto | visage 99 |
| roteiro | itinéraire 24 |
| roubar | voler (dérober) 61 |
| roupa | vêtement 47 |
| rua | rue 1, 43 |
| ruim | mauvais (mal) 31 |
| rum | rhum 41 |
| russo/russa | Russe, russe 87 |

## S

| | |
|---|---|
| sábado | samedi 38, 39 |
| saber | connaître 1 ; savoir *(verbe)* 1, 5, 46 |
| sabichão | monsieur-je-sais-tout 39 |
| sacar dinheiro | retirer de l'argent 86 |
| saco | sac 75 |
| saia | jupe 79 |
| sair | sortir 24, 33, 98 |
| sal grosso | gros sel 88 |
| sala | salon (salle de séjour) 22 |
| salada | salade 52 |

| | |
|---|---|
| salário | salaire 95 |
| salgadinhos | amuse-gueules 46 |
| salpicar | saupoudrer 59 |
| salvar | sauver 54 |
| salvo/salva | sauf/sauve 72 |
| samba *(m.)* | samba 79 |
| sangrar | saigner 55 |
| santo/santa | saint/e 67, 88 |
| são/sã | saint/e 67 |
| sapateiro | cordonnier 30 |
| sapato | chaussure 47 ; une paire de chaussures 92 |
| sargento | sergent 61 |
| saudação *(f.)* | salutation 96 |
| saudade *(f.)* | manque (nostalgie) 100 |
| saúde *(f.)* | santé 34 |
| se | se *(pr. réfléchi)* 30 ; on *(pr. indéfini)* 34 ; si *(hypothèse, incertitude)* 30, 38 |
| seca | sécheresse 99 |
| seção *(f.)* | rayon, section 58 |
| secar | sécher 90 |
| secretária | secrétaire (fonction) 23, 64 |
| século | siècle 44 |
| sede *(f.)* | soif 41, 72 |
| segredo | secret *(nom)* 31 |
| seguinte *(m./f.)* | suivant/e (qui vient après) 45, 72 ; prochain/e 72 |
| seguir | suivre (continuer) 3, 72, 98 |
| segunda (2a) | lundi 38 |
| segundo *(prép.)* | selon, d'après 72 |
| seguro | assurance 92 |
| seleção *(f.)* | équipe 27 ; sélection 27, 83 |
| selecionar | sélectionner 83 |
| sem | sans 43 |
| semana | semaine 39 |
| semear | semer 84 |
| sempre | toujours 16 |
| sendo assim | ainsi (de cette manière) 86 |
| senha | mot de passe 75 |
| senhor | monsieur 1 |
| senhora | madame 1 |
| sentar(-se) | asseoir, s'assesoir 11, 70 |
| sentir (-se) | sentir, se sentir 18, 95 |
| ser | être (existence) 1, 2, 35, 45, 55, 88 |
| Será que...? | Est-ce (que)... ? 20 |
| sério/séria | sérieux/-euse 85 |
| serviço | travail 37, 39 ; service 85, 95 |

| | |
|---|---|
| servir | servir (être utile) 86, 91 |
| sessão *(f.)* | séance 88 |
| sesta | sieste 45 |
| setembro | septembre 66 |
| setor *(m.)* | secteur 95 |
| seu/sua | son/sa 11, 12, 16, 24 |
| sexta (6a) | vendredi 38, 45 |
| shopping (center) | centre commercial 16, 33 |
| sicrano | untel 75 |
| silêncio | silence 54 |
| sim | oui 1 |
| simpático/simpática | sympathique 66 |
| simples *(m./f.)* | simple 89 |
| simplesmente | simplement 72 |
| sincero/sincera | sincère 72 |
| síndico | syndic 89 |
| sítio | maison de campagne 46 ; siège, site, ferme (exploitation), exploitation agricole 81 |
| situação *(f.)* | situation 99 |
| só (somente) | seulement, ne... que, tout/e seul/e 20, 31, 33 ; rien... que 34 |
| soar | sonner 67 |
| sobrar | rester 52 |
| sobre | à propos de 50 |
| sobremesa | dessert 52 |
| sobrenome *(m.)* | nom de famille 74 |
| sobrepeso | surpoids 97 |
| sobrinho/sobrinha | neveu/nièce 75 |
| sociedade *(f.)* | société 95 |
| socorro | secours 55 |
| sogra | belle-mère (remariage) 85 |
| sogro | beau-père (remariage) 75 |
| sol *(m.)* | soleil 43 |
| soletrar | épeler 78 |
| soltar | lâcher (libérer) 77, 94 |
| sombra | ombre 93 |
| sonho | rêve 74 |
| sopa | soupe 59 |
| sorrir | sourire *(verbe)* 72, 100 |
| sorriso | sourire *(nom)* 75, 99 |
| sorte *(f.)* | chance 48 |
| sorvete *(m.)* | glace (nourriture) 58 |
| sótão | grenier 76 |
| sozinho/sozinha | tout/e seul/e 34, 80 |
| stand *(m.)* | stand 69 |

| | |
|---|---|
| untar | graisser 59 |
| urucubaca | poisse (manque de chance) 88 |
| usar | utiliser 54 |
| usina | usine 90 |
| útil *(m./f.)* | utile 44 |
| utilidades *(f.)* | utilités 69 |
| uva | raisin 58 |

## V

| | |
|---|---|
| vacinar | vacciner 90 |
| vaga | place 33 |
| varado/varada | fendu/e 41 |
| varal *(m.)* | séchoir 60 |
| variar | varier 26 |
| vários/várias | plusieurs 27 |
| vazio/vazia | vide 48 |
| vela | bougie (cierge) 88 |
| velhice *(f.)* | vieillesse 36, 93 |
| velho/velha | vieux/vieille 30, 43 |
| veloz | rapide 42 |
| vencedor/vencedora | vainqueur 93 |
| vencer | vaincre 78, 84, 88 ; gagner 78, 88 |
| vencido/vencida | périmé/e 36 |
| venda | vente 95 |
| vender | vendre 54, 92, 95 |
| ver | voir 23, 54, 77, 91 |
| veranear | passer l'été 45 |
| verão | été (saison) 45 |
| verdade *(f.)* | vérité (vrai/e) 45 |
| verdade (na ~) | en réalité, en vérité 62 |
| verdadeiro/verdadeira | véritable 62 |
| verde(-garrafa) | vert (bouteille) 47 |
| verdura | feuille (légume) 58 |
| vereador | conseiller municipal 66 |
| vergonha | vergogne (malotru) 74 |
| verificar | vérifier 69 |
| vermelho/vermelha | rouge 11 |
| véspera | veille 33 |
| vestibular *(m.)* | *concours pour entrer à l'université* 87 |
| vestido | robe 47 |
| vestido/vestida | habillé/e, déguisé/e 71, 83 |
| vestimenta | vêtement 79 |
| vez *(f.)* | fois 30 |
| vez (en ~ de) | au lieu de 43 |
| vez (muitas ~) | souvent 30 |
| viagem *(f.)* | voyage 8, 15 |

| | |
|---|---|
| viajante *(m./f.)* | voyageur/-euse 78 |
| viajar | voyager, partir en voyage 15 |
| vice | suppléant/e 66 |
| vida | vie 31 |
| vigorar | faire valoir (rester en vigueur) 94 |
| vinho | vin 55 |
| violão | guitare 46 |
| vir | venir 2, 50, 65, 73, 77, 91 |
| virar | tourner 72, 78 ; virer, retourner, se transformer ; se débrouiller 78 |
| vírgula | virgule 74 |
| visconde/viscondessa | vicomte/vicomtesse 2, 81 |
| visto | visa 36 |
| vistoriar | inspecter 37 |
| vitamina | *boisson à base de fruits mixés* 58 ; vitamine 97 |
| viver | vivre 37, 43, 93 |
| vizinho/vizinha | voisin/e 17, 60, 75 |
| você | tu 3, 16 ; toi 16 |
| vocês | vous *(pluriel)* 15, 21 |
| volante *(m.)* | volant (de voiture) 50 |
| voltar | revenir 4, 37 ; rentrer 48 |
| vontade *(f.)* | envie, volonté 24, 82 |
| vontade (à ~) | à l'aise, à volonté 24, 31 |
| voo | vol 42 |
| voo doméstizo | vol intérieur 37 |
| vós | vous 35 |
| Vossa Senhoria (V. S.ª) | *titre* 96 |
| vosso/vossa | votre 80 |
| votar | voter 66 |
| voto | vote 66 |
| vovó, vó | mamie, mémé 53 |
| vovô, vô | papi, pépé 62 |
| voz | voix 75 |

## X

| | |
|---|---|
| xícara | tasse 59 |

## Z

| | |
|---|---|
| zangar-se | se fâcher 70 |
| ziquizeira | mauvais œil 88 |

# Lexique français - portugais du Brésil

## A

| | |
|---|---|
| à | a *(prép.)* 1, 39, 42 ; em 5, 18, 42 |
| à/au *(dans, en)* | no/na 15, 18 |
| à *(+ destination, direction)* | para ; a *(prép.)* 5 |
| à *(+ heure)* | às *(+ heure)* 32 |
| à/au *(+ matière, goût, parfum)* | de 31 |
| abandonner | desistir 85 |
| abdominaux | abdominais *(adj.)* 94 |
| abonnement | assinatura 22 |
| abonner (s'~ à) | assinar 95 |
| abord (d'~) | primeiro 60 |
| abriter | agasalhar 93 |
| abriter (s'~) | abrigar-se 93 |
| absorption | absorção *(f.)* 97 |
| académie | academia 93 |
| accélérateur | acelerador *(m.)* 50 |
| accepter | aceitar 20 |
| accès | acesso 69 |
| accolade | abraço 76, 96 |
| accompagner | acompanhar 24 |
| accord | acordo 89 |
| accord (être d'~) | concordar 34 |
| accueil | atendimento 61 |
| achat | compra 50 |
| acheter | comprar 4 |
| acte/registre de naissance | registro de nascimento 74 |
| acte juridique | escritura 68 |
| acteur/actrice | ator/atriz 56, 83 |
| activer | ativar 86 |
| adéquat/e | adequado/adequada 23 |
| adhérer | aderir 86 |
| adjoint/e | assessor/assessora 95 |
| adorer (aimer) | adorar 29, 32 |
| adulte | adulto 31 |
| aéroport | aeroporto 25 |
| affaire | negócio 37, 87 |
| affleurer | pairar 65 |
| affronter | enfrentar 99 |
| Africain/e, africain/e | africano/africana 65 |
| âge | idade *(f.)* 93 |
| agence | agência 15 |
| agent (de police) | cabo 61 |

| | |
|---|---|
| agréable | agradável *(m./f.)* 76 |
| agression | assalto 61 |
| agronome | agrônomo/a 85 |
| aide | ajuda 11 |
| aider | ajudar 23, 47, 65 |
| aile (d'oiseau) | asa 79 |
| aimer | amar 70, 73 ; gostar (de) 19, 76, 85 |
| ainsi | assim 47, 72 |
| ainsi (de cette manière) | sendo assim 86 |
| air | ar *(m.)* 29, 45 |
| air conditionné (clim) | ar condicionado 29 |
| aise (à l'~) | à vontade 24, 31 |
| album | álbum *(m.)* 42 |
| alcool | álcool *(m.)* 56 |
| alezan | alazão 90 |
| aliment | alimento 97 |
| alimentaire | alimentar 97 |
| allée | alameda 79 |
| Allemagne | Alemanha 2 |
| Allemande, allemand/e | alemão 24 |
| aller | ir 4, 31, 35, 45, 77, 88 |
| aller *(expression du futur)* | ir 11 |
| aller (s'en ~) | ir(-se) embora 30 ; ir-se 80 |
| allergie | alergia 55 |
| allô | alo 23 |
| allonger (s' ~) | deitar 57 |
| allumer | acender 77, 88 |
| allumer (brancher) | ligar 51, 54 |
| alors | então 5 |
| alors (et ~) | e aí 73, 76 |
| ambassadeur/-drice | embaixador/embaixadora 64 |
| ambiance | clima 85 |
| amende | multa 66 |
| amener | levar 90 |
| Américain/e, américain/e | americano/americano 64 |
| Amérique | América 64 |
| ami/e | amigo/amiga 13 |
| amour | amor *(m.)* 56, 67, 93 |
| amoureux (tomber ~) | apaixonar-se 75 |
| amuse-gueules | salgadinhos 46 |
| amuser (s' ~) | divertir-se 40, 46, 70 |
| an | ano 27, 64 |
| analgésique (antidouleur) | analgésico 55 |
| ananas | abacaxi 9 |
| ancien/ne | antigo/antiga 45, 93 |
| âne | burro 36 |

| | |
|---|---|
| anémie | anemia 97 |
| ange gardien | anjo da guarda 88 |
| Anglais/e, anglais/e | inglês/inglesa 6 |
| Angleterre | Inglaterra 2 |
| année | ano 60, 64, 87 |
| anniversaire | aniversário 31 |
| anticiper | antecipar 89 |
| antisèche | cola 85 |
| apercevoir (s'~ que) | se dar conta de que |
| apparaître | aparecer 78, 92 |
| appartement | apartamento 18 |
| appel en PCV | ligação *(f.)* a cobrar 51 |
| appel téléphonique | telefonema 23 ; ligação *(f.)* 51 |
| appeler, s'appeler | chamar(-se) 40, 46, 53, 64 |
| apporter, rapporter | trazer 4, 55, 63, 91 ; levar 90 |
| appréhension | temor 78 |
| apprendre | aprender 44 |
| appui (soutien) | apoio 60 |
| après *(prép.)* | depois de *(prép.)* 58, 60 ; após 51 |
| après (d' ~) | segundo *(prép.)* 72 |
| après-demain | depois de amanhã 66 |
| après-midi | tarde *(f.)* 6, 32 |
| araignée | aranha 46 |
| arbre | árvore *(f.)* 78 |
| ardu/e | árduo/árdua 99 |
| argent | dinheiro 20 |
| Argentine | Argentina 64 |
| arrêt de bus | ponto de ônibus 59, 68 |
| arrêt final | porto final 68 |
| arrêter | parar 24, 43, 68 |
| arrêter (incarcérer) | prender 76 |
| arrière-arrière-arrière-grand-père | tataravô 62 |
| arrière-arrière-grand-père | trisavô 62 |
| arrière-grand-père/ arrière-grand-mère | bisavô/bisavó 62, 75 |
| arriver | chegar 24, 65, 78 ; ocorrer 61 |
| arriver (se produire) | acontecer 53, 75 |
| art | arte *(f.)* 2 |
| ascenseur | elevador *(m.)* 30 |
| assaillir | assaltar 61 |
| asseoir, s'asseoir | sentar(-se) 11, 70 |
| assez (pas mal de) | bastante 58, 99 |
| assistance | auxílio 60 |
| assistance (technique) | assistência (técnica) 54 |
| assister (regarder) | assistir 22 |
| assister (seconder) | assessorar 95 |

| | |
|---|---|
| biscuit | biscoito 59 |
| biscuit (gâteau sec) | bolacha 59 |
| bise | beijoca 76 |
| bisou | beijo 63, 76 |
| bitumer | asfaltar 83 |
| blanc (couleur) | branco 53 |
| blessé/e | machucado/machucada 55 |
| blessure | ferida 55 |
| bleu (marine) | azul(-marinho) 47, 54 |
| bleu ciel | azul-celeste 71 |
| bleuâtre, bleuté | azulado 71 |
| blond/e | loiro/loira 71 |
| bloquer | bloquear 84 ; travar 54 |
| boire | beber 41 |
| bois | mata 90 |
| boisson | bebida 37, 46 |
| boîte de vitesses | câmbio 50 |
| boldo | boldo 97 |
| bon/ne | bom/boa 1, 6, 30 |
| bon/ne (savoureux/-euse) | gostoso/gostosa 46, 59 |
| bon marché | barato/barata 89 |
| bonjour | bom dia 1 |
| bonjour ! (après 12h) | boa tarde! 6 |
| bonnet | gorro 78 |
| bonté | bondade 93 |
| bord (au ~) | à beira 76 |
| bouche | boca 32, 94 |
| bouclé/e | cacheado/cacheada 71 |
| bougie (cierge) | vela 88 |
| bouilli/e | cozido/cozida 58 |
| boulangerie | padaria 80 |
| boulot (petit ~) | bico 85 |
| bouteille | garrafa 47 |
| branche | galho, ramo 93 |
| brancher (allumer) | ligar 51, 54 |
| bras | braço 94 |
| Brésil | Brasil *(m.)* 1 |
| Brésilien/ne, brésilien/ne | brasileiro/brasileira 12, 27 ; brasílica *(ancien)* 44 |
| brevet | patente *(f.)* 97 |
| brillance (éclat) | brilho 69, 79 |
| bronzé/e | bronzeado/bronzeada 71 |
| brosser | escovar 22 |
| bruit | barulho 89 |
| brûler (se ~) | queimar(-se) 67, 88 |
| brun/e (mat) | moreno/morena 71 |

| | |
|---|---|
| brun/e (cheveux, yeux) | castanho/castanha 71 |
| bruyant/e | barulhento/barulhenta 54 |
| buffet | buffet/bufê 73 |
| bureau (pupitre) | escrivaninha 81 |
| bus | ônibus *(m.)* 3 |

## C

| | |
|---|---|
| ça | isso 33 |
| câble | cabo 22 |
| cacao | cacau *(m.)* 34 |
| cache-cache (jeu) | esconde-esconde *(m.)* 79 |
| cadeau | presente *(m.)* 78 |
| cadeau (petit ~) | presentinho 32 |
| café | café *(m.)* 9, 29, 75 |
| café noisette | pingado 9 |
| cahier | caderno 64 |
| caisse | caixa *(m.)* 58 |
| cajou | caju *(m.)* 9 |
| calculer | calcular 86 |
| caleçon | calção 92 |
| calme | calma 55 |
| cambriolage | assalto 61 |
| cambrioler | assaltar 61 |
| camelot | camelô 24 |
| camion | caminhão 90 |
| Canada | Canadá *(m.)* 76 |
| Canadien/ne, canadien/ne | canadense 36 |
| candidat/e | candidato/candidata 78 |
| canne à sucre | cana 65, 90 |
| cannelle | canela 59 |
| capable | capaz *(m./f.)* 95 |
| capitaine | capitão 24 |
| capsule | cápsula 97 |
| car *(conjonction)* | porque 36 ; pois 92 |
| carambole | carambola 58 |
| caramelisé/e | queinado/queinada 65 |
| carnaval | carnaval *(m.)* 66 |
| carnet | carnê *(m.)* 86 |
| carnet d'épargne | caderneta de poupança 86 |
| carotte | cenoura 58 |
| carrefour | encruzilhada 78 |
| carte bancaire | cartão da conta 86 |
| carte d'embarquement | cartão de embarque 25 |
| carte de crédit | cartão de crédito 20 |
| carte de visite | cartão de visita 69 |
| carte d'identité | carteira de identidade 36 |

| | |
|---|---|
| carte postale | cartão postal 19 ; postal 19, 21 |
| cas | caso 36, 76 |
| cascade | cachoeira 66 |
| casting | seleção 83 |
| casse-pieds | chato/chata 39 |
| casser | quebrar 29, 54 |
| casserole | panela 52 |
| cause (à ~ de) | por causa de 89 |
| ce(t)/cette | esse/essa 36, 37 |
| ce(t)/cette... -là | aquele/aquela *(adj. et pr.)* 21, 49, 52 |
| cédille | cedilha 74 |
| celui-ci/celle-ci | este/esta 1, 2, 21 |
| celui-là/celle-là | aquele/aquela *(adj. et pr.)* 19, 21, 54 |
| cent pour cent | cem por cento 23 |
| centime | centavo 20 |
| centre | centro 3 |
| centre commercial | shopping (center) 16, 33 |
| centre-ville | centro da cidade 3 |
| cependant | porém 99 |
| cérémonie | cerimônia 73 |
| certains | uns 27 |
| certitude | certeza 23 |
| chacun/e | cada um/uma 81 |
| chaleur | calor *(m.)* 10 |
| chambre | quarto 30, 89 |
| champion/ne | campeão 87 |
| championnat | campeonato 27 |
| chance | sorte *(f.)* 48 |
| changer | mudar 46, 53 |
| changer d'avis | mudar de ideia 80 |
| changer de classe | passar de ano 87 |
| changer de sujet | desconversar 86 |
| chanter | cantar 54 |
| chants | cantos 30 |
| chapeau | chapéu *(m.)* 83 |
| chapitre | capítulo 76 |
| chargé/e de (responsable) | encarregado/encarregada de 37 |
| charger | carregar 90 |
| charges de copropriété | condomínio 89 |
| charmant/e | gracinho/gracinha 82 |
| châtain | castanho/castanha 71 |
| châtain foncé | castanho-escuro 47 |
| chatouille | coceira 48 |
| chaud/e | quente 66 |
| chauffer | esquentar 57 |
| chauffeur | motorista *(m./f.)* 20 |

| | |
|---|---|
| confortable | confortável *(m./f.)* 50 |
| congé | folga 39 |
| connaître | conhecer 23, 26, 75, 88 ; saber 1 |
| conseil | assessoria 95 |
| conseiller municipal | vereador 66 |
| conseiller/-ère | assessor/assessora 95 |
| considération | consideração *(f.)* 96 |
| construire | construir 89, 91 |
| consul | cônsul 56 |
| consulat | consulado 36 |
| consultation | consulta 88 |
| consulter | consultar 95 |
| contenter (se ~) | contentar-se 100 |
| conter | contar 65 |
| continent | continente *(m.)* 37, 64 |
| continuer | continuar 47, 51, 76, 94 |
| contracter | contrair 94 |
| contraire (au ~) | ao contrário 99 |
| contrat | contrato 89 |
| contre | contra 23 |
| contrebande | contrabando 37 |
| contribuable | contribuinte *(m.)* 30 |
| contribution | contribuição *(f.)* 80 |
| contrôle (examen) | prova 64 |
| contrôler | checar 86 |
| coordonnées | dados 86 |
| cordialement | cordialmente 96 |
| cordonnier | sapateiro 30 |
| corps | corpo 94 |
| correct/e | certo/certa 48, 80 |
| correspondance | correspondência 96 |
| correspondre | corresponder 92 |
| costume | traje *(m.)* 79 |
| costume d'homme | terno 80, 86 |
| côté | lado 8, 71 ; ala 79 |
| cou | pescoço 94 |
| couche (lange) | fralda 53 |
| coucher (se ~) | deitar 83 |
| coude | cotovelo 44 |
| cou-de-pied | peito do pé 82 |
| couleur | cor *(f.)* 47, 71 |
| couloir | corredor 25 |
| coup d'œil rapide | olhadinha 47 |
| coup de main (aide) | mãozinha 60 |
| cour | corte *(f.)* 65 |
| courage | coragem *(f.)* 88 |

| | |
|---|---|
| dépenser | gastar 77 |
| déposer (une somme d'argent) | depositar 86 |
| dépôt | galpão 79 |
| depuis | desde 44 |
| depuis *(temporel)* | há 27 |
| déranger | estorvar 80 |
| déranger (perturber) | atrapalhar 97 |
| dernier/-ière | último/ultima 66 ; passado/passada 48, 60 |
| derrière *(prép.)* | atrás de 94 |
| dès que | assim que 86 |
| désactiver | desativar 86 |
| désamour | desamor *(m.)* 56 |
| descendre | descer 68 |
| désert/e | deserto/deserta 78 |
| désinfecter | desinfetar 55 |
| dessert | sobremesa 52 |
| dessous (en/au ~ de) | debaixo de 50 |
| dessus (au- ~ de) | en cima de 11 |
| détendre | relaxar 83, 94 |
| détergent | detergente *(m.)* 87 |
| devancer | adiantar 89 |
| devant | frente 25 |
| devenir | ficar 39, 74 |
| devoir | dever 44, 53, 60 |
| devoirs (d'école) | lição de casa 60 |
| dévorer | devorar 72 |
| diadème | cocar *(m.)* 79 |
| dictionnaire | dicionário 23, 87 |
| dieu | deus 45, 50, 53, 71 |
| différent/e | diferente *(m./f.)* 64 |
| différer (ajourner) | adiar 89 |
| difficile | difícil *(m./f.)* 44 |
| digestion | digestão *(f.)* 97 |
| dimanche | domingo 38, 79 |
| dîner | jantar 29 |
| dire | dizer 31, 38, 82 ; falar 43, 50 |
| dire au revoir | despedir 96 |
| directement | direto 62, 89 |
| directeur/-trice | diretor/diretora 69 |
| direction | chefia 95 |
| direction (automobile) | direção *(f.)* 50 |
| discrètement | discretamente 71 |
| discuter | conversar 50 |
| discuter (délibérer) | discutir 50 |
| disparaître | sumir 40 |
| disposition | disposição *(f.)* 96 |

| | |
|---|---|
| distributeur d'eau | bebedor *(m.)* 54 |
| distributeur de billets | caixa eletrônico *(m.)* 86 |
| District fédéral | Distrito Federal 5 |
| divertir (se ~) | divertir-se 40, 46, 70 |
| docteur | doutor (Dr.) 23, 96 |
| document (papier) | documento 36 |
| doigt | dedo 55 |
| dollar | dólar *(m.)* 45 |
| domaine (secteur) | área 85 |
| donc | então 5 |
| donner | dar 32, 54, 64, 71, 82, 90, 93 |
| donner un coup de main | dar uma mão 60 |
| dont | cujo/cuja 60 |
| dont (de qui) | de quem, do qual 60 |
| dormir | dormir 29, 64 |
| dos (de ~) | de costas 94 |
| dossier | expediente *(m.)* 39 |
| douane | alfândega 37 |
| doublé/e | revestido/revestida 50 |
| doubler (la file) | furar a fila 33 |
| doucement | devagar 94 |
| douceur | meiguice *(f.)* 36 |
| douceur (attitude) | doçura 82 |
| douceur (confiture) | doce *(m.)* 82 |
| douche | chuveiro 62 ; ducha 97 |
| doucher (se ~) | tomar banho 62 |
| douleur | dor *(f.)* 55 |
| doute | dúvida 34 |
| douter | duvidar 78 |
| doux/douce (affecteux) | meigo/meiga 36 |
| doux/douce | macio/macia 50 |
| douzaine | dúzia 59 |
| drague (flirt) | paquera 71 |
| drap | lençol *(m.)* 54 |
| drapeau | bandeira 93 |
| dribler | driblar 99 |
| drogue | droga 33 |
| droit *(sens juridique)* | direito 71 |
| droite | direita 3, 48 |
| droit (tout ~) | em frente 3 ; reto 71 |
| duc/duchesse | duque/duquesa 81 |
| durant | durante 39, 44 |

# E

| | |
|---|---|
| eau | água 32, 41, 90 |
| eau de coco | água-de-coco 41 |

| | |
|---|---|
| exister | existir 45, 54, 77 |
| expérience | experiência 95 |
| ex-petit/e ami/e | ex-namorado/a 71 |
| expirer | expirar 94 |
| expliquer | explicar 68 |
| exploiter | explorar 65 |
| explorer | explorar 65 |
| exporter | exportar 95 |
| exposant *(nom)* | expositor 69 |
| exprimer | exprimir 77 |
| extérieur/e | exterior *(m./f.)* 95 |
| extraire | extrair 94 |
| extrait | trecho 83 |
| extrait de casier judiciaire | certidão de bons antecedentes *(f.)* 36 |
| extrait de compte (relevé) | extrato 86 |
| extrait de naissance | certidão de nascimento *(f.)* 36, 74 |

## F

| | |
|---|---|
| face (en ~ de) | na frente de 13 |
| face (en ~) | em frente 3, 54 |
| fâcher (se ~) | zangar-se 70 |
| facile | fácil *(m./f.)* 44, 69 |
| façon | jeito 67, 78 |
| facteur/factrice (fonction) | carteiro/carteira 30 |
| faculté | faculdade *(f.)* 85 |
| faim | fome *(f.)* 41 |
| faire | fazer 15, 33, 43, 54, 62, 63, 84 |
| faire comme si | fazer de conta 43 |
| faire des études | cursar 94 |
| faire la grimace/la tête | torcer o nariz 81 |
| faire la queue | fazer fila 33 ; ficar na fila 58 |
| faire la tonte | tosar 90 |
| faire peur | dar medo 78 |
| faire semblant | fazer de conta 43 |
| faire semblant (feindre) | disfarçar, fingir 79 |
| faire semblant (jeu) | faz-de-conta 81 |
| faire un tour | dar uma voltinha 34 |
| faire valoir (rester en vigueur) | vigorar 94 |
| fameux/-euse (célèbre) | famoso/famosa 27 |
| famille | família 17 |
| farceur (gros ~) | brincalhão 81 |
| farine de blé | farinha de trigo 58 |
| farine de maïs | fubá *(m.)* 58 |
| fatigue | fadiga 93 |
| fauché/e (argent) | duro/dura 89 |
| faute (culpabilité) | culpa 60 |

| | |
|---|---|
| fois | vez *(f.)* 30 |
| fois (une ~ que) | depois que 59 |
| folie | folia 79 |
| foncé/e | escuro/escura 47, 71 |
| fonctionnaire | funcionário/funcionária 92 |
| fonds | acervo 83 |
| football | futebol *(m.)* 4 |
| force | força 94 |
| forcé/e (obligé/e) | forçado/forçada 65 |
| forêt | floresta 81 |
| formalité | formalidade *(f.)* 96 |
| formel/le | formal *(m./f.)* 96 |
| former (constituer) | formar 67 |
| formulaire | formulário 86 |
| fort/e *(adj.)* | forte *(adj.)* 93 |
| fort *(nom)* | forte *(nom)* 68 |
| fou/folle | doido/doida 62 ; louco/louca 10 ; maluco/maluca 39 |
| four | forno 59 |
| four (mettre au ~) | levar ao forno 59 |
| fourchette | garfo 41 |
| fournir | prestar 95 |
| fournir des informations | prestar informações 87 |
| frais/fraîche | gelado/gelada, fresco/fresca 32, 45 |
| fraise | morango 31 |
| Français/e , français/e | francês/francesa 6, 44, 65 |
| France | França 2 |
| frayeur | susto 78 |
| frein | freio 50 |
| freiner | frear 84 |
| fréquenter | frequentar 88 |
| frère | irmão 19 |
| frissonner | arrepiar 78 |
| froid/e | frio/fria 43, 90 |
| fromage | queijo 83 |
| fruit (résultat) | fruto 58 |
| fruit | fruta 58, 97 |
| fruit de la passion | maracujá *(m.)* 9, 58 |
| fruit de mer | fruto do mar 58 |
| fuir | fugir 72, 75 |
| fumer | fumar 34, 78 |
| futur (avenir) | futuro *(nom)* 87 |
| futur/e *(adj.)* | futuro/futura 65 |

# G

| | |
|---|---|
| gagner | ganhar 78 ; vencer 78, 88 |
| galoper | galopar 75 |
| gamin | moleque *(m.)* 78 |
| gamin/e | garoto/garoto 64 |
| garage | garagem *(m.)* 89 |
| garant | fiador 89 |
| garçon | rapaz 41 |
| garçon (beau ~) | gatinho 71 |
| garçon(net) | menino 14, 42 |
| gare (station) | estação *(f.)* 68 |
| gare routière | rodoviária 38 |
| garer (stationner) | estacionar 33 |
| gâteau | bolo 31, 59 |
| gauche | esquerdo 48 |
| gendre | genro 75 |
| gêner | incomodar 74 |
| général/e | geral *(m./f.)* 44, 54 |
| génération | geração *(f.)* 50 |
| génétique | genética 62 |
| génial | legal 22, 55 |
| genou | joelho 94 |
| gens | gente *(f.)* 29, 38, 40 |
| gentil/le | gentil *(m./f.)* 55 |
| gérant/e | gerente *(m./f.)* 86 |
| gérer | administrar 95 ; gerir 86, 91 |
| giron | colo 53 |
| glace (nourriture) | sorvete *(m.)* 58 |
| glacé/e | gelado/gelada 32 |
| gloire | glória 93 |
| gombo | quiabo 58 |
| goût | gosto 46 |
| goûter *(nom)* | lanche 41 |
| goûter *(verbe)* | lanchar 41 |
| gouvernement | governo 86 |
| gouverneur | governador 78 |
| goyave | goiaba 97 |
| grâce | graça 78 |
| gracieusement | graciosamente 25 |
| graisser | untar 59 |
| grand/e | grande *(m./f.)* 2 |
| grand-père/grand-mère | avô/avó 53, 62, 74 |
| grappe (de raisin) | cacho (de uvas) 83 |
| gras/se | oleoso/oleosa 59 |

| | |
|---|---|
| Grec/Grecque, grec/grecque | grego/grega 71 |
| greffe (juridique) | cartório 38 |
| greffier | escrivão 24 |
| grenier | sótão 76 |
| gronder | brigar 81 |
| gros/se | grosso/grossa 92 |
| grossir | engordar 97 |
| groupe | grupo 24 |
| *guaraná* (fruit, boisson gazeuse) | guaraná *(m.)* 32 |
| guichet | guichet/guichê *(m.)* 86 |
| guitare | violão 46 |
| gymnastique | ginástica 94 |

## H

| | |
|---|---|
| habillé/e | vestido/vestida 71 |
| habiter | morar 17 |
| habituer | costumar 94 |
| haine | raiva 54 |
| haricot | feijão 52 |
| hasard | acaso 54 |
| haut/e | alto/alta 18, 76 |
| haut (d'en ~) | de cima 74 |
| haut (en ~ de) | em cima de 74 |
| haut (vers le ~) | para cima 74 |
| hémisphère | hemisfério 64 |
| heure | hora 29, 39 |
| heureusement | felizmente 28 |
| heureux/-euse | feliz *(m./f.)* 40 |
| hier | ontem 55, 66 |
| histoire | história 48, 78, 87 |
| hiver | inverno 60 |
| Hollandais/e, hollandais/e | holandês/holandesa 65 |
| homme | homem 37 |
| honneur | honra 73 |
| hôpital | hospital *(m.)* 39 |
| hors (en dehors de) | fora 46, 71 |
| hôtel | hotel *(m.)* 6 |
| hôtesse de l'air | aeromoça 38 |
| huile | óleo 59 |
| huile d'olive | azeite *(m.)* 59 |
| humain/e | humano/humana 71 |
| humble | humilde *(m./f.)* 99 |
| humeur (mauvaise ~) | mau humor 88 |
| hymne | hino 93 |

# I

| | |
|---|---|
| ici | aqui 3, 25, 46 ; cá 46 |
| ici (d'~) | daqui 6 |
| idée | ideia 11, 46 |
| identification | identificação *(f.)* 51 |
| identité | identidade *(f.)* 36 |
| idiome | idioma *(m.)* 44 |
| il(s) | ele(s) 2, 31, 38 |
| il y a | tem 9, 25 ; há 27 |
| il y aura | haverá 31 |
| image | imagem *(f.)* 56 |
| imaginer | imaginar 46, 75, 88 |
| immense | imenso/imensa 65 |
| immeuble | prédio 18 |
| impair (gaffe, bourde) | fora *(nom m.)* 46 |
| importance | importância 92 |
| important/e | importante *(m./f.)* 39, 94 |
| importer | importar 15 |
| impression | impressão *(f.)* 48 |
| impressionnant/e | impressionante *(m./f.)* 99 |
| imprimer | imprimir 77 |
| inclure | incluir 77 |
| incroyable | incrível *(m./f.)* 79 |
| indécis/e | indeciso/indecisa 38 |
| indépendant/e | independente *(m./f.)* 65 |
| indien/ne | indiano/indiana 33 |
| Indiens | índios 65 |
| indigène | indígeno/indígena 44 |
| indiquer | indicar 88 |
| industrie | indústria 92 |
| inexplicable | inexplicável *(m./f.)* 99 |
| infirmier/-ière | enfermeiro/enfermeira 35 |
| information | informação *(f.)* 87, 96 |
| informel/le | informal *(m./f.)* 96 |
| informer (renseigner) | informar 58, 69 |
| ingénieur | engenheiro 96 |
| ingrédient | ingrediente *(m.)* 59 |
| inquiéter (s' ~) | preocupar-se 30 |
| inscription | cadastro, matrícula 69 |
| inscrire (s' ~) | inscrever-se 87 |
| inscrit/e | registrado/registrada 95 |
| insecte | inseto 93 |
| insinuer | insinuar 76 |
| inspecter | vistoriar 37 |

| | |
|---|---|
| inspirer | inspirar 94 |
| installation | instalação *(f.)* 69 |
| installer (s' ~) | instalar-se 95 |
| instant | momento 61 |
| insupportable | insuportável *(m./f.)* 10 |
| interdire | proibir 34 |
| interdit/e | proibido/proibida 34 |
| intéressant/e | interessante *(m./f.)* 50, 85 |
| intéresser | interessar 85 |
| intérieur | doméstico 37 |
| international/e | internacional *(m./f.)* 2 |
| Internet | Internet *(f.)* 95 |
| intime | íntimo/íntima 73 |
| intoxiquer (s'~) | intoxicar-se 97 |
| inverse (à l'~ de) | ao invés de 60 |
| invitation | convite *(m.)* 73 |
| invité/e (convive) | convidado/convidada 73 |
| inviter | convidar 31 |
| irrité/e (peau) | assado/assada 53 |
| Italie | Itália 2 |
| Italien/ne, italien/ne | italiano/italiana 1, 44, 95 |
| itinéraire | roteiro 24 |

## J

| | |
|---|---|
| jacasseur/-euse (bavard/e) | tagarela 93 |
| jamais | nunca 27 |
| jambe | perna 45, 78 |
| jardin | jardim *(m.)* 56 |
| jardinet | quintal *(m.)* 89 |
| jaune (d'or) | amarelo (-ouro) 47 |
| je | eu 1 |
| jeter un coup d'œil | dar uma olhada 47 |
| jeu | jogo 81 |
| jeudi | quinta (5a) 38 |
| jeune | jovem *(m./f.)* 40 |
| jeûne | jejum 56 |
| jeune garçon/fille | garoto/garota 64 |
| jeune homme/femme | moço/moça 47, 51, 68 |
| jeunesse (âge) | mocidade *(f.)* 93 |
| jeunesse (jeunes gens) | moçada 58 |
| joie | alegria 93, 99 |
| joie (bonheur) | felicidade *(f.)* 31 |
| joint/e | junto 16 |
| joli/e | bonito/bonita 19 |
| jouer | jogar 27 ; brincar 81, 84 |
| jouer d'un instrument | tocar 79 |

| | |
|---|---|
| jouet | brinquedo 81 |
| joueur/-euse | jogador/jogadora 27 |
| jour | dia (m.) 1, 24 |
| journal | jornal (m.) 4 |
| journaliste | jornalista (m./f.) 20 |
| journée | jornada 96 |
| joyeux/-euse | alegre (m./f.) 17 |
| juge | juiz (m.) 56, 73 |
| juin | junho 67 |
| jupe | saia 79 |
| juridique | jurídico/jurídica 95 |
| jury | banca (examinadora) 57 |
| jus | suco 9, 34 |
| jusqu'à ce que | até que 65 |
| juste | justo 54 |
| justificatif (attestation) | comprovante (m.) 66 |
| justificatif de domicile | comprovante de residência 36 |
| justifier | justificar 66 |

## K

| | |
|---|---|
| kaki (fruit) | caqui (m.) 58 |
| kilomètre | kilômetro 67 |
| kiosque | banca 57 |

## L

| | |
|---|---|
| là | aí 46, 49, 57, 68, 73, 83 |
| là, là-bas | ali 46 |
| là(-bas) | lá 46, 54, 66, 92 |
| la (article) | a 1, 5 |
| laborieux/-ieuse | trabalhoso/trabalhosa 72 |
| lâcher (libérer) | soltar 77, 94 |
| laine | lã 90 |
| laisser | deixar 30, 48 |
| lait | leite (m.) 9 |
| lait de coco | leite de coco 57 |
| laitue | alface (f.) 58 |
| langue | idioma (m.), língua 44 |
| large | folgado/folgada 92 |
| latin/e | latino/latina 96 |
| laver (se ~) | lavar-se 62 |
| le (article) | o 1, 4 |
| le (pronom) | lhe 65 |
| leçon | aula 1 ; lição (f.) 60 |
| léger/-ère | leve (m./f.) 87 |
| légume | legume (m.) 58 |
| lendemain (le ~) | o dia seguinte 45 |

| | |
|---|---|
| madame *(péjoratif)* | madama/madame 30 |
| magasin (boutique) | loja 47 |
| maillot de bain (1 pièce) | maiô 57 |
| main | mão *(f.)* 48, 66 |
| main courante | boletim de ocorrência (B.O.) 61 |
| maintenant | agora 17, 32, 88 |
| maire | prefeito *(m./f.)* 66 |
| mais | mas 3 |
| maïs | milho (verde) 58 |
| maison | casa 18, 53 |
| maison de campagne | sítio 46 |
| maison (petite ~ de vacances) | chácara 81 |
| maître de cérémonie | mestre-sala *(m.)* 79 |
| mal | mal 34 |
| mal (faire ~) | doer 55 |
| malade | enfermo/enferma 35 |
| malaise | piripaque *(m.)* 74 |
| malandrin | malandro 61 |
| malgré | apesar 47 |
| malheureusement | infelizmente 26 |
| mallette | maleta 37 |
| maman | mãe 17 ; manhê, mamãe 52 |
| mamie, mémé | vovó, vó 53 |
| mandoline | bandolim *(m.)* 72 |
| manger | comer 46 |
| manière (mode) | modo 59 |
| manière | maneira 100 ; jeito 76 |
| manière (de cette ~) | assim 47, 72 |
| manifester (se ~) | manifestar-se 78 |
| manigance | falcatrua 76 |
| mannequin | manequim *(m./f.)* 56 |
| manque (nostalgie) | saudade *(f.)* 100 |
| manque de considération | falta de consideração 96 |
| manquer | faltar 25, 36 |
| manteau | casaco 90 |
| marché | feira 38 |
| marcher | andar *(verbe)* 62, 68, 77, 90 ; caminhar 6 |
| mardi | terça (3a) 38 |
| marée | maré *(f.)* 48 |
| mari | marido 12 |
| mariage | casamento 38 |
| marié/e à | casado/casada com 36 |
| marier (se ~) | casar(-se) 38 |
| marin | marinheiro 35 |
| marine | marinha 35 |
| marionnette | boneco 81 |

| | |
|---|---|
| marketing | marketing 69 |
| marquer | marcar 13 |
| mars (mois) | março 96 |
| masquer (se ~) | mascarar 79 |
| match | jogo 27 |
| maté (thé) | mate *(m.)*, erva mate 97 ; chimarrão 17 |
| mathématique | matemática 85 |
| matin | manhã 29, 66 |
| matricule | matrícula 69 |
| mauvais (mal) | ruim 31 ; mal 34, 43 |
| mauvais œil | ziquizeira 88 |
| maximum | máximo 69 |
| me (à moi) | me 31, 36 |
| mec | cara 54, 72 |
| médecin | médico 75 |
| médecine | medicina 87 |
| médicament | remédio 55 |
| méfiance | desconfiança 56 |
| meilleur | melhor 29 |
| mélanger | misturar 59 |
| mélisse | erva cidreira 97 |
| melon | melão 9 |
| même | mesmo/mesma 48 ; mesmo *(adv.)* 38 |
| ménage | faxina 35 |
| ménager/-ère (domestique) | doméstico/doméstica 69 |
| mensonge (sans importance) | mentirinha 81 |
| menu, carte | cardápio 26 |
| mer | mar *(m.)* 57 |
| merci | obrigado/obrigada 1, 69 |
| Mercosud | Mercosul *(m.)* 95 |
| mercredi | quarta (4a) 38 |
| mère | mãe 45, 52 |
| mériter | merecer 53 |
| merveilleux/-euse | maravilhoso/maravilhosa 52 |
| mésaventure | desaventura *(m.)* 99 |
| messe | missa 88 |
| mesurer | medir 78 |
| métisse | mestiço/mestiça 71 |
| métisse (Noir + Indien) | cafuzo/cafuza 71 |
| métro | metrô 68 |
| mettre | botar 76 ; colocar 59, 60, 94 ; pôr 88 |
| mettre le contact | ligar 51 |
| midi | meio-dia 29 |
| mieux | melhor 29, 33 |
| milieu | meio *(nom)* 79, 85 |
| millionnaire | milionária 80 |

| | |
|---|---|
| mine (petite ~) (visage) | carinha 74 |
| mineur/e | menor *(m./f.)* 45 |
| minimal/e | mínimo/mínima 95 |
| ministère | ministério 61 |
| ministre | ministro 64 |
| minuit | meia-noite 29 |
| minute | minuto 4 |
| miroir | espelho 70 |
| mode *(f.)* | moda 4, 45 |
| modèle | modelo 92 |
| moderne | moderno/moderna 50 |
| moi | eu 15, 72 ; mim 72 |
| moi (avec ~) | comigo 41 |
| moindre | menor *(m./f.)* 68 |
| moins (au ~) | mínimo 78 |
| moins... que | menos... que 47 |
| mois | mês *(m.)* 45, 92 |
| moitié (mi-) | meio *(adv.)* 36 |
| mollesse | moleza 83 |
| moment | momento 99 |
| moment (du ~ que) | desde que 60 |
| moment (jusqu'au ~ où) | até a hora que 83 |
| moment (pour le ~) | por enquanto 39 |
| mon/ma | meu/minha 11, 12, 19 |
| monde | mundo 34 |
| monsieur | senhor 1 |
| Monsieur/Madame *(correspondance)* | Ilustríssimo/a (Il.[mo/a]) 96 |
| monsieur-je-sais-tout | sabichão 39 |
| monter (créer) | montar 83, 85 |
| montrer | mostrar 43 |
| morceau | pedaço, trecho 83 |
| mordre | morder 55 |
| mot | palavra 44 |
| mot (petit ~) | bilhete *(m.)* 96 |
| mot clé | palavra chave 100 |
| mot de passe | senha 75 |
| moteur | motor 50 |
| motif (cause) | motivo 24 |
| mou/molle (flasque) | mole *(m./f.)* 67, 83 |
| mouche | mosca 33 |
| moucher (se ~) | limpar o nariz 81 |
| mouiller | molhar 43, 53, 62 |
| moule *(m.)* | assadeira, fôrma 59 |
| mourir | morrer 78 |
| moustique | mosquito 23 |
| moyen | médio 47 |

| | |
|---|---|
| mulâtre | mulato 71 |
| municipal/e | municipal *(m./f.)* 80 |
| mûr/e | maduro/madura 59 |
| muscle | músculo 94 |
| musculaire | muscular 94 |
| musée | museu *(m.)* 2 |
| musique | música 72 |

## N

| | |
|---|---|
| n'est ce pas ? | não é? 17, 36 ; né? 36 |
| n'importe qui (quelqu'un, untel) | beltrano, fulano 75 |
| naissance | nascimento 74 |
| naître | nascer 75, 77 |
| national/e | nacional *(m./f.)* 66 |
| natte (tapis) | esteira 57 |
| naturel/le | natural *(m./f.)* 34 |
| ne... que | só (somente) 20 |
| ne... pas | não 6, 44 |
| ne... plus | não... mais 31 |
| négoce | negócio 87 |
| négocier | negociar 95 |
| nettoyer | limpar 55, 77 |
| neuf/neuve | novo/nova 92 |
| neveu/nièce | sobrinho/sobrinha 75 |
| nez | nariz *(m.)* 81, 94 |
| ni | nem 33, 57 |
| Noël | Natal 75 |
| noir/e | preto/preta 71 |
| nom | nome *(m.)* 1 |
| nom de famille | sobrenome *(m.)* 74 |
| nombreux/-euse | tanto/tanta *(adj.)* 25 |
| nommer | nomear 84 |
| non | não 3, 44 |
| nord | Norte *(m.)* 11 |
| notaire | escrivão 24 |
| noter | reparar 50 |
| notre | nosso/nossa 15, 17 |
| nourrice, nounou | babá 30, 53 |
| nourriture | comida 26, 31 |
| nous | nós 16 |
| nous (avec ~) | conosco 42, 66 |
| nouveau/nouvelle | novo/nova 9, 17 |
| nouveauté | novidade *(f.)* 90 |
| nouvelle *(nom)* | novidade *(f.)* 90 |
| novembre | novembro 66 |
| nuit | noite *(f.)* 45, 66 |
| numéro | número 48 |

# O

| | |
|---|---|
| objet | objeto 37 |
| obliger | obrigar 1 |
| observer (remarquer) | reparar 50 |
| obtenir | arranjar 76 |
| occasionner (causer) | causar 55 |
| occupé/e | ocupado/ocupada 23 |
| occuper (s'~ de) | cuidar 89, 95 |
| occurrence (cas) | ocorrência 61 |
| ocelot | jaguatirica 90 |
| octobre | outubro 66 |
| odeur | cheiro 72 |
| odorant/e (parfumé/e) | cheiroso/cheirosa 72 |
| œuf | ovo 58 |
| œuvre (art) | obra 2 |
| office notarial | cartório 74 |
| oiseau | ave *(f.)*, pássaro 93 |
| oiseau (petit ~) | passarinho 37 |
| ok | ok 73 |
| ombre | sombra 93 |
| on *(pr. indéfini)* | gente *(f.)* 29, 32 ; se 34 |
| oncle | tio 60 |
| opération | operação *(f.)* 86 |
| opportunité (occasion) | oportunidade *(f.)* 87 |
| or | ouro 47 |
| orange (couleur, fruit) | laranja 9, 47 |
| ordinateur | computador *(m.)* 54 |
| ordinateur portable | lap-top 54 |
| ordre | ordem *(f.)* 58 |
| oreille | orelha 82 |
| oreille (ouïe) | ouvido 82 |
| organiser | organizar 70, 96 |
| os | osso 55 |
| ou | ou 4 |
| où | aonde 4, 50, 80 ; onde 3 ; o 50 |
| où est/sont ? | cadê? 8, 57 |
| oublier | esquecer 51, 57, 62 |
| oui | sim 1 |
| ouvert/e | aberto/aberta 10 |
| ouverture | abertura 86 |
| ouvrir | abrir 30, 35, 56, 81, 86 |

# P

| | |
|---|---|
| paiement | pagamento 89 |
| paille (pour boire) | canudo 57 |
| paillettes | paetês *(m.)* 79 |

| | |
|---|---|
| pharmacie | farmácia 55 |
| philosophie | filosofia 100 |
| physique | físico/física 87 |
| pièce de théâtre | peça 83 |
| pied | pé *(m.)* 3, 61 |
| pile (à l'heure exacte) | em ponto 29, 39 |
| piment | pimenta 26 |
| pipe | cachimbo 34, 78 |
| piranha | piranha 15 |
| piscine | piscina 5 |
| pivert | pica-pau *(m.)* 81 |
| pizza | pizza 46 |
| place | praça 45 ; vaga 33 |
| place (lieu) | lugar 16, 34 |
| plage | praia 19 |
| plaindre (se ~) | queixar-se 70 |
| plaisanter | brincar 81 |
| plaisanterie | brincadeira 81 |
| plan | mapa *(m.)* 6 |
| plantation de café | cafezal *(m.)* 49, 65, 75 |
| plantation de canne à sucre | canavial *(m.)* 56 |
| plantation de cocotiers | coqueiral *(m.)* 65 |
| planter (ordinateur) | dar pau 54 |
| plat du jour | prato feito 52 |
| plein de | um monte de 71 |
| plein/e | cheio/cheia 45 |
| pleur | choro 68 |
| pleurer | chorar 93 |
| pleurnichard | chorão 68 |
| pleuvoir | chover 43 |
| plier | dobrar 3, 94 |
| pluie | chuva 43 |
| plume | pena 79 |
| plus | mais 6, 34 |
| plus (en ~ de) | além de 92 |
| plus que | mais do 40 |
| plusieurs | vários/várias 27 |
| poème | poema *(m.)* 93 |
| poids | peso 83, 94 |
| point | ponto 74 |
| point (à ~) | no ponto 59 |
| pointer (au travail) | bater o ponto 59 |
| pointer, montrer du doigt | apontar 75 |
| pointure (chaussures) | numeração *(f.)* 92 |
| poisse (manque de chance) | azar *(m.)* 71 ; urucubaca 88 |
| poisson | peixe *(m.)* 48 |

| | |
|---|---|
| réconfort | consolo 93 |
| reconnaissant/e (gré) | grato/grata 96 |
| recouvrement | cobrança 56 |
| recteur | reitor *(m.)* 96 |
| rédiger | redigir 95 |
| redoubler (une classe) | repetir de ano 60 |
| rééducation | reeducação *(f.)* 97 |
| réellement | realmente 41 |
| référence | referência 50 |
| regarder | olhar 47,54, 58, 67 |
| régime | regime *(m.)* 32, 97 ; dieta 97 |
| registre | registro 69 |
| regretter | arrepender-se 70 |
| reine | rainha 79 |
| réjouir (se ~) | alegrar-se 70 |
| relation (rapport) | relação *(f.)* 50 |
| religieux/-ieuse | religioso/religiosa 38, 73 |
| remboursement de frais | ajuda de custo 95 |
| remémorer | relembrar 74 |
| remercier | agradecer 89, 96 |
| remise (réduction) | desconto 25 |
| remplir | preencher 58 |
| rencontre | encontro 12 |
| rencontrer | encontrar 45 |
| rendre | tornar 65 |
| rendre (se ~ compter) | se dar conta de que 34 |
| rendre fou | deixar doido 62 |
| rendre hommage | prestar homenagem 87 |
| rendre utile (se ~) | prestar serviço 87 |
| renoncer | desistir 85 |
| renouveler | renovar 36 |
| renseignement | informação *(f.)* 68 |
| rentrer | voltar 48 |
| renverser | derrubar 81 |
| réparer | reparar 50 |
| repas | refeição *(f.)* 97 |
| repasser (linge) | passar 60 |
| répéter | repetir 26, 52, 82, 84 |
| réplique | reprodução *(f.)* 79 |
| répondre | responder 75 |
| répondre au téléphone | atender 22 |
| reposer (se ~) | descansar 55 |
| représentant/e commercial/e | representante comercial *(m./f.)* 95 |
| représenter | representar 83 |
| reproduction | reprodução 83 |
| réserver | reservar 26 |
| résident/e | residente 36 |

| | |
|---|---|
| respect | respeito 50 |
| respirer | respirar 94 |
| responsable | responsável *(m./f.)* 73 |
| ressortissant | cidadão 37 |
| ressources humaines | recursos humanos 95 |
| restaurant | restaurante *(m.)* 26 |
| rester | sobrar 52 ; ficar 5, 74, 94 |
| rester vieille fille | ficar para titia 60 |
| retirer de l'argent | sacar dinheiro 86 |
| retomber | recair 94 |
| retourner | virar 78 |
| retrouvailles | reencontro 13 |
| retrouver | reencontrar 40 |
| réunion | reunião *(f.)* 70 |
| réussir | acertar 72 |
| réussir à | conseguir 29, 82 |
| rêve | sonho 74 |
| réveiller | acordar 29, 66 |
| revenir | voltar 4, 37 |
| révision | revisão *(f.)* 7 |
| revue | revista 4 |
| rez-de-chaussée | térreo 18 |
| rhum | rum 41 |
| riche | rico/rica 97 |
| richesse | riqueza 65, 99 |
| rien | nada 38, 62 |
| rien... que | só (somente) 34 |
| rire | rir 74 |
| riz | arroz *(m.)* 52 |
| rizière | arrozal *(m.)* 65 |
| robe | vestido 47 |
| roi | rei 65 |
| rôle (mission) | papel *(m.)* 83 |
| romantique | romântico/romântica 72 |
| romarin | alecrim *(m.)* 88 |
| rompre (se quitter, se séparer) | desmanchar 71 |
| rose (couleur) | cor-de-rosa 47 |
| rôti/e | assado/assada 53 |
| roue (cercle) | roda 46 |
| roue de secours | estepe *(f.)* 50 |
| rouge | vermelho/vermelha 11 |
| route | estrada 45 |
| royaume | reino 79 |
| rue | rua 1, 43 |
| rue (plante) | arruda 88 |
| Russe, russe | russo/russa 87 |

# S

| | |
|---|---|
| s'il te/vous plaît | por favor 1, 15 |
| sable | areia 57 |
| sac | bolsa 8 ; saco 75 |
| sacrément | demais *(adv.)* 24 |
| saigner | sangrar 55 |
| saint/e | santo/santa 67, 88 ; são/sã 67 |
| Saint-Valentin (fête des amoureux) | dia dos namorados 33 |
| saisir (sur ordinateur) | digitar 54 |
| salade | salada 52 |
| salaire | salário 95 |
| salle de bains | banheiro 22 |
| salon (salle de séjour) | sala 22 |
| salut | oi/olá 16, 80 |
| salutation | saudação *(f.)* 100 |
| salutations distinguées (correspondance) | atenciosamente 96 |
| samba | samba *(m.)* 79 |
| samedi | sábado 38, 39 |
| sans | sem 43 |
| santé | saúde *(f.)* 34 |
| SARL | limitada (Ltda.) 69 |
| satisfaire (se ~) | contentar-se 100 |
| sauf/sauve | salvo/salva 72 |
| saule pleureur | chorão 68 |
| saupoudrer | polvilhar, salpicar 59 |
| sauter | pular 67 |
| sauver | salvar 54 |
| savant/e | culto/culta 80 |
| savoir *(verbe)* | saber 1, 5, 46 |
| savoir vivre ensemble | convívio 96 |
| scandale | escândalo 85 |
| scotch | durex *(m.)* 80 |
| scrutin | escrutínio 85 |
| se *(pronom réfléchi)* | se 30 |
| séance | sessão *(f.)* 88 |
| sécher | secar 90 |
| sécheresse | seca 99 |
| séchoir | varal *(m.)* 60 |
| secours | socorro 55 |
| secret *(nom)* | segredo 31 |
| secrétaire (fonction) | secretária 23, 64 |
| secteur | setor 95 |
| seins | peito 82 |
| sel (gros ~) | sal grosso 88 |
| sélection | seleção *(f.)* 27, 83 |

| | |
|---|---|
| sonnerie | campainha 30 |
| sortir | sair 24, 33, 98 |
| soudain | de repente 61 |
| souffrir | padecer 93 |
| soupe | sopa 59 |
| souple | macio/macia 50 |
| sourire *(nom)* | sorriso 75, 99 |
| sourire *(verbe)* | sorrir 72, 100 |
| sous | debaixo de 50 |
| souvenir (se ~) | lembrar-se 33, 70 |
| souvent | muitas vez 30 |
| spacieux/-euse | espaçoso/espaçosa 50 |
| spatial/e | espacial *(m./f.)* 85 |
| spécial/e | especial *(m./f.)* 85 |
| sport | esporte *(m.)* 87 |
| square (grande place) | largo 79 |
| stade | estádio 27 |
| stage | estágio 85 |
| stand | stand *(m.)* 69 |
| stress | stress *(m.)* 85 |
| stressant/e | estressante *(m./f.)* 39 |
| stresser | estressar 85 |
| studette | kitchenette *(f.)* 73 |
| subside | subsídio 96 |
| succès | sucesso 92 |
| succès (avoir du ~) | fazer sucesso 92 |
| sucre | açúcar *(m.)* 19, 59 |
| sucrer | adoçar 82 |
| sucrerie | doce *(m.)* 59 |
| sucrette | adoçante *(m.)* 82 |
| sud | sul *(m.)* 64 |
| Suisse | Suíça 36 |
| suivant/e (qui vient après) | seguinte 45, 72 |
| suivre (continuer) | seguir 3, 72, 98 |
| sujet (au ~ de) | a respeito de 50 |
| super | legal 13 ; super 22, 50 |
| super *(interjection)* | oba 48 |
| suppléant/e | vice 66 |
| supporter | aguentar 41, 48, 65, 67 |
| supporteurs | torcida 27 |
| sur | em cima de 11 |
| surnom | apelido 74 |
| surpoids | sobrepeso 97 |
| sympa | bacana 55 |
| sympathique | simpático/simpática 66 |
| syndic | síndico 89 |

# T

| | |
|---|---|
| tabac (plante) | tabaco 34 |
| table | mesa 26 |
| tableau (peinture) | quadro 83 |
| tâche (à la ~) | por tarefa 85 |
| tacheté/e | malhado/malhada 90 |
| taille | tamanho 47 |
| taille (vêtement) | número 91 |
| talc | talco 81 |
| talisman | talismã *(m.)* 48 |
| talon | calcanhar *(m.)* 94 |
| tambourin | pandeiro 72 |
| tant | tanto *(adv.)* 25, 74 |
| tant de | tanto/tanta *(adj.)* 25 |
| tante | tia 75 |
| tapis | tapete *(m.)* 81 ; carpete *(m.)* 50 |
| tard | tarde 29 |
| tas (un ~ de) | um monte de 71 |
| tasse | xícara 59 |
| taureau | touro 75 |
| taxe d'embarquement | taxa de embarque *(f.)* 25 |
| taxi | táxi *(m.)* 20 |
| taxi (chauffeur de ~) | taxista *(m./f.)* 20 |
| taxi (borne de ~) | ponto de táxi 33 |
| te *(pronom)* | te 40 |
| technique | técnica 54 |
| teindre | tingir 77 |
| téléphone | telefone *(m.)* 22 |
| téléphone portable (mobile) | celular *(m.)* 51 |
| téléphoner | ligar 51, 73 ; telefonar 36 |
| télévision (TV) | televisão *(f.)* ; TV *(f.)* 22 |
| témoigner | prestar depoimento 87 |
| témoin (mariage) | madrinha 73 |
| tempête | tempestade *(f.)* 43 |
| tempête marine | procela 93 |
| temps | tempo 32 |
| tendre | carinhoso/carinhosa 72 |
| tendresse | carinho 72 |
| tenir (rentrer dans) | caber 59 |
| tenir à disposition (se ~) | colocar-se à disposição 96 |
| tenir absolument à | fazer questão de 43 |
| tennis (basket) | tênis *(m.)* 92 |
| tennis de plage (jeu) | frescobol *(m.)* ; raquetinha 57 |
| tentative | tentativa 78 |
| terme | termo 87 |

| | |
|---|---|
| terminus (arrêt) | ponto final 68 |
| terminus (station) | estação terminal 68 |
| terrain | campo 62 |
| terre | terra 43, 65, 75 |
| territoire | território 95 |
| terroriser | aterrorizar 78 |
| test | teste *(m.)* 83 |
| tête | cabeça 55 |
| tête en l'air | desligado/desligada *(adj.)* 51 |
| thé | chá *(m.)* 97 |
| théâtre | teatro 80 |
| théâtre (troupe de ~) | elenco 83 |
| tiens/tenez | tó 64 |
| tireur | puxador *(m.)* 79 |
| tisane | chá *(m.)* 97 |
| toi | você 16 |
| toi (avec ~) | contigo 41 |
| toilettes (WC) | banheiro 41 ; privada 62 |
| tomate | tomate *(m.)* 90 |
| tomber | cair 83, 94 |
| ton/ta | teu/tua 45 |
| tordre (linge) | torcer 60 |
| tôt | cedo 29 |
| totalement | totalmente 51 |
| toujours | sempre 16 |
| tourbillon | redemoinho 78 |
| touriste | turista *(m./f.)* 6 |
| tourner | dobrar 3 ; virar 72, 78 |
| tous/toutes les deux | ambos/ambas 95 |
| tousser | tossir 64 |
| tout | tudo 8 |
| tout/e | todo/toda 17, 21, 36 |
| trace | rastro 100 |
| traduction | tradução *(f.)* 24 |
| trahir | trair 94 |
| train | trem *(m.)* 78 |
| traitement | tratamento 23 |
| tramway | bonde *(m.)* 80 |
| tranquille | tranquilo/tranquila 26 |
| transaction | transação *(f.)* 95 |
| transfert (virement) | transferência 86 |
| transformer (se ~) | virar 78 |
| transmettre | transmitir 96 |
| traumatisme | traumatismo 94 |
| travail | serviço 37, 39 ; trabalho 39, 65 |
| travailler | trabalhar 24 |

| | |
|---|---|
| treizième mois | décimo terceiro salário 92 |
| très | muito *(adv.)* 2 |
| triste | triste 79 |
| tromper (se ~) | enganar-se 48 |
| tronc | tronco 94 |
| trop | demais *(adv.)* 24, 44 |
| tropical/e | tropical *(m./f.)* 64 |
| troupeau | rebanho 90 |
| troupeau de bœufs | boiada 90 |
| trousseau (de mariée, de bébé) | enxoval *(m.)* 83 |
| trousseau de clés | molho de chaves 83 |
| trouvaille | achado 64 |
| trouver (penser de) | achar 17, 31, 36, 39 |
| trouver (se ~) | ficar 64 |
| truc | negócio 37, 87 ; bugigangas 92 |
| tu | você 3, 16 |
| tu *(Nord-est et Sud du pays)* | tu 3 |
| tuer | matar 72 |
| turbulent/e | turbulento/turbulenta 74 |
| type | tipo 95 |

## U

| | |
|---|---|
| un/e | um/uma 2, 4 |
| un/e de ces... | um... daquele/uma... daquela 41, 67 |
| uni/e | unido/unida 55 |
| untel | fulano, sicrano 75 |
| urgences (hôpital) | Pronto Socorro 55 |
| usine | usina 90 |
| usure | desgaste *(m.)* 86 |
| utile | útil *(m./f.)* 44 |
| utiliser | usar 54 |
| utilités | utilidades 69 |

## V

| | |
|---|---|
| vacciner | vacinar 90 |
| vacher | boiadeiro, peão 75 |
| vaincre | vencer 78, 84, 88 |
| vainqueur | vencedor/vencedora 93 |
| valise | mala 11 |
| varier | variar 26 |
| veille | véspera 33 |
| vendeur de journaux | jornaleiro 30 |
| vendre | vender 54, 92, 95 |
| vendredi | sexta (6a) 38, 45 |
| venir | vir 2, 50, 65, 73, 77, 91 |
| vente | venda 95 |

| | |
|---|---|
| verger | pomar *(m.)* 90 |
| vergogne (malotru) | vergonha 74 |
| vérifier | verificar 69 ; conferir, checar 86 |
| véritable | verdadeiro/verdadeira 62 |
| vérité (vrai/e) | verdade *(f.)* 45 |
| vérité (en ~) | na verdade 62 |
| verre | copo 41, 88 |
| vers *(+ destination, direction)* | para 4, 5 |
| vert (bouteille) | verde(-garrafa) 47 |
| vêtement | roupa 47 ; vestimenta 79 |
| vicomte/-esse | visconde/viscondessa 2, 81 |
| vide | vazio/vazia 48 |
| vie | vida 31 |
| vieillesse | velhice *(f.)* 36, 93 |
| vieillir | envelhecer 93 |
| vieux/vieille | velho/velha 30, 43 |
| ville | cidade *(f.)* 3 |
| vin | vinho 55 |
| vin chaud | quentão 67 |
| virelangue | trava-línguas *(m.)* 82 |
| virer | virar 78 |
| virgule | vírgula 74 |
| visa | visto 36 |
| visage | rosto 99 |
| vitamine | vitamina 97 |
| vite | depressa 40 |
| vitesse (en ~) | às pressas 70 |
| vivre | viver 37, 43, 93 |
| voici | aqui, eis 25 |
| voilà (bon) | pronto 25 |
| voir | ver 23, 54, 77, 91 |
| voisin/e | vizinho/vizinha 17, 60, 75 |
| voiture | carro 10 |
| voix | voz 75 |
| vol | voo 42 |
| volant (de voiture) | volante *(m.)* 50 |
| voler (dérober) | roubar 61 |
| voleur | ladrão 10 |
| voleur à la tire | pivete *(m.)* 61 |
| volonté | vontade *(f.)* 24, 31 |
| volonté (à ~) | à vontade 24, 31 |
| vote | voto 66 |
| voter | votar 66 |
| votre | vosso/vossa 80 |
| vouloir | querer 6, 15, 35 |
| vous | vós 35, 80 |

| | |
|---|---|
| vous (avec ~) | convosco 42 |
| vous *(pluriel)* | vocês 15, 21 |
| voyage | viagem *(f.)* 8, 15 |
| voyage (partir en ~) | viajar 15 |
| voyager | viajar 15 |
| voyageur/-euse | viajante *(m./f.)* 78 |
| vraiment | realmente 41 ; mesmo *(adv.)* 38 |

## W

| | |
|---|---|
| water-polo | pólo aquático 87 |

## Y

| | |
|---|---|
| yaourt | iogurte *(m.)* 72 |
| yeux | olhos 71 |

## Z

| | |
|---|---|
| zut | droga 33 |

# ▶▶▶ Le portugais du Brésil

*chez Assimil, c'est également :*

**Cahier d'exercices Brésilien Débutants**
**Cahiers d'exercices Brésilien Faux-débutants**
**Guide de conversation Brésilien**

**N° édition 4174** : Le portugais du Brésil
Imprimé en France par Laballery - Juin 2022